제 4 판

행정과 법

Public Administration and Law

김 항 규

도서출판 대영문화사

제4판 머리말

2012년 2월 제3판이 출간된 이래 좀 늦은 감이 있지만 6년여 만에 제4판을 출간하기에 이르렀다. 행정학을 공부하는 행정학자로서 외롭게 이웃 학문인 행정법학의 중요성을 인식하고 익혀서, 행정학자의 입장에서 행정법을 써보겠다는 무모함으로 『행정과 법』이라는 이름의 교재를 세상을 선보이게 된지도 어언 12년이 되었다.

행정학자들이 공통적으로 연구하는 분야가 '행정과 정치', '행정과 경영', '행정과 사회', '행정과 경제' 등이다. 이런 분야의 연구를 통해 정치학, 경영학, 경제학, 사회학 등 인접 사회과학과 교류하는 것을 자연스러운 현상으로 받아들인다. 그러나 웬일인지 행정학을 공부하는 학자들 중에 '행정과 법'이라는 주제를 놓고 이를 진지하게 연구해보려는 학자는 극히 적은 것이 현실이다. 그럼에도 불구하고 부정할 수 없는 것은 법치국가 하에서의 행정작용은 헌법과 법률의 영역을 벗어나 행해질 때 위헌, 위법이라는 이름으로 그 작용이 저항을 받게 된다는 점이다. 이른바 '법치행정'이 현실적 행정작용에 엄연히 중요한 가치로 작동되고 있다는 점이다. 그럼에도 불구하고 행정학자들이 행정법은 공법으로서 법학 분야에 속하며, 따라서 행정법학자들만의 연구 영역이라는 명분을 내걸어, 이 분야에 대한 관심을 도외시하는 것은 행정학자로서의 직무유기라고 볼 수밖에 없다.

필자는 일찍이 행정과 법과의 관계를 연구 주제로 삼아 몇 편의 논문을 발표해왔는가 하면, 행정학자는 행정법학자가 갖추지 못한 행정학에 대한 지식을 기반 삼아 행정법을 바라볼 수 있는 안목을 가지고 있다는 점에 착안하여, 부족한 행정법 지식을 익혀가려고 노력하였고 그 결과 부족하나마 행정학자가 써보는 행정법을 『행정과 법』이라는 이름으로 출간하게 되었고, 이제 제4판을 출간하기 이르렀다. 이런 과정에서 필자는 때로는 행정학자들로부터 때로는 행정법학자들로부터 많은 비난을 받아온 것도 사실이다. 그 분들의 비난을 무조건 외면하기보다는 일리 있는 비난이라는 점도 인정한다. 이러한 어려움 속에서도 늦게나마 제4판이 빛을 보게 된 것은 대영문화사 임춘환 사장님과 독자 여러분들께서 저와 본 교재에 대해 보여주신 깊은 사랑이 있었기에 가능했다는 점에서 깊은 감사의 말씀을 전한다.

당연히 내용은 부족한 점이 많지만 그동안 이 교재를 기반으로 학생들이 어려운 행정법을 쉽게 이해할 수 있었고, 추상적인 행정학적 지식에서 벗어나 행정의 실제적인 모습들을 바라볼 수 있는 안목을 갖게 되었고, 행정현상을 보다 쉽게 이해할 수 있었다는 평가를 들을 때마다 많은 보람을 느껴왔던 것도 사실이다.

본 교재가 제4판에 이르기까지 지속적으로 추구했던 것은 현실적으로 대부분의 행정법 관련 교재의 부피가 너무 크기 때문에 처음으로 행정법을 공부하려는 학생들에게는 큰 부담이 되고 있는 바, 이러한 난관을 극복하고 그들이 행정법을 친숙하게, 그리고 부담감 없이 접할 수 있도록 쉽고 간단하게 쓰려는 데 노력했다는 점이다. 이를 위해 이번 제4판에서는 기존 교재의 분량을 더 줄이려고 노력하였다.

모쪼록 각종 공무원 시험에서 행정법총론 과목의 중요성이 날로 증가되고 있는 시점에서 본 교재가 행정법을 처음 공부하고자 하는 학생들에게 쉽고도 재미있으면서 유익한 교재로 인식되기를 간절히 기원하는 바이다.

2018년 1월

계룡산이 바라보이는 연구실에서

김항규

제3판 머리말

2008년 2월에 제2판이 출간된 이래 꼭 4년 만에 제3판을 출간하기에 이르렀다. 행정법 관련 법조문이 그동안 너무 광범위하게 변화되었다는 점을 감안하면 사실 늦은 감이 없지 않은 것이 사실이다. 이 점 부족한 저의 책을 이용해 주신 독자 여러분께 부끄럽게 생각하지 않을 수 없다. 그러나 늦게나마 이 교재 제3판이 빛을 보게 된 것은 독자 여러분께서 이 교재에 대해 보여 주신 깊은 사랑이 있었기에 가능했다는 점에서 감사의 말씀을 전한다.

내용은 부족한 점이 많지만 지난 2011년 여름 방학 내내 제3판을 집필하는 과정에서 독자들에게 어떻게 하면 행정법과 관련된 지식을 쉽고 재미있고 또한 편리하게 익힐 수 있도록 할 것인가를 끊임없이 노력했다는 점은 부끄럽지 않게 말씀드릴 수 있다. 이번 제3판을 출간하는 데 주로 중점을 둔 것은 다음과 같다.

첫째, 『행정과 법』을 법학적 지식이 부족한 학생들을 상대로 강의하는 과정에서 발견할 수 있었던 점 가운데 하나는 학생들이 실제의 법조문에 익숙하지 못한 채 행정법을 공부하고 있다는 점이었다. 심지어 행정법을 공부하는 학생들 가운데 일부 학생은 행정법 관련 실제 법조문을 법전이나 인터넷 등 기타의 통로를 통해 접해 본 경험이 전혀 없는 학생도 있다는 점을 발견하게 되었다. 이러한 문제점을 해결하기 위해 제3판에서는 헌법이나 행정법 관련 실제의 법조문의 내용을 그대로 소개하는 데 중점을 두었다. 그렇게 함으로써 행정법을 공부하는 학생들이 실제의 행정법 관련 법조문에 한 발 더 가까이 다가가 친숙해질 수 있게 되고, 더 나아가 스스로 법조문을 찾아 이를 해석하고 적용하는 데 도움이 되리라 생각했기 때문이다.

둘째, 그동안 변화된 행정법 관련 법령의 내용을 충실히 반영하는 데 중점을 두었다. 그리고 가능하면 어떤 내용이 어떻게 변화되었는지를 설명함으로써 독자들이 변화된 내용이 구체적으로 어떤 내용인지를 쉽게 파악할 수 있도록 했다.

셋째, 될 수 있는 한 많은 사례나 구체적인 예를 풍부하게 제시함으로써 딱딱하고 이해하기 어려운 행정법 이론을 쉽게 이해할 수 있도록 하기 위해 노력했다.

넷째, 대부분의 행정법 관련 교재의 부피가 너무 크기 때문에 처음으로 행정법을 공부하려는 학생들에게는 큰 부담이 되고 있는 것이 사실이다. 따라서 이 교재는 초판 때부터 행정법을 처음 공부하는 학생들이 친숙하게 부담감 없이 행정법을 접할 수 있도록 하는 데 중점을 두었다.

모쪼록 각종 공무원 시험에서 행정법총론 과목의 중요성이 날로 증가되고 있는 시점에서 이 책이 행정법을 처음 공부하고자 하는 학생들에게 쉽고도 재미있으면서 유익한 교재로 인식되기를 간절히 기원하는 바이다.

2012년 1월
계룡산이 바라보이는 연구실에서
김항규

제2판 머리말

법학 비전공자들에게 행정법을 공부하는 데 도움을 주려는 목적으로 처음 『행정과 법』을 세상에 드러내 놓은지 어언 2년이 지났다. 부족한 내용이지만 다행히 많은 독자가 그동안 초판 교재를 이용해 주어 이제 전면 개정판을 내게 된 것에 대해 독자들에게 감사드리는 바이다.

초판 출간 이후 필자는 교재를 꼼꼼히 읽어도 보고, 몇몇 대학에서 학생들에게 강의도 해 오면서 교재의 내용 중에서 필자의 얼굴이 붉어질 만큼 부끄러움을 느낄 정도로 부족한 부분을 많이 발견하게 되었다는 점을 고백하지 않을 수 없다. 그 중에서 가장 부끄러웠던 점은 과연 이 교재가 다른 행정법 교재와 비교해 법학을 전공하지 않은 학생들에게 행정법을 얼마나 더 수월하게 공부할 수 있도록 하는 데 도움을 줄 수 있겠는가 하는 스스로의 질문에 대해 회의적인 답변을 할 수밖에 없었다는 점이었다. 이에 필자는 이번 전면 개정판을 통해 법학 비전공 학생들에게 행정법을 이해하는 데 명실공히 도움을 줄 수 있도록 하려는 데 특별히 관심을 기울였다. 더 나아가 다음과 같은 점들을 보완하는 데 최선을 다했다.

첫째, '행정규제기본법'(2005. 12.29 일부 개정), '민원사무 처리에 관한 법률'(2007.1.3 일부 개정), '공공기관의 개인정보 보호에 관한 법률'(2007.5.17 일부 개정), '행정절차법'(2007.5.17 일부 개정), '전자정부법'(2007.5.17 개정), '행정조사기본법'(2007.5.17 제정) 등 최근 개정되거나 새로 제정된 법 규정의 내용을 소개했다.

둘째, 독자들의 이해를 돕기 위해 난해한 내용에 대해서는 그와 관련된 판례를 좀 더 많이 소개했고, 될 수 있는 한 많은 실례를 제시했다.

셋째, 독자들의 이해를 돕기 위해 중요한 용어들에 대해서는 이를 진하게 표시해 눈에 쉽게 띄도록 했으며, 지루하게 길게 기술되는 내용들에 대해서는 이들 내용을 요약하는 제목을 먼저 기술해 주고 그 내용을 소개하는 방식으로 기술했다.

넷째, 최근 공무원 시험 분야에서 출제되고 있는 문제들이나 여러 종류의 행정법 관련 문제집들을 참고해 교재의 내용에 반영했다.

교재를 집필하다 보면 많은 해당 분야의 학문적 경험이 집적되어 형성되는 연륜이 얼마나 중요한 밑거름인가를 실감하게 된다. 필자의 경우 행정법 분야에서 아직 초보자에 불과하지만 행정법 분야에 관심을 게을리하지 않으면서 꾸준히 연구하고 또한 필자의 전면 개정판을 열심히 읽고 보완해서 또 다른 개정판을 세상에 선보일 때는 좀 더 세련되고 알찬 내용을 선보일 것을 굳게 약속하는 바이다.

늘 필자와 함께 동행해 주시면서 지혜 주시고 능력 주시는 주 하나님께 한없는 감사를 드리는 바이다.

2008년 1월

계룡산이 바라보이는 연구실에서

김항규

초판 머리말

우리나라에는 이미 수많은 행정법 교재가 발간되어 있다. 그러나 이들 행정법 교재는 모두가 법학, 그것도 행정법학을 전공한 교수들에 의해 저술되었다는 공통점을 갖는다. 필자는 행정법학자가 아닌 행정학자로서 행정학과 행정법학 간의 대화의 필요성과 상호 교류의 필요성을 지속적으로 강조해 왔다. 행정학과 행정법학은 행정을 공통의 연구 대상으로 하는 대표적인 학문으로서 이들 두 학문은 바람직한 행정의 구현이라는 공동 목적을 달성하기 위해 긴밀한 협력의 필요성이 있기 때문이다. 따라서 양 학문에 종사하는 학자들 간의 적극적인 상호 대화를 통해 적실성 있게 법을 해석하고, 더 나아가 법치행정의 현대적 의미에 적합한 입법의 제정, 즉 바람직한 정책결정에 공헌함으로써 진정한 법치행정을 실현하는 데 공헌할 필요성이 있다.

이러한 관점에서 필자는 그동안 직접 행정법학을 공부해 왔고 학술지를 통해 행정학과 행정법학 간의 학제적 성격을 갖는 논문을 발표한 바 있으며, 학생들에게 행정법을 강의해 오면서 현재 대부분의 행정법 교재들이 법학통론이나 헌법 및 민법총칙을 비롯한 여러 법학 과목을 공부한 학생들 위주로 쓰여 있어서, 법학적 지식이 전혀 없는 상태에서 행정법만을 공부하려는 많은 법학 비전공 학생들이 행정법을 이해하는 데 커다란 어려움을 겪고 있음을 발견하게 되었다. 이에 필자는 이들 법학 비전공 학생들이 쉽게 이해할 수 있는 행정법을 저술하기로 결심하기에 이르렀다.

이 책은 다른 행정법 교재와 달리 독자들로 하여금 먼저 행정과 법 일반을 전반적으로 이해할 수 있도록 하기 위해, 행정학이나 행정법에서 기술하고 있는 행정 개념을 소개하고 법 일반에 관한 제반 지식을 소개 한 뒤에, 구체적으로 행정과 법을 연결시키는 법치행정의 원리와 행정법의 개념 및 그 내용을 소개하는 절차를 거쳤다. 또한 독자들이 이해하기 어렵다고 사료되는 법적 용어들에 대해서는 이를 쉽고 자세하게 설명해 줌으로써, 이 교재만을 통해서도 쉽게 행정법 내용을 이해해 나갈 수 있도록 기술했다.

필자는 그동안 행정학 분야에서 '행정과 경영', '행정과 정치', '행정과 경제'에 대하여는 많은 연구가 행해지고 있음에도 불구하고, 법치국가 하에서 행정이 무엇을 할 수 있고, 무엇을 해서는 안 되는지를 한계지어 주는 관계에 있는 '행정과 법'에 대해서는 많은 행정학자가 상대적으로 관심이 적은 데 대해 이를 문제점으로 제기해 왔다. 그리하여 처음 『행정과 법』을 저술하기로 결심했을 때에는 기존의 행정법 교재의 내용을 파격적으로 탈피해, 전반부는 행정법학적 관점에서 법이 행정에 작용하는 구체적 내용과 과제를 기술한 뒤에, 후반부에서는 행정학적 관점에서 행정학이 행정과 관련된 법의 바람직한 실현과 발전에 공헌해야 할 구체적 내용들을 중심으로 기술해 보고자 했다.

그러나 이 교재의 주요 발간 목적을 공무원 시험에 대비하는 학생들을 대상으로 하여, 시험 대비용 쉬운 행정법 교재로 사용할 수 있도록 하려는 데 초점을 맞추다 보니, 기존의 행정법 교재에서 기술되고 있는 많은 행정법의 연구 대상과 행정법 이론 및 학설들을 소개하지 않을 수 없었고, 따라서 기존의 행정법 교재의 범위를 크게 벗어날 수 없는 제약이 있었다. 또한 행정법 각론에 대해서는 기술하지 못하고, 행정법 통론의 수준에 그친 한계점이 있다. 또한 필자는 행정법학 전공자가 아니기 때문에 행정법학 전공자들보다 법학적 기반이 부족함을 솔직히 인정하지 않을 수 없다. 그러나 행정법학이 연구 대상으로 하는 행정의 본질에 대한 이해는 행정학자로서 행정법학 전공자들보다 뒤지지 않는다고 자부한다. 금후 행정법학에 대한 좀 더 철저한 연구를 통해 행정법학과 행정학을 같이 아우를 수 있는 진정한 『행정과 법』을 기술하기 위해 노력할 것임을 독자들에게 약속하는 바이다.

이 교재를 위해 올 여름은 온통 더위와 싸워왔고, 미국에서 공부하고 있는 두 딸과 아내 등 가족들과 함께할 수 있는 즐거움도 포기해야 했다. 그 과정에서 건강 주시고 지혜 주신 하나님께 감사드린다. 또한 출판을 흔쾌히 허락해 주신 대영문화사 임춘환 사장님께도 심심한 감사를 드린다.

2005년 9월
계룡산이 바라보이는 연구실에서 필자 씀

차 례

제 2 편 행정 주체와 국민 사이에 행해지는 행정의 행위 형식들과 법적 특징

제 3 편 행정작용의 실효성을 확보하기 위한 수단들

제 4 편 행정작용으로 인한 권익 침해는 어떻게 구제받을 수 있는가

제 1 편

행정과 법과는 어떤 관계가 있는가

제 1 장

행정의 개념

행정의 개념, 즉 "행정이란 무엇인가?"에 대한 관심은 역사적으로 근대 국가의 탄생과 함께 대두되었다. 근대 국가라 함은 국왕이 국가 권력을 절대적으로 장악하고 있던 절대군주제 국가가 시민혁명에 의해 붕괴되면서, 과거 절대군주가 독점하고 있던 국가 권력을 입법권, 행정권, 사법권 등으로 분리시키고, 이들 분리된 권력 간에 견제와 균형(check and balance)을 이루게 함으로써, 국민의 기본권을 보장하기 위한 권력분립제도에 기초한 국가 형태를 말한다.

물론 근대 국가 이전의 군주국가 하에서도 치안질서를 유지한다든가 토목공사를 행하는 등 행정이 행해지지 않았던 것은 아니다. 행정은 국가형태가 존재하면서부터 존재하여 왔다고 할 수 있기 때문이다. 그러나 근대 국가 이후 군주가 장악하고 있던 국가 권력을 입법권과 사법권 및 행정권으로 구분하면서부터 입법이나 사법의 개념은 무엇이며, 또한 입법이나 사법의 개념과 구별되는 행정의 개념은 무엇인가를 정립할 필요성이 대두된 것이다.

제1절 실질적 의미의 입법 · 행정 · 사법

실질적 의미의 행정은 국가작용 중에서 입법작용이나 사법작용과 성질상 구별되는 행정작용의 특성을 실질적으로 밝히고자 하는 견해이다.

일반적으로 국가가 행하는 작용, 즉 국가작용을 그 성질상 입법작용, 행정작용 및 사법작용으로 분류한다.

이들 국가작용 가운데 **입법작용**이라 함은 예를 들면, 국민의 대표기관인 국회가 국세기본법, 도로교통법, 건축법 등과 같은 법률을 제정하는 것과 같이 **법을 만드는 작용**을 의미한다.

행정작용이란 예를 들면, 국회에서 제정된 '건축법'이라는 법률의 규정에 의거하여 건축법상에 규정된 일정한 요건을 갖추어 건축허가를 신청한 사람에게 건축허가를 내주거나, 소득세법상 소득세 납부 대상자에 해당하는 사람에게 소득세법에서 규정하고 있는 기준에 따라 소득세를 부과하는 것과 같이 법률의 규정을 현실적으로 **집행하는 작용**을 의미한다.

한편, **사법작용**이란 예를 들면, 갑(甲)이 건축법에서 정한 요건을 갖추어 해당 구청에 건축허가를 신청했는데도 불구하고 해당 구청에서 건축허가가 거부된 경우, 해당 구청이 건축허가를 거부한 것은 위법이라고 생각한 갑이 행정법원에 건축허가를 거부한 것을 취소해달라고 요청하는 건축허가 거부처분 취소소송을 제기할 수 있고, 이러한 소송이 제기되면 법원은 건축허가 거부처분의 위법성 여부를 재판을 통해 심사하게 된다. 이와 같이 사법작용이란 법원이 행정작용의 **위법성 여부**를 **심판**하는 작용을 의미한다.

결론적으로, **실질적 의미의 입법**이 **법을 정립하는 국가작용**이라면, **실질적 의미의 행정**은 현실 속에서 **법을 집행하는 작용**이며, **실질적 의미의 사법**이란 법원이 **위법성 여부를 심판하는 작용**을 의미한다고 할 수 있다.

제 2 절 형식적 의미의 입법 · 행정 · 사법

형식적 의미의 행정이란 행정의 실질적 내용과 관계없이 법 제도상의 행정, 다시 말하면 국가기관인 입법부, 행정부, 사법부 가운데 **실정법상 행정부의 권한**으로 부여되어 있어서, **행정부에 의해 행해지는 모든 작용**이 곧 **행정**이라고 보는 것이다. 따라서 이 개념에 의하면 법적 · 제도적으로 입법부, 즉 국회의 권한에 속하여 국회가 행하는 모든 작용이 입법이고, 사법부의 권한에 속하는 작용으로서 사법부가 행하는 모든 작용이 사법이라고 보는 것이다.

행정부에서 행해지고 있는 행정작용 가운데에는 법을 집행하는 작용뿐만 아니라, 행정입법 · 행정심판 등의 작용도 있다. 그런데 **행정입법**은 **실질적 의미**에서는 **입법**에 속하고, **행정심판**은 **실질적 의미**에서는 **사법**에 속하는 작용이라고 할 수 있다. 그럼에도 불구하고 이러한 작용을 행할 수 있는 권한이 **실정법**상 행정부에 부여되어 있기 때문에, 형식적 의미에서의 행정 개념에 따르면 이러한 기능들을 모두 행정이라고 보는 것이다.

> **행정입법**(行政立法)이라 함은 국민의 대표기관인 국회가 아닌 행정기관에 의해 제정되는 법(예를 들면, 대통령이 제정하는 대통령령이나, 국무총리가 제정하는 총리령, 행정 각부 장관이 제정하는 부령 등)을 말한다. 한편, **행정심판**(行政審判)이란 행정을 둘러싼 권리 · 의무관계에 관하여 분쟁이 있는 경우에 사법기관이 아닌 행정기관이 이를 심리 · 판정하는 절차를 말한다.

입법부, 즉 국회에 소속되어 있는 국회사무총장이 소속 공무원을 임명하는 행위는 법에 의거하여 법을 집행하는 작용이므로 **실질적 의미**에서는 **행정**이라고 할 수 있으나, **형식적 의미**에서는 입법부의 권한에 속하는 작용이기 때문에 **입법**에 속한다.

마찬가지로, 법원이 소속 공무원을 임명하는 행위는 **실질적 의미**에서는 **행정** 개념에 속한다. 그러나 **형식적 의미**에서는 사법부의 권한에 속하는 사항이기 때문에 **사법**에 속한다. 그런가 하면 예를 들면, 양도소득세 부과 처분과 같은 행위는 행정부의 권한으로서 행정기관에 의해 행해지는 작용이라는 점에서 **형식적 의미**의 **행정**에 속할 뿐만 아니라, 법의 집행작용이라는 점에서 **실질적 의미**의 **행정**에도 속한다.

제 3 절 행정은 어떤 기능을 수행하는가

어느 시대 어느 국가의 행정을 막론하고 공통적으로 존재해 온 행정의 기능은 치안질서를 비롯한 사회의 질서를 유지하고 안정화시키며, 외부의 침입으로부터 자국의 영토와 국민을 보호하기 위한 국방기능을 수행하고, 특정 국가사회의 체제를 유지하는 기능을 수행한다는 점이다. 이러한 기능들을 통해 사회공동체가 안정 속에 번영·발전을 추구함으로써 행복한 삶을 영위하도록 하는 것이 행정의 최대 과제이다.

오늘날 행정은 이와 같은 전통적 기능뿐만 아니라, 행정이 시장 부문과 사회부문에 적극적으로 참여하여 경제를 조정하고, 사회의 복지문제에도 깊이 관여하고 있다. 그 결과 오늘날 행정의 기능은 **다양화**되고 **복잡**해졌으며 **전문적 성격**을 띠게 되었고, 이를 수행하기 위해 많은 예산과 인력을 필요로 하게 되었다. 이른바 '**큰 정부**(big government)' 현상이 일반적인 현상으로 나타나게 되었는데, 이러한 국가 형태를 '**행정국가(行政國家)**' 혹은 '**복지국가(福祉國家)**'라 한다.

행정은 그것이 수행하는 목적이나 기능에 따라 질서행정·급부행정·유도행정·공과행정·조달행정 등으로 분류된다.

1. 질서행정

행정이 수행하는 가장 전통적인 기능은 국민의 안전을 위협하는 어떤 위해(危害)로부터 국민을 보호하는 기능이다. 그런데 국민의 안전을 위협하는 위해요인의 가장 대표적인 것이 외적의 침입이며, 다음으로는 각종의 범죄 발생 및 질병과 재난으로부터의 위협 요인이라 할 수 있다. 따라서 이러한 위해로부터 국민을 보호하기 위해 행해지는 행정기능으로 들 수 있는 것이 국방기능, 치안유지 기능, 보건・위생 기능 및 재난 방지 기능 등이라고 할 수 있다. 이러한 기능들을 수행하는 행정작용을 통틀어 질서행정(秩序行政)이라고 한다.

이러한 기능들을 질서행정이라 부르는 이유는 이러한 기능들이 제대로 수행되지 않으면 국가사회의 안녕질서가 파괴되기 때문이다.

2. 급부행정

급부행정(給付行政)이란 국가나 지방자치단체 등의 행정 주체가 사회공공의 복리를 증진시키기 위하여 적극적으로 공공재화나 용역(public goods and service)을 제공하는 행정을 말한다.

오늘날과 같은 복지국가에서는 국가는 모든 국민에 대하여 인간다운 생활을 영위하게 할 책무를 부담하고 있는 바(헌법 제34조), 종래의 질서 유지자에서 생활 배려자로 국가의 이념이 전환되고, 이를 행정이 주로 담당하게 되었다. 따라서 급부행정의 범위는 점차 확대되어 왔다. 예를 들면, 도로나 공원・항만 등의 공공시설의 설치・관리, 수도나 가스 등의 공급, 학교나 체육시설・공공도서관 등의 설치・관리, 병원이나 보건소 등의 운영, 생활무능력자의 보호・장학금의 지급・의료보호 등과 같은 공적부조(公的扶助)[1]・사회보험[2]・사회복지활동 등이 급부행정 활동에 속한다.

질서행정이 위해의 방지라는 **소극적 기능에** 중점을 두고, 행정 객체인 국민에 대하여 일정한 행위를 금지키거나(예: 통행금지), 일정한 행위를 하기 위해서는 허가를 받도록 하는 등 부담을 주는 **침익적(侵益的) 행정활동**들인데 반해, **급**

---

1) **공적부조**란 생활이 곤궁한 상태에 있는 자에게 국가・지방자치단체가 갹출(醵出)을 요건으로 하지 않고 최저생활에 필요한 급여를 행하는 제도이다.

2) **사회보험**이란 수혜자 등이 보험료 등 일정한 갹출금(醵出金)을 납부할 것을 요건으로 하여, 환원하면 보험 원리에 기하여 급여를 행하는 방식이다. 사회보험은 연혁적으로는 노동보험을 중심으로 생성된 것이고 현재도 여전히 사회보장의 주요한 부분을 이루고 있으나, 오늘날의 사회보험은 그 내용이 보다 다양화되고 또 그 일부의 적용 대상은 전 국민에 확대되고 있다(예: 건강보험・노령보험 등). 사회보험은 질병・노령 등 사회적 위험의 발생에 대하여 생활 불능이나 생활 곤궁 상태로의 전락을 방지하려는 예방적인 '방빈적 목적(防貧的目的)'의 성질을 갖는다는 점에서, 생활이 곤궁한 자에 대한 사후적 구제로서의 성질을 가지는 공적부조와 구별된다.

부행정은 적극적으로 행정이 바람직한 사회 상태를 형성하기 위하여 필요로 하는 공공재 및 서비스를 구체적으로 제공하는 활동으로서, 국민에게 주로 이익을 제공하는 **수익적(授益的) 행정**이라는 점에서 양자를 구별할 수 있다.

3. 유도행정

유도행정(誘導行政)이란 사회·경제·문화 활동을 일정한 방향으로 유도하고 개선하기 위하여 행하는 모든 지원·유인 활동과 관련된 행정활동을 말한다. 예를 들면, 정부가 주도하는 경제개발 계획이나 지역개발 계획·국토 정비 같은 활동, 출산 등을 장려하기 위한 보조금 지급과 같은 행정활동이 이에 속한다.

유도행정은 질서행정이나 급부행정과 밀접한 관계를 이루며, 그들 행정과 엄격히 구분하기 어려운 경우가 많다. 예를 들면, 보조금의 지급은 그 목적상으로는 유도행정으로서의 성격을 가지나, 특정인에 대한 구체적 효과면에서 보면 급부행정으로 볼 수도 있는 것이다.

4. 공과행정

공과행정(公課行政)이란 국가나 지방자치단체 등이 업무 수행에 필요한 소요재원을 마련하기 위하여 각종 조세나 개발부담금(開發負擔金),[3] 수익자부담금(受益者負擔金)[4]과 같은 부담금 등을 징수하고 관리하는 행정을 말한다.

---

3) 개발부담금이란 토지개발에 따른 토지가액 증가분(土地價額增加分) 등 개발사업 시행자에게 귀속되는 전체 개발이익 중에서 사회에 환원되는 금액, 즉 개발이익 환수에 관한 법률에 의하여 국가가 부과·징수하는 금액을 말한다.

4) 부담금(負擔金)이란 특정 공익사업과 특별한 이해관계에 있는 자에 대해 그 사업에 필요한 경비의 전부 또는 일부를 부담시키기 위하여 과하는 공법상의 금전급부 의무를 말한다. 경비의 일부를 부담시키는 경우를 특히 '분담금(分擔金)'이라고도 한다.
부담금에는 사업의 종류에 따라 도시계획부담금, 도로부담금, 하천부담금, 사방부담금(砂防負擔金), 농지개량부담금 등이 있고, 그 원인에 따라 수익자부담금(受益者負擔金), 원인자부담금(原因者負擔金) 및 손상자부담금(損傷者負擔金) 등 세 가지 종류의 부담금이 있다.
수익자부담금은 당해 사업으로부터 특별한 이익을 받는 사람에 대해 그 수익(受益)의 한도 내에서 사업경비의 일부를 부담시키는 것을 말한다. 원인자부담금은 당해 사업이 필요하게 된 원인을 조성한 자에 대해 그 공사비용의 전부 또는 일부를 부담시키는 것을 말한다. 손상자부담금은 당해 사업시설을 손상한 자에 대해 그 시설의 유지·수선비 등의 전부 또는 일부를 부담

5. 조달행정

조달행정(調達行政)은 행정을 수행하는 데 필요로 하는 인적·물적 수단을 확보하고 관리하는 활동을 말한다. 공무원을 채용하거나, 청사 부지를 위한 부동산 매입, 사무용품의 구입 행위 등이 이에 속한다

제4절 행정 개념을 통해 본 행정의 특징

1. 행정의 궁극 목적은 공익을 실현하는 데 있다

행정(public administration)의 존재 이유는 이를 통해 **공익**(公益, public interest)을 실현한다는 데 있다. 앞서 설명한 바와 같이, 행정이 그 다양한 기능들을 수행하기 위해서는 국민생활에 간섭하여 이를 규제하고 조정하는가 하면, 시장을 통해서는 제공될 수 없는 각종의 공공재화나 서비스를 제공하기도 하고, 때로는 사회를 일정한 방향으로 유도(誘導)하는 등의 기능을 수행하기도 한다. 그런가 하면 조세나 부담금 등의 부과를 통해 국민의 재산권을 침해하기도 한다. 행정이 이러한 기능들을 수행하는 정당한 이유를 묻는다면, 그것은 한마디로 그러한 활동들을 통해 공익을 추구하고자 하는 데 있다고 할 수 있다.

공익의 실현은 행정에만 특유한 현상은 아니다. 입법작용이나 사법작용 및 통치작용 또한 공익을 추구하는 데 그 정당성이 있다. 그러나 행정작용과 이들 입법, 사법 및 통치작용과는 다음과 같은 차이점이 있다.

입법작용은 국가나 지방자치단체 등의 통치단체가 성문의 법규범을 제정하는 작용을 통해 공익 실현의 방향성 내지 지침을 제시하는 데 반해, 행정은 이러한 법규범을 개별적인 사안들에 대해 구체적으로 집행함으로써 공익을 실현한다는 점에서 입법작용과 구별된다.

시키는 것을 말한다.

사법작용과 행정작용은 법 아래에서 법을 집행한다는 점에서는 공통되나, 사법작용이 주로 과거의 사건을 대상으로 하여 구체적인 법률상 분쟁이 있는 경우에 이해관계인의 쟁송 제기를 전제로 하여 **위법성 여부**를 **판단·선언**함으로써 소극적으로 당사자 간의 분쟁을 해결하기 위한 작용인데 반해, 행정은 미래의 일정한 상태를 실현하기 위한 미래지향적·적극적인 **사회형성작용**이라는 점에서 사법작용과 구별된다.

2. 행정은 헌법과 법률에 적합하게 법을 집행하는 작용이다

민주주의 국가에서의 행정작용은 행정기관의 마음대로 자유롭게 행해질 수 있는 것이 아니다. 모든 행정작용은 헌법과 국민의 대표기관인 의회에서 제정되는 법률에 적합하게 행해져야 하며, 만약 행정작용이 헌법이나 법률에 위반하여 국민의 자유와 권리를 침해했을 때에는 권리 구제를 위한 제도적 장치가 마련되어 있어야 한다. 이와 같이 행정과 법과의 관계를 연결시켜 주는 원리가 곧 **법치행정(法治行政)**의 원리로서 이를 '**법률에 의한 행정**' 혹은 '**행정의 법률적합성(法律適合性)**' 혹은 '**합법성(合法性)**'이라 칭하기도 한다.

제 2 장

행정과 법과의 관계

제 1 절 법치행정의 원리와 법체계

Ⅰ. 법치행정의 원리

오늘날 행정이 수행하는 기능으로는 전통적인 질서유지 기능 외에도 급부기능, 유도기능, 공과기능 및 조달기능이 있음을 보았다. 그런데 행정이 이와 같은 기능을 수행하기 위해서는 아무런 제약이 없이 마음대로 행할 수 있는 것은 아니다. 법치주의 하에서 수행되는 이러한 행정기능들은 법에 적합하게 행사되어야 한다.

법치주의라 함은 입법부, 행정부, 사법부 등과 같은 국가 권력 기관이 국민의 뜻인 법에 근거하여 구성되고, 법에 따라 권력이 행사되어야 함을 요구한다. 즉, 모든 권력은 법에서 나오고 법에 따라 행사되어야 함을 주장하는 원리이다.

근대 국가 이전은 **'법(法)'**의 지배가 아니라 절대 권력을 가진 군주에 의한 **'인(人)'**의 지배시대라고 할 수 있다. 물론 전제군주가 비록 포고(布告) · 칙령(勅

令) 등의 법의 형식에 의해 통치하는 경우도 있었으나, 그것은 신민(臣民)만을 구속할 뿐 군주는 그에 구속되지 않았다. 그러나 프랑스혁명 이후 근대 국가에서는 자유주의적인 권력분립 원리가 채택되면서 국가 권력을 입법권·행정권 및 사법권으로 나누고, 모든 국가 권력이 법에 따라 행사되어야 한다는 법치주의의 원리가 확립되었고, 따라서 행정권의 발동도 법에 따라 행해져야 한다는 **'법치행정'**의 원리가 형성·발전되기에 이르렀다.

법치행정의 원리는 이러한 법치주의의 행정에의 표현으로서 행정권도 기본적으로는 법에 기속되며, 행정권이 법에 위반하여 행사되는 경우 이에 대한 사법심사(司法審査)를 통하여 국민의 기본권을 보장하는 것을 그 내용으로 하는 것이다.

문제는 법치주의에서 행정권이나 사법권 등의 작용을 기속(羈束)하는 법은 어떤 형태의 법인가에 대해 대륙법계 국가와 영·미법계 국가 간에 법체계에 차이가 있다는 데 있다.

Ⅱ. 법체계

법체계(法體系, legal system)란 법에 존재하는 국가나 민족을 초월한 법의 계통을 말한다. 오늘날은 크게는 **대륙법계**(大陸法系, Continental Law)와 **영·미법계**(英美法系, Anglo－American Law)로 구별된다.

대륙법계는 독일·프랑스를 중심으로 한 유럽 대륙에서 발달한 법체계이다. 우리나라와 중국·일본의 법체계 또한 대륙법계에 속한다. 대륙법계는 영·미법계가 **불문법주의**(不文法主義)인 것과는 달리 성문법 중심의 **성문법주의**(成文法主義)에 입각하고 있다. 한편, 영·미법계는 영국·영연방 및 미국 등을 중심으로 하여 발달한 법체계로서 불문법주의에 입각하고 있다.

> 성문법 또는 제정법(制定法)은 문자로 표현되고 문서의 형식을 갖춘 법을 가리키며, 일정한 절차와 형식에 따라서 공포된 것이다. 한편, **불문법**은 성문법 이외의 법으로서 문장으로 표현되지 않으며, 일정한 법 제정기관에 의한 소정의 절차를 거치지 않고 생기는 법을 말한다. **판례법**(判例法)과 같은 경우는 불문법으로 분류되는데, 그 이유는 판례법이 문장의 형식으로 되어 있으나, 법 제정기관에 의한 절차 없이 생기는 법이기 때문이다.

대륙법계에서는 영・미법계 국가와는 달리 추상적인 법을 성문으로 제정하여 법질서를 조직화・일반화하고, 이를 구체적인 사건에 적용한다고 하는 사고가 지배적이었다. 그러나 영・미법계에서는 미리 성문의 법을 제정하여 이를 구체적 사건에 적용한다고 하는 생각이 없었고, 구체적인 사실을 존중하고, 구체적인 사건에 대한 판례(判例)가 이루어지면 그것이 곧 법이라고 생각했다. 그리하여 그 후 일어난 사건은 앞서 행해진 판례를 선례(先例)로 하여 재판하였다. 이를 **'선례 구속의 원칙(先例拘束의 原則,** doctrine of stare decisis)'이라 한다. 이와 같이 판례가 집적(集積)된 것을 **'보통법(普通法,** common law)'이라 한다.

영국과 미국에서는 이와 같이 판례가 집적된 보통법이 법의 근간을 이루고 있다. 그렇다고 해서 영국과 미국에 의회에서 제정된 성문법으로서의 **제정법(制定法,** statute)이 존재하지 않는 것이 아니다. 제정법은 특정 분야의 판례법을 바꾼다든지 판례법에 의하여 규율되지 아니하는 새로운 부분의 법 분야를 형성하기 위하여 제정되는 것이 보통이다. 즉, 판례법이 불명확한 경우, 통일성을 상실한 경우, 시대적 변화로 인하여 적용되는 것이 불합리한 경우 또는 새로운 분야의 법규범이 필요한 경우에 이를 개선하기 위하여 제정법을 마련하게 된다. 이와 같이 영・미법계 국가에서는 **의회**는 물론 **사법부**도 **입법기관**이다. 즉, **의회**는 성문의 **제정법**(statutory law)을 **사법부**는 판례의 집적인 **보통법**(common law)을 제정하는 것이다.

대륙법계 국가에서는 행정작용과 법과의 관계를 **'법률에 의한 행정'**으로 표현하는 한편, 영・미법계 국가에서는 **'법의 지배**(rule of law)'로 표현한다. 이를 구체적으로 설명하면 다음과 같다.

제 2 절 대륙법계 국가에서의 '법률에 의한 행정'의 원리

법률에 의한 행정의 원리는 행정작용이 헌법과 법률에 따라 수행되어야 하며, 행정작용을 통해 불이익을 입은 사람에 대해서는 그에 대한 구제제도(救濟制度)

가 정비되어야 한다는 원리를 말한다.

근대 독일 행정법의 기반을 마련한 마이어(Otto Mayer)는 이 원리를 '법률의 지배'라는 개념으로 파악하고, 이의 구체적 내용을 법률의 법규 창조력(法規創造力), 법률유보(法律留保), 법률우위(法律優位)로 나누어 설명하고 있다.

Ⅰ. 법률의 법규 창조력

법률의 법규 창조력이란 국민의 대표기관인 국회에서 제정되는 법률만이 국민을 구속하는 힘을 가지며 정부나 법원이 독자적으로 만든 법은 국민을 구속하는 힘을 갖지 않는다는 원리이다. 여기서 **'국민을 구속한다'**는 것은 국민이 그에 따라야 하며, 그에 따르지 않을 경우 위법이 된다는 의미이다. 이와 같이 국민을 구속하는 힘을 가진 법을 **'법규(法規)'**라고 한다.

한편, 법률이란 국민의 대표기관인 국회에서 제정된 법을 말한다. 따라서 법률의 법규 창조력이란 국민의 대표기관인 의회가 제정하는 법률만이 법규로서 국민을 구속하는 힘을 갖는다는 원리이다.

우리나라의 헌법 제40조는 입법권은 국회에 있음을 규정함으로써 법률의 법규 창조력의 원리를 명시하고 있다. 그런데 오늘날은 의회에서 제정되는 법률로서만이 아니라, 행정부에서 제정되는 행정입법(行政立法)에 의해서도 국민의 자유와 권리에 관하여 규율하는 법규가 제정되고 있다.

> 행정입법이란 입법권이 아닌 행정권이 주체가 되어 제정하는 입법을 말하며 이를 **'명령(命令)'**이라고도 한다. 본래 입법권은 국민의 대표기관인 입법부의 고유 권한이라 할 수 있으나, 오늘날에는 입법부가 아닌 행정권이 제정하는 행정입법이 성행하고 있다.

그러나 행정부가 행정입법을 통해 법규를 제정할 수 있는 경우는 **법률에서 구체적으로 범위를 정하여 행정부에 위임한 경우**에만 제정할 수 있다고 규정하고 있어(헌법 제75조 및 제95조), 법률의 법규 창조력의 원리는 오늘날에도 원칙적으로 타당하다고 볼 수 있다.

다만, 우리 헌법은 예외적으로 대통령은 법률과 같은 효력을 가지는 **긴급재**

정 · 경제명령(헌법 제76조 제1항)과 **긴급명령**(헌법 제76조 제2항)을 발할 수 있으나, 그것은 국가 비상시에 한하여 엄격한 요건 하에서만 인정이 되고 있다.

> **헌법 제76조** ① 대통령은 내우 · 외환 · 천재 · 지변 드는 중대한 재정 · 경제상의 위기에 있어서 국가의 안전보장 또는 공공의 안녕질서를 유지하기 위하여 긴급한 조치가 필요하고 국회의 집회를 기다릴 여유가 없을 때에 한하여 최소한으로 필요한 재정 · 경제상의 처분을 하거나 이에 관하여 **법률의 효력을 가지는 명령**을 발할 수 있다.
> ② 대통령은 국가의 안위에 관계되는 중대한 교전상태에 있어서 국가를 보위하기 위하여 긴급한 조치가 필요하고 국회의 집회가 불가능한 때에 한하여 **법률의 효력을 가지는 명령**을 발할 수 있다.
> ③ 대통령은 제1항과 제2항의 처분 또는 명령을 한 때에는 지체 없이 국회에 보고하여 그 승인을 얻어야 한다.

Ⅱ. 법률유보 원칙

이는 행정작용이 행해지기 위해서는 그 행정작용에 대하여 적극적으로 법적 근거가 있어야 한다는 원리이다. 예를 들면, 국가나 지방자치단체가 국민들이나 지역주민들에게 세금을 부과하거나 청년들에게 입영을 명하는 행위 등을 하기 위해서는 반드시 그러한 행위를 할 수 있는 법률의 근거가 있어야 하고 해당 기관이 자의적으로 행할 수 없는데 이는 법률유브 원칙이 작용하기 때문이다.

지금까지 예측할 수 없었던 새로운 범죄 유형이 발생되었을 경우 관계 기관에 대해 "왜 그에 대한 적극적 처벌을 하지 않느냐?"고 그 이유를 물으면 "그러한 범죄를 단속할 수 있는 법적 근거가 없기 떠문이다"라고 말하는 것은 법률유보 원칙을 준수하여야 하기 때문이다.

법률유보 원칙은 행정작용이 자의적으로 행사되지 아니하고, 민주주의 국가에서 주권자인 국민의 대표기관인 국회에서 법률 제정의 절차에 의해 제정된 법률에 근거하여 행해지게 함으로써, 국민의 기존권을 보장하기 위한 법치주의 원리와 민주주의 원리에 근거하고 있다.

> 기본권이란 인간이 인간으로서 살아가기 위해 없어서는 안 될 기본적인 권리로서 인권, 혹은 기본적 인권이라고도 한다.

미국의 독립, 프랑스의 혁명을 비롯하여 근대 민주국가의 건설은 특권적·전제적 정치에 대한 기본적 인권의 보장이 주된 목적이었다. 따라서 근대 국가의 헌법에는 예외 없이 기본적 인권의 불가침이 선언되어 있다.

기본권에는 역사적으로 볼 때 **자유권적(自由權的) 기본권과 사회권적(社會權的) 기본권**이 있다. 전자는 국가로부터의 권리 보호를 그 목적으로 하는 권리, 즉 국가 권력으로부터 간섭을 받지 않을 권리이며, 사상의 자유·언론의 자유·종교의 자유 등 이른바 근대의 권리이다. 한편, 후자인 사회권적 기본권은 자본주의가 심화되어 가면서 나타난 모순들을 해결하기 위하여 인정된 권리로서, 국가가 사회적·정책적 방법에 의해 인정되는 권리, 즉 국가의 간섭에 의하여 확보될 수 있는 권리를 말하며, 생존권·근로기본권 등이 있으며 현대의 권리라 불린다.

법률유보 원칙은 질서행정, 급부행정, 유도행정, 공과행정 및 조달행정 등 **모든 행정작용에 적용되는 것은 아니다**. 다시 말하면, 모든 행정작용을 행하기 위해서는 그 하나하나마다 법률의 구체적 수권이 있어야 행해지는 것은 아니라는 점이다. 따라서 행정작용 가운데 어떠한 작용에 대해서는 법률의 유보가 있어야 하며, 어떠한 작용에 대해서는 법률의 수권이 없어도 가능한가에 대해 여러 학설들이 대립하고 있다. 이들 학설들을 소개하면 다음과 같다.

1. 침해유보설

침해유보설(侵害留保說)은 국민의 자유와 권리를 침해하거나 새로운 의무를 부과하는 행정작용에 대해서만 법률의 근거를 요한다는 견해이다. 따라서 이 학설에 의하면, 급부행정의 경우에는 법률의 근거를 요하지 않는다. 급부행정작용은 그로 인해 국민의 권리를 침해하거나 의무를 부과하지 않기 때문이다.

그러나 이 학설은 오늘날 그 타당성을 인정받고 있지 못하다. 그 이유는 오늘날 급부행정이 행정작용 중에서 중요한 의미를 가지고 있고 그 비중이 증대되고 있는 바, 이에 대해 법률의 유보를 인정하지 않는 것은 타당하지 않기 때문이다. 그러나 침해행정작용의 경우에는 법률의 근거를 필요로 한다는 점에서는 그 타당성이 인정된다.

2. 전부유보설

전부유보설(全部留保說)은 행정작용 전반에 대해 법률의 유보를 필요로 한다는 견해이다.

그러나 이 학설은 행정부의 지위를 입법부의 하위기관으로 전락시킬 위험이 있고, 행정 유형의 다양성과 행정 운영에 있어서 탄력적 운영의 필요성을 간과하고 있다는 비판을 받는다. 또한 급부행정의 경우에도 법률의 근거가 없으면 어떤 형태의 급부행정도 행할 수 없다는 문제를 내포하고 있다는 점에서 비판을 받는다.

3. 급부행정유보설(혹은 사회유보설)

급부행정유보설(給付行政留保說)은 침해행정작용뿐만 아니라 급부행정작용의 경우에도 법률의 근거를 요한다는 견해이다. 이 학설은 오늘날 급부행정작용의 중요성을 인식하여 급부행정에 대해서도 법률의 근거가 있음으로써, 급부에 대한 예측을 가능하게 하여, 불평등한 급부 또는 자의적인 급부 중단 내지 정당한 급부를 거부하는 행위 등을 방지하고자 하는 데 그 의의가 있다.

예를 들면, '국민기초생활보장법'의 규정에 의해 수급권자의 범위 등에 대한 법적 근거 규정이 있음으로써 그 범위 내에 해당하는 자는 급여를 받을 수 있다는 예측을 할 수 있게 되며, 관계 기관도 법으로 정한 정당한 수급권자에 해당하는 사람에게 급부를 거부할 수 없게 된다.

그러나 이 견해에 따르면 예를 들면, 긴급히 도로를 보수하거나 새로 건설하여야 하는 등 급부의 필요성이 절실히 요청됨에도 불구하고 법률의 근거가 없다는 것을 이유로 제공되지 못할 경우, 행정이 경직되거나 행정기관이 독자적으로 책임을 지며 행정을 수행할 수 있는 가능성이 부인되는 문제가 발생하며, 오늘날은 법률이 아닌 예산(豫算)의 형식으로도 급부가 행해지고 있는 점을 간과하고 있는 비판을 받고 있다.

4. 중요사항유보설(혹은 본질사항유보설)

이는 **'본질성 이론(本質性理論)'**이라고도 불리는 이론으로서, 행정작용 가운데 중요사항 내지 본질적 사항은 반드시 법률의 근거를 요하지만, 중요하지 않은 사항 내지 비본질적 사항에 대해서는 법률의 근거가 없이도 행정권을 발동할 수 있다는 견해로서, 독일 연방헌법재판소의 판례에 의해 비롯된 학설이다. 이 학설은 법률유보의 적용 영역을 획일적으로 정하지 않고, 개별적·구체적으로 고려하여야 한다는 점에서 다른 학설들과 차이가 있다.

그러나 이 학설의 최대의 난점은 본질적인 것과 비본질적인 것의 구별기준이 구체적으로 제시되어 있지 않다는 점이다. 반면에, 이를 지지하는 입장에서는 이 학설이 행정작용 유형이라는 형식적 기준이 아니라, 의회입법의 원칙과 개별 행정작용의 특성도 모두 고려할 수 있는 점이 이 학설의 장점이라고 주장한다.

5. 결 론

이상의 학설들에서 본 바와 같이 법률유보의 범위에 대해서는 어느 하나의 학설에 의존할 수 없음을 알 수 있다. 다만, 한 가지 공통된 점은 침해행정의 경우, 즉 국민의 자유와 권리를 침해하거나 새로운 의무를 부과하는 등의 행위에는 반드시 법률의 근거를 요한다는 점이다.

헌법 제38조는 "모든 국민은 법률이 정하는 바에 의하여 납세의 의무를 진다"고 규정하고 있다. 따라서 국민들에게 세금을 부과하기 위해서는 반드시 법률의 근거가 있어야 한다. 또한 헌법 제39조 제1항은 "모든 국민은 법률이 정하는 바에 의하여 국방의 의무를 진다"고 하였으므로 국민들에게 구체적으로 병역의 의무를 명하기 위해서는 그에 대한 법적 근거가 있어야 한다. 이와 같이 헌법에서 개별적으로 "법률이 정하는 바에 의해"라고 규정하고 있는 경우에는 반드시 해당 법률의 근거가 있어야 한다.

또한 헌법 제37조 제2항은 "국민의 모든 자유와 권리는 국가 안전보장·질서유지·공공복리를 위하여 필요한 경우에 한하여 법률로써 제할 수 있으며, 제한하는 경우에도 자유와 권리의 본질적인 내용을 침해할 수 없다"라고 규정하고 있다. 따라서 국가 안전보장·질서유지·공공복리 등의 이유로 국민의 자유와 권리를 제한하기 위해서는 반드시 법률의 근거가 있어야 한다.

기타 행정작용에 대해서는 위 학설 중 어느 하나를 취하여 일률적으로 법률유보의 범위와 강도를 정하기보다는 행정작용의 성질에 따라 개별적, 단계적으로 파악하여야 할 것이다. 즉, 행정기관이 일방적으로 우월한 지위에서 행하는 권력적 행정작용(예를 들면, 세금을 부과하거나, 전염병 발생 지역에의 출입을 금지하는 등)의 경우에는 침해적 행정이건 수익적 행정이건을 불문하고 법률유보 원칙이 엄격히 적용되어야 할 것이고, 비권력적 행정작용의 경우에는 그 실질적 기반에 따라 법률의 수권을 필요로 하는지의 여부 및 그 정도에 관하여 개별적, 단계적으로 결정해야 할 것이다.

예를 들면, 교량을 설치해 주는 행위와 같이 국민들에게 단순히 이익을 주는 행정작용의 경우에는 법률의 개별적 근거가 없어도 가능하다. 교량 등을 설치하는 경우 문제가 되는 것은 근거 법률의 존재 유무에 대한 문제가 아니라 예산의 유무에 관한 문제이다.

Ⅲ. 법률우위 원칙

법률우위 원칙이란 글자 그대로 법률이 행정의 우위에 있으므로 행정작용이 법률에 위배되어 행사되어서는 아니 된다는 원칙이다.

앞서 설명한 법률유보 원칙은 행정작용 가운데 그 적용 범위에 대해 논란이 있지만, 법률우위 원칙은 **모든 행정 분야**에 대하여 적용되는 원리이다. 다시 말하면, 모든 행정작용은 법률에 위배되어 행사되어서는 아니 된다.

법률우위 원칙이 기존 법률에 대한 위반을 금하는 **소극적 원칙**인데 반해, **법률유보 원칙**은 행정작용에 대한 법률의 근거를 요하는 **적극적 원칙**이다. 법률우위라고 할 때의 법률은 최고 법규인 헌법에 위배되지 않는 법률을 의미한다.

법률우위 원칙과 관련하여 제기되는 문제 중의 하나는, 법률의 규정이 없이도 가능한 행정작용의 경우, 즉 법률유보의 적용을 받지 않는 행정작용의 경우에는 법률우위 원칙과 어떤 관련성이 있는가 하는 점이다. 이 경우에는 행정작용은 헌법에 위배되어서는 아니 된다. 따라서 법률우위 원칙에서 법률의 개념에는 합헌적인 법률을 의미하며, 헌법도 또한 포함됨을 알 수 있다. 결국 법률우위 원칙은 모든 행정작용은 헌법이나 법률에 위배되어 행사되어서는 아니 된다는 원칙이다.

Ⅳ. 행정구제 제도의 정비

'법률에 의한 행정'의 원리는 이와 같이 행정작용이 법률의 근거를 요하거나(법률유보 원칙) 법률에 위반하지 않게(법률우위 원칙) 행해질 것을 요구하고 있다. 행정작용이 이러한 원칙에 따라 행해질 것을 요구하는 이유는 그렇게 함으로써 위법한 행정작용으로부터 **국민의 자유와 권리를 보장**할 수 있기 때문이다. 그러나 현실적으로는 행정작용이 법에 위반하여 국민에게 불이익을 주는 경우가 있는가 하면, 행정이 법에 의거하여 적법하게 행해진 경우에도 국민에게 불이익을 주는 경우도 있다(예를 들면, 법에 의한 재산권의 수용 등). 이러한 경우에 국민에게 권리를 구제받을 수 있는 제도적 장치가 마련되어 있어야만 법치주의가 실질적으로 구현되고 있다고 말할 수 있다.

이와 같이 행정작용으로 인해 국민의 자유와 권리가 침해된 경우에 이에 대한 권리 구제 수단을 총칭하여 **'행정구제(行政救濟)'**라 부른다. 행정구제 제도 전반에 관한 행정구제법 체계를 간단히 소개하면 다음과 같다.

〈행정구제법의 체계〉

행정구제(行政救濟)란 행정작용으로 인하여 권리나 이익을 침해당한 자 또는 당할 우려가 있는 자가 국가기관에 대하여 그 시정(是正)이나 손해의 전보(塡補)를 구하는 모든 제도를 총칭한다. 이러한 행정구제 제도는 법치주의의 실질적 의의를 구현하기 위하여 마련된 제도적 장치이다. 행정구제 제도는 넓게는 사전적 구제 제도와 사후적 구제 제도를 포함한다.

1. 사전적 구제 제도(事前的救濟制度)

이는 위법·부당한 행정작용으로 인하여 권리 침해가 발생하기 전에, 이를 예방하기 위한 제도적 장치를 말하며, 이의 대표적인 제도적 장치가 행정절차에 관한 법이다. 행정절차라 함은 각종의 행정작용(행정입법, 행정계획, 행정처분이나 행정지도 등)의 사전 절차(事前節次)를 총칭하는 것으로서, 우리나라에서는 1996년 말 공포된 '행정절차법(行政節次法)'이 있다.

2. 사후적 구제 제도(事後的救濟制度)

이는 행정작용으로 인하여 국민의 권리 침해가 발생한 경우에 당해 작용을 시정하거나, 그로 인한 손해를 전보해 주는 제도를 말한다. 일반적으로 행정구제라 할 때는 사후적 구제 제도를 가리킨다. 사후적 구제는 그 내용에 따라 '실체적 행정구제'와 '절차적 행정구제'로 나뉜다.

1) 실체적 행정구제

실체적 행정구제(實體的行政救濟)는 행정기관의 위법(違法) 또는 적법(適法)한 직무 집행으로 말미암아 개인에게 특별한 손해를 주는 경우 그 손실을 전보하여 주는 행정구제 제도로서 이를 **'행정상 손해전보 제도(損害塡補制度)'**라 한다. 이에는 **행정상 손해배상(損害賠償)**과 **행정상 손실보상(損失補償)**이 있다.

2) 절차적 행정구제

절차적 행정구제(節次的行政救濟)는 행정기관의 **위법·부당한 행정처분**으로 말미암아 개인의 권익이 침해된 경우, 그 처분을 취소하거나 변경하는 등의 시정을 함으로써 국민의 권리를 보호하기 위한 행정구제 제도로서 이를 **'행정쟁송 제도(行政爭訟制度)'**라 하며, 이에는 **행정심판(行政審判)**과 **행정소송(行政訴訟)**이 있다.

3. 행정상 손해전보

1) 행정상 손해배상

행정상 손해배상(혹은 국가배상)이란 **'위법(違法)한 행정작용'**으로 인하여 국민에게 발생한 손해를 '국가 또는 공공단체'가 배상하는 것을 말한다. 과거에는 위법한 행위를 한 공무원 개인이 민사상의 손해배상 책임을 지는 데 그쳤으나, 그것으로는 피해의 구제가 불충분하였기 때문에 오늘날 각국에서 국가배상 제도(國家賠償制度)가 확립되어 있다.

우리 헌법 제29조 제1항은 "공무원의 직무상 불법행위로 손해를 받은 국민은 법률이 정하는 바에 의하여 국가 또는 공공단체에 정당한 배상을 청구할 수 있다. 이 경우, 공무원 자신의 책임은 면제되지 아니한다"라고 규정하고 있다. 이러한 헌법 규정에 근거하여 국가 또는 지방자치단체의 손해배상 책임과 배상 절차를 규정한 법률이 **국가배상법(國家賠償法)**이다.

국가배상법에 따르면, 공무원 또는 공무를 위탁받은 사인(이하 "공무원"이라 한다)이 직무를 집행하면서 고의 또는 과실로 법령을 위반하여 타인에게 손해를 입히거나(제2조), 도로·하천 기타 공공의 영조물의 설치 또는 관리에 하자(瑕疵)가 있기 때문에 타인에게 손해를 발생하게 하였을 때에는(제5조), 국가 또는 지방자치단체는 그 손해를 배상하여야 한다고 규정하고 있다.

예를 들면, A구청장이 유흥음식점을 경영하는 B가 식품위생법을 위반하지 않았음에도 불구하고 위법하게 B에게 내준 유흥음식점 영업허가를 취소해버림으로써 B에게 손해가 발생하였을 경우에 국가배상법 제2조의 규정에 근거하여 B는 구청장 A를 상대로 피해배상(손해배상)을 청구할 수 있다.

K시의 한 도로의 지하에 매설되어 있는 상수도관에 균열이 생겨 그 틈으로 새어나온 물이 도로 위까지 유출되어 얼어붙었는데 이를 모르고 택시를 운행하던 A씨가 운행 중 미끄러져서 전복되어 사망하였다면, A씨의 유족은 국가배상법 제5조에 근거하여 K시를 상대로 손해배상을 청구할 수 있다.

2) 행정상 손실보상

서울시가 서울 시내 어느 지역에 공원을 설치하기 위해 근거법에 따라 **적법**하게 그 지역의 토지를 수용한다면, 서울시는 그 지역 토지 소유자들에게 정당한 보상을 해주어야 한다. 이 경우, 공원을 설치하는 것은 공공의 필요, 즉 공익을 위한 것이고 이를 위해 그 지역 토지 소유자들에게 **특별한 희생**을 요구하는 것이 되는 것이므로 헌법상의 기본권으로서의 사유재산권의 보장과 공평한 부담이라는 차원에서 그 지역 토지 소유자들에게 정당한 보상을 해주는 것이 당연한 조치이다.

이와 같이 행정상 손실보상이라 함은 공공의 필요에 의한 **'적법(適法)한 공권력의 행사'**로 인하여 개인에게 **특별한 희생**이 되는 재산적 손실을 가져오게 한 경우, 사유재산권의 보장과 공평 부담의 견지에서 행하는 **금전적 보상**을 말한다.

행정상 손해배상과 행정상 손실보상은 양자 모두 개인의 권리를 구제함으로써 법치주의 이념에 봉사하고, 사후적 구제 제도인 점에서는 동일하나, 손해배상의 경우 **'위법(違法)'**한 행정작용으로 인한 손해를 전보하는 것인데 대해, 손실보상은 **'적법(適法)'**한 공권력의 행사로 인한 손실을 전보하는 것이라는 점에서 차이가 있다.

헌법 제23조 제3항은 "공공필요에 의한 재산권의 수용·사용 또는 제한 및 그에 대한 보상은 법률로서 하되, 정당한 보상을 지급하여야 한다"라고 규정하고 있다. 이러한 헌법 규정에 근거한 대표적인 법률로는 **'공익사업을 위한 토지 등의 취득 및 보상에 관한 법률'**이 있다.

4. 행정쟁송 제도

행정쟁송 제도는 행정기관의 위법·부당한 행정작용으로 인하여 개인의 권리를 침해 당한 자가 일정한 국가기관에 이의를 제기하여 그 위법 또는 부당한 행정작용을 시정해 줄 것을 요구하는 절차를 말한다. 행정쟁송 제도에는 **행정심판**과 **행정소송**이 있다.

1) 행정심판 및 행정소송의 개념

행정심판이란 행정상 법률관계(권리·의무관계)의 분쟁을 법원이 아닌 행정기관이 심리·재결하는 행정쟁송 절차를 말한다. 행정심판을 심리·재결하는 행정기관을 **'행정심판위원회'**라 한다. 행정심판위원회는 행정심판을 심리·재결하기 위하여 설치된 비상설 합의제 행정기관이다. 행정심판위원회는 복수의 위원으로 구성되어 각 위원들이 합의로 의사를 결정하는 합의제기관이다.

한편, 행정소송이라 함은 행정기관이 아닌 **법원**이 행정법상의 법률관계에 관한 분쟁에 대해, 당사자의 소(訴)의 제기에 의해 이를 심리·판단하는 정식 재판 절차를 말한다.

2) 행정심판 및 행정소송의 대상

행정심판의 대상이 되는 것은 **행정기관이 행한 위법하거나 부당한 행정작용**으로서 그 시정을 요구하는 절차이고(행정심판법 제3조 제1항), 행정소송은 **행정기관이 행한 위법한 행정작용**을 대상으로 하여 그 시정을 요구하는 절차이다(행정소송법 제3조 제1항). 이를 구체적으로 설명하면 다음과 같다.

첫째, 행정기관의 위법하거나 부당한 행정작용을 **'하자(瑕疵) 있는 행정작용'** 혹은 **'흠 있는 행정작용'**이라 한다. 하자 있는 행정작용의 개념에는 광의의 개념과 협의의 개념이 있다. '광의의 하자 있는 행정작용'이란 행정기관의 위법한 행정작용뿐만 아니라 부당한 행정작용까지를 포함하는 개념이고, '협의의 하자 있는 행정작용'이라 함은 부당한 행정작용을 제외한 위법한 행정작용만을 의미하는 개념이다.

둘째, 행정기관의 **부당한 행정작용**이라 함은 위법한 행정작용이 아니라, 행정기관이 재량권을 행사하면서 공익 또는 합목적성에 대한 판단을 잘못한 것을 말한다. 한편, 위법한 행정작용이라 함은 법률유보 원칙이라든가 법률우위 원칙 등을 위반한 행정작용을 의미하며, 이에는 위법의 정도에 따라 취소(取消)할 수 있는 처분과 무효(無效)인 처분으로 구분한다. 즉, 행정청의 처분의 위법의 정도가 중대(重大)하고 명백(明白)할 정도의 위법인 경우에는 **'무효인 행정작용'**이 되고, 위법의 정도가 중대하고 명백할 정도의 위법이 아닌 경우에는 **'취소할 수 있는 행정작용'**이 된다.

셋째, **무효인 행정작용**은 그 하자의 정도, 즉 **위법성의 정도**가 **중대하고 명백**하기 때문에 그러한 행정작용의 효력은 **무효**이다. 즉, 아무런 효력을 발생하지 않는다. 예를 들면, 갑(甲)이 위법행위를 전혀 행하지 않았음에도 불구하고 해당 A구청장이 착오로 갑에게 단란주점 영업허가 취소처분을 내렸다면, A구청장의 취소처분은 그 위법성(하자)이 중대하고 명백하므로 그 취소처분의 효력은 무효이다.

한편, 취소할 수 있는 행정작용이란 해당 행정작용의 위법성(하자)이 존재하기는 하지만 그 위법성의 정도가 중대하고 명백한 정도의 위법성이 아닌 경우를 말한다. 그런데 무효인 행정작용의 효력은 당연히 무효가 되는 데 대해, **취소할 수 있는 행정작용의 효력**은 당연히 효력이 무효가 되는 것이 아니고, **취소할 수 있는 권한을 가진 기관**에서 해당 행정작용을 위법성을 이유로 **취소할 때까지는 효력을 갖는 특징**을 가지고 있다.

예를 들면, 갑에 대한 조세부과 처분이 설사 위법하게 행해졌을지라도 그 위법성이 중대하고 명백하지 않는 한, 권한 있는 기관에 의해 그 조세부과 처분이 취소되기 전까지는 조세부과 처분의 상대방인 갑은 이에 구속되어 납세 의무를 지게 된다.

넷째, 취소할 수 있는 권한을 가진 기관으로는 먼저 위법한 행정작용을 행한 행정기관이 있는 바, 이와 같이 위법한 행정작용을 행한 행정기관이 위법한 행정작용에 대해 이를 취소하는 것을 **'직권취소'**라고 한다. 다음으로, 행정심판을 담당하는 행정심판위원회나 행정소송을 담당하는 법원이 취소하는 경우가 있는데 이를 **'쟁송취소'**라 한다.

이와 같이 행정청의 **위법한 처분**은 행정기관의 직권에 의해 취소될 수 있을 뿐만 아니라(이를 '직권취소'라 한다), 행정심판이나 법원에 대한 행정소송을 통해서도 취소될 수 있다(이를 '쟁송취소'라 한다). 그러나 **부당한 처분**은 행정심판이나 행정기관의 직권에 의해 취소될 수 있을 뿐, 법원에 의해 취소될 수는 없다. 즉, 행정청의 부당한 처분은 행정소송의 대상이 되지 않는다.

이상과 같이 행정심판이나 행정소송의 대상이 되는 행정작용의 유형을 그림으로 나타내면 다음과 같다.

- 하자 있는 행정작용
  - 광의: 위법하거나 부당한 행정작용
  - 협의: 위법한 행정작용
    - 무효인 행정작용
    - 취소할 수 있는 행정작용

3) 행정심판법상의 행정심판의 종류

행정심판법상 행정심판의 종류로는 취소심판(取消審判), 무효 등 확인심판(無效等確認審判) 및 의무이행심판(義務履行審判)이 있다.

(1) 취소심판

취소심판이란 행정청의 위법 또는 부당한 처분의 취소 또는 변경을 구하는 심판을 말한다(행정심판법 제4조 제1호).

예를 들면, 서울지방경찰청장이 의견 제출 절차를 거치지 아니하고 갑(甲)의 운전면허를 위법하게 취소한 경우, 갑이 운전을 하기 위해서는 서울지방경찰청장이 행한 운전면허 취소처분이 위법하다는 이유로 행정심판위원회에 취소를 요청하여 이를 취소시켜야만 한다. 이러한 경우에 적합한 행정심판이 취소심판으로서 갑은 운전면허 취소처분의 취소심판을 행정심판위원회에 제기하여야 한다.

(2) 무효 등 확인심판

무효 등 확인심판이란 "행정청의 처분의 효력 유무 또는 존재 여부에 대한 확인을 하는 심판"을 말한다(제4조 제2호).

본래 행정작용의 하자의 정도가 중대하고 명백한 경우 그 행정작용의 효력은 당연히 무효이다. 그러나 하자의 정도가 중대하고 명백한 하자인지 혹은 하자가 존재하고 있기는 하지만 중대하고 명백한 하자가 아니며, 따라서 당연 무효가 아니고 취소할 수 있는 정도의 하자에 그치는 것인지의 여부는 객관적으로 그 구분이 명백한 것이 아니라 다분히 주관적 성격을 지니고 있다. 따라서 어떤 위법한 행정작용에 대해 그 행정작용의 상대방은 이를 중대하고 명백한 하자를 지니고 있는 행정작용이며 따라서 무효라고 보는 데 반해, 그러한 행정작용을 행한 행정기관에서는 해당 행정작용이 하자 있는 위법한 행정작용이기는 하지만 그 하자의 정도가 중대하고 명백할 정도의 하자가 아닌 취소할 수 있는 정도의 하자라고 주장할 경우가 있을 수 있다. 따라서 이와 같이 서로 위법성의 정도에 대한 갈등이 일어날 경우를 대비해서 해당 행정작용의 위법성이 중대하고 명백한 위법이며, 따라서 무효라는 점을 확인해 둘 필요가 있는데 이러한 경우에 적합한 심판이 바로 무효 등 확인심판이다.

예를 들면, 부동산을 양도하여 차익을 얻은 자는 갑(甲)인데도 불구하고 관할 A세무서장이 갑의 자녀인 을(乙)에게 양도소득세를 부과하였다면, A세무서장의 과세처분은 그 하자가 중대하고 명백하므로 무효이다. 따라서 을은 양도소득세를 납부할 이유가 없다. 그러나 A세무서장이 을에 대한 양도소득세의 부과처분이 유효하다고 주장하면서 양도소득세를 납부하지 않는 을에 대해 강제징수에 나서게 되면 을에게는 여러 가지 불편한 사항이 발생할 수 있다. 이러한 경우에 을로서는 A세무서장의 양도소득세 부과처분이 무효라는 것을 행정심판을 통해 확인받아 둠으로써 불편사항을 해소해 둘 필요가 있다. 이러한 경우에 제기하는 심판이 무효 등 확인심판이다.

(3) 의무이행심판

의무이행심판이란 "행정청의 위법 또는 부당한 거부처분이나 부작위에 대하여 일정한 처분을 하도록 하는 심판"을 말한다(행정심판법 제4조 제3호).

'거부처분'은 개인이 행정기관에 대하여 일정한 처분을 해 줄 것을 신청한 경우(예를 들면, 건축허가의 신청) 그 신청에 따른 처분을 거부하는 행위를 말한다. 한편, **'부작위'**라 함은 행정기관이 당사자의 신청에 대하여 상당한 기간 내에 일정한 처분을 하여야 할 법적 의무가 있음에도 불구하고 이를 하지 않는 것을 말한다(제2조 제1항 제2호). 따라서 거부처분은 당사자의 신청에 대해 이를 거부하는 의사표시인데 반해, 부작위는 당사자의 신청에 대해 아무런 의사표시를 하지 않는다는 점에서 구별된다.

4) 행정소송법상 행정소송의 종류

현행 행정소송법은 행정소송의 종류를 항고소송과 당사자소송, 민중소송 및 기관소송으로 구분하고 있다. 이 중에서 항고소송은 '행정청의 위법한 처분이나 부작위'를 대상으로 하는 소송이고, 기타 당사자소송, 민중소송 및 기관소송은 행정소송법 제1조에서 규정하고 있는 '공법상의 권리관계 또는 법 적용에 관한 다툼'을 적정하게 해결하기 위한 소송이다.

(1) 항고소송

항고소송(抗告訴訟)이란 행정청의 '처분 등'이나 '부작위'에 대하여 제기하는 소송을 말하며, 행정소송법은 이를 다시 취소소송(取消訴訟), 무효 등 확인소송(無效等確認訴訟), 부작위위법확인소송(不作爲違法確認訴訟)으로 구분하고 있다(제4조).

① 취소소송

취소소송이란 행정청의 위법한 처분 등의 취소 또는 변경을 구하는 소송이다. 예를 들면, 갑(甲)이 A구청장에게 건축허가를 신청하였는데 A구청장이 건축허가를 거부한 경우 건축허가를 거부한 것이 위법하다고 판단되면 갑(원고)은 A구청장(피고)을 상대로 건축허가 거부처분 취소소송을 제기하여 건축허가 거부처분의 취소를 요청할 수 있다.

② 무효 등 확인소송

무효 등 확인소송이란 행정청의 처분 등의 효력 유무 또는 존재 여부의 확인을 구하는 소송이다. 예를 들면, 앞서 무효 등 확인심판에서 설명한 바와 같은 사례를 행정소송으로 제기하는 경우 무효 등 확인소송을 제기할 수 있다.

③ 부작위위법확인소송

부작위위법확인소송이란 행정청의 부작위가 위법하다는 것의 확인을 구하는 소송이다.

행정심판의 경우, 행정기관의 위법한 거부처분이나 부작위에 대해서는 **의무이행심판**을 제기하도록 하고 있다. 그러나 현행법상 **행정소송**에 있어서는 **의무이행소송이 인정되지 않고 있다.** 따라서 행정기관의 위법한 **거부처분**에 대해서는 **거부처분 취소소송**을, **부작위**에 대해서는 **부작위위법확인소송**을 제기하여야 한다.

예를 들면, 갑의 건축허가 신청에 대해 A구청장이 이를 위법하게 거부한 경우에 갑(원고)은 A구청장(피고)을 상대로 건축허가 거부처분 취소소송을 제기할 수 있고, 갑의 건축허가 신청에 대해 A구청장이 이에 대해 건축허가를 내어주거나 거부하거나 하는 등의 의사표시를 하지 않은 채, 위법하게 계속 지연하는 경우(즉, 위법한 부작위의 경우)에는 갑은 A구청장(피고)을 상대로 건축허가 부작위위법확인소송을 제기할 수 있다.

(2) 당사자소송

항고소송은 이미 행정기관에 의해 행하여진 위법한 공권력 행사로서의 처분이나 부작위로 인하여 권익이 침해된 자가 그 위법을 이유로 하여 당해 처분의 취소 또는 변경을 구하는 소송이다.

이에 반해, 당사자소송은 행정기관의 공권력 행사로서의 위법한 처분이나 부작위 그 자체에 대한 취소 또는 변경을 구하는 소송이 아니라, a) 행정청의 공권력 행사로서의 위법한 처분 등이 **원인이 되어 생긴 법률관계(권리 · 의무관계)**를 해결하기 위해 제기하는 소송이거나, b) 대등한 당사자 간의 **공법상의 권리 · 의무관계**에 관한 소송을 말한다. 따라서 당사자소송은 이와 같이 a)와 b)의 두 가지 형태의 소송으로 나누어 볼 수 있다.

예를 들면, A공무원이 갑(甲)에게 위법하게 단란주점 영업허가 취소처분을 함으로써 갑에게 손해가 발생하였을 경우, 위법한 단란주점 영업허가 취소처분을 취소해 줄 것을 요청하는 것은 항고소송으로서의 취소소송에 해당한다. 그러나 이러한 위법한 처분이 **원인이 되어** 갑에게 발생한 손해를 배상받기 위해 제기하는 **손해배상청구소송**이나, 행정청이 공공의 필요에 의해 적법하게 개인에게 특별한 희생이 되는 재산적 손실을 가져오게 하는 **공권력 행사가 원인이 되어** 발생하는 **손실보상청구소송** 등은 a)의 예에 속하는 경우이다.

한편, 공무원에 대한 보수를 지급하지 않고 있을 경우 제기하는 **공무원보수 지급청구소송** 등과 같이 봉급 · 재해보상금 · 생계급여 등 공법상에 규정된 금전 지급을 청구하는 소송이나, **국가유공자의 확인을 구하는 소송** 등과 같이 공법상의 신분 · 지위 등의 확인소송 및 서울특별시 시립무용단의 위촉과 같은 공법상 계약관계에서 시립무용단원에 대한 계약의 해지를 둘러싸고 계약해지 의사표시 무효확인을 구하는 소송과 같이 공법상의 계약에 관한 소송 등은 b)의 예에 해당한다.

당사자소송은 공법상의 법률관계(공법상의 권리와 의무)를 소송의 대상으로 한다는 점에서 사법상의 법률관계(사법상의 권리와 의무)를 소송의 대상으로 하는 민사소송과 다르다.

(3) 민중소송

민중소송(民衆訴訟)은 국가 또는 공공단체의 기관이 법률에 위반되는 행위를 한 때에 직접 자기의 법률상의 이익과 관계없이 그 시정을 구하기 위하여 제기하는 소송을 말한다(행정소송법 제3조 제3호).

항고소송은 당사자 사이의 개별적인 권리나 의무에 관한 분쟁을 해결하기 위한 주관적 소송(主觀的訴訟)인데 반해, 민중소송은 행정감독적 견지에서 행정법규의 정당한 적용을 확보하거나 선거 등의 공정성 확보를 위한 소송이다. 따라서 **객관적 소송(客觀的訴訟)**으로서의 성질을 갖는다.

민중소송은 법률이 허용하고 있는 경우에만 예외적으로 인정된다(제45조). 현행 법상 인정되고 있는 민중소송의 유형으로는 일반적인 선거소송과 국민투표에 관한 소송에서 선거인이나 후보자, 또는 정당이 제기하는 소송을 들 수 있다. 예를 들면, 대통령이나 국회의원 선거에 있어서 선거의 효력에 있어서 이의가 있는 선거인이나 정당(후보자를 추천한 정당에 한함) 또는 후보자는 선거일로부터 30일 이내에 당해 선거구 선거관리위원회의 위원장을 피고로 하여 대법원에 제소할 수 있다(공직선거 및 선거부정방지법 제222조 제1항).

(4) 기관소송

기관소송(機關訴訟)은 국가 또는 공공단체의 기관 상호 간에 권한의 존부(存否) 또는 그 행사에 관하여 다툼이 있는 경우에 이에 대하여 제기하는 소송을 말한다(행정소송법 제3조 제4호).

행정소송법상의 기관소송은 **동일한 행정 주체에 속하는 기관 간의 소송**, 다시 말하면 단일한 법 주체 내부에서의 행정기관 상호 간의 권한 분쟁이므로, **상이(相異)한 행정 주체 간 또는 상이한 행정 주체에 속하는 기관 간의 소송**(예를 들면, 지방자치단체 상호 간의 법적 분쟁을 대상으로 하는 소송)은 이에 해당되지 않는다는 것이 통설적인 견해이다.

기관소송은 객관적 소송으로서의 성질을 가지므로 법률이 인정하는 경우에만 허용된다.

행정소송법상의 기관소송은 헌법재판소의 **권한쟁의심판**의 관장 사항이 아닌 것에만 한정한다.[1] 기관소송은 **대법원이 제1심 관할 법원이자 종심 법원**이다.

Ⅴ. 형식적 법치주의와 실질적 법치주의

근대 국가에서 형성된 대륙법계 국가에서의 법치주의는 국가작용, 그 중에서도 특히 행정작용을 최소한의 기능에 국한시키고, 그것도 시민의 대표기관인 의회에서 제정하는 법률에 의해 엄격히 구속함으로써 궁극적으로 시민의 자유권과

1) 현행법상 인정되고 있는 기관소송의 구체적인 예에 대해서는 제4편 제4장 제7절의 객관적 소송으로서의 기관소송을 참조.

재산권 등을 보호하고자 하는 데 그 목적이 있었다.

그러나 법치행정의 원리는 법률의 실질적 내용은 문제 삼지 않고, 다만 행정권의 발동이 형식적으로 의회에서 제정된 법률에 의거하여 행해지기만 하면 족한 것으로 간주하게 되었다. 즉, 법률 제정의 형식이나 절차만이 문제가 되고 그 법률의 내용은 문제 삼지 않았다. 이를 **'형식적 법치주의(形式的法治主義)'**라 한다.

이러한 형식적 법치주의 하에서는 법률의 근거만 있으면 어떠한 행정 권력의 행사도 정당한 것으로 인정될 수 있었던 것이다. 이른바 **의회의 의결을 거친 법률에의 전능성(全能性)**을 인정하게 된 것이다. 이러한 형식적 법치주의의 극단적 형태가 바로 **제2차 세계대전 이전의 나치 독일이나 일본의 군국주의 하의 법치주의**였다.

이에 대한 반성으로 제2차 세계대전 이후에는 국가의 최고법이고 국민 의사의 최고의 표명이라 할 수 있는 헌법에 **'인간의 존엄은 불가침이다'** 하는 조항과, 법률로써도 침범할 수 없는 헌법 원칙(기본권의 보장 등)을 규정하고, 이를 보장하기 위한 제도적 장치로 **헌법재판 제도(憲法裁判制度)**를 도입하게 되었다.

따라서 오늘날의 법률에 의한 행정의 원리에서의 법률은 **헌법에 위배되지 않는 법률**, 즉 합헌적 법률만을 의미하게 되었다. 다시 말하면, 행정을 규율하는 법률의 우선적 효력은 그 법률이 헌법에 형식적으로 뿐만 아니라, 실질적으로도 적합한 한도 내에서만 인정되며, 헌법재판에서 위헌임이 확정되면 그 법률은 효력을 상실하게 된다. 이러한 의미의 법치주의를 **'실질적 법치주의(實質的法治主義)'**라 한다.

제 3 절 영 · 미법계 국가에서의 '법의 지배'

Ⅰ. '법의 지배'의 의의

법의 지배(rule of law)의 원리란 법이 국가의 행정 · 입법 및 사법 등의 모든 권력보다 상위에 존재하며, 따라서 모든 국가 권력이 법에 복종하여야 하는 원칙을 말한다. 이러한 관점에서 법의 지배의 원리를 '**법의 최고성의 원리**(doctrine of supremacy of law)'라고 부르기도 한다.

영·미법계 국가에서 법의 지배라고 하는 경우 그 법은 주로 **판례법**(**判例法**)을 의미한다. 판례법을 **보통법**(common law)이라고도 한다. 영국이나 미국이 기본적으로 판례법주의 국가임은 잘 알려져 있는 사실이다.

판례법주의란 법원이 내린 판결에 대하여 법적 구속력을 인정하고, 이것을 제1차적인 법으로 하는 법 원칙을 말한다. 따라서 판례법주의 하에서는 장래 다른 동급(同級) 또는 하위 법원이 이와 동일한 내용을 가진 사건을 재판할 경우 기존의 판결에 따라야 하는데, 이를 '**선례 구속의 원칙**(doctrine of precedence)'이라고 부른다.

그러나 그 주요 사실이 상이한 경우에는 전 사건(前事件)의 판결에 구속되지 아니하며, 이 경우 판사는 그와 유사한 다른 사건에서 법원이 내린 판결을 유추(類推)하여 가장 타당하다고 판단되는 바에 따라 판결을 하게 된다. 이렇게 함으로써 또 하나의 새로운 판례가 나오게 되며, 이 새로운 판례는 다시 법으로서 장래 이와 동일한 내용을 가진 사건에 대하여 구속력을 가지게 되는 것이다. 이렇듯 판례법은 판례로부터 판례로 발전해 나간다.

영·미법계 국가에서는 '법 앞의 평등의 원칙'이 작용하여 국가의 행정권을 포함하여 어느 누구도 법 위에 없으며, 모든 사람은 그 지위나 여건에 관계없이 똑같이 **보통법**(ordinary law)**의 지배**를 받고 일반법원의 재판을 받아야 한다는 원리에 입각하고 있다. 따라서 **공법과 사법의 구별이 없으며, 일반법원과 행정법원의 구별이 없다**.

Ⅱ. 보통법과 제정법 간의 상충

영·미법계 국가에서는 의회는 물론 사법부도 입법기관이다. 즉, **의회**는 성문의 **제정법**(statutory law)을 **사법부는 보통법**(common law)을 제정하는 것이다. 따라서 법의 지배 원리 하에서의 법의 범주에는 의회의 성문법과 사법부의 보통법이 모두 포함된다. 따라서 양자 간에는 그 효력 간에 충돌 문제가 발생한다.

이 경우, 영국에서는 **'의회 주권의 원리**(doctrine of sovereignty of parliament)' 하에서 입법부의 우위가 확립되어 왔다. 따라서 의회의 제정법이 보통법에 앞선다. 이에 반해, 미국에서는 의회가 제정한 법률에 대한 사법부의 위헌법률심사권(違憲法律審査權)을 인정함으로써 **'사법부 우위의 원리**(doctrine of judicial supremacy)'가 확립되어 있다. 따라서 보통법이 제정법에 앞선다. 이는 영국과 미국의 '법의 지배'의 원리를 구분하는 가장 중요한 특징 중의 하나이다.

이와 같이 영국과 미국 간의 법의 지배 원리의 차이점은 사법부가 의회가 제정한 법률을 심사할 수 있는지의 여부, 즉 사법부가 제정하는 보통법이 의회의 제정법보다 상위에 있는지의 여부에 있다. 영국에서는 의회 주권의 원칙이 확립됨으로써 사법부가 의회의 제정법을 심사하는 것이 허용되지 아니한다. 이에 반해, 미국에서는 사법부의 위헌법률심사 제도가 확립됨으로써 사법부는 의회가 제정한 법률이 미국의 성문 헌법에 위반되는지의 여부를 심사할 수 있는 권한을 보유하고 있다.

미국의 연방대법원은 의회의 제정법이 연방 헌법에 위배되는지의 여부를 심사할 수 있는 권한, 즉 위헌법률심사권을 보유하고 있다. 따라서 연방대법원이 위헌법률심사를 하면서 축적된 판례는 법원의 불문 헌법을 형성하게 되고, 이는 연방의회의 제정법보다 상위의 법적 효력을 가지게 된다. 즉, 미국에서는 연방법원의 판례가 불문 헌법을 형성함으로써 연방의회의 제정법을 구속하게 된다.

제 3 장

행정법

제 1 절 행정법의 의의

행정법은 행정의 조직과 작용, 절차 및 구제에 관하여 규율하는 국내 공법이라고 정의한다. 다시 말하면, 행정법은 국가나 지방자치단체 등 행정 주체의 기관의 설치 및 그 권한과 기관 상호 간의 관계에 관한 법인 **행정조직법**과, 행정 주체와 사인과의 관계에 관한 법인 **행정작용법**, 각종의 행정작용을 행하는 데 있어서 따라야 할 절차에 관한 법인 **행정절차법** 및 행정작용으로 인하여 개인의 권리가 침해되었을 경우 그 구제에 관한 법인 **행정구제법들의 총칭**으로서, 행정에 고유한 **국내 공법**을 말한다. 이를 분설하여 설명하면 다음과 같다.

1. 행정법은 행정에 관한 법이다

행정법은 행정에 관한 법이다. 따라서 행정법은 국가의 근본 조직·작용에 관한 법인 헌법과 구분되고, 입법권의 조직과 작용에 관한 법인 입법법(立法法:

국회법 · 국회사무처법 등), 사법권의 조직과 작용에 관한 법인 사법법(司法法: 법원조직법 · 민사소송법 · 형사소송법) 등과도 구별된다.

2. 행정법은 행정에 관한 공법이다

행정법은 행정에 관한 법의 전부가 아니다. 행정을 규율하는 법 가운데에는 공법(公法)도 있고 사법(私法)도 있다. 이 중에서 행정법은 행정의 조직 · 절차 · 작용 및 구제에 관한 공법만을 말한다. 따라서 행정법의 개념을 제대로 이해하기 위해서는 공법과 사법의 개념을 이해하여야 한다.

1) 공법과 사법의 분류

우리나라는 대륙법계 국가처럼 공법과 사법을 구별하고 있다. 공법과 사법의 구별은 국가나 지방자치단체 등과 같은 행정 주체와 사인과의 관계는 사인 상호간의 관계와는 다른 법에 의하여 규율되어야 한다는 사상으로부터 출발하였다.

인간의 사회생활 관계를 법적으로 관찰해 보면, 그것은 복잡다양한 권리와 의무관계로 얽혀 있다. 이러한 권리와 의무관계를 **'법률관계(法律關係)'**라고 부른다. 따라서 법률관계의 내용은 구체적인 권리와 의무에 관한 것이다. 예를 들면, 매매계약(賣買契約)에 의하여 매도인(賣渡人)은 소유권 이전 의무를 지고, 매수인(買受人)은 이를 청구할 수 있는 권리를 가지며, 반면에 매도인은 매매대금을 청구할 수 있는 권리를 가지고, 매수인은 이를 지급할 의무를 진다. 이와 같이 인간의 사회생활 속에서의 권리와 의무관계를 규율하는 법 가운데에는 사법과 공법이 있다.

공법에는 헌법이나 행정법 · 형법과 같은 실체법(實體法)과 민사소송법 · 형사소송법과 같은 절차법(節次法)이 있다.[1] 한편, **사법**에는 민법과 상법 등과 같

---

1) **실체법**은 '주법(主法)'이라고도 하고, **절차법**은 '조법(助法)' 또는 '형식법'이라고도 한다. 이 양자는 법의 규정 내용을 표준으로 한 구별로서, 법이 권리 · 의무의 실체에 관한 것을 내용으로 하는 경우에는 이를 '실체법'이라 하고, 권리 · 의무의 실현을 위한 절차에 관하여 규정한 것인 경우에는 이를 '절차법'이라 한다.
실체법은 권리 · 의무에 관하여 그 성질 · 소속 · 범위와 종류 · 내용 · 발생 · 변경 · 소멸 등에 관한 실체적 사항을 규정하는 법이다.

이 사인 상호 간의 관계를 규율하는 법이 있다.

공법과 사법의 구별은 공법과 사법의 **규율 대상의 차이**에서 나온다. 사법의 규율 대상이 되는 사인 상호 간의 관계는 **대등한 관계**이며, 각 개인에게 법률관계를 형성하는 데 **자율권**이 인정된다. 이를 **'사적 자치(私的自治)의 원칙'**이라 한다. 따라서 사법에 있어서는 당사자 사이의 합의에 의해 형성되는 권리 · 의무관계를 원칙적으로 유효한 것으로 인정한다. 그러므로 사법에는 **임의법(任意法)**의 부분이 많다.

한편, 공법이라 함은 국가와 국가, 국가와 지방자치단체, 지방자치단체 상호 간 혹은 국가 · 지방자치단체와 개인 간의 관계를 정하는 법을 말한다. 그러나 국가 또는 지방자치단체가 사인과 같은 자격으로 사인과 여러 가지 관계에 서게 되는 때에는 이를 규율하는 법은 사법이다. 예를 들면, 국가나 지방자치단체 등의 행정 주체가 사인과 행정에 필요한 물품 구매 계약을 맺는다든가, 청사 · 도로 · 교량 등의 건설도급 계약을 맺는 행위, 국유재산(잡종재산)의 매각행위 등을 규율하는 경우에는 사법이 적용된다.

공법은 대부분 **강행법(强行法)**이다. 강행법이라 함은 당사자의 의사 여하를 불문하고 적용되는 법을 말한다. 예를 들면, "대한민국 국민인 남자는 헌법과 법이 정하는 바에 따라 병역의무를 성실히 수행하여야 한다"는 병역법의 규정(제3조)은 강행법이다. 강행법은 공익에 관한 법이기에 속한다.

2) 사법으로서의 민법의 기본 원리

사법의 대표적인 법인 민법은 시민 사회에서의 시민 상호 간의 일상생활 관계를 일반적으로 규율하는 법으로서, 우리나라의 현행 민법전(民法典)은 총 다섯 편으로 나누어져 있다. 그 내용은 제1편 '총칙(總則)', 제2편 '물권(物權)', 제3편 '채권(債權)', 제4편 '친족(親族)', 제5편 '상속(相續)'으로 되어 있다. 제1편 총칙은 민법의 전편에 통하는 또는 사법 전반에 통하는 통칙(通則)을 규정하고 있다. 다음으로, 제2편의 물권법과 제3편의 채권법은 '재산법(財產法)'이라 하며, 사람의 자기 보존 본능을 존중하며 재산을 개인에게 향유시키고 이것을 보호하려는 사유재산 제도를 지지하는 기반이 되어 있다. 한편, 제4편의 친족법과 제5편의 상속법은 '신분법(身分法)'이라 한다.

민법에는 세 개의 구체적인 원칙인 '사유재산권 존중(私有財産權尊重)의 원칙', '사적 자치(私的自治)의 원칙', '과실책임(過失責任)의 원칙'이 인정되는데 이를 근대 민법의 3대 원칙이라 한다.

(1) 사유재산권 존중의 원칙(소유권 존중의 원칙)

이는 각 개인의 사유재산권에 대한 절대적 지배를 인정하고, 국가나 다른 개인은 이에 간섭하거나 제한을 가하지 못한다는 원칙이다. 그런데 사유재산권 가운데서 가장 중요한 것은 소유권이기 때문에 이 원칙을 **'소유권 존중의 원칙'**이라고도 한다.

소유권 존중의 원칙은 그러나 빈익빈(貧益貧) 부익부(富益富)의 현상을 날로 극심화하여 자유와 평등의 지위에 있어야 할 각 개인이 현실적으로 취득할 수 있는 생활 이익은 점차 불평등한 것이 되게 하는 데 근원적 원인이 되고 말았다. 여기에서 사유재산이 오로지 그 권리자 개인만을 위한 것이 아니라, 동시에 사회공공을 위하여 이바지하는 것이 아니면 안 된다고 생각하게 되었고, 이에 따라 경제적 자유방임주의를 수정하여 사유재산권 존중의 원칙 내지 소유권 절대의 원칙은 **'사유재산권 공공의 원칙'** 또는 **'소유권 공공의 원칙'**으로 수정되었다.

헌법은 국민의 재산권을 보장하고 있고(제23조 제1항), 민법은 소유권을 '소유물을 사용·수익·처분할 권리'(민법 제211조)라고 규정하고 있다. 이리하여 소유권의 행사는 원칙적으로 소유자 개인의 자유에 맡겨지고, 국가나 다른 개인은 이것에 간섭하지 못하도록 하여 '소유권 존중의 원칙'을 선언하고 있으면서도, 이를 무제한으로 인정하지 않고 일정한 제한을 가하고 있다.

헌법상 사유재산권 제한의 내용으로는 ① 소유권은 '법률의 범위 내에서' 허용된다(민법 제211조), 재산권의 '내용과 한계는 법률로 정한다'고 하고 있다(헌법 제23조 제1항 후단), ② 소유권의 행사는 공공복리에 적합하게 하되(헌법 제23조 제2항), 사회적으로 타당하다고 인정되는 범위 내에서 해야 한다. ③ 이 범위를 넘는 경우에는 권리의 남용이 되며, 정당한 소유권의 행사라고 볼 수 없게 된다(민법 제2조 제2항).

(2) 사적 자치의 원칙(계약 자유의 원칙, 법률행위 자유의 원칙)

근대 사회는 개인의 자유를 최대한 보장하고, 개인에 대한 국가적 개입을 배제한다는 자유의 관념을 그 출발점으로 하고 있으며, 이를 실현하기 위해서는 법률관계(권리 · 의무관계) 형성의 중심적 수단이 개인의 의사에 있음을 인식하고, 개인의 의사 실현에 노력하여야 한다고 생각하게 되었다. 이러한 배경으로 개인이 자기의 법률관계를 그의 자유로운 의사에 기하여 형성할 수 있는 것을 인정하는 **'사적 자치의 원칙'**을 기본 원칙으로 삼게 되었다. 이와 같이 자기의 권리 · 의무가 자기의 의사에 의하여 형성 · 변경 · 소멸된다는 원칙이 사적 자치의 원칙이며, **'개인 의사 자치의 원칙'** 또는 **'법률행위 자유의 원칙'**이라고도 한다. 또한 법률행위 중에서 가장 대표적인 것이 계약이기 때문에 이 원칙을 **'계약 자유의 원칙'**이라고도 한다.

법률행위(法律行爲)라 함은 물건을 사고팔거나 집의 전세를 주거나 혹은 저당권을 설정하는 것과 같이 법률적 효과(권리 · 의무의 발생 · 변경 · 소멸의 효과)를 발생케 하는 행위를 말한다. 법률행위는 **의사표시**를 통해 행해진다. 그리고 이러한 의사표시의 수(數) 및 결합 형태에 따라 법률행위는 계약(契約), 단독행위(單獨行爲), 합동행위(合同行爲)로 분류된다.

계약이란 집을 비싸게 팔려는 사람과 싸게 사려는 사람과 같이 서로 대립되는 두 당사자 간의 의사표시의 합치에 의해 성립되는 법률행위를 말한다.

단독행위란 집을 죽은 뒤에 어느 특정인에게 주겠다는 유언에서 볼 수 있는 바와 같이 한 사람의 단독 의사표시로서 성립하는 법률행위를 말한다.

합동행위란 사단법인의 설립(예: 조합의 설립) 행위와 같이 동일한 목적을 향한 복수의 의사표시로 법률행위가 성립되는 경우이다.

민법은 사적 계약관계에 대하여는 **자유방임주의(自由放任主義)**를 취하여 당사자 간의 자유의사에 맡겨서 이를 제한하지 아니하고 또 이에 개입하지 아니하며, 다만 당사자로부터 보호의 요구가 있을 때에 비로소 당사자의 의도가 실현될 수 있도록 이를 도와준다는 사고에 입각하고 있다. 따라서 당사자로부터의 요구, 즉 소(訴)의 제기가 있으면 국가기관인 법원은 당사자가 자유롭게 의도하고 계약한 바를 그대로 존중하여 이에 따르는 법적 보호, 즉 법적 효과를 부여하게 된다.

이러한 근대 국가에서의 사적 자치의 원칙에 대해서도 오늘날 일부 제한이 가해지고 있는 바, 계약 자유의 원칙을 그대로 견지할 경우에는 자본가가 노동자를 불리한 조건으로 고용하여 부당하게 착취하는 결과가 생기게 될 뿐만 아니라, 경제적 강자가 경제적 약자를 지배하게 되는 현상이 초래될 수 있다. 따라서 오늘날에는 이러한 현상을 제거하기 위하여 여러 가지 방법으로 계약 자유의 원칙에 제한을 가하고 있는 것이다. 예를 들면, 노동관계를 규율하는 입법들, 생존권적 기본권을 보장하기 위한 입법들 및 그 밖의 경제활동 전반에 걸친 각종 통제입법 등이 바로 계약 자유의 원칙을 제한하기 위한 것이다.

또한 민법은 제103조에서 계약은 '선량한 풍속 기타 사회 질서에 위반한 사항'을 내용으로 하지 못한다고 규정하고 있고, 제104조에서 불공정한 법률행위를 무효(無效)라고 하고 있고, 제2조 제1항에서는 "권리의 행사와 의무의 이행은 신의(信義)에 좇아 성실히 하여야 한다"라고 하여 신의성실(信義誠實)의 원칙을 표명하고 있다. 또한 제105조에서는 계약은 강행 법규(强行法規)에 위반하지 못한다고 규정하고 있다.

(3) 과실책임의 원칙

민법은 개인의 활발한 활동을 보장해 주기 위해 과실책임(過失責任)의 원칙을 기본 원리의 하나로 삼고 있다. 이것은 개인의 고의 또는 과실로 위법하게 타인에게 가한 손해에 대해서만 손해배상 책임을 진다는 원칙이다. 따라서 고의나 과실이 없이, 즉 무과실(無過失)로 타인에게 손해를 가한 때에는 배상을 할 필요가 없다. 즉, **"과실 없이는 책임이 없다"**는 논리이다.

계약 자유의 원칙이 적극적으로 개인의 활동의 자유를 보장하는 것이라면, 과실책임의 원칙은 소극적으로 이를 보장해주려는 것이다.

과실책임의 원칙에도 오늘날 수정이 가해지게 되었는바, **'무과실 손해배상책임'**이 그것이다. 경제적으로 부유한 가해자가 과실이 없다는 이유로 아무런 책임을 지지 않고, 그 반면에 손해를 입은 자는 아무런 보호를 받지 못한다고 하는 것은 심히 불공평한 일이 아닐 수 없다. 또한 대규모의 현대적 기업이나 시설은 그 경영 자체 속에 많은 위험을 내포하고 있음에도 불구하고, 손해는 고의나 과실이 있는 경우에만 배상하면 된다는 것은 손해 분담의 공평을 잃은 것이므로 기업자는 고의나 과실의 유무를 묻지 않고 배상책임을 져야 한다는 주장이 등장하게 되었다.

3) 공법과 사법의 구별 필요성

행정법은 행정에 관한 모든 법을 의미하는 것이 아니라, 그 중 행정의 조직과 작용 및 절차와 구제에 관한 공법에 속하며 따라서 사법과는 구별된다.

이와 같이 행정법이 공법이라 하여 행정기관이 반드시 공법에만 근거하여 활동하는 것은 아니다. 즉, 행정기관은 사법적인 수단을 통해서도 그 공적 업무를 수행할 수 있으며, 이 경우 사법의 규율을 받게 되는 것이다. 따라서 행정과 관련하여 이루어지는 법률관계(즉, 권리 · 의무관계)에 공법의 영역과 사법의 영역을 구별할 필요성이 생기게 되는 것이다. 공법과 사법의 구별 필요성을 좀 더 구체적으로 설명하면 다음과 같다.

(1) 구체적 법률관계에 적용될 법규 및 적용 법 원리의 결정

행정작용을 규율하는 법 가운데에는 공법으로서의 행정법과 사법이 있다. 공법의 규율에 의하여 형성되는 공법관계인 경우나 사법에 의하여 규율되는 사법관계인 경우 양자 모두 법률관계(즉, 권리 · 의무관계)인 점에서는 본질적으로 차이가 없으나, 공법관계인 경우에는 적용 법규나 법치행정의 원리나 행정법의 일반 원칙 등 사법관계에서 볼 수 없는 여러 가지 공법 특유의 원리가 적용된다.

> 법률관계라 함은 법에 의하여 규율되는 관계를 말한다. 예를 들면, 갑 · 을 간에 시계의 매매계약이 체결되면 매도인(賣渡人) 갑은 매수인(買受人) 을에 대하여 대금의 지급을 청구할 권리를 취득하고, 매수인은 대금지급 의무와 함께 시계의 소유권을 취득한다고 하는 관계가 법에 의하여 생긴다. 이와 같이 갑 · 을 간에 이루어지는 권리 · 의무관계가 법률관계이다.

한편, 사법관계의 영역에서는 사적 자치의 원칙에 따라 사인 상호 간의 자유로운 의사에 의해 법률관계가 형성되므로 공법 특유의 원리가 적용되지 않는다. 따라서 구체적인 법률관계가 사인 상호 간의 **대등한 관계**에서 이루어진 법률관계이면 이에 사법의 규정이나 사법 원칙이 적용되고, 국가 등 행정 주체와 국민 간에 행정 주체의 **일방적인 지시나 명령**에 의하여 이루어진 법률관계(예: 조세부과를 통해 형성된 권리 · 의무관계)인 경우에는 공법 규정이나 공법 원리가 적용된다.

(2) 소송 형식의 차이

공법과 사법의 구별은 분쟁 해결을 위한 소송 형식의 결정을 위해서도 필요하다. 즉, 공법상의 법적 분쟁, 즉 행정법과 같은 공법상의 권리관계에 관한 분쟁에 대해서는 원칙적으로 **행정소송(行政訴訟)**에 의하며, 사법상의 분쟁에 대해서는 **민사소송(民事訴訟)**에 의한다. 행정소송의 경우, 제소기간(提訴期間)의 제한, 제소 절차(提訴節次) 등에 대하여 민사소송과는 다른 특칙이 인정되며, 제1심이 **행정법원(行政法院)**이다.

> 민사소송이란 사인 간의 생활관계에 관한 이해의 충돌·분쟁을 국가의 재판권에 의하여 법률적으로 해결하고 조정하기 위한 일련의 법적 절차를 말한다. 한편, 행정소송은 공법상의 권리관계에 또는 법 적용에 관한 다툼을 해결함을 목적으로 하여 정식의 소송절차에 의하여 행하는 소송을 말한다(행정소송법 제1조).

4) 공법과 사법의 구별기준

공법과 사법의 구별기준에 대해서는 명확한 기준이 존재하지 않고, 다음과 같이 여러 학설들이 대립되어 있는 실정에 있다. 이들 학설들로는 주체설(主體說), 이익설(利益說), 종속설(從屬說, 권력설 혹은 복종설), 생활관계설(生活關係說), 귀속설[歸屬說, 신주체설(新主體說)] 등이 있다.

(1) 주체설

주체설은 예를 들면, 국가와 지방자치단체와의 권리·의무관계나, 국가와 국민 간의 권리·의무관계와 같이 권리·의무관계(즉, 법률관계)의 한쪽 혹은 양쪽 당사자를 국가 혹은 지방자치단체 등의 행정 주체로 하는 법률관계를 규율하는 법이 공법이고, 법률관계의 당사자가 모두 사인으로서 이들 상호 간의 관계를 규율하는 법이 사법이라 한다.

그러나 법률관계의 한쪽 당사자가 행정 주체인 경우에도 사인과 동등한 지위에서 활동하는 경우도 있고, 그러한 경우에는 사법이 적용된다는 점에서 이 학설을 주장하는 학자는 없다. 예를 들면, 행정 주체가 사인으로부터 물품을 구입하는 경우에는 이를 규율하는 법은 민법이나 기타 사법이다. 이와 같이 행정 주체가 사인과 대등한 지위에서 행하는 사경제적 행위를 **'국고행위(國庫行爲)'**라고 한다.

또한 법률관계의 당사자가 모두 사인인 경우에도, 예를 들면, 선박의 선장이나 항공기의 기관장 등의 사인이 그의 구성원들(사인)에 대해 행하는 경찰권(警察權)의 행사와 같은 행위를 규율하는 법은 공법이다.

(2) 이익설

이익설은 공익의 보호를 목적으로 하는 법이 공법이고, 사익의 보호를 목적으로 하는 법이 사법이라 한다.

이 학설이 공법과 사법의 중요한 차이점을 지적하고 있는 것은 사실이다. 그러나 어떤 법은 공익을 추구하면서도 동시에 사익의 보호를 목적으로 하는 경우도 있다는 점에 이익설의 한계가 있다. 예를 들면, 형법에 의하여 범죄자를 처벌하는 것은 사회의 질서유지라는 공익의 보호에 있으나, 반면에 개인의 생명과 재산의 보호라는 목적도 있다. 따라서 이익설에 따르면 형법은 공법도 되고 사법도 된다. 그러나 형법은 공법에 속한다.

(3) 종속설(권력설 혹은 복종설)

종속설은 관계 당사자 사이의 관계를 기준으로 하여 법이 규율하는 관계가 **불평등한(권력적인) 지배·복종관계**인 경우가 공법이며, 관계 당사자가 **대등한 경우**가 사법이라고 본다.

이 학설은 과거 행정의 기능이 질서유지 기능에 중심을 두던 시대에는 주장의 타당성을 가지고 있었다. 질서유지 행정에서는 위해(危害)를 방지하기 위해 국민의 권리를 일방적으로 제한하는 권력적 행정이 중심을 이루었기 때문이다. 그러나 오늘날 행정은 급부행정이 중요한 행정 부문이 되고 있는 바, 급부행정은 기본적으로 비권력적 관계를 규율 대상으로 한다는 점에서, 또한 사법에서도 친자관계(親子關係)와 같이 종속관계가 있다는 점에 이 학설의 한계가 있다.

(4) 생활관계설

이 학설은 법률관계의 성질이 인간의 정치적 생활관계 또는 단체적 생활관계인 경우에는 공법이고, 민사적 생활관계 혹은 개인적 생활관계인 경우에는 사법이라는 견해이다.

이에 대해서는 인간의 생활관계를 이와 같이 두 가지 생활관계로 뚜렷이 구별할 수 없다는 비판이 가해지고 있다.

(5) 귀속설(신주체설)

귀속설은 주체설을 보완하여 주장하는 것으로 '신주체설(新主體說)'이라고도 하며, 독일 학자 볼프(Hans J. Wolff)에 의해 주장되는 이론이다. 이에 의하면, 공권력의 담당자인 국가나 지방자치단체 등의 **행정 주체**에 대해서만 **권리 · 권한**을 부여하거나 **의무**를 부과하는 법이 **공법**이고, 행정 주체나 일반 사인 등 **모든 권리 주체**에게 권리를 부여하거나 의무를 부과하는 법은 사법이라고 한다.

이 학설은 요컨대 공권력의 주체로서의 국가 또는 공공단체만을 대상으로 하여 그들만을 규율하는 법, 다시 말하면 공권력의 주체 또는 그 기관의 직무에 관한 법이 공법으로서, 이러한 법에 따라 활동하는 관계가 공법관계라는 것이다. 현재 독일의 통설이다.

5) 결론

지금까지 공법과 사법의 구별기준에 관한 학설들을 검토해 볼 때 어느 하나의 학설만으로 공법과 사법을 구별하는 데에는 한계가 있음을 알 수 있다. 따라서 이러한 제반 학설들을 종합적으로 고려하여 문제의 법이 공법인지 사법인지를 판단하여야 한다고 주장하는 학설이 우리나라에서의 지배적인 학설이라 할 수 있다. 이를 **'복수기준설(複數基準說)'**이라고 한다.

복수기준설에 따르면, 국가나 지방자치단체 등의 행정 주체가 사인에 대해 일방적으로 지시하고 명령하며, 사인은 이에 복종함을 내용으로 하는 권력적 지배 · 복종관계를 규율하는 법(권력적 공법)과, 국가나 지방자치단체 등의 행정 주체와 사인 간에 권력적 지배복종관계에 있는 것이 아니고(즉, 행정 주체가 공권력의 주체이고 사인이 피지배자의 입장에 있는 것이 아니고), 행정 주체와 사인이 비권력적인 관계에 있으면서 단지, 행정 주체가 사업 또는 재산의 관리 주체로서 공공복리를 실현하기 위하여 제정되는 특수한 법(공익적 공법) 등이 공법이고, 사법은 사인 상호 간의 사익 조절을 목적으로 하는 법이라고 설명하는 것이 이에 해당한다.

3. 행정법은 행정에 관한 국내법이다

행정법은 행정에 관한 국내법으로서 국가 상호 간 또는 국제기구 간의 관계에 관한 법인 국제법(國際法)과는 구별된다.

그러나 우리 헌법은 "헌법에 의하여 체결·공포된 조약(條約)과 일반적으로 승인된 국제법규는 국내법과 같은 효력을 가진다"고 규정하고 있으므로(헌법 제6조 제1항), 이러한 요건을 충족하는 국제조약이나 국제법규로서 행정에 관련된 것은 행정법의 일부를 구성하게 된다.

4. 행정법은 통일적인 법전이 없는 무수히 많은 법령들의 집합체이다

행정법은 헌법·민법·형법 등과 같이 통일적인 법전(法典)으로 되어 있지 못하고, 또한 그에 관한 총칙적 규정도 존재하지 않는 것으로, 내용적으로는 행정의 조직과 작용 및 구제에 관한 무수한 법령들로 구성되어 있다.

이와 같이 행정에 관한 여러 가지 법들은 외견상 내재적인 유대도 없이 산재하고 있는 것으로 보이나, 내용적으로는 공통적 지도 원리에 의해 규율되는 통일적인 법체계를 이루고 있다. 그렇지 않다면 행정법이라는 독자적 법 영역은 존재하지 않을 것이다.

우리나라의 경우 행정에 관한 법 중에서 비교적 일반적 성격을 가지는 것으로는 정부조직법(政府組織法)·지방자치법(地方自治法)·국가공무원법(國家公務員法)·지방공무원법(地方公務員法)·경찰관직무집행법(警察官職務執行法)·국세기본법(國稅基本法)·국세징수법(國稅徵收法)·국토이용관리법(國土利用管理法)·공익사업을 위한 토지 등의 취득 및 보상에 관한 법률·행정대집행법(行政代執行法)·국가배상법(國家賠償法)·행정심판법(行政審判法)·행정소송법(行政訴訟法)·행정절차법(行政節次法) 등을 들 수 있다.

제2절 행정법의 법원

법원(法源)이라 함은 법으로 인식하는 근거나 법이 존재하는 형식을 의미한다. 따라서 행정법의 법원이라 함은 행정법, 즉 행정의 조직과 작용, 절차 및 구제에 관하여 규율하고 있는 국내 공법으로서의 행정법이 어떠한 형식의 법규범으로 이루어져 있는가에 관해 논의하는 것이 된다.

이러한 의미의 행정법의 법원은 그 표현 형식에 따라 성문법(成文法)과 불문법(不文法)으로 나뉘고, 행정법의 일반 원칙 등이 있다.

성문법 또는 제정법은 문자로 표현되고 문서의 형식을 갖춘 법을 가리키며, 일정한 절차와 형식에 따라서 공포된 것이다. 한편, 불문법은 성문법 이외의 법으로서 문장으로 표현되지 않으며, 일정한 법 제정기관에 의한 소정의 절차를 거치지 않고 생기는 법을 말한다. **판례법(判例法)**과 같은 경우는 **불문법**으로 분류되는데, 그 이유는 판례법이 문장의 형식으로 되어 있으나, 법 제정기관에 의한 절차 없이 생기는 법이기 때문이다.

Ⅰ. 행정법의 성문 법원

우리나라는 성문법주의를 원칙으로 하고 있으므로, 불문법은 성문법에 대한 보충적 효력(補充的效力)만을 가지는 것이 원칙으로 되어 있다. 따라서 행정법 역시 성문법주의를 원칙으로 하고 있는데, 그 이유는 행정권의 소재와 방식을 명시함으로써, 국민에게 행정에 대한 **예측가능성**을 부여하고, **법률생활의 안정성**을 기하는 동시에 **권익 구제(權益救濟)의 길을 쉽게 찾을 수 있게** 하기 위해서이다.

1. 헌 법

헌법은 국가의 조직과 통치작용을 규정한 기본법으로서 국가법 중 최상위 규

범이다. 오늘날 영국을 제외한 모든 국가들은 성문의 헌법을 보유하고 있다.[2)]

헌법은 국가의 최상위 규범이기 때문에 이에 저촉되는 법률이나 명령은 효력이 없으며, 국가기관의 행위가 헌법에 위반한 것인 때에도 역시 무효이다. 이를 제도적으로 마련한 것이 위헌법률심사 제도(違憲法律審査制度)이다.

그러나 성문의 헌법을 가지고 있지 않고, 불문헌법을 가지고 있는 영국과 같은 경우에는 헌법은 의회에서 제정되는 법률과 차이가 없다.

행정법과 관련하여서는 헌법은 행정조직·행정작용·행정구제 등 행정에 관한 기본적 사항을 규율하는 많은 규정을 내포하고 있어 행정법의 중요한 법원이 되고 있다. 예를 들면, 헌법 제11조의 평등의 원칙과 제37조 제2항에서 나오는 비례의 원칙 등은 행정에도 적용되는 규정으로 행정법의 최상위의 법원이다.

헌법 제11조 ① 모든 국민은 법 앞에 평등하다. 누구든지 성별·종교 또는 사회적 신분에 의하여 정치적·경제적·사회적·문화적 생활의 모든 영역에 있어서 차별을 받지 아니한다.

헌법 제37조 ② 국민의 모든 자유와 권리는 국가 안전보장·질서유지 또는 공공복리를 위하여 필요한 경우에 한하여 법률로써 제한할 수 있으며, **제한하는 경우에도 자유와 권리의 본질적 내용을 침해할 수 없다.**

2. 법 률

법률이란 식품위생법이나 도로교통법, 집회 및 시위에 관한 법률 등과 같이 국회가 헌법이 정한 입법 절차에 따라 제정한 법을 말한다. 법률은 행정법의 가장 중요한 법원이 된다. 헌법 제40조에 의하면, 입법권은 국회에 속함을 규정하고 있다.

법률을 제정하기 위해서는 법률안의 제출(提出)·의결(議決) 및 공포(公布)의 세 단계를 거친다. 법률안의 제출은 국회의원과 정부가 할 수 있으며(헌법 제

2) 영국에서는 성문 헌법이 존재하지 아니하며, 헌법은 의회의 제정법, 법원의 판례 및 헌법 관행으로 구성되어 있다. 영국에서는 의회 주권의 원칙에 따라 의회는 어떠한 내용의 법률도 제정할 수 있는 권한을 가지고 있다. 따라서 의회가 통치구조 또는 국민의 기본권 보호에 관한 사항을 법률로 규정하는 경우에는 당해 법률이 실질적인 헌법이 되는 것이다. 또한 국민의 기본권에 관한 부분은 주로 판례법으로 되어 있다.

52조), 국회에서 법률안이 의결되면 정부에 이송되어 15일 이내에 대통령이 공포한다(헌법 제53조 제1항). 법률안에 이의가 있을 때는 대통령은 위의 기간 내에 이의서(異議書)를 붙여 국회로 환부하고 그 재의(再議)를 요구할 수 있으나, 법률안의 일부에 대하여 또는 법률안을 수정하여 제의를 요구할 수는 없다(헌법 제53조 제3항). 대통령의 요구가 있을 때에는 국회는 재의(再議)에 붙이고, 재적의원 과반수의 출석과 출석 의원 3분의 2 이상의 찬성으로 전과 같은 의결을 하면, 그 법률안은 법률로서 확정된다.

법률은 헌법 이념에 적합해야 하는 동시에, 명령(命令)과 자치법규(自治法規)에 대하여 우월한 형식적 효력을 갖는다.

3. 조약 및 국제법규

우리 헌법 제6조 제1항은 "헌법에 의하여 체결(締結)·공포(公布)된 조약과 일반적으로 승인된 국제법규는 국내법과 같은 효력을 가진다"고 규정하고 있다. 따라서 조약에 관한 사항 중 국내 행정에 관한 사항을 포함하고 있을 때에는 그 범위에서 행정법의 법원이 된다.

> **헌법 제60조** ① 국회는 상호 원조 또는 안전보장에 관한 조약, 중요한 국제조직에 관한 조약, 우호통상항해조약, 주권의 제약에 관한 조약, 강화조약, 국가나 국민에게 중대한 재정적 부담을 지우는 조약 또는 입법사항에 관한 조약의 체결·비준에 대한 동의권을 가진다.

헌법 제60조 제1항에 의해 체결·공포된 입법 사항에 관한 내용의 조약은 법률과 동일한 효력을 가진다.

조약이란 조약(條約, treaty)·규약(規約, covenant)·헌장(憲章, charter)·협약(協約, convention)·협정(協定, agreement)·약정(約定, arrangement)·의정서(議定書, protocol) 등 명칭에 관계없이 국가와 국가 사이 또는 국가와 국제기구 사이의 문서에 의한 합의를 말한다. 또한 일반적으로 승인된 국제법규란 국제 사회의 보편적 규범으로서 세계 대다수 국가가 승인하고 있는 법규범이며 성문의 국제법규와 불문의 국제관습법이 있다.

일반적으로 승인된 국제관습법의 예로는 포로의 살해 금지와 그 인도적 처우에 관한 전시 국제법상의 일반 원칙, 외교관의 대우에 관한 국제법상의 원칙, 국내 문제 불간섭의 원칙, 민족 자결의 원칙, 조약 준수 원칙 등이 있다.

조약이나 국제법규와 국내법이 충돌하는 경우에는 양자 간의 효력관계가 문제되는 바, 이에 대하여는 법단계 구조의 원리인 **상위법 우선의 원칙, 신법 우선의 원칙, 특별법 우선의 원칙**[3]에 따라 개별적으로 판단·해결하는 것이 타당할 것이다.

4. 명령(행정입법)

명령이란 국회의 의결을 거치지 아니하고, 행정권에 의해 제정되는 법규범을 말한다. 행정권에 의해 제정되는 법규라고 해서 이를 **'행정입법'**이라고도 한다. 명령에는 **법규명령(法規命令)**과 **행정규칙(行政規則)**이 있다. 행정규칙은 이를 '행정명령(行政命令)'이라고도 한다.

법규명령이란 행정권이 정립하는 명령으로서 법규의 성질을 가진 것을 말한다. 예를 들면, 대통령이 법률의 위임을 받아 만드는 법인 **대통령령**, 국무총리가 법령의 위임을 받아 만드는 법인 **총리령**, 각부 장관이 법령의 위임을 받아 만드는 법인 **부령(部令)** 등이 이에 해당한다. 대통령령을 **'시행령(施行令)'**이라고도 부르며, 부령을 **'시행규칙(施行規則)'**이라고도 부른다.

한편, **행정규칙**이란 행정조직 내부에서 조직 내부 사항을 규율하기 위하여 발하는 명령이다. 예를 들면, 행정 각부 장관이 해당 행정조직 내부의 구성원을 상대로 발하는 명령으로서의 '○○장관 훈령(訓令)'이나 '지시', 예규(例規) 등이 행정규칙에 해당한다. 행정규칙은 법규명령과는 달리 행정조직의 외부에 대한 구속력, 즉 대국민적(對國民的) 구속력이 없이, 행정조직 내부에서만 구속력을 가지기 때문에 '법규(法規)'로서의 성질을 가지지 아니하고, 따라서 행정규칙에 대해서는 행정법의 법원으로 인정될 수 있는 것인가에 대한 논쟁이 있다.

입법권이 아닌 행정권이 법규명령을 제정할 수 있다는 사실은 언뜻 입법권은

---

3) 법이 그 효력이 미치는 범위를 표준으로 하여 일반법과 특별법으로 나누어진다. 법의 효력이 미치는 범위에 특별한 제한이 없는 것이 **일반법**이고, 일정한 범위(특정 지역, 특정 사항, 특정인) 안에서만 효력을 가지는 법이 **특별법**이다.

의회에 있다고 하는 권력 분립의 원칙에 위배되는 것처럼 보인다. 그러나 행정권은 자기 고유의 권한으로 법규의 효력을 가지는 명령을 제정하는 것이 아니라, **'법률에서 구체적으로 범위를 정하여 위임받은 사항'**에 관하여 명령을 제정할 수 있음을 헌법에서 규정하고 있다(헌법 제75조 참조). 이의 의미는 법률이 행정권에 법규명령의 제정 권한을 위임할 때에는 그 규율 대상·범위·기준 등을 명확히 하여야 함을 의미하며, 따라서 일반적(一般的)·포괄적(包括的) 위임은 허용되지 않는다. 그러므로 행정권은 국회의 수권에 의해서만 입법활동을 할 수 있는 것이므로 권력 분립 원칙에 위배되는 것은 아니다.

다만, 헌법은 예외적으로 법률과 같은 효력을 가지는 **긴급재정·경제명령과 긴급명령**(제76조)권을 대통령에 인정하고 있다. 이 또한 행정권에 의해 제정되는 법규범이기 때문에 명령, 즉 행정입법에 해당한다.

> **헌법 제76조** ① 대통령은 내우·외환·천재·지변 또는 중대한 재정·경제상의 위기에 있어서 국가의 안전보장 또는 공공의 안녕질서를 유지하기 위하여 긴급한 조치가 필요하고 국회의 집회를 기다릴 여유가 없을 때에 한하여 최소한으로 필요한 재정·경제상의 처분을 하거나 이에 관하여 법률의 효력을 가지는 명령(**긴급재정·경제명령**)을 발할 수 있다. ② 대통령은 국가의 안위에 관계되는 중대한 교전상태에 있어서 국가를 보위하기 위하여 긴급한 조치가 필요하고 국회의 집회가 불가능한 때에 한하여 법률의 효력을 가지는 명령(**긴급명령**)을 발할 수 있다. ③ 대통령이 긴급재정·경제명령과 긴급명령을 한 때에는 지체 없이 국회에 보고하여 그 승인을 얻어야 한다.

5. 자치법규

자치법규(自治法規)는 광역지방자치단체인 서울특별시·광역시 및 도와 기초자치단체인 시(市)·군(郡)·자치구(自治區)가 법령의 범위 안에서 제정하는 자치에 관한 규정을 말한다.

헌법 제117조 제1항에 의하면, 지방자치단체는 주민의 복리에 관한 사무를 처리하고 재산을 관리하며, **법령의 범위 안에서** 자치에 관한 규정을 제정할 수 있음을 명시하고 있다.

이와 같은 자치입법권에 의하여 제정되는 자치법규에는 지방의회의 의결을 거쳐 제정되는 **조례(條例)**(예: 서울특별시 지하수 조례, 서울특별시 강남구 쓰레기 줄이기와 자원재활용 촉진에 관한 조례)와 지방자치단체의 장이 정하는 **규칙**(**規則**)(예: 서울특별시 지하수 조례 시행규칙)이 있다. 그 밖에 서울특별시 교육위원회 청원 심사 규칙과 같이 특별시·광역시·도의 교육감이 법령이나 조례의 위임 또는 직권으로 정하는 **교육규칙**이 있다.

Ⅱ. 행정법의 불문 법원

불문법이란 문자로 기록되지 않은 법을 말한다. 이에는 관습법과 판례법 및 조리가 있다. 성문법주의를 취하는 우리나라에서는 불문법은 성문법이 없는 경우에 **보충적**으로만 인정된다.

1. 관습법

관습법(慣習法)이라 함은 국가의 입법기관에 의해서 제정되어 문자로 기록되어 있는 것은 아니지만, 일정한 사실들이 **장기간 반복**되고, 그러한 장기간 반복되는 관행이 국민 또는 관계자의 **법적인 확신** 내지 **인식**을 얻어 **법적 규범으로 승인된 것**을 말한다.

관습법은 성문법 및 법의 일반 원칙이 존재하지 않거나 불완전한 경우에 보충적으로만 그 효력이 인정된다. 행정법상 관습법에는 행정선례법과 민중관습법의 두 가지로 구분된다

행정선례법은 행정청이 취급한 선례가 상당히 오랫동안 반복됨으로써 성립되는 관습법이다. 행정선례법의 인정은 행정에 대한 신뢰는 보호되어야 한다는 행정에 대한 신뢰 보호의 관념에 기초를 두고 있다.

국세기본법 제18조 제3항 "세법의 해석 또는 국세청의 관행이 일반적으로 납세자에게 받아들여진 후에는 그 해석 또는 관행에 의한 행위 또는 계산은 정당한 것으로 보며, 새로운 해석 또는 관행에 의하여 소급하여 과세하지 않는다."

대법원은 4년 동안 과세를 하지 않다가 소급하여 과세한 것을 다투는 소송에서 당해 비과세의 관행을 국세기본법 제18조 제3항의 국세의 관행에 포함되는

것으로 보고 있다(대판 1980.6.10, 80누6).

행정철차법 제4조 제2항 "행정청은 법령 등의 해석 또는 행정청의 관행이 일반적으로 국민들에게 받아들여진 때에는 공익 또는 제3자의 정당한 이익을 현저히 해할 우려가 있는 경우를 제외하고는 새로운 해석 또는 관행에 의하여 소급하여 불리하게 처리하여서는 아니 된다."

민중적 관습법은 민중 사이에 다년 간의 관행에 의하여 성립되는 것을 말한다. 이는 주로 공물(公物)의 사용관계에 관하여 존재한다. 공물의 사용과 관련된 민중적 관습법은 주로 입어권(入漁權)이나 관습상의 하천수 사용권 및 지하수 사용권 등에 존재한다. 입어권이란 마을 어장에서 마을 어업권이 설정되기 전부터 어업을 해 온 자라는 사실이 대다수 사람들에게 인정되는 자에게 어업권을 인정하는 것을 말한다.

공물(公物)이라 함은 국가·공공단체 등의 행정 주체에 의하여 직접 공공 목적에 공용되는 개개의 유체물(有體物)을 말한다. 이에는 도로·하천 등과 같이 일반 공중의 공동 사용에 제공되는 이른바 **'공공용물(公共用物)'**과 청사(廳舍)·교사(校舍) 등과 같이 행정 주체 자신의 사용에 제공되는 이른바 **'공용물(公用物)'**이 있다.

행정관습법이 성립되기 위해서는 객관적 요건과 주관적 요건을 동시에 충족시켜야 한다. **객관적 요건**으로는 동일한 행위가 사회생활에서 또는 행정의 실제에 있어서 오랫동안 관행으로 계속되어야 한다는 점이다. **주관적 요건**으로는 다수의 국민 일반 사이에서 그 관습에 따르는 것이 권리 또는 의무라고 확신할 것, 즉 법적 확신을 얻어야 한다는 점이다.

2. 판례법

법원이 구체적 사건에 대하여 내려진 판결례는 유사한 사건에 반복 답습됨으로써, 그 판례는 일정한 법적 규범의식을 가지게 된다. 이를 판례법이라 한다. 행정사건에 대한 판례가 행정법의 법원이 될 수 있는가에 대해서는 영·미법계 국가와 대륙법계 국가 간에 견해의 차이가 있다.

판례법주의에 입각하고 있는 **영·미법계 국가**에서는 **판례**가 **법**이기 때문에 상급 법원의 판결은 장래에 향하여 하급 법원을 법적으로 구속하는 효력을 가지므로 판례가 행정법의 법원이 된다는 데 이견이 없다.

한편, **성문법주의**를 취하고 있는 **대륙법계 국가**에서는 **상급 법원**의 **판결**은 장래의 유사한 모든 사건에 대해 구속력을 가지는 것이 아니고, **'당해 사건(當該事件)'**에서만 하급 법원을 법적으로 구속하는 효력이 인정되므로 판례에 대해 행정법의 법원성을 인정하기 곤란한 것이다.

> **법원조직법 제8조(상급심재판의 기속력)** 상급 법원의 재판에 있어서의 판단은 당해 사건에 관하여 하급심을 기속한다.

그러나 대륙법계 국가에서도 판례 그 중에서도 대법원의 판결은 '사실상' 장래의 분쟁에 있어서 법관은 물론 기타의 모든 사람들에게 있어 판단의 기준이 된다는 점은 부인할 수 없다는 점에서 **'사실상의 구속력'**을 인정하고 있다. 그 이유는 법원조직법에서는 대법원의 판결 변경은 대법관 전원의 3분의 2 이상의 합의체에서 과반수로 결정해야 하며(제7조 제1항), 소액사건심판법 제3조 제2호에서는 하급 법원이 나중의 사건에서 대법원의 판례와 다른 판결을 하는 것은 상고(上告)의 이유가 되는 것으로 규정하고 있기 때문이다.

> **소액사건심판법 제3조(상고 및 재항고)** 소액사건에 대한 지방법원 본원 합의부의 제2심판결이나 결정·명령에 대하여는 다음 각 호의 1에 해당하는 경우에 한하여 대법원에 상고 또는 재항고를 할 수 있다.
> 3. 대법원의 판례에 상반되는 판단을 한 때

헌법재판소의 **위헌결정**은 **행정법의 법원**으로서의 성격을 갖는다. 왜냐하면, 위헌으로 결정된 법률 또는 법률조항은 효력을 상실하고 아울러 위헌결정은 법원 기타 국가기관이나 지방자치단체를 기속하기 때문이다.

> **헌법재판소법 제47조(위헌결정의 효력)** ① 법률의 위헌결정은 법원과 그 밖의 국가기관 및 지방자치단체를 기속(羈束)한다.
> ② 위헌으로 결정된 법률 또는 법률의 조항은 그 결정이 있는 날부터 효력을 상실한다. 다만, 형벌에 관한 법률 또는 법률의 조항은 소급하여 그 효력을 상실한다.

3. 조 리

조리(條理)란 '사물의 본질적 법칙' 또는 '일반 사회의 정의감에 비추어 반드시 그리하여야 할 것'이라고 인정되는 것을 말한다.[4)]

조리를 법원으로서 인정하는 것은 자연법적 사상을 제한적으로 수용하는 것이라 할 수 있는 것으로서, 행정법에서의 조리는 행정법의 모든 분야에 적용되고 지배되는 일반적 원리로서, 첫째, 법 해석상 의문이 있는 경우에 법 해석의 기본 원리로서 작용하고, 둘째, 완비된 법체계를 갖지 못한 행정법 체계에서 성문법·관습법이 모두 존재하지 않는 경우에 최후의 보충적 법원으로서의 의미를 갖는다. 우리나라의 다수설은 조리의 보충적인 법원성을 인정하고 있다.

제 3 절 행정법의 일반 원칙

행정법의 일반 원칙이라 함은 행정법 관계의 모든 분야에 적용되는 법원칙으로서, 이들 법원칙은 대부분 헌법 및 헌법을 지배하는 기본 원리에서 유래하는 것으로서 학설이나 판례를 통하여 발전된 것이다.

우리 학설의 상당수는 행정법의 일반 원칙을 **조리**의 범주에 포함시키고 있다. 그러나 행정법의 일반 원칙은 그의 연원이 대부분 헌법 및 헌법을 지배하는 기본 원리에서 유래하는 것으로 볼 수 있기 때문에, 이들 법원칙은 대부분 헌법 차원의 원칙으로서의 지위를 가진다고 말할 수 있다. 따라서 이들 법원칙을 위배하는 국가작용(입법작용, 행정작용, 판결 등)은 일단 위헌·위법으로 볼 수 있기 때문에 성문법·관습법·판례법이 모두 없는 경우에 재판의 준칙으로서의 기능을 하는 조리와는 다르게 취급되어야 한다고 본다.

행정법의 일반 원칙으로는 **비례의 원칙(혹은 과잉 금지의 원칙), 신뢰 보호**

---

4) 조리를 동양의 관념으로는 '도리(道理)', 서양의 관념으로는 '정의(正義)' 또는 '형평(衡平)'과 동의어로 이해하기도 한다.

의 원칙, 평등의 원칙, 행정의 자기구속의 원칙, 신의성실의 원칙, 부당결부 금지의 원칙 등이 있다.

Ⅰ. 비례의 원칙(과잉 금지의 원칙)

1. 구체적 내용

비례(比例)의 원칙이란 행정 주체가 구체적인 행정 목적을 실현하기 위한 수단을 선택함에 있어서 그 목적과 수단 사이에는 합리적인 비례관계가 유지되어야 한다는 것을 의미한다. 비례의 원칙은 '과잉 금지(過剩禁止)의 원칙'이라고도 표현하며, 그 **구체적 내용**으로는 **적합성의 원칙, 필요성의 원칙** 및 **상당성의 원칙**[이를 **'협의(狹義)의 비례 원칙'**이라고도 한다]이 있다.

1) 적합성의 원칙

적합성(適合性)의 원칙이란 행정기관이 취한 조치(措置)나 수단(手段)은 그를 통해 달성하려는 목적에 적합한 것이어야 한다는 원칙이다. 예를 들면, 풍속영업의 규제에 관한 법률 제6조 제2항에 의하면 풍속영업자가 준수 사항을 위반한 때에는 허가 취소 · 영업 정지 또는 시설 개수 명령(施設改修命令)을 할 수 있도록 규정하고 있는데, 영업자가 행한 구체적인 위반 행위에 따라 이들 수단의 적합성이 검토되어야 한다.

> **풍속영업의 규제에 관한 법률 제6조**(위반사항의 통보 등) ① 경찰서장은 풍속영업자나 대통령령으로 정하는 종사자가 제3조를 위반하면 그 사실을 허가관청에 알려야 한다. ② 제1항에 따른 통보를 받은 허가관청은 그 **내용에 따라 허가취소 · 영업정지 · 시설 개수 명령 등 필요한 행정처분**을 한 후 그 결과를 경찰서장에게 알려야 한다.

그러나 적합성의 원칙이 행정기관이 위에서 열거한 수단들 중에서 가장 적합한 수단을 선택할 것을 요구하는 것은 아니다. 즉, 적합성의 원칙에서는 어떤 수단이 목적을 달성하는 데 적합하면 되는 것이지, 그 수단이 가장 적합할 것을 요구하지는 않는다. 따라서 이 단계에서는 통상적인 경우에는 이 요구가 충족되는 것이 일반적이다.

2) 필요성의 원칙

행정기관이 취한 수단(조치)은 그를 통해 의도하는 목적 달성을 위해서 필요하면서도, 상대방에게 **'최소한의 침해'**를 가져오는 수단을 선택해야 한다는 것이다. 따라서 이를 **'최소침해(最小侵害)의 원칙'**이라고도 한다.

예를 들면, 풍속영업의 규제에 관한 법률 제6조 제2항에서 구체적인 위반 행위로 볼 때, 적합성의 면에서 보면 허가 취소・영업 정지・시설 개수 명령을 내릴 수 있는 요건을 모두 충족하고 있을지라도, 상대방에게 최소 침해를 가져올 수 있는 시설 개수 명령으로 목적을 달성할 수 있음에도 불구하고, 영업 정지라는 과도한 조치를 취하는 경우 이는 필요성의 원칙에 위반되는 것이 된다. 또 하나의 예로서 위험한 건물에 대해 개수 명령(改修命令)으로서 목적을 달성할 수 있음에도 불구하고, 철거 명령(撤去命令)을 내리는 경우 이 또한 필요성의 원칙에 위배되는 것이다.

3) 상당성의 원칙(혹은 '좁은 의미의 비례의 원칙')

어떤 행정 조치(수단)가 설정된 행정 목적을 달성하기 위하여 필요한 경우라 하더라도, 그 행정 조치를 취함으로써 **상대방**이 입게 되는 **불이익**이 그것에 의해 달성되는 이익, 즉 **공익(公益)**보다 **큰 경우**에는 당해 행정 조치를 취해서는 안 된다는 것을 말한다. 즉, 상당성의 원칙은 행정 조치에 의해 달성하려는 **공익**과 그 조치로 인하여 행정 조치의 상대방이 입게 되는 **불이익**을 **비교 형량(比較衡量)**하여, 공익보다 상대방이 부담하는 불이익 큰 경우 그 조치는 상당성의 원칙에 위배되어 위법이 된다.

2. 원칙들 간의 단계 구조 및 비례의 원칙의 의의

적합성의 원칙, 필요성의 원칙, 그리고 상당성의 원칙은 단계 구조를 이룬다. 즉, 많은 적합한 수단 중에서도 필요한 수단만이, 필요한 수단 중에서도 상당성 있는 수단만이 선택되어야 한다.

비례의 원칙은 행정의 목적과 그 목적을 실현하기 위한 수단의 관계는 이성적인 합리적 관계이어야 함을 뜻한다. 따라서 이 원칙은 "대포로 참새를 쏘아서는 아니 된다"는 표현에 비유되기도 한다.

> 공무원이 예비군 동원훈련 도중 2시간 30분 간 군무를 이탈하여 구멍가게에서 술을 마신 사실은 공무원의 신분을 보유케 할 수 없을 정도로 공무원의 품위를 손상케 한 것이라고 단정하기 어렵고, 그보다 가벼운 징계처분으로도 능히 기강 확립의 행정 목적을 이룰 수 있다 할 것이므로, 공무원의 신분을 박탈하는 해임처분은 이른바 비례원칙에 어긋난, 재량권의 범위를 벗어난 위법한 처분이다(대판 1983.6.28, 83누94).

3. 법적 근거 및 적용 영역

비례의 원칙은 개인의 자유와 권리 영역에 대한 공권력의 침해로부터 개인을 보호하는 기능이 있다. 따라서 개인의 권리에 대한 제한이 문제가 되는 한, 원칙적으로 모든 국가 권력(입법자 및 행정기관)을 기속하는 헌법적 차원의 법원칙이다.

헌법 제37조 제2항은 "국민의 자유와 권리는 국가 안전보장 · 질서유지 또는 공공복리를 위해 필요한 경우(목적: 필자 주)에 한하여 법률(수단: 필자 주)로 제한할 수 있으며, 제한하는 경우에도 자유와 권리의 본질적인 내용을 제한할 수 없다(제한의 한계: 필자 주)"고 규정하여 비례의 원칙을 천명하고 있다.

또한 개별법에도 이를 규정하고 있는 경우가 있다(예: 경찰관직무집행법 제1조 제2항).

> **경찰관직무집행법 제1조(목적)**
> ② 이 법에 규정된 경찰관의 직권은 그 직무수행에 필요한 최소한도 내에서 행사되어야 하며 이를 남용하여서는 아니 된다.

4. 위반의 효과

비례의 원칙은 헌법적 원칙이므로 이에 위배된 국가작용은 위헌 · 위법한 작용이 된다. 따라서 비례의 원칙에 위반한 행정행위는 행정소송의 대상이 되며, 경우에 따라서는 국가의 손해배상 책임을 발생시킨다.

Ⅱ. 신뢰 보호의 원칙

1. 의 의

이는 개인이 행정기관의 어떠한 적극적 혹은 소극적 행위의 정당성 혹은 존속성에 대하여 신뢰한 경우, 그 신뢰가 보호받을 만한 가치가 있는 신뢰인 경우, 그 신뢰를 보호해주어야 한다는 원칙을 말한다.

이 원칙은 영·미법상의 금반언(禁反言)의 법리(Estoppel)와 같은 원칙이다. 이 법리는 일방 당사자가 전에 주장한 바 있고, 타방 당사자가 이를 신뢰한 경우에, 그 일방 당사자가 종전의 그의 주장과 모순되는 주장을 하는 것은 금지된다는 원칙이다.

예를 들면, 갑(甲)이 폐기물처리업에 대해 사전에 관할 관청으로부터 적정 통보를 받고 이를 신뢰하여 막대한 비용을 들여 허가 요건을 갖춘 다음 허가 신청을 하였음에도, 다수 청소업자의 난립으로 안정적이고 효율적인 청소 업무의 수행에 지장이 있다는 이유로 불허가 처분을 한 것은 신뢰 보호의 원칙 및 비례의 원칙에 반하는 것으로서 재량권을 남용한 위법한 처분이다.

2. 신뢰 보호의 요건

신뢰 보호의 원칙이 성립되기 위해서는 다음과 같은 요건이 충족되어야 한다.

1) 행정기관의 선행 조치

신뢰의 대상이 되는 행정기관의 일정한 선행 조치(先行措置)가 있어야 한다.[5] 이 경우, 선행 조치는 반드시 명시적이고 적극적인 언동일 것을 요구하지는

5) 법령의 규정에 따른 사전통보 등을 통한 견해 표명인 경우에는 신뢰 보호의 가능성이 더욱더 높아질 것이다. 물론 개별·구체적인 사안에 따라 추가적인 판단이 필요하겠지만, 가령 계획에

않는다. 따라서 위법 상태의 장기간 묵인 및 방치 등과 같은 묵시적이거나 소극적인 것도 포함된다.

예를 들면, 일반적으로 납세자에게 받아들여진 국세행정(國稅行政)의 관행(慣行)이 있으려면 반드시 과세 관청이 납세자에 대하여 불과세(不課稅)를 시사하는 명시적인 언동이 있어야만 하는 것은 아니고, 묵시적인 언동 다시 말하면, 비과세의 사실 상태가 장기간에 걸쳐 계속되는 경우에, 그것이 그 사항에 대하여 과세의 대상으로 삼지 아니하는 뜻의 과세관청의 묵시적인 의향표시로 볼 수 있는 경우에도 이를 인정할 수 있다(대판 1984.12.26, 81누266). 다만, 무효행위는 신뢰의 대상이 되지 않는다.

2) 보호가치 있는 관계인의 신뢰

관계인이 행정기관의 선행 조치에 대하여 그 정당성 또는 존속성을 사실상으로 신뢰하여야 하며, 그 신뢰가 **'보호받을 만한 가치'**가 있는 신뢰이어야 한다. 이는 행정기관의 선행 조치의 하자가 **관계인**에게 **귀책사유(歸責事由)**가 있는 경우에는 관계인의 신뢰는 보호받을 가치가 없다는 의미이다.

대법원은 행정기관의 선행 조치의 하자가 상대방 등 관계자의 사실 은폐(事實隱閉)나 기타 사위(詐僞)의 방법에 의한 신청 행위 등 부정행위에 기한 것이거나, 그러한 부정행위가 없더라도 하자가 있음을 알았거나 중대한 과실로 알지 못한 경우에는 상대방의 신뢰는 보호받을 가치가 없다고 판시하였다(대판 2002.11.8, 2001두1512; 2002.2.5, 2001두5286).

3) 신뢰에 따른 관계인의 처리

행정기관의 선행 조치를 믿고서 그 상대방이 일정한 행위를 한 경우이어야

대하여 법령에 근거한 고시(告示)를 하고 그에 따라 상대방이 신청한 인·허가에 대하여 우선순위를 결정하여 통지한 경우라든지, 폐기물 처리업의 허가 신청에서 볼 수 있는 바와 같이 법령의 규정에 따라 사전에 사업계획서 등을 제출한 후 행정기관으로부터 사전 적정 통보를 받은 경우로서 본(本) 인·허가를 받을 수 있을 것이라는 신뢰를 가지고 그 후 많은 자본과 노력을 들인 경우에는 특별한 사정 변경이나 공익상의 불가피한 사유도 없이 행정기관 내부의 사정 등을 이유로 인·허가 처분을 거부함으로써 그 상대방에게 불측(不測)의 피해를 주어서는 아니 된다고 할 것이다(대판 1998.5.8, 98두4061).

한다. 예를 들면, 영업을 개시했다든가 건축에 착수하는 등 신뢰에 입각한 관계자의 처리가 있어야 한다.

4) 인과관계

선행 행위에 대한 신뢰와 관계인의 처리 사이에는 인과관계가 성립해야 한다.

5) 선행 행위에 반하는 후행 조치

행정기관이 행했던 선행 조치에 반하는 후행 조치를 하였거나 선행 조치에 의해 약속한 행위를 이행하지 않음으로써 선행 조치를 믿고 일정한 행위를 한 관계자에게 불이익이 발생하여야 한다.

3. 신뢰 보호 원칙의 이론적 근거

신뢰 보호 원칙은 학설·판례에 의하여 일반적으로 인정되고 있는데, 이의 근거에 대해서는 법적 안정성설(法的安定性說), 신의칙설(信義則說) 등 여러 학설이 있으나 오늘날에는 헌법상 원리인 **법적 안정성설**이 가장 유력한 학설로 다수설과 판례의 입장이다.

4. 신뢰 보호 원칙의 한계

1) 신뢰 보호 원칙과 행정의 법률적합성과의 관계

적법한 행위에 대한 신뢰 보호는 문제가 없지만 위법한 행위에 대해 신뢰 보호 원칙을 인정하게 되면 **법치국가 원리**의 한 내용인 **법적 안정성**을 유지하고 사인의 신뢰 이익은 보호되지만, 그것은 경우에 따라서는 법치국가 원리의 또 하나의 내용인 **행정의 법률적합성의 원리**와 충돌되는 문제점을 가지고 있다.

법치국가 원리는 내용적으로는 **'법률적합성(法律適合性)의 원칙'**과 **'법적 안정성(法的安定性)의 원칙'**으로 구성되어 있다. 전자의 원칙이 **공익**을 중시하는 원리라면, 후자의 원칙은 **사익**을 존중하고 사인의 신뢰를 보호하기 위한 원칙이라고 할 수 있다.

신뢰 보호의 원칙은 경우에 따라서는 행정의 법률적합성의 원칙과 결합하기도 하고, 경우에 따라서는 서로 충돌하기도 한다. 이 양자가 충돌하는 경우 상대방의 신뢰 보호를 어디까지 인정할 것인가가 문제되는 것이다.

이에 대해서는 법률적합성의 원칙이 법적 안정성설의 원칙보다 우위에 있다고 주장하는 **'법률적합성 우위설(法律適合性優位說)'**과 양 원리가 동위(同位)적 차원의 원리라고 주장하는 **'동위설(同位說)'**이 있다. **동위설**이 지배적인 학설이다. 따라서 문제가 되고 있는 구체적인 사안과의 관련 하에서 적법 상태의 실현에 의하여 달성되는 공익과 행정작용의 존속성 · 계속성에 대한 개인의 신뢰 보호라는 **사익** 간의 **비교 형량(比較衡量)**에 의하여 결정되어야 한다는 것이다.

신뢰 보호의 요건이 충족된 경우에도 행정청이 앞서 표명한 공적 견해에 반하는 처분을 함으로써 달성하려는 **공익**이, 행정청의 공적 견해 표명을 신뢰한 개인이 공적 견해에 반하는 행정처분으로 인하여 입게 되는 **이익의 침해**를 정당화할 수 있을 정도로 강한 경우에는 신뢰 보호의 원칙이 적용되지 않는다고 판시하였다(대판 1998.11.13, 선고 98두7343).

이와 같이 신뢰 보호의 요건이 충족되는 경우에도 신뢰 보호의 원칙이 무조건적으로 적용되는 것은 아니다. 즉, 신뢰 보호의 요건이 충족되는 경우에도, 관계인의 보호 이익과 원래 표명한 공적 견해의 취소 등에 의해 달성되는 공익 간의 구체적인 비교 형량이 필요하다.

2) 존속 보호 및 보상 보호의 문제

신뢰 보호의 대상이 재산권인 경우, 신뢰 보호의 원칙에 따라 보호되는 것은 존속 보호(存續保護)인가, 보상 보호(補償保護)인가가 문제된다. '존속 보호'라 함은 행정기관의 위법한 선행 조치를 행정기관이 취소 또는 철회하지 아니하고 유지하여 이를 신뢰한 사인을 보호하는 것을 의미하고, 보상 보호라 함은 위법 상태를 제거하고 그로 인하여 입게 되는 사인의 신뢰 손실 및 손해액을 전보(塡補)해 줌으로써 사인을 보호하는 것을 말한다. 한편, 신뢰 보호의 요건이 충족되어 있음에도 불구하고, 공익상 이유로 존속 보호를 할 수 없는 경우에는 보상을 하여야 하는데, 이 경우의 보호를 '보상 보호'라 한다.

재산권의 보장이 원칙적으로 존속 보장인 점을 고려할 때 존속 보호가 원칙이고, 그것이 불가능한 경우에는 보상 보호가 주어져야 할 것이다.

Ⅲ. 평등의 원칙

평등(平等)의 원칙이란, 행정작용을 함에 있어서 특별한 합리적인 사유가 존재하지 않는 한, 상대방인 국민을 공평하게 처우해야 한다는 것을 의미한다. 즉, 불합리한 차별을 해서는 안 된다는 원칙이다. 따라서 합리적 이유가 있어서 다르게 취급하는 것은 평등의 원칙의 위반이 아니다.

평등의 원칙은 법적용의 평등뿐만 아니라 법제정(입법)의 평등도 요구한다. 즉, 평등의 원칙은 법의 불평등한 적용을 금지할 뿐만 아니라, 불평등한 청구를 내용으로 하는 법의 정립도 금지하는 것이다. 여기에서의 법은 국회에서 제정되는 법률뿐만 아니라 명령 등을 포함한 모든 법을 포함한다.

평등의 원칙은 헌법 차원의 법원칙이므로 이에 위반하는 국가작용은 위헌·위법이 된다.

> **헌법 제11조** ① 모든 국민은 법 앞에 평등하다. 누구든지 성별·종교 또는 사회적 신분에 의하여 정치적·사회적·문화적 생활의 모든 영역에 있어서 차별을 받지 아니한다.

평등의 원칙은 행정의 재량권에 관한 한계를 결정할 수 있는 기능을 가지고 있으며, 평등의 원칙을 근거로 '행정의 자기구속(自己拘束)의 법리(法理)'가 성립되고 있다.

Ⅳ. 행정의 자기구속의 법리

1. 의 의

행정의 자기구속의 법리란 동종의 사안에 있어서는 동일한 판단을 하여야 한다는 것을 말한다. 예를 들면, 재량준칙에 따라 행정기관이 갑의 위반 사례에 대해 2월의 영업정지 처분을 부과한 경우에, 갑과 동등의 영업에 종사하고 있는 을이 갑과 똑같은 위반 사례를 범했다면 을에 대하여도 2월의 영업정지 처분을 하도록 구속을 받는다는 것을 말한다.

재량준칙은 하급 행정기관이 구체적 사실과 관련한 재량처분을 재량법규에 따라 행함에 있어서 재량권 행사의 일반적인 방향을 제시하기 위하여 발하는 명령이다. 예를 들면, 사업면허를 받은 자가 어떤 위반행위를 한 경우에 면허정지를 할 것인가 또는 면허취소를 할 것인가 등에 관하여는 훈령(訓令) 또는 예규(例規)의 형식으로 정하는 것이 행정관례인데 이러한 것들이 재량준칙에 속한다.
재량준칙은 재량권 행사에 관한 일반적 기준을 설정하는 것이므로 행정기관의 재량권 행사에 있어 통일을 기하고 평등한 법 집행을 확보하는 기능을 하며, 자의적(恣意的)인 재량권 행사를 방지하고, 국민에 대해서는 행정에 대한 예측가능성을 부여해 준다.

행정의 자기구속 법리의 근거에 대해서는 신뢰 보호원칙설, 신의칙설(信義則說), 평등원칙설 등이 있으나 **평등원칙설**에서 구하는 것이 학설과 판례의 일반적 경향이다.

Ⅴ. 부당결부 금지의 원칙

1. 의의 및 법적 근거

행정 권한의 부당결부 금지의 원칙이란, 행정청이 공권력을 행사하는 데 있어서 그것과 **실질적** 관련성이 없는 반대급부와 결부시켜서는 안 된다는 것을 말한다. 예를 들면, 호텔 건축을 허가해주는 것과 같은 공권력을 행사하면서, 건축허가와 관련이 없는 인근 공원에 미화작업을 할 것을 조건으로 하여 허가를 해준다거나, 주택사업계획을 승인해주면서 그 주택사업과는 아무런 관련이 없는 토지를 기부 체납하도록 하는 조건을 붙이는 경우 등은 부당결부 금지의 원칙에 위배된다.

부당결부 금지의 원칙은 행정기관의 자의적인 권력 행사의 남용을 방지하려는 취지에서 나온 원리로서 헌법상의 법치국가 원리와 자의 금지의 원칙에서 나

온 것으로 이해된다.

2. 요 건

일반적으로 행정작용과 그와 결부된 반대급부가 **실질적 관련성**을 가지고 있어야 하는데, 실질적 관련성의 유무를 판단하는 기준으로는 '원인적 관련성'과 '목적적 관련성'이 있다.

1) 원인적 관련성

원인적 관련성이란 행정작용과 사인의 반대급부 사이에는 상당한 인과관계가 있어야 함을 의미한다. 예를 들면, 도로점용 허가를 하면서 점용료를 부가하는 것은 원인적 관련성이 있지만, 교통법규 위반을 이유로 건축허가를 거부하는 것은 원인적 관련성이 없는 것으로 부당하게 결부된 것이다.

2) 목적적 관련성

목적적 관련성이란 행정작용과 반대급부가 특정한 행정 목적 추구에 있어서 상호 관련성을 갖고 있어야 함을 의미한다. 예를 들면, 유흥음식점 영업허가를 하면서 경찰 목적과 관련 없는 금전 기부 체납을 반대급부로 제공할 것을 부관으로 발령한 경우 목적적 관련성이 없다. 그러나 하천점용허가를 하면서 하천오염 방지를 위한 오염방지시설의 설치 의무를 내용으로 하는 부관을 붙이는 것은 수질오염의 우려가 없는 하천점용허가라는 목적에 부합되어 목적적 관련성이 있다.

Ⅵ. 신의성실의 원칙

이는 행정청은 직무를 수행함에 있어서 신의(信義)에 따라 성실히 하여야 한다(행정절차법 제4조 제1항)는 것을 의미한다.

국세기본법 제15조(신의 · 성실) 납세자가 그 의무를 이행할 때에는 신의에 따라 성실하게 하여야 한다. 세무공무원이 직무를 수행할 때에도 또한 같다.

행정절차법 제4조(신의성실 및 신뢰 보호) ① 행정청은 직무를 수행함에 있어서 신의에 따라 성실히 하여야 한다.

신의성실의 원칙은 공법이나 사법을 불문하고 적용되는 법의 일반 원칙 중의 하나이다. 따라서 행정작용도 이에 따라야 하며 이 원칙에 반하는 행정작용은 위법한 것이 된다. 신의성실의 원칙은 행정이 그의 목적을 달성하기 위하여 활동을 하는 경우뿐만 아니라, 개인이 행정권을 상대로 하여 방어 내지 관철하는 경우에도 적용된다.

신의성실의 원칙은 대체로 ① 전후 모순되는 절차의 금지, ② 법규 남용의 금지, ③ 행정청의 사인에 대한 보호의무(예: 특별한 부담이 없어도 가능한 경우라면, 행정청은 사인에게 권리의 내용과 행사가능성을 일깨워 줄 의무를 부담한다), ④ 실효(失效)의 법리, ⑤ 행정청의 불성실로 인해 사인의 법적 지위가 악화되는 것의 금지(예: 특별한 이유 없이 허가를 지연시킴으로 인해 신청인이 불이익을 받는 것은 금지되어야 한다) 등으로 구분해 볼 수 있다.

실효의 법리란 권리자가 그의 권리를 장기간 행사하지 않아서 상대방이 이제는 그 권리를 행사하지 않으리라고 믿을 만한 정당한 사유가 있게 된 경우에, 새삼스럽게 권리자가 그 권리를 행사하는 것이 신의칙, 즉 신의성실의 원칙에 반하는 것이라고 인정되는 때에는, 상대방은 그 권리행사에 대하여 권리가 실효되었다고 대항할 수 있다는 원칙을 말한다.

제 4 절 행정법 관계의 당사자

행정법이라 함은 행정의 조직과 작용, 절차 및 구제에 관하여 규율하는 국내 공법이다. 따라서 행정법 관계의 당사자라 함은 공법인 행정법상의 권리 능력이 있는 자를 말하며, 행정법상의 권리 능력이란 행정법 관계에서 권리·의무를 가질 수 있는 자격을 가리킨다. 행정법 관계의 당사자에는 행정 주체와 행정 객체가 있다.

행정 주체라 함은 행정작용을 하는 자를 말하며, 행정 객체라 함은 행정작용의 대상자, 즉 행정작용의 상대방을 가리킨다. 예를 들면, 세금을 부과하거나, 입영영장을 발부하는 등의 행정을 하는 국가나 지방자치단체 등을 행정 주체라 하며, 세금 부과의 대상이 되거나 입영영장의 대상이 되는 사인을 행정의 상대방 또는 행정 객체라 한다. 그리고 **행정 주체**와 **행정 객체**를 **행정법 관계의 당사자**라 한다.

Ⅰ. 행정 주체

1. 국 가

국가는 시원적(始原的)으로 행정권을 가지고 있는 행정 주체이다. 국가의 행정작용은 일반적으로 대통령을 정점으로 하는 국가의 행정조직을 통해 직접적으로 행하여지거나 국가로부터 독립된 행정 주체(예: 지방자치단체, 공공기관)를 설치하여 그로 하여금 일정한 범위의 행정을 자주적으로 하게 하는 간접 행정 방식이 있는가 하면, 행정권의 일부가 지방자치단체나 기타의 공공단체에 혹은 그 기관에 위임되어 행하여지는 경우도 있는데 전자를 **'단체위임(團體委任)'**이라 하고, 후자를 **'기관위임(機關委任)'**이라 한다.

국가가 지방자치단체(서울특별시 · 광역시 · 도)나 기타 기관(예: 행정안전부 장관이 서울특별시장 · 광역시장 · 도지사)에 대하여 국가사무를 위임하는 경우가 있다. 이 때 단체 그 자체에 대한 위임을 **'단체위임'**이라 하고, 단체의 기관에 대한 위임을 **'기관위임'**이라 한다.
단체위임에 있어서는 근본 방침 등을 법률로 정하고 단체의 자율적 처리를 인정하며, 국가는 최소한의 사후적 감독을 한다. 이에 대하여 기관위임의 경우에는 근본 방침 등을 법률로 정하는 일이 없을 뿐만 아니라, 수임을 받은 기관은 수임받은 한도에서 국가기관과 같은 지위에 서게 되므로 국가의 기관과 같은 지휘 · 감독을 받는다.

2. 공공단체

공공단체라 함은 일반적으로 지방자치단체(地方自治團體) · 공공조합(公共組

合)・영조물법인(營造物法人) 및 공법상 재단(公法上財團)을 포괄하는 개념으로서, 국가의 감독 하에 국가사무를 수행하는 공법상의 단체이다. 공공단체의 행정주체로서의 지위는 국가로부터 전래된 것으로 보는 것이 일반적이다.

국가나 지방자치단체가 조직・재정・기술적인 이유에서 자신들의 임무를 스스로 실현하기 어려운 경우에는 독립된 공법인을 설치하여 행정업무를 담당하게 한다.

1) 지방자치단체

지방자치단체는 국가의 영토의 일부인 일정 지역을 그 구성단위로 하여, 그 지역 안의 주민을 통치하는 포괄적 자치권을 가진 단체이다. 이처럼 지방자치단체는 포괄적 행정권을 가지는 것이 원칙이나, 때로는 특정 행정권만을 가지는 경우가 있다. 전자를 보통지방자치단체(특별시・광역시・도・시・군・자치구)라 하고, 후자를 특별지방자치단체(지방자치단체조합)라 한다.

지방자치법 제159조(지방자치단체조합의 설립) ① 2개 이상의 지방자치단체가 하나 또는 둘 이상의 사무를 공동으로 처리할 필요가 있을 때에는 규약을 정하여 그 지방의회의 의결을 거쳐 시・도는 행정안전부 장관의, 시・군 및 자치구는 시・도지사의 승인을 받아 지방자치단체조합을 설립할 수 있다. 다만, 지방자치단체조합의 구성원인 시・군 및 자치구가 2개 이상의 시・도에 걸치는 지방자치단체조합은 행정안전부 장관의 승인을 받아야 한다. ② 지방자치단체조합은 법인으로 한다.

지방자치단체는 의결기관(지방의회)과 집행기관(지방자치단체장)을 통하여 자치사무와 위임사무를 처리한다.

2) 공공조합

공공조합은 특정한 국가 목적을 수행하기 위하여 법정의 자격을 가진 사람(예: 어민, 농민, 상공인 등의 조합원)에 의해 구성된 공법상의 사단법인(社團法人)이다.

법인이라 함은 사람 또는 재산의 결합으로서 권리를 가지고 의무를 질 수 있는 주체를 의미한다. 본래 권리・의무 능력이 인정되는 전형은 자연인이지만, 사회에서 일을 함에는 반드시 육체를 가진 자연인에 한하는 것은 아니다. 일정한 목적을 가지고 모인 사람의 결합인 단체[이를 **'사단(社團)'**이라 한다]와 일정한 목적에 바쳐진 재산의 단체[이를 **'재단(財團)'**이라 한다]도 각각 사회에서 중요한 일을 행하므로, 이를 법률관계의 주체로 하여야 할 필요가 있다. 그리하여 법은 자연인 외에 이러한 것에도 또한 권리·의무를 주어 법인격을 인정하는 것이다. 국가·공공단체·각종의 회사·사학(私學) 등의 대부분이 법인이다.

사단법인은 일정한 목적을 위하여 결합된 사람의 집단으로서, 권리 능력이 인정된 법인을 말한다. 사단법인에는 영리를 목적으로 하는 영리법인(營利法人, 예를 들면, 회사나 은행 등과 같이 상법의 적용을 받는 영리 목적의 법인)과 영리를 목적으로 하지 않는 비영리사단법인(非營利社團法人)이 있다. 그러나 재단법인은 비영리법인에 한하며, 학술·종교·자선·기예(技藝) 기타의 영리 아닌 사업을 목적으로 하는 것에 한하여 인정되며, 사립학교·의료법인 등의 예가 많다.

재단법인은 일정한 목적에 바쳐진 재산의 실체로서 권리 능력을 가진 법인이며, 사단법인과는 달리 사원총회(社員總會)는 없고, 출연행위(出捐行爲)에 따라 이사(理事)가 의사결정·업무 집행·대외 대표의 일을 행한다.

지방자치단체는 지역을 필수적인 구성 요건으로 하며, 일반적인 공공사무를 처리하는 것을 목적으로 한다. 이에 반해, 공공조합은 지역을 필수적인 구성 요건으로 하지 않으며, 일반적인 공공사무가 아닌 특정의 한정된 사업을 수행하기 위해 설립된 단체인 점에서 지방자치단체와 구별된다.

공공조합에는 개발사업을 목적으로 하는 것(토지구획정리조합, 재개발조합, 농지개량조합), 동업자의 이익을 목적으로 하는 것(농업협동조합, 수산업협동조합, 상공회의소, 중소기업협동조합, 의료보험조합, 재향군인회, 변호사회) 등이 있다.

3) 영조물법인

영조물(營造物)이란 국가 또는 공공단체에 의하여 공공의 목적에 제공되는 인적·물적시설(人的·物的施設)의 종합체를 말하며 **'공공영조물'**이라고도 한다. 영조물법인이란 각종 공사나 특수은행과 같은 영조물이 국가 또는 지방자치단체로부터 독립되어 법인격이 부여된 것을 말한다. 한국방송공사·한국도로공사·한국은행·한국산업은행 등이 이에 해당한다.

보통 영조물은 행정 주체가 자신의 기관에 의하여 운영하는 것이 보통이다(예: 국·공립 초·중·고등학교나 국립·시립도서관, 도립·시립병원). 그러나 국가 또는 지방자치단체의 인사·예산회계 등의 엄격한 제한을 완화하여 그 운영에 사기업과 비슷한 합리적이고 능률적인 경영이 요구되는 경우에는 영조물에 대하여 법인격을 부여하여 독립된 행정 주체로서 영조물법인을 설치하게 된다.

4) 공법상 재단

공법상 재단[혹은 공재단(公財團)]이란 국가나 지방자치단체가 출연한 재산을 관리하기 위하여 공법에 의해 설립된 재단법인인 공공단체이다.

공법상 재단은 공적 목적에 기여하는 공법상 독립의 재단이다. 공법상 재단은 일정한 행정 목적을 위하여 출연된 재산의 결합체로서, 이 점에서 인적·물적·시설의 종합체인 영조물법인과 다르다.

공법상 재단에는 공공조합에서와 같은 구성원이 없고, 또한 영조물법인의 경우와 같은 이용자도 없으며, 다만 직원 및 수혜자만이 존재한다. 현행법상 공법상 재단의 경우는 매우 드문 편이나, 그 대표적인 예로는 학술 및 연구개발 활동과 관련 인력의 양성 및 활용 등을 지원하는 한국연구재단이 있다.

3. 공무수탁 사인

일반적으로 사인은 행정 객체로서의 지위에 서지만, 특별히 행정 권한을 위임받아 행사하는 경우에는 그 범위에서 행정 주체가 되는 바, 이를 '공무수탁 사인(公務受託私人)' 혹은 '공권력이 부여된 사인'이라고도 한다.

공무수탁 사인은 국가배상법상 공무원에 해당하며, 법적으로 독립하여 자기 책임 하에 활동할 수 있으며, 그가 행한 행위의 효과는 자신에게 귀속되는 점에서 행정 주체에 해당한다고 보는 것이 다수설이다. 공무수탁 사인은 행정을 수행함에 있어서 행정 주체이면서 동시에 행정기관의 지위를 갖는다.

공무수탁 사인 제도는 사무 처리의 능률성과 전문성 등을 확보하고 정부의 비용을 줄이는 방안으로서, 국가사무의 민간위탁 경향이 늘어나면서 그 예가 많아지고 있다. 그러나 공무수탁 사인은 책임 있는 국가행정을 어렵게 할 수 있다는 점에서 적지 않은 문제점도 제기되고 있다. 따라서 공무수탁 사인에 대한 국가의 감독과 통제가 중요하다.

공무수탁 사인의 예로는 별정우체국의 지정을 받아 체신 업무를 수행하는 사인(별정우체국법 제3조), 선박이나 항공기에서 경찰 임무나 가족관계등록부 임무를 수행하는 선장이나 기장[항공 안전 및 보안에 관한 법률 제22조, 사법경찰관리의 직무를 행할 자와 그 직무범위에 관한 법률 제7조, 가족관계의 등록 등에 관한 법률(구 호적법) 제49조·제91조]이 가족관계등록부나 경찰사무를 수행하는 경우, 공익사업을 위해 사인이 토지를 수용하는 경우의 사인(공익사업을 위한 토지 등의 취득 및 보상에 관한 법률 제4조, 도시 및 주거환경정비법 제38조), 졸업결정과 학위를 수여하는 사립대학교 총장(고등교육법 제35조), 자동차 검사 대행업자(자동차관리법 제44조), 공증사무를 수행하는 공증인 등이 이에 해당한다.

가족관계의 등록 등에 관한 법률 제49조(항해 중의 출생) ① 항해 중에 출생이 있는 때에는 선장은 24시간 이내에 제44조 제2항에서 정한 사항을 항해일지에 기재하고 서명 또는 기명날인하여야 한다.
② 제1항의 절차를 밟은 후 선박이 대한민국의 항구에 도착하였을 때에는 선장은 지체없이 출생에 관한 항해일지의 등본을 그곳의 시·읍·면의 장 또는 재외국민 가족관계등록사무소의 가족관계등록관에게 발송하여야 한다.
③ 선박이 외국의 항구에 도착하였을 때에는 선장은 지체없이 제2항의 등본을 그 지역을 관할하는 재외공관의 장에게 발송하고 재외공관의 장은 지체없이 외교부 장관을 경유하여 재외국민 가족관계등록사무소의 가족관계등록관에게 발송하여야 한다.

가족관계의 등록 등에 관한 법률 제91조(준용규정) 제49조 및 제50조는 사망의 신고에 준용한다.

공무수탁 사인이 되기 위해서는 법률의 근거를 필요로 하며, 행정 주체로서의 지위를 가진다. 따라서 그의 권한의 범위 내에서 일정한 처분을 하거나 수수료를 징수하는 등의 재정상의 권리를 갖는 등 고권적(高權的) 조치를 취할 수 있다.

Ⅱ. 행정 주체와 행정기관

1. 행정 주체

행정 주체라 함은 행정을 행하는 법 주체를 말한다. 그러나 행정을 실제로 행하는 것은 공무수탁 사인에 있어서의 일정한 경우를 제외하고는 행정 주체가 아니라 행정 주체의 기관(즉, 행정기관)이다. **행정기관**이란 국가 또는 공공단체 등 행정 주체의 행정사무를 담당하는 기관을 말한다.

따라서 행정 주체의 권한은 행정기관의 인적 구성원인 **공무원**에 의해 행사되고, 그 기관의 행위의 법적 효과는 법인격체인 행정 주체에 귀속된다. 그러므로 행정기관은 행정 주체와 달리 독립한 법인격을 갖지 못한다.

2. 행정기관과 행정관청(행정청)

행정기관이란 행정 주체의 행정사무를 담당하는 기관을 말하는 것으로서 그 기능·권한·지위 등에 따라 행정관청, 보조기관, 자문기관, 의결기관, 집행기관, 감사기관, 공기업기관, 부속기관 등으로 분류된다. 이 중에서 **행정관청(行政官廳)**이란 행정사무에 관하여 법상 주어진 권한의 범위 내에서 행정 주체의 행정에 관한 의사를 결정하고, 이를 외부에 대하여 표시하는 권한을 가진 행정기관을 말한다. 이를 **'행정청(行政廳)'** 또는 **'관청(官廳)'**이라 부르기도 한다.

행정관청 혹은 행정청은 통상 그 관청의 우두머리가 이에 해당한다. 행정관청에는 행정 주체의 포괄적(包括的) 행정사무를 처리할 권한을 가지는 **'보통행정관청(普通行政官廳)'**(예: 국가에 있어서는 행정 각부의 장관, 지방자치단체에 있어서는 서울특별시장, 광역시장, 도지사, 시장, 군수, 구청장 등)과 행정 주체의 일부에 대한 행정사무를 처리할 권한을 가지는 **'특별행정관청(特別行政官廳)'**(예: 지방국세청장, 소방서장)이 있다.

예를 들면, 국세는 세무서장의 이름으로, 지방세는 시장, 군수, 구청장 등의 이름으로 부과·징수됨이 일반적이다. 이 경우, 이들이 세금을 부과·징수하는 것은 자신을 위하여 징수하는 것이 아니고, 국가 혹은 지방자치단체 등을 위하여 징수하는 것이다. 즉, 세무서장이나 시장 등이 행하는 조세채권(租稅債權)의 주체는 세무서장이나 시장 등이 아니라 국가 및 지방자치단체이다. 즉, 행정법상의 권리·의무의 주체인 자(국가 또는 지방자치단체)와 이를 위하여 국민에 대해 자기의 이름으로 세금의 부과라는 행정작용을 행하는 권한이 부여된 자를 구분할 수 있는데, 전자를 '행정 주체'라 하고 후자를 '행정관청(혹은 행정청)'이라 한다.

행정청은 독임제기관인 것이 보통이나 중앙선거관리위원회, 감사원, 토지수용위원회, 중앙노동위원회, 소청심사위원회, 국가배상심의회 등과 같이 **합의제기관**인 경우도 있다.

행정관청(혹은 행정청)은 행정법에서 가장 중요한 행정기관이다. 그 이유는 국민과의 관계에서 행정권의 행사는 원칙상 행정청의 지위를 갖는 행정기관의 결정에 의해 그의 이름으로 행해지기 때문이다. 행정 주체와 행정관청을 구별하는 이유는 행정관청의 행위의 법적 효과가 행정 주체에게 귀속된다는 점이다.

보조기관이라 함은 국가 또는 공공단체의 의사를 결정하여 표시할 수 있는 권한을 가지는 행정관청을 보조하는 기관을 말한다. 보조기관은 행정관청에 예속하여 자기의 의사를 결정하고 표시하는 권리나 능력은 없고, 다만 관청의 의사결정에 대하여 준비하고 또는 이미 결정된 의사를 실현함에 그치는 기관으로서, 행정학상 계선조직을 말한다. 예를 들면, 국가의 경우 행정 각부의 차관・차장・실장・국장・부장・과장, 지방자치단체의 경우 부시장・부지사・국장・과장 등이다.

보좌기관은 행정청 또는 그 보조기관이 그 기능을 원활하게 수행할 수 있도록 그 기관장이나 보조기관을 보좌함으로써 행정기관의 목적 달성에 공헌하는 기관으로서, 행정학상 참모조직을 말한다. 대통령실, 국무총리실 및 각부의 차관보 및 담당관 등이 그 예이다.

자문기관은 행정청의 자문에 응하여 또는 스스로 행정청의 권한 행사에 대하여 의견을 제시함을 주된 임무로 하는 행정기관을 의미한다. 자문기관의 의견은 행정청의 의사를 구속하지는 않으나, 법률상 자문 절차가 규정되어 있는 경우에는 이를 거치지 않으면 그 행위는 절차상 하자 있는 행위가 되며, 그 하자는 원칙적으로 취소 사유에 해당한다.

의결기관은 행정 주체 내부에서 행정에 관한 의사를 결정할 수 있는 권한만을 가지고 이를 외부적으로 표시할 수 있는 권한은 없는 합의제 행정기관을 말한다. 합의제 행정기관의 의결이 없으면 행정 주체의 유효한 의사결정이 행하여질 수 없다. 징계위원회, 경찰위원회, 광업조정위원회 등이 의결기관에 해당한다.

집행기관은 행정청의 명을 받아 행정청이 발한 의사를 집행하여 행정상 필요한 상태를 실현하는 기관이다. 경찰공무원, 세무공무원, 소방공무원 등이 이에 해당한다.

감사기관은 다른 행정기관의 사무처리・회계처리를 감시하는 권한을 가진 행정기관으로서 감사원이 그 대표적인 예이다.

현업기관 혹은 공기업기관이란 공익사업을 경영하고 관리하는 기관을 말하며, **부속기관**은 행정 권한의 직접적인 행사를 임무로 하는 행정기관에 부속하여 그 기관을 지원하는 기관을 의미한다. 오늘날 전문성, 기술성이 요구됨에 따라 부속기관은 증가되는 추세에 있다. 국립보건연구원이나 국립환경연구원 같은 시험연구기관이나, 중앙공무원교육원과 같은 교육훈련기관, 국립극장이나 국공립도서관과 같은 문화기관 등이 있다.

Ⅲ. 행정 객체

행정 객체는 행정작용의 상대방을 말하는 것으로, 행정 주체에 의한 행정권 행사의 대상이 되는 자를 말한다.

공공단체도 국가나 다른 공공단체에 대한 관계에서는 행정 객체가 될 수 있다. 그러나 국가는 행정 객체가 될 수 없다. 예를 들면, 지방자치단체는 지방자치단체의 구성원과의 관계에서는 행정 주체의 지위에 서지만, 국가 또는 광역지방자치단체와의 관계에서는 행정 객체의 지위에 서게 된다. 그 밖의 영조물법인이나 공법상 재단도 국가나 지방자치단체와의 관계에서 행정 객체의 지위에 놓이게 된다.

과거에는 행정법 관계의 당사자를 행정 주체와 행정 객체로 엄격히 구분하여 양자를 명령하고 복종하는 관계로 이해하였으나, 현대 행정에서는 사인이 행정에 관여하고 협력하는 기회가 많아짐에 따라 양자가 상호 협력하는 관계로 발전하고 있다.

제 5 절 행정법 관계의 특질

행정법 관계도 법률관계라는 점에서는 사법관계와 동일하다. 그러나 행정은

공익의 실현을 목적으로 하며 이를 실현하기 위하여 행정법 관계에서는 행정 주체에게 일정한 특권 또는 우월적 지위가 인정되고 있다.

예를 들면, 국가나 지방자치단체 등의 행정 주체는 국민이나 지역주민을 상대로 조세를 부과하거나 징수하며, 토지나 물건을 수용하고 이용하며, 경찰상 필요한 질서를 유지하기 우월적 지위에서 일방적으로 명령하고 강제할 수 있는 권한을 행정법상 부여하고 있다.

사인 상호 간에 이루어지는 법률관계는 상호 대등한 지위에서 이루어지는 것이 특징이다. 예를 들면, 갑과 을이 건물임대차 계약을 체결하는 경우, 갑과 을은 대등한 지위에서 상호 간의 자유로운 의사표시를 통한 협의에 의해 임대차 계약의 내용이 정해진다. 그리고 만약 그 체결된 임대차 계약의 내용이 제대로 이행되지 아니하면 임대인이 일방적으로 그 이행을 강제할 수 없고 법원의 도움을 받아 권리를 실현하게 된다. 그러나 행정법 관계에서는 예를 들면 세무서장이 세금을 부과할 경우, 그 금액이나 납부기한 등을 납세자와 상호 협의하여 정하는 것이 아니라 세법이 정한 범위 내에서 세무서장이 일방적으로 우월한 지위에서 정하게 된다. 또한 이 경우, 상대방이 납세의무를 이행하지 않는 경우에는 세무서장은 법원의 도움이 없이도 국세징수법이 정한 바에 따라 그 스스로의 힘으로 그 이행을 강제할 수 있는 권한을 가지고 있는 것이다. 따라서 행정법 관계에서는 일반 사법관계와는 다른 여러 가지 특질이 존재한다.

이와 같이 행정법 관계에서 행정 주체의 의사의 우월적 효력을 인정해 주는 것은 행정 주체에게 본래적으로 인정된 것은 아니고, 행정 목적인 **공익**을 실효성 있게 실현하기 위하여 법률이 행정에 대하여 부여하고 있는 것으로서 그 한도 내에서만 인정된다.

행정법 관계의 특질로는 행정 의사의 법률적합성, 행정 의사의 우월적 지위에서 갖는 행정 의사의 공정력, 확정력(혹은 존속력), 자력 강제력, 권리・의무의 특수성, 권리 구제 수단의 특수성 등을 드는 것이 보통이다.

Ⅰ. 행정 의사의 법률적합성

행정은 공익을 실현하는 작용이므로 사인 상호 간에 이루어지는 법률관계에서와 같이 자유로운 의사표시에 의한 합의와 같은 '사적 자치의 원칙'에 기초할 수 없고, 행정작용은 엄격한 법의 기속을 받는 것이 원칙이다. 이의 구체적 내용에 대해서는 법치주의 하에서의 '행정의 법률적합성'과 관련하여 논의된 바 있다.

Ⅱ. 행정 의사의 공정력

행정 주체의 의사는 공권력의 발동으로서의 한 행정행위로 표시되는데, 이러한 행정행위는 설사 그 성립에 하자(흠)가 있는 경우에도 그 하자가 중대하고 명백한 하자로 인하여 당연 무효(當然無效)가 되는 경우를 제외하고는 권한 있는 기관에 의해 직권으로 또는 일정한 쟁송 수단에 의하여 취소되기 전까지는 일단 유효한 행위로 추정(推定)을 받아 상대방 및 이해관계 있는 제3자에 대하여 구속력을 갖는 힘을 갖게 되는데 이를 **공정력(公定力)**이라 한다. 예를 들면, 조세 부과처분이 설사 위법하게 행해졌을지라도 그 위법성(하자)이 중대·명백하지 않는 한, 권한 있는 기관에 의해 그 조세 부과 처분이 취소되기 전까지는 상대방은 이에 구속되어 납세 의무를 지게 된다.

행정 의사의 공정력은 행정행위에 선험적·본질적으로 존재하는 것이 아니고 실정법상의 근거에 의하여 인정되는 것이다.

Ⅲ. 행정 의사의 확정력(존속력)

확정력(確定力)이란 행정행위에 하자가 있는 경우에도 일정한 경우 이를 취소 또는 철회할 수 없는 것을 말한다. 이에는 그 효력이 미치는 주관적 범위에 따라 불가쟁력(不可爭力)과 불가변력(不可變力)으로 구별된다. 확정력을 **존속력(存續力)**이라고도 표현한다.

1. 불가쟁력(형식적 확정력)

불가쟁력이란 행정행위의 효력을 신속하게 안정시키기 위해 행정행위에 하자가 있는 경우에도 그에 대한 행정쟁송 제기기간이 경과하거나 쟁송 수단을 다한 경우(즉, 심급을 종료한 경우)에는 상대방 또는 이해관계인은 더 이상 행정행위의 효력을 다툴 수 없게 되는 힘을 말한다. 불가쟁력을 **'형식적 확정력'**이라고도 한다.

불가쟁력은 **행정행위의 상대방**이나 **이해관계인**에 대한 구속력이며, 처분 행정청이나 그 밖의 국가기관을 구속하지는 않는다. 따라서 처분 행정청은 불가쟁력이 발생한 후에도 직권으로 행정행위를 취소하거나 변경할 수 있다.

만일 불복기간이 넘어 행정심판이나 행정소송을 제기하면 부적법으로 각하(却下)된다.

2. 불가변력(실질적 확정력)

행정행위는 원칙적으로 하자 또는 공익상의 이유로 행정청의 직권에 의해 취소·변경되며 혹은 행정행위를 더 이상 존속시킬 수 없는 새로운 사정의 발생을 이유로 철회(撤回)되기도 한다.

다만, 일정한 경우에는 행정행위의 하자 또는 새로운 사정의 발생에도 불구하고 행정청(처분청·감독청) 자신도 직권으로 자유로이 당해 행정행위를 취소·변경·철회할 수 없는 경우가 있는데, 이와 같은 효력(구속력)을 불가변력(不可變力) 혹은 **'실질적 확정력'**이라 한다.

예를 들면, **행정심판의 재결**에 대해서는 불가변력을 인정하는 것이 일반적 견해이다. 따라서 행정심판에서 일단 행해진 재결은 재결청 자신도 직권으로 그 내용을 취소하거나 변경할 수 없는 불가변력을 갖게 되는 것이다.

3. 양자의 관계

불가쟁력은 행정행위의 상대방 및 이해관계인에 대한 구속력인데 반해, 불가변력은 주로 처분청 등 행정기관에 대한 구속력으로 볼 수 있다. 따라서 구속력의 주관적 범위가 서로 다른 것이므로, 상호 간에 영향을 미치지 않는 것이 원칙이다. 그러므로 불가쟁력이 발생한 경우라 하더라도 행정청의 직권취소 또는 손해배상 청구가 가능하고, 불가변력이 발생한 경우라 하더라도 쟁송 제기기간이 경과하기 전에는 쟁송취소가 가능하다.

Ⅳ. 자력 강제력(자력 집행력 · 자력 제재력)

일정한 의무의 부과를 내용으로 하는 행정행위에서 상대방이 그 **의무를 이행하지 않거나**(예: 납세의무의 불이행) **의무를 위반하는 경우**(교통법규 위반)에 행정청이 법원 등 다른 기관의 힘을 빌리지 않고, 직접 실력을 행사하여 자력으로 그 의무 이행을 강제하거나, 의무 위반에 대해 일정한 제재(制裁: 행정형벌과 행정질서벌)를 가하여 그 의무 이행을 담보하는 경우가 있는데, 전자를 **'자력 집행력(自力執行力)'**이라 하고, 후자를 **'자력 제재력(自力制裁力)'**이라 하며, 이 양자를 합쳐 **'자력 강제력(自力强制力)'**이라 한다.

자력 강제력의 행사에는 법적 근거를 필요로 한다. 자력 집행력의 법적 근거로는 행정대집행법(行政代執行法), 국세징수법(國稅徵收法) 등이 있다. 또한 자력 제재력을 인정하는 것은 행정 의사의 실효성을 담보하기 위한 것이다.

Ⅴ. 권리 · 의무의 특수성

행정법 관계에서의 권리 · 의무는 사법관계에서와 같이 권리자와 의무자가 상호 반대의 이해관계로 대립되는 것이 아니다. 다 같이 공공복리의 향상이나 사회질서를 유지하기 위하여 공익상 인정되는 것이기 때문에 **권리가 동시에 의무라는 상대적 관계**에 서게 되는 것이다.

따라서 행정법 관계에서의 권리 · 의무는 사법상의 권리 · 의무와는 달리 타인에게 **이전(移轉)** 또는 **포기(抛棄)가 제한**되거나 공권이 침해된 경우 행정소송법의 적용을 받는 특별한 보호를 받으며, 의무의 불이행이 있으면 행정권의 강제가 행해지는 경우가 많다.

Ⅵ. 권리 구제 수단의 특수성

1. 행정상 손해전보 제도의 특수성

행정법 관계에서 위법한 행정작용으로 인하여 개인이 입은 손해에 대해서는 국가배상법에서 손해배상 책임을 규정하고 있으며, 적법한 행정 의사에 의한 개인의 재산권에 대한 공용침해(수용, 사용, 제한)에 대해서는 법률이 정하는 바에 따라 손실보상을 하도록 하고 있다.

2. 행정쟁송 절차의 특수성

위법한 행정작용의 효력을 다투는 쟁송은 영·미식 사법국가주의(司法國家主義)를 택하여 일반사법재판소에서 다루는 경우가 있고, 대륙법계 국가의 경우와 같이 행정국가주의(行政國家主義)에 입각하여 행정재판소(行政裁判所)를 따로 설치하여 다루는 경우가 있다.

우리나라는 사법부에 행정법원(行政法院)이 설치되어 있으므로 사법국가주의를 원칙으로 하면서도 행정 사건의 특수성을 고려하여 제소기간(提訴期間)의 제한·집행부정지(執行不停止)의 원칙·사정판결(事情判決) 등 민사소송에 대한 여러 가지 절차적 독자성을 인정하고 있다.

제 6 절 특별권력 관계

Ⅰ. 전통적 특별권력 관계의 의의

과거의 행정법 이론에서는 행정법 관계 중 **권력 관계**를 **일반권력 관계**(一般權力關係)와 **특별권력 관계**(特別權力關係)로 대별하였다. 예를 들면, 국가가 특정 일반 국민에 대해 조세를 부과하는 것은 일반권력 관계에서 이루어지는 관계인 반면, 국가와 공무원 관계 · 국가와 군복무 관계, 교도소장과 재소자와의 관계, 국 · 공립학교와 학생의 관계 등에서 이루어지는 권력 관계는 이를 '특별권력 관계' 혹은 '특별신분 관계(特別身分關係)'로 보았다.

Ⅱ. 특별권력 관계의 특색

과거 일반권력 관계와 구별되는 특별권력 관계의 특징으로는 일반권력 관계에는 법치주의 원칙이 적용되는 데 반해, 특별권력 관계에는 법치주의, 그 중에서도 법률유보 원칙(法律留保原則)이 적용되지 않고 임명권자나 학교장 또는 교도소장의 자의(恣意)에 의한 행정이 이루어지고, 헌법상의 기본권도 보장되지 아니하는 관계라고 본 데 있다.

또한 특별권력 관계는 원칙적으로 권력 주체의 행위에 대해서 사법심사가 미치지 않는다. 즉, 특별권력 관계에서 발해지는 명령 등은 법규적 성질을 가지지 않으므로 사법심사의 대상이 되지 않는다고 보았다.

예를 들면, 시장이 소속 공무원들에게 일정한 지역에 거주할 것을 명령하거나, 학교장이나 교도소장이 학생들이나 재소자들에게 일정한 사항을 금지시키는 등의 명령은 법률의 근거 없이도 기능하며, 그 결과 기본권이 침해되었더라도 침해된 기본권을 사법부를 통해 구제받을 수 없다고 본 것이다. 즉, 공무원에 대한 지휘나 학생의 교육 또는 재소자들의 관리는 임명권자나 학교장 또는 교도소장의 판단에 따르게 하는 것이 합리적이라는 사고를 바탕으로 한 것이다.

Ⅲ. 특별권력 관계의 인정 여부

인권이 보장되고 법치주의가 전면적으로 시행되고 있는 오늘날 민주국가에서는 전통적 특별권력 관계 이론은 더 이상 그 타당성의 기반을 상실하게 되었고 많은 비판의 대상이 되었다. 오늘날 민주국가에 있어서는 국가와 공무원, 학교장과 학생, 교도소장과 재소자 등의 관계도 인격 주체 상호 간의 관계로서 법치주의의 적용을 받고 있음을 부인할 수 없다. 따라서 전통적 특별권력 관계 이론을 그대로 인정할 것을 주장하는 **긍정설(肯定說)**은 오늘날 존재하지 않는다.

다만, 특별권력 관계는 일반권력 관계와는 달리 특별한 행정 목적을 효율적으로 달성하기 위하여 특수한 법적 규율을 받을 필요성이 있는 경우가 존재하는 것은 사실이다. 그러나 오늘날은 그러한 규율 역시 법치행정의 원리에 적합해야 하므로 법률유보 원칙이 적용되어야 하고, 따라서 법률의 근거가 있어야 하며, 헌법상의 기본권 규정에도 합치되어야 한다. 다시 말하면, 특별권력 관계 역시 법으로부터 자유로운 영역이 될 수 없으며, 따라서 사법심사 또한 인정되어야 한다.

결국 오늘날은 특별권력 관계에서도 법률유보 원칙이 적용되고, 헌법상의 기본권 규정이 적용되지만, 특별권력 관계는 **'특별한 행정 목적의 수행상'** 이루어지는 관계라는 특수성이 인정되는 것이므로 이를 일반권력 관계와 무조건 동일시하는 것도 타당하지 않다.

이에 따라 오늘날 실정법상 공무원법 등과 같은 개별 법률에서 이러한 특수성을 인정하여 특별권력 관계에서는 그 목적 달성을 위하여 근거 법률에서 특별권력 주체에게 **포괄적인 재량의 여지가 인정**되고 따라서 그 재량이 인정되는 범위 안에서는 사법심사가 제한되는 등 법률의 유보의 범위 내에서 특별권력 관계를 법리화하고 있다.

Ⅳ. 특별권력 관계의 성립 요인과 소멸 요인

1. 특별권력 관계 성립 요인

1) 직접 법률의 규정에 의해 성립되는 경우

이는 직접 법률의 규정에 의해 그 원인 사실이 발견되면 상대방의 동의 없이 관계의 성립이 강제되는 경우이다. 예를 들면, 병역의무자의 입대, 전염병 환자의 강제 입원, 죄수의 수감, 일정한 자격이 있는 자의 공공조합에의 강제 가입 등이다.

2) 상대방의 동의에 의하여 성립되는 경우

이에는 다시 상대방의 자유로운 의사에 의한 **'임의적 동의(任意的同意)'**의 경우와, 그 동의가 법에 의하여 강제되어 있는 **'의무적 동의(義務的同意)'**의 경우가 있다. 예를 들면, 공무원 관계의 설정, 국·공립학교(초등학교 제외)에의 입학, 도서관의 이용 관계의 설정 등은 전자의 예이며, 학령 아동의 초등학교 취학이 후자의 예이다.

2. 특별권력 관계 소멸 요인

특별권력 관계의 소멸의 일반적 사유로는 목적의 달성(예: 국립학교의 졸업), 임의탈퇴(예: 공무원의 사임), 권력 주체에 의한 일방적 해제(예: 학생의 퇴학처분) 등이 있다.

제 2 편

행정 주체와 국민 사이에 행해지는 행정의 행위 형식들과 법적 특징

제 1 장

행정입법

행정작용법은 행정 주체와 그 상대방인 국민 사이에 이루어지는 법률관계에 관한 법으로서 행정법 내용의 주종을 이루는 분야이다.

오늘날 행정국가 하의 행정의 특징을 흔히 행정작용의 다양성 · 복잡성 및 전문성으로 표현한다. 그만큼 오늘날 행정 기능의 확대에 따라 행정 주체가 행하는 행정작용의 양태는 다양해지고 있다. 이러한 다양한 행정의 양태를 법적인 관점에서 체계적으로 파악하려는 것이 행정작용법의 과제이며 내용을 이룬다. 행정 주체가 행하는 행정작용의 양태를 **'행정의 행위 형식(行爲形式)'**이라 부르기도 한다.

행정의 행위 형식을 분류하여 고찰하는 이유는 무엇보다도 그들 각각의 행정의 행위 형식에 따라 각각의 행위 형식의 **법적 요건(法的要件)이 다르고 법적 효과를 달리하며**, 그에 대한 **쟁송 수단도 다르다는 데 있다**.

그렇다면 행정 주체가 행하는 행정의 행위 형식은 어떻게 분류할 수 있는가? 행정의 행위 형식은 학자에 따라 약간 다르게 분류하고 있으나 대체로 다음과 같이 분류할 수 있다.

첫째, 오늘날 행정국가 하에서는 국민의 대표기관인 국회에서 법을 제정하는 것뿐만 아니라 행정부에서도 법을 제정하는 행정작용을 행하기도 하는데, 이를 **행정입법(行政立法)**이라 칭한다. 따라서 행정의 행위 형식의 하나로 행정입법을 제정하는 것을 들 수 있다.

둘째, 행정 주체가 객체를 대상으로 행하는 행위 형식 가운데에는 행정 주체가 상대방의 의사를 묻지 아니하고 일방적으로 권력적이고 단독적으로 행하는 행위 형식(예를 들면, 조세의 부과)이 있는 데 이러한 행위 형식을 **행정행위(行政行爲)**라 칭하고 있다. 전통적으로 행정 주체가 행해 온 가장 대표적인 행정의 행위 형식이 행정행위이다.

셋째, 행정 주체가 행정 목적의 달성을 위해 행정행위와 같은 공권력 발동을 통한 권력적 수단에 의하지 않고 행하는 행정작용이 있는데 이를 일반적으로 **'비권력적 행정작용'**이라고 한다. 이는 다시 **'법적 행위(法的行爲)'**와 **'사실행위(事實行爲)'**로 나눌 수 있다. 전자, 즉 법적 행위에는 **'공법상 계약(公法上契約)'**과 **'공법상 합동행위(公法上合同行爲)'가 있고**, 후자의 사실행위로는 **'행정지도(行政指導)'**와 **'비공식적(非公式的) 행정작용'** 및 **'비구속적(非拘束的) 행정계획(行政計劃)'** 등이 있다.

〈표 2-1-1〉 비권력적 행정작용의 유형

- 비권력적 행정작용
  - 법적 행위
    - 공법상 계약
    - 공법상 합동행위
  - 사실행위
    - 행정지도
    - 비공식적 행정작용
    - 비구속적 행정계획

과거에는 행정행위를 중심으로 한 권력적 행정작용이 주를 이루었으나, 오늘날에는 이러한 비권력적 행정작용이 끊임없이 증대되고 있고 그 중요성이 점점 더 강조되고 있다.

이 밖에도 행정 주체가 행하는 행정의 행위 양식 가운데에는 **사법 형식(私法形式)의 행정작용**으로서의 **행정사법(行政私法)**과 **국고작용(國庫作用)**, 행정자동화에 따른 **행정자동화 작용**(行政自動化作用) 등이 있다.

제1절 행정입법의 의의

행정입법(行政立法)이라 함은 **행정기관**이 정립하는 일반적 · 추상적인 법규범을 말한다. 의회가 소정의 절차에 의해 제정한 법규범을 **'법률(法律)'**이라고 하고, 행정기관이 제정한 법규범을 **'명령(命令)'**이라 하는 바, 행정입법은 행정기관이 명령을 제정하는 것을 말한다. 행정입법은 실정법상의 용어가 아니고 **학문상의 용어**이다. 행정입법의 구체적인 예를 들면 다음과 같다.

> **도로교통법 제15조(전용차로의 설치)**
> ① 시장 등은 원활한 교통을 확보하기 위하여 특히 필요한 경우에는 지방경찰청장이나 경찰서장과 협의하여 도로에 전용차로(차의 종류나 승차 인원에 따라 지정된 차만 통행할 수 있는 차로를 말한다. 이하 같다)를 설치할 수 있다.
> ② 전용차로의 종류, 전용차로로 통행할 수 있는 차와 그 밖에 전용차로의 운영에 필요한 사항은 **대통령령**으로 정한다.
> ③ 제2항에 따라 전용차로로 통행할 수 있는 차가 아니면 전용차로로 통행하여서는 아니 된다. 다만, 긴급자동차가 그 본래의 긴급한 용도로 운행되고 있는 경우 등 **대통령령**으로 정하는 경우에는 그러하지 아니하다.

법률에 해당하는 도로교통법 제15조 제2항에 명시된 바와 같이 "전용차로의 종류 · 통행할 수 있는 차 그 밖에 전용차로의 운영에 관하여 필요한 사항은 **대통령령(大統領令)**으로 정한다"든가 제3항의 "제2항의 규정에 의하여 전용차로로 통행할 수 있는 차가 아닌 차는 당해 전용차로로 통행하여서는 아니 된다. 다만, **대통령령이 정하는 경우에 그러하지 아니하다**"는 규정에 의거하여 대통령이 정하는 **대통령령**은 행정입법의 한 유형이다. 대통령은 의회 소속이 아니고 행정부 소속이며, 대통령령은 대통령이 정하는 일반적 · 추상적 법규범이기 때문이다.

"입법권은 국회에 속한다"라는 헌법 규정(제40조)에서와 같이, 권력 분립을 기초로 하는 법치국가에서는 법규범을 제정하는 작용인 입법권은 원칙적으로 국민의 대표기관인 국회의 권한에 속한다. 따라서 행정권이 법규범을 제정하는 행정입법은 인정될 수 없다. 그럼에도 불구하고 오늘날 행정국가 하에서는 행정 기능의 다양화 및 전문성으로 인하여 행정입법을 인정하는 것이 보편적 현상으로 받아들이게 되었으며 이를 헌법상 규정하기에 이르렀다.

우리 헌법에서도 제75조(대통령령 제정권), 제76조(대통령의 긴급명령권 및 긴급재정 · 경제명령권), 제95조(총리령 및 부령 제정권) 및 제114조 제6항(중앙선거관리위원회의 규칙 제정권) 등을 통해 행정입법을 인정하고 있다.

그러나 행정입법을 인정한다고 해서, 국회입법의 원칙이 본질적으로 침해되는 것은 아니다. 그 이유는 행정입법은 국회에서 제정하는 **법률에서 구체적으로 범위를 정하여 위임받은 사항에 관해서만 제정할 수 있고**(헌법 제75조), 따라서 일반적(一般的) · 포괄적(包括的) 위임은 허용되지 않기 때문이다.

오늘날 행정입법을 당연시하고 있는 이유는 행정의 기능 중에 전문적 · 기술적인 입법 사항이 증대하고 있어 이를 법률로 규정하기 어려운 점, 행정 환경의 급격한 변화에 따라 이에 신축성 있게 대응하기 위해 행정기관 스스로의 입법이 필요한 점, 행정 공무원의 전문적 지식 및 경험을 활용할 수 있다는 점, 국회의 부담을 줄일 수 있는 점 등을 들 수 있다.

제 2 절 행정입법의 종류

Ⅰ. 법규명령과 행정규칙

행정입법에는 국가 행정권에 의한 입법과 지방자치단체에 의한 입법이 있다. 또한 통설은 행정입법을 그 내용이 법규성(法規性)을 가지느냐의 여부에 따라, 법규성을 가지는 **'법규명령(法規命令)'**과 법규성을 가지지 않는 **'행정규칙(行政規則)'**으로 구분한다. 행정규칙은 **'행정명령(行政命令)'**이라고도 한다.

'법규(法規)'란 국가 등 행정 주체 내부에서만이 아니라 일반 국민과의 관계에서도 직접 구속력(또는 기속력)을 가지며, 재판규범(裁判規範), 즉 법원에서 재판 시에 위법성 여부를 판단하는 기준이 되는 법규범을 의미한다. 따라서 행정조직 또는 특별권력 관계(특별행정법 관계) 내부에서만 구속력을 가지며, 재판규범으로서의 성질을 가지지 않을 뿐만 아니라, 법령에 근거를 두고 있지 않는 행정규칙(행정명령)은 원칙적으로 법규의 성질을 가지지 않는다고 보아야 한다.

Ⅱ. 법규명령

1. 법규명령의 의의와 행정규칙과의 구분

법규명령(法規命令)과 행정규칙은 다 같이 행정기관에 의해 제정되는 일반적·추상적 성질을 가지는 규범으로서 행정의 기준이 되는 규범이라는 점과, 행정기관은 이 둘을 모두 준수하여야 할 법적 의무를 진다는 점에서는 유사하다. 그러나 양자는 전통적으로 다음과 같은 점에서 서로 구별되고 있다.

첫째, 법규명령은 행정 주체와 국민 간의 관계를 규율하는 법규범인 반면에, 행정규칙은 행정조직 내부에서 적용되기 위해 제정된 규범이다. 그리하여 법규명령은 그 상대방(국민)을 구속함은 물론, 발령기관도 구속(예를 들면, 대통령령에는 대통령도 구속되며, 따라서 개별적 처분으로 이를 무시할 수 없다)하는 **양면적 구속력(兩面的拘束力)**을 갖는데 반해, 행정규칙의 발령기관은 그가 발한 행정규칙에 구속되지 않고, 상대방 수명기관(受命機關)만을 구속하는 **편면적(片面的)**, **일면적 구속력**만을 갖는다(예를 들면, 국방부 장관은 자신이 발한 행정규칙의 일종인 훈령에는 구속되지 않는다). 그리하여 행정규칙은 법규가 아니라고 보는 것이 일반적 견해이다.

이와 같이 법규명령은 **대외적 구속력**을 가지기 때문에 법규명령에 반하는 행정권을 행사하는 경우 이는 **위법(違法)**이 된다. 이에 반해, 행정규칙은 그 자체로는 대외적으로 국민을 구속하는 법규가 아니고, 행정조직 내부 또는 특별권력 관계 내부에서의 조직·활동을 규율한다. 따라서 행정규칙을 위반하더라도 그 행위 자체는 위법이 아니며, 다만 행정기관 내부에서 **징계 사유(懲戒事由)**가 됨에 그친다고 보는 것이 전통적 견해이다.

둘째, 법규명령은 **법령의 수권(授權, 위임)** 또는 **근거**를 필요로 하지만, 행정규칙은 행정기관이 하급 행정기관에 대한 **지휘·감독권** 등에 근거하여 제정할 수 있는 것이므로, 법률의 수권이 필요하지 않다.

셋째, 행정규칙은 행정조직이나 혹은 특별권력 관계 내부에서 그의 기관 또는 구성원을 직접적인 규율 대상, 즉 수범자로 함이 원칙이다.

넷째, 법규명령은 법규명령의 형식을 취하고 공포(公布)가 효력 발생의 요건이다. 그러나 행정규칙은 그러하지 아니하다. 다만, 행정절차법 제20조 제1항에 의해 **처분기준이 되는 행정규칙**은 공표되어야 한다.

행정절차법 제20조(처분기준의 설정·공표)
① 행정청은 필요한 처분기준을 해당 처분의 성질에 비추어 될 수 있는 한 구체적으로 정하여 공표하여야 한다. 처분기준을 변경하는 경우에도 또한 같다.

다섯째, 행정규칙은 법규명령과 달리 재판규범으로서의 효력(구속력)을 가지지 않는 것이 원칙이다.

2. 법규명령의 종류

법규명령에는 헌법상 인정하고 있는 법규명령과 헌법이 아닌 개별 법률에서 인정하고 있는 법규명령이 있다.

1) 헌법상 인정되고 있는 법규명령

(1) 법률과 대등한 효력의 법규명령(법률대위명령)(헌법 제76조)

헌법 제76조에 의거하여 대통령이 발하는 긴급재정·경제명령(제76조 제1항)과 긴급명령(제76조 제2항)은 긴급한 조치가 필요하고 국회의 집회가 불가능한 때에 한하여 발할 수 있으며, 법률과 동등한 효력을 갖는 법률대위적 법규명령이다.

헌법 제76조 ① 대통령은 내우·외환·천재·지변 또는 중대한 재정·경제상의 위기에 있어서 국가의 안전보장 또는 공공의 안녕질서를 유지하기 위하여 긴급한 조치가 필요하고 국회의 집회를 기다릴 여유가 없을 때에 한하여 최소한으로 필요한 재정·경제상의 처분을 하거나 이에 관하여 **법률의 효력을 가지는 명령**을 발할 수 있다.
② 대통령은 국가의 안위에 관계되는 중대한 교전상태에 있어서 국가를 보위하기 위하여 긴급한 조치가 필요하고 국회의 집회가 불가능한 때에 한하여 **법률의 효력을 가지는 명령**을 발할 수 있다.
③ 대통령은 제1항과 제2항의 처분 또는 명령을 한 때에는 지체없이 국회에 보고하여 그 승인을 얻어야 한다.

(2) 법률 종속적 법규명령

헌법에서 인정되고 있는 법규명령으로서 법률에 **종속**되는 법규명령으로는 **대통령령**(헌법 제75조)과 **총리령** 및 **부령**(헌법 제95조), **중앙선거관리위원회규칙**(헌법 제114조)가 있다.

대통령령을 보통 **'시행령(施行令)'**이라 칭하고, 부령을 **'시행규칙(施行規則)'**이라 칭하기도 한다. 행정 각부가 아닌 국무총리 소속의 독립기관(예: 법제처 등)이나 행정 각부 소속의 독립기관(경찰청 등)은 독립하여 명령을 발할 수 없고, 총리령이나 부령으로 발하여야 한다.

헌법 제75조 대통령은 법률에서 구체적으로 범위를 정하여 위임받은 사항과 법률을 집행하기 위하여 필요한 사항에 관하여 **대통령령**을 발할 수 있다.

헌법 제95조 국무총리 또는 행정 각부의 장은 소관 사무에 관하여 법률이나 대통령령의 위임 또는 직권으로 **총리령** 또는 **부령**을 발할 수 있다.

헌법 제114조 ⑥ 중앙선거관리위원회는 법령의 범위 안에서 선거관리·국민투표관리 또는 정당 사무에 관한 **규칙**을 제정할 수 있으며, 법률에 저촉되지 아니하는 범위 안에서 내부 규율에 관한 **규칙**을 제정할 수 있다.

(3) 위임명령과 집행명령

법률 종속적 법규명령에는 **위임명령(委任命令)**과 **집행명령(執行命令)**이 있다. 헌법 제75조에서는 "대통령은 법률에서 **구체적**으로 **범위**를 정하여 **위임**받은 사항과 법률을 **집행**하기 위하여 필요한 사항에 관하여 **대통령령**을 발할 수 있다"라고 규정하고 있는 바, 전자, 즉 법률에서 구체적으로 범위를 정해 위임받은 사항에 대해 정하는 법규명령을 **위임명령**이라 하고, 후자, 즉 법률을 집행하기 위하여 제정하는 법규명령을 **집행명령**이라 한다.

위임명령은 법률 또는 상위명령의 구체적인 위임(예를 들면, 총리령의 경우 상위명령인 대통령령의 위임)에 의해 제정되는 명령으로서, 위임받은 범위 내에서 새로이 법규사항(국민의 권리 · 의무에 관한 사항)을 제정할 수 있다.

집행명령은 상위법령을 집행하기 위하여 필요한 세부적 · 구체적인 절차나 형식을 규정하는 명령이다. 다시 말하면, 법률을 집행하기 위한 **시행세칙(施行細則)**을 정하는 것과 같은 것이다. 집행명령의 구체적인 예는 다음과 같다.

> **도로교통법 제11조(어린이 등에 대한 보호)** ② 앞을 보지 못하는 사람(이에 준하는 사람을 포함한다. 이하 같다)의 보호자는 그 사람이 도로를 보행할 때에는 흰색 지팡이를 갖고 다니도록 하거나 앞을 보지 못하는 사람에게 길을 안내하는 개로서 행정안전부령으로 정하는 개(이하 "장애인보조견"이라 한다)를 동반하도록 하는 등 필요한 조치를 하여야 한다.
>
> **도로교통법 시행령 제8조(앞을 보지 못하는 사람에 준하는 사람의 범위)**
> 법 제11조 제2항에 따른 앞을 보지 못하는 사람에 준하는 사람은 다음 각 호의 어느 하나에 해당하는 사람을 말한다.
> 1. 듣지 못하는 사람
> 2. 신체의 평형기능에 장애가 있는 사람
> 3. 의족 등을 사용하지 아니하고는 보행을 할 수 없는 사람

도로교통법 시행령 제8조는 도로교통법 제11조 제2항에서 규정하지 아니한 새로운 권리나 의무에 관한 사항을 정하는 것이 아니다. 이 시행령은 **집행명령**으로서 도로교통법 제8조 제2항을 집행하기 위하여 그 의미를 보다 분명히 한 것이다.

헌법 제114조 제6항에 근거하여 중앙선거관리위원회는 법령의 범위 안에서 선거관리 · 국민투표관리 또는 정당 사무에 관한 규칙(規則)을 제정할 수 있으며, 법률에 저촉되지 아니하는 범위 안에서 내부 규율에 관한 규칙을 제정할 수 있게 되어 있는 바, 이에 근거하여 제정되는 법규명령을 **'중앙선거관리위원회규칙'**이라 한다.

> 중앙선거관리위원회는 '중앙선거관리위원회규칙'을 발하고, 대법원은 '대법원규칙'을, 국회는 '국회규칙'을, 감사원은 '감사원규칙'을 발한다. 이들 명령은 대통령으로부터 독립되어 있는 기관이 발하는 명령이며, '규칙'이라는 이름을 붙인다.

2) 헌법이 아닌 법률에 근거한 법규명령

감사원법(監査院法)은 "감사원은 감사에 관한 절차, 감사원의 내부 규율과 감사사무처리에 관한 규칙을 제정할 수 있다"(제52조)고 규정하고 있다. 이에 근거하여 제정되는 **'감사원규칙(監査院規則)'**이 법규명령인가 혹은 행정규칙인가에 대해 견해가 나누어져 있다. 감사원규칙은 헌법에 근거하여 제정되는 규칙이 아니고, 법률 차원의 감사원법에 근거하여 제정되는 규칙이기 때문이다.

법률은 국민의 대표기관인 국회의 의결을 거쳐 제정된 것으로서 민주적 정당성을 가지는 것이므로, 법률에 종속하는 하위규범으로서의 법규명령의 창설도 가능하다고 본다. 법규명령설이 **다수설**이다.

감사원규칙을 법규명령으로 볼 경우 '독점규제 및 공정거래에 관한 법률(제48조 제2항)', '금융감독기구의 설치 등에 관한 법률(제16조)', '노동위원회법(제25조)', '방송법(제31조 제3항)' 등에 각각 근거를 드고 있는 공정거래위원회규칙, 금융감독위원회규칙, 중앙노동위원회규칙, 방송위원회규칙도 법규명령으로 보아야 한다.

Ⅲ. 법규명령의 제정 범위와 한계

1. 위임명령의 범위와 한계

위임명령은 전술한 바와 같이 상위법령으로부터 **'구체적으로 범위를 정하여 위임받은 사항'**에 대하여서만 정할 수 있다. 이를 구체적으로 설명하면 다음과 같다.

1) 일반적 · 포괄적 위임의 금지

헌법은 대통령령에 관해서만 '법률에서 구체적으로 범위를 정하여 위임받은 사항'에 관하여 명령을 발할 수 있음을 규정하고 있으나(제75조), 이 규정의 취지는 기타의 위임명령에도 적용되어야 한다. '구체적으로 범위를 정하여'란 의미는 그 수권규정(授權規定)에서 행정입법의 규율 대상 · 범위 · 기준 등을 명확히 하여야 함을 의미하며, 따라서 '일반적 · 포괄적(一般的 · 包括的) 위임'은 허용되지 않는다는 것을 의미한다.

2) 국회 전속적 입법 사항의 위임 금지

헌법이 어떤 사항을 국회의 법률로써 정하게 한 경우, 그 사항은 반드시 국회가 정해야 하며 이를 행정부에서 정하도록 위임할 수는 없다. 이를 '국회 전속적 입법사항의 위임 금지'라 한다.

예를 들면, 헌법은 국적 취득의 요건(제2조 제1항), 죄형법정주의(제13조 제1항), 행정조직법정주의(제96조), 통신 · 방송의 시설기준(제21조 제3항), 재산권의 수용 · 사용 · 제한 및 그에 대한 보상(제23조 제3항), 국회의원의 수와 선거구(제41조 제2항, 제3항), 국군의 조직과 편성(제74조 제2항), 법관의 자격(제101조 제3항), 지방자치 단체의 종류(제117조 제2항)에 관해서는 법률로써 정하도록 규정하고 있다.

그러나 이러한 입법사항이 전적으로 법률로만 규율되어야 한다는 것은 아니고, 그 **본질적 내용**이 법률로 정해져야 함을 의미한다. 따라서 그 **세부적 사항**에 관하여는 구체적으로 범위를 정하여 행정입법에 위임하는 것은 허용된다.

3) 죄형법정주의와의 관계

헌법상 죄형법정주의(罪刑法定主義) 원칙으로 인하여 벌칙을 행정입법에 위임하는 것이 가능한가의 문제이다. 이에 대해서는 모법(母法)이 범죄구성 요건의 구체적 기준을 설정하고, 그 범위 내에서 세부적인 사항을 정하도록 하거나, 벌(罰)의 상한선과 하한선을 정하여 위임하는 것은 허용된다고 보는 것이 통설과 판례의 입장이다.

4) 백지위임의 가능성 여부

법령에 의해 위임받은 사항을 전혀 규정하지 않고 하위명령에 백지위임(白紙委任)하는 것이 가능한가의 문제이다. 이는 입법권을 위임한 법률 그 자체의 내용을 임의로 변경하는 결과를 가져오는 것이 되므로 허용되지 않는다. 다만, 위임받은 사항의 대강을 정하고, 세부적인 사항의 보충을 재위임(再委任)하는 것은 가능하다.

2. 집행명령의 범위와 한계

집행명령은 위임명령의 경우와 달리 법률이나 상위명령의 명시적이고 개별적인 수권이 없이도 직권으로 발령된다. 즉, 집행명령은 헌법 제75조와 제95조에 근거하여 개별적인 법령의 매개 없이도 바로 발령될 수 있다.

집행명령은 집행에 필요한 구체적인 형식·절차 등 세칙을 정하는 범위 내에서 가능하고, 새로운 입법사항(즉, 새로운 권리·의무 사항)을 정할 수는 없다.

위임명령이나 집행명령 모두 **법규명령**에 속한다는 점에서 법규성을 갖는다. 그리고 위임명령과 집행명령은 입법의 실제에 있어서는 따로 제정되는 예는 거의 없고, 하나의 명령에 함께 제정되고 있다.

Ⅳ. 법규명령의 성립 및 효력 요건

법규명령은 정당한 권한을 가진 기관이, 권한 내의 사항에 관해, 법정 절차(法定節次)에 따라 제정하고, 이를 법정의 형식으로 표시하고, 아울러 이것이 행정의 상대방에게 공포되고, 시행 기일이 도래함으로써 효력을 발생한다.

첫째, 법규명령은 대통령·국무총리·행정 각부의 장 등 정당한 권한을 가진 기관이 제정하여야 한다(**제정 주체**).

둘째, 법규명령은 법정의 절차에 따라야 하고 조문(條文)의 형식에 의하여야 하는 것 외에도 일정한 형식(대통령의 서명, 일자 경기, 국무위원의 부서 등)을 갖추어야 한다(**제정 절차와 형식 요건**).

대통령령은 법제처(法制處)의 심사(審査)와 국무회의의 심의(審議)를 거쳐야 하며, 총리령과 부령은 법제처의 심사를 거쳐야 한다(헌법 제89조 제3호, 정부조직법 제20조 제1항 참조).

학사제도·공중위생·환경보건·토지제도·국가시험 기타 다수 국민의 일상생활과 관계되는 법령안(法令案)은 그 입법 취지·주요 내용을 관보(官報) 또는 일간신문에 20일 이상 게재하여 국민에게 예고하고 이해관계인으로부터 서면에 의한 의견 제출을 받아야 한다.

행정절차법은 제4장에서 '행정상 입법예고'에 관하여 특별히 규정하고 있다.

셋째, 법규명령은 법률유보 원칙, 법률우위 원칙이 적용된다. 따라서 법규명령은 법령에 근거하고, 수권의 범위 내에서 발해져야 하며, 상위법령에 직접 또는 간접으로 저촉되어서는 아니 된다. 또한 법규명령은 그 내용이 가능한 것이고 명확해야 한다(**내용 요건**).

넷째, 법규명령은 그 내용을 외부에 표시함으로써 유효하게 성립한다. 이와 같은 법규명령의 대외적인 표시절차를 **'공포(公布)'**라 한다. 공포는 **관보(官報)**에 게재하여 행한다(**효력발생 요건**).

법규명령은 특별한 규정이 없는 한 공포한 날로부터 20일을 경과함으로써 효력을 발생한다(법령 등 공포에 관한 법률 제13조).

국민의 권리 제한 또는 의무 부과와 직접 관련되는 법규명령은 특별한 사유가 있는 경우를 제외하고는 공포일로부터 적어도 30일이 경과한 날로부터 시행되도록 하여야 한다(동법 제13조의2).

공포일은 그 법규명령을 게재한 관보가 '발행된 날'이 된다(동법 제11조, 제12조).

Ⅴ. 법규명령의 하자와 권리구제

법규명령이 적법 요건을 결할 때에는 '하자(瑕疵) 있는 명령'이 된다. '하자(혹은 흠)가 있다'는 의미는 좁은 의미로는 **'위법하다'**는 의미와 같은 뜻이며, 넓은 의미로는 **'부당하다'**는 의미까지를 포함한다. 그러나 '법규명령의 하자'의 의미는 **'위법한 법규명령'**을 의미한다.

법규명령의 적법 요건(適法要件)에 흠이 있으면 위법한 것이 된다.

법규명령에 하자가 있는 경우에는 그 법규명령은 **무효(無效)**이다. 그리고 법규명령에는 '취소할 수 있는 법규명령'은 존재하지 않는다. 현행 행정소송법상 행정소송의 대상이 될 수 있는 것은 구체적인 권리·의무에 관한 분쟁이어야 하고,

일반적 · 추상적 규율로서의 명령 그 자체는 항고소송(예: 취소소송 등)의 대상이 되지 않는다.

법규명령의 하자와 관련된 헌법 규정으로는 헌법 제107조 제2항이 있다.

> **헌법 제107조** ② 명령 · 규칙 또는 처분이 헌법이나 법률에 위반되는 여부가 **재판의 전제가 된 경우**에는 대법원은 이를 최종적으로 심사할 권한을 가진다.

이 헌법 규정에 따르면, 구체적인 사건에 있어서 법규명령의 위헌 · 위법성이 **재판의 전제가 되는 경우**에 한하여, 그 사건의 심판을 위한 **선결문제(先決問題)**로서 다루어질 수 있을 뿐이며, 독립하여 직접 법규명령의 효력을 소송에 의하여 다투는 것은 허용되지 않는다.

다만, 행정입법(명령)의 형식으로 발하여졌으나, 그 내용이 **구체적 처분의 성격**을 가진 것인 때에는 예외적으로 이를 취소쟁송의 대상이 될 수 있다고 보아야 한다.

Ⅵ. 법규명령에 대한 통제

오늘날 행정국가 하에서는 행정기능의 전문화 · 기술화로 인하여 법규명령이 양적으로나 질적으로 그 중요성을 더해가고 있다. 법률보다 법규명령이 국민의 생활관계에 미치는 영향이 더욱 직접적이고 구체적이기 때문이다. 따라서 오늘날을 혹자는 **'시행령 만능(施行令萬能)의 시대'**라고도 표현한다. 이에 따라 국민의 권익 보호라는 관점에서 어떻게 하면 법규명령에 대한 효과적인 통제가 가능한가에 대한 연구가 중요한 과제로 등장하고 있다.

법규명령에 대한 통제 방식으로는 통제 주체에 따라 의회에 의한 통제, 사법부에 의한 사법적 통제, 행정부에 의한 행정적 통제, 국민에 의한 통제로 나누어 논의할 수 있다.

1. 의회에 의한 통제

간접적 통제 방식은 국회가 법규명령의 성립이나 효력 발생에 직접적으로 관여하는 것이 아니라, 국회가 행정부에 대해서 가지는 **국정감시권(國政監視權)**의 행사에 의해 간접적으로 법규명령의 적법(適法)·타당성(妥當性)을 확보하는 것을 말한다. 이러한 방식으로는 예산안 심의(헌법 제54조 제1항), 국정감사·조사(헌법 제61조), 국무총리·국무위원 등에 대한 질문, 국무위원 해임 건의(헌법 제63조), 탄핵소추(헌법 제85조), 대통령의 탄핵소추(헌법 제65조) 등이 있다.

직접적 통제 방식으로는 행정입법 성립 발효에 대한 동의 또는 승인권을 유보하는 방법이 있다(국회법 제98조의2).

> **국회법 제98조의2(대통령령 등의 제출 등)** ① 중앙행정기관의 장은 법률에서 위임한 사항이나 법률을 집행하기 위하여 필요한 사항을 규정한 대통령령·총리령·부령·훈령·예규·고시 등이 **제정·개정 또는 폐지된 때**에는 **10일 이내**에 이를 국회 소관 상임위원회에 제출하여야 한다. 다만, 대통령령의 경우에는 입법예고를 하는 때(입법예고를 생략하는 경우에는 법제처장에게 심사를 요청하는 때를 말한다)에도 그 입법예고안을 10일 이내에 제출하여야 한다.
> ② 제1항의 기간 이내에 이를 제출하지 못한 경우에는 그 이유를 소관 상임위원회에 통지하여야 한다.
> ③ 상임위원회는 위원회 또는 상설소위원회를 정기적으로 개회하여 그 소관 중앙행정기관이 제출한 대통령령·총리령 및 부령(이하 이 조에서 "대통령령 등"이라 한다)에 대하여 법률에의 위반 여부 등을 검토하여 당해 대통령령 등이 법률의 취지 또는 내용에 합치되지 아니하다고 판단되는 경우에는 소관 중앙행정기관의 장에게 그 내용을 통보할 수 있다. 이 경우, 중앙행정기관의 장은 통보받은 내용에 대한 처리 계획과 그 결과를 지체 없이 소관 상임위원회에 보고하여야 한다.
> ④ 전문위원은 제3항의 규정에 의한 대통령령 등을 검토하여 그 결과를 당해 위원회 위원에게 제공한다.

2. 사법적 통제 방식

사법적 통제(司法的統制)에는 일반법원에 의한 통제와 헌법재판소에 의한 통제가 있다.

1) 일반법원에 의한 통제

법규명령에 대한 일반법원에 의한 통제는 크게 **'추상적 규범통제(抽象的規範**

統制)'와 '**구체적 규범통제(具體的規範統制)**'로 나눌 수 있다. 전자는 법규명령 자체의 위헌·위법 여부를 법원이 심사하는 제도이다. 한편, 구체적 규범통제 방식은 법규명령의 위헌·위법 여부가 구체적 사건에 대한 **재판의 전제가 된 경우**에 법원이 이를 심리·판단하는 제도이다.

예를 들면, 도로교통법 제X조가 구체적으로 범의를 정하여 위임한 사항을 도로교통법 시행령 제Y조가 규정하였는데, 도로교통법 시행령 제Y조가 위법하다고 하자. 즉, 도로교통법 시행령 제Y조에 하자가 있다고 하자. 이 경우, 법규명령인 도로교통법 시행령 제Y조가 하자가 있어 무효 확인을 구하는 소송이 추상적 규범통제에 해당한다. 한편, 하자 있는 도로교통법 시행령 제Y조의 위반을 이유로 운전자 갑(甲)이 1개월의 운전면허 정지처분을 받았을 경우 갑이 도로교통법 시행령 제Y조의 위법을 이유로 면허 정지처분의 취소를 구하는 소송이 구체적 규범통제이다.

이와 같이 **추상적 규범통제**는 **법규명령 그 자체를 소송의 대상**으로 하여 그 법규명령의 효력을 무효화하려는 소송인데 반해, **구체적 규범통제**는 개별 처분(앞의 예에서 운전면허 정지처분)을 소송의 대상으로 하되, **법규명령의 위법성을 사유**로 한다는 점에서 구별된다. 즉, 구체적 규범통제는 처분을 다투면서 간접적으로 법규명령의 위법성을 다투는 형식이다.

우리 헌법은 "명령·규칙이 헌법이나 법률에 위반되는 여부가 **재판의 전제가 된 경우**에는 대법원을 이를 최종적으로 심사할 권한을 가진다"(제107조 제2항)고 함으로써 **구체적 규범통제 제도**에 입각하고 있다. 따라서 독립하여 법규명령 자체의 효력을 다투는 '추상적 규범통제 제도'는 허용되지 않고 있다.

> 여기에서의 **규칙**이라 함은 국가기관에 의해 정립되고 일반적 구속력을 가지며 규칙이라는 명칭을 가진 모든 법 형식을 말한다. 따라서 국회규칙, 대법원규칙, 헌법재판소규칙, 중앙선거관리위원회규칙, 지방자치단체의 규칙 등이 모두 여기에서의 규칙에 포함된다. 다만, **행정규칙(行政規則)**은 내규로서의 성질을 가지므로 여기에서 말하는 규칙에 포함되지 않는다는 것이 다수설이다.

구체적 규범통제 방식에 의해 법규명령인 도로교통법 시행령 제Y조가 위헌·위법인 것으로서 '무효(無效)'로 대법원에 의하여 확정적으로 판단되는 경우, 이 조항의 효력은 당해 사건(갑의 운전면허 정지처분)에만 그 적용이 배제될 뿐이고, 그것이 공식 절차에 의해 폐지되지 않는 한, 그 규정은 여전히 유효한 것으로 남아 있게 된다. 다만, 행정소송법 제6조는 법규명령에 대한 위헌·위법 판결이 확정되면 행정안전부 장관은 이를 관보(官報)에 공고하도록 함으로써 실제로는 다른 사건에서도 그 적용이 배제될 것으로 본다.

2) 헌법재판소에 의한 통제

헌법은 제107조 제2항에서 명령·규칙 등의 위헌 또는 위법 여부가 '재판의 전제가 된 경우'에는 **'대법원'**이 이를 **'최종적'**으로 심사할 권한을 가진다고 규정하고 있다. 따라서 대법원이 아닌 헌법재판소도 명령·규칙 등 법규명령을 심사할 수 있는가가 문제이다.

이에 대해서는 적극설과 소극설이 대립하고 있다. 우리 **헌법재판소**는 '구 법무사법시행규칙'(대법원규칙) 제3조 제1항이 헌법상의 평등권과 국민의 직업선택의 자유를 침해하는 위헌·무효의 규정이라고 결정함으로써(헌재 1990.10.15, 89헌마178), **적극설**의 입장을 취하였으며, **학설상**으로도 **다수설**의 입장이기도 하다.

한편, **대법원**은 이러한 헌법재판소의 결정에 대하여 헌법 제107조 제2항이 명시적으로 명령·규칙에 대한 최종적인 심사권을 대법원에 부여하고 있고 있는 점, 법원과 헌법재판소 사이에 관할의 혼란을 방지할 수 있다는 점 등을 들어 소극설적 입장을 취하고 있다.

3. 행정적 통제

행정적 통제에는 행정감독권(行政監督權)에 의한 통제와, 절차적(節次的) 통제로 나누어 볼 수 있다.

첫째, 법규명령에 대한 행정감독권에 의한 통제란, 상급 행정청이 하급 행정청에 대한 지휘·감독권에 기하여 하급 행정청의 행정입법권을 통제하는 것을 말한다.

상급 행정청은 하급 행정청의 행정입법권 행사에 대하여 그 기준과 범위를 정하고, 수권(授權)을 철회(撤回)하거나 위법한 법규명령의 폐지를 명할 수 있으며, 행정입법권의 관장에 관하여 행정청 간의 분쟁이 있는 때에는 주관쟁의결정권(主管爭議決定權)의 행사에 의해 주관 행정청을 결정할 수 있다.

행정심판청구(行政審判請求)에 대한 심리·의결권도 상급 관청의 하급 관청에 대한 감독권 행사의 하나의 방법인 바, 행정심판법 제59조는 중앙행정심판위원회에 법령 등의 개선에 관한 강력한 통제권을 부여하고 있다.

둘째, 절차적 통제란 법규명령을 발함에 있어서 일정한 절차를 거치도록 함으로써, 법규명령의 적법성을 확보하는 방법이다. 법규명령의 제정 절차로서는 법규명령의 사전통지(事前通知), 이해관계인의 청문(聽聞), 관계기관과의 협의(協議) 및 공포(公布) 등을 들 수 있다.

우리나라에는 아직 통칙적 규정은 없으나, 국무회의의 심의(헌법 제89조 제3호), 법제처에 의한 심사(정부조직법 제20조 제1항), 관계기관과의 협의(감사원법 제49조 제1항), 행정절차법상 입법예고제(立法豫告制) 등 절차적 통제를 강화하고 있다.

행정절차법상 입법예고제는 국민의 권리·의무 또는 일상생활과 밀접한 관련이 있는 법령 등을 제정·개정 또는 폐지(이하 "입법"이라고 한다)하고자 할 때에는 해당 입법안을 마련한 행정청은 이를 예고하도록 하는 제도를 말한다(행정절차법 제41조 제1항). 현행 입법예고제는 법률과 명령을 구분하지 않고 동일하게 규율하고 있다.

4. 국민에 의한 통제

국민에 의한 통제는 법규명령 제정 과정에 국민의 여론을 통하여 행정입법의 적법성을 확보하는 방법이다. 즉, 국민에 의한 통제는 의회와 사법부에 의한 행정입법에 대한 통제가 그 실효성이 감소함에 따라, 이를 보완하기 위하여 행정입법 절차를 마련하여 국민을 이에 참여시킴으로써, 행정입법에 대한 국민의 직접 통제를 확보하기 위한 장치이다.

대표적인 행정입법 절차로는 우리나라의 청원(請願)과 입법예고제(立法豫告制)를 들 수 있다. 이 밖에도 매스컴이나 각종 비정부기관(NGO) 등의 압력단체(pressure group)의 압력과 운동(lobbying) 등 여론(public opinion)에 의한 통제도 중요한 통제 방법 중의 하나이다.

제3절 행정규칙

Ⅰ. 행정규칙의 의의

행정조직은 계층제의 원리에 따라 구성되어 있다. 계층제(階層制, hierarchy)라 함은 조직 내의 권한과 책임과 의무의 정도에 따라 상하계층을 설정하는 것으로서, 권한과 책임의 정도가 높을수록 상위계층을, 낮을수록 하위계층을 설정하고, 상위계층이 관련 업무와 관련한 지시와 명령 및 감독과 통제를 하는 것을 말한다. 예를 들면, 중앙행정기관은 권한과 책임의 정도에 따라 계장·과장·국장·장관으로 구성되는 계층제를 형성하고 있다. 이와 같은 계층제 조직 구조 하에서 행정기관의 상위계층이 그 권한의 범위 내에서 하위계층에 지시하고 명령하는 일반·추상적인 규율을 행정규칙(行政規則)이라 한다.

예를 들면, 보건복지부 장관이 직권으로 구제역 확산을 방지하기 위하여 복지부 소속 공무원들에게 구제역 확산 방지를 위한 제반 지침을 장관 **'훈령'**의 형식으로 발령하였다면 해당 소속 공무원들은 이 지침을 따라야 한다. 이 경우, 이러한 지침을 담은 훈령을 행정규칙이라 한다.

국토교통부 장관이 시장, 군수, 구청장에 대하여 철거 대상이 되는 위법 건축물의 기준을 정하여 **'지침'**의 형식으로 하달하였다든지, 지방자치단체장이 지방공무원을 채용하는 데 있어서 준수하여야 할 면접기준을 정하여 소속 공무원들에게 **'지침'**의 형식으로 하달했을 경우 그 지침이 행정규칙에 해당한다.

행정규칙이란 이와 같이 **행정조직 내부**에서 상급 행정기관이 그의 소속 기관에게 행정의 조직과 활동(법 집행, 재량권 행사, 행정절차 등)을 보다 자세하게 규율할 목적으로 **법률의 수권 없이, 그의 권한의 범위 내에서 발하는 일반·추상적인 규율**을 말한다.

행정규칙은 행정청이 발하는 일반 · 추상적인 규율이라는 점에서는 법규명령과 같으나, 법령의 수권 없이도 **행정권**의 **고유 권한**(**지휘 · 감독권**)으로 발하는 것이므로, 원칙적으로 행정조직 내부에서만 구속력을 가지는 점에서 법규명령과 구별된다.

행정규칙은 **법규**(**法規**)가 아니므로, 국민을 구속하지 않는다. 따라서 행정규칙의 내용은 국민이 따라야 하는 것은 아니며, 국민이 법원을 통해 그 위법성을 다툴 수 있는 법도 아니다.

Ⅱ. 행정규칙의 필요성

행정규칙, 그 중에서도 훈령(訓令) · 예규(例規) 등이 중요한 의미를 가지는 것은 오늘날은 행정조직이 복잡하고 방대한 기구를 갖게 되었으며, 또한 행정의 내용이 **전문성 · 기술성**을 요하는 경우가 많이 있다는 데 있다. 따라서 법률 해석에서 전문 기술적 지식이 필요하게 되고, 법을 집행하는 데 있어서도 행정청의 재량의 여지가 증대되고 있어 통일적인 기준에 따른 법 집행을 위해 공통되는 해석기준 또는 집행기준이 필요해졌다는 점에서 행정규칙의 중요성이 있다.

오늘날 특수한 전문적 행정 영역에 있어서는 법률 해석에 의문이 생기고, 또한 법률이 행정청에 대하여 재량의 여지를 인정한 경우가 많이 있는 바, 이러한 경우에 법률의 해석이나 재량권 행사의 기준이 행정청마다 다르게 되면, 국민들은 소관 행정청이 다르기 때문에 다른 취급을 당하게 되어 행정의 평등원칙에 반하게 된다. 따라서 행정규칙은 이를 통해 **법률의 허석이나 재량권 행사의 통일적인 기준**을 제시함으로써 실무상 일어나는 혼란을 제거하고 행정의 효율성을 제고시키는 기능을 수행한다.

예를 들면, 소득세의 부과는 각 세무서장의 권한인 바, 소득세액의 산정에 있어서 총소득 금액에서 공제될 필요경비 등에 대한 취급이 세무서마다 다르게 되면, 세액이 지역에 따라 불평등하게 되어 국가 의사의 통일성을 기할 수 없고, 국민의 세 부담의 공평을 기할 수 없게 된다. 그리하여 국세청장은 각 세무서장에 대하여 구체적인 산정기준을 훈령 등의 형식으로 시달하여 그 취급을 전국적으로 통일하도록 하고 있는 것이다.

Ⅲ. 행정규칙의 종류

1. 행정규칙의 내용에 따른 분류

1) 조직규칙 · 근무규칙 · 영조물규칙

조직규칙은 행정기관의 설치, 내부적인 권한 분배, 권한 행사 절차 등에 관한 사항을 정하는 규칙이 이에 해당한다. 조직규칙의 예로는 관청 내부의 사무분장 규정이나 사무처리규정 등이 이에 속한다.

근무규칙은 행정기관이 하급 기관의 근무에 관한 사항을 지속적으로 규율하기 위하여 발하는 규칙으로, 이에는 훈령 · 지시 · 예규 및 일일명령이 있다.

영조물규칙은 영조물(예: 국립학교나 국립도서관)의 관리청이 영조물의 조직 · 관리 등을 위하여 발하는 명령이다(예: 국립대학 학칙, 국립도서관 규칙 등).

2) 행정지도규칙

행정지도규칙(혹은 행위통제규칙)은 행정기관이 행하는 **대외적 활동의 통일성**을 기하기 위하여 발해지는 규칙이다. 이에는 아래와 같은 여러 가지 규칙이 있다.

(1) 법령해석규칙

법령해석규칙은 법령의 해석이나 적용 방향을 확정하기 위하여 발하는 규칙이다. 이러한 해석규칙은 하급 행정기관에 의한 법의 해석 · 적용에 있어 중요한 준거기준이 되고, 또한 통일적인 법 적용을 보장하여 주는 기능을 한다.

예를 들면, 출입국관리법 제4조(출국의 금지) 제1항 제1호에 의하면 "법무부장관은 '범죄의 수사를 위하여 그 출국이 부적당하다고 인정되는 자'에 해당하는 국민에 대하여는 출국을 금지할 수 있다"라고 규정하고 있다. 이 규정에 의하여 법무부 장관은 직권으로 '범죄의 수사를 위하여 그 출국이 부적당하다고 인정되는 자'라는 법률 조문 해석의 통일성을 기하기 위하여 이에 관한 일반적 기준과 같은 규범해석규칙을 정하여 하급 기관에 시달하게 됨으로써, 법의 해석과 적용에 중요한 준거기준이 되고 해당 법규정의 통일적인 법적용을 가능하게 하는 것이다.

(2) 재량준칙

재량준칙은 하급 행정기관이 재량처분을 할 때 재량권 행사의 일반적인 방향을 제시하기 위하여 발하는 명령이다. 재량준칙을 '재량지도규칙'이라고도 한다.

예를 들면, 식품위생법 · 자동차운수사업법 등에 의한 법규 위반자에 대하여 위반 사안의 경중에 따라 사업허가 취소 · 정지 등의 구체적 기준을 훈령(訓令) 또는 예규(例規)의 형식으로 정하는 것이 행정 관례인데, 이 경우 사업허가 취소의 구체적 기준 및 사업허가 정지의 구체적 기준 등을 정하게 되는데 이러한 것들이 재량준칙에 속한다.

재량준칙은 재량권 행사에 관한 일반적 기준을 설정하는 것이므로, 행정기관의 **재량권 행사에 있어 통일을 기하고 평등한 법 집행을 확보하는 기능**을 하며, **자의적(恣意的)인 재량권 행사를 방지**하고, 국민에 대해서는 행정에 대한 **예측가능성**을 부여해 준다.

(3) 간소화지침

간소화지침(簡素化指針)은 대량적인 행정처분 시에 그 획일적인 처분기준을 설정하기 위하여 발하는 명령이다. 이러한 예는 조세행정에서 많이 행해지는데, 국세청장이 조세 · 사용료 · 수수료 등 각종 부과금의 반복적인 부과 징수 업무의 처리지침을 정하는 것과 같은 것이다. 이를 통해 조세 부과 과정을 단순화하는 데 봉사한다.

(4) 법률대체적 행정규칙

법적 규율이 필요하나 아직 관계 법령이 존재하지 않는 경우에 과도기적으로 발하여지는 행정규칙을 말한다. 이는 법령상 어떤 행정기준도 존재하지 않는 경우에 행정의 기준을 처음으로 설정한다는 점에서 재량준칙과 구별된다.

2. 행정규칙의 형식에 따른 분류

행정규칙을 형식에 따라 분류하면 훈령(訓令), 지시(指示), 예규(例規), 일일명령(日日命令), 고시(告示) 등이 있다.

훈령이란 상급 기관이 하급 기관(보조기관 포함)에 대하여 상당히 장기간에 걸쳐 그 권한을 일반적으로 지휘·감독하기 위하여 발하는 명령이다.

> **훈령**과 **직무명령(職務命令)**은 구별된다. 직무명령이란 상관이 **부하 공무원**에게 발하는 명령이다. 따라서 **하급 기관 자체**에 명령하는 훈령과 구별된다. 훈령은 기관 의사를 구속하는 것이므로 구성원의 교체·변경에 관계없이 그 효력이 있다. 그러나 직무명령은 개인 의사를 구속하는 것이므로 그 효력이 상실된다.

지시는 상급 기관이 직접 또는 하급 기관의 문의에 의하여 개별적·구체적으로 발하는 명령이다.

예규란 법규문서 이외의 문서로서 반복적 행정사무의 기준을 제시하는 것이다.

일일명령이란 당직(當直)·출장(出張)·시간외 근무 등 일일업무에 관한 명령이다.

고시란 행정기관이 법령이 정하는 바에 따라 결정한 사항 및 기타 일정한 사항을 불특정 다수의 일반인에게 알리는 통지행위로서의 성질을 가지는 것이 보통이다. '공고(公告)', '공시(公示)' 등으로 표현되기도 한다. 고시의 경우, 형식은 행정규칙이나 일반에게 공표가 된다는 점에서 일반적인 행정규칙과 다르며, 상위 근거법령에 근거하여 제정되는 경우가 많으므로 특히 그 법적 성질에 대한 논의가 필요하다.

Ⅳ. 행정규칙의 성립 및 발효 요건

행정규칙은 주체, 내용, 형식, 절차 등의 점에서 요건을 갖추어야 하며, 또한 외부에 표시되어야 한다.

행정규칙은 정당한 권한을 가진 행정기관이, 그 권한의 범위 내에서만 발할 수 있고, **국민의 권리·의무에 관한 사항을 새로이 규정할 수 없다**. 행정규칙을 발하는 데에는 특별한 **법률적 수권을 필요로 하지 않는다.** 즉, 법률유보 원칙이 배제된다. 그러나 행정규칙도 법률우위의 원칙, 비례의 원칙 등 행정법의 일반원칙에 위반되지 않는 범위 내에서 발할 수 있다.

행정규칙의 형식은 보통 훈령(訓令)·고시(告示)·예규(例規)·통첩(通牒)·지침(指針) 등의 형식으로 행해지나 고유한 형식이 있는 것은 아니다. 또한 조문(條文)의 형식으로 제정되고 문서로 행함이 일반적이지만 구술(口述)로 하여도 무방하다.

행정규칙도 어떠한 형태로든 그 내용이 표시되어 수명기관(受命機關)이 알 수 있는 상태에 이르러야 효력을 발생한다. 행정규칙은 공포(공고) 등의 형식을 법적으로 요구하지 않으며, 대부분 관보에 의해 대외적으로 공표되고 있다. 그러나 재량준칙 등은 법령과 같은 형식으로 공표될 필요가 있고, 민원사무 처리에 관한 행정규칙인 민원사무 처리의 기준은 공표함이 원칙이다. 국민들이 그러한 사실을 알지 못함으로써 불이익을 받는 일이 없어야 하기 때문이다.

제 4 절 자치입법

지방자치단체가 제정하는 자치입법(自治立法)에는 조례(條例)·규칙(規則) 및 교육규칙(敎育規則)이 있다.

조례는 지방자치단체가 법령의 범위 내에서 그 사무에 관하여 지방의회의 의결을 거쳐 제정하는 법규범이다(헌법 117조, 지방자치법 제22조).

규칙은 지방자치단체의 장이 법령 또는 조례의 범위 안에서 그의 권한에 속하는 사무에 관하여 제정하는 법규범이다(지방자치법 제23조).

교육규칙은 교육감이 법령 또는 조례의 범위 안에서 그 권한에 속하는 사무에 관하여 제정하는 법규범이다(지방교육자치에 관한 법률 제25조 참조).

제 2 장

행정행위

제 1 절 행정행위의 의의

Ⅰ. 행정행위의 개념

행정행위의 개념은 실정법상의 개념이 아니라, 학문상의 개념이다. 실정법상으로는 허가(許可)·인가(認可)·면허(免許)·특허(特許)·확인(確認)·면제(免除)·결정(決定)·재결(裁決) 등의 여러 가지 명칭으로 불리고 있다. 이러한 용어들은 어느 범위에서 공통의 성질을 가지는 바, 이들 공통적 특성에 착안하여 학문상 이들을 포괄하는 개념으로 사용하는 것이 바로 행정행위이다.

본래 행정행위 개념은 행정재판 제도를 가지는 프랑스나 독일 등에서 형성되었다. 이들 국가에서는 행정 주체가 행하는 모든 행정작용이 행정재판(行政裁判)의 대상이 되는 것이 아니라, 여러 유형의 행정작용 중에서 특수한 법적 규율을 받고, 그 때문에 다른 행정작용과 구별되는 법적 성질을 가지는 행위를 행정행위라 칭하고, 이 **행정행위만이 행정재판의 대상**이 된다고 보았다.

행정행위의 개념이 무엇인가에 대해서는 최광의(最廣義)·광의(廣義)·협의(狹義)·최협의(最狹義)의 의미 등으로 나뉘나, 오늘날 최협의의 개념이 통설적 견해이다. 이에 의하면, 행정행위란 **"행정청(行政廳)이 법 아래에서 구체적 사실에 대한 법 집행으로서 행하는 권력적 단독행위인 공법행위(公法行爲)"**를 말한다. 이러한 행정행위의 개념을 이해하기 위하여 다음과 같은 몇 가지 사례를 제시해 보자.

> **사례 1)** 경찰이 야간에 운전자들의 음주 운전 단속을 실시한 결과, 운전자 갑이 음주운전자로 적발되어 A지방경찰청장이 갑에게 운전면허 취소통지를 보냈다. 그럴 경우 갑은 더 이상 운전을 해서는 안 된다.
>
> **사례 2)** A세무서장이 갑에게 소득세법상의 규정에 따라 소득세 과세통지서를 보냈다. 이 경우, 갑은 과세통지서대로 소득세를 납부하여야 할 의무가 발생한다.
>
> **사례 3)** 갑이 유성구에 개인 주거용 일반 건물을 짓기 위해 유성구청에 건축허가를 신청하였는바, 유성구청장은 건축허가서를 발부하였다.
>
> **사례 4)** 교육부 장관은 학교법인 A사립대학교의 임원(이사와 감사)의 선임을 승인하였다.

위의 사례에서 제시한 행위들은 모두가 행정행위에 속하는 행위들이다. 그 이유를 행정행위 개념에 나타난 특징들을 중심으로 설명하면 다음과 같다.

Ⅱ. 행정행위의 개념으로 본 행정행위의 특징

1. 행정행위는 '행정청'의 행위이다

이들 행위들은 모두가 행정청(A지방경찰청장, A세무서장, 유성구청장, 교육부 장관)이 행하는 행위라는 점에 공통적 특징이 있다.

행정청의 개념에 대해서는 앞서 설명한 바와 같다(행정 주체와 행정기관 참조). 그러나 여기에서의 행정청은 조직법상의 행정청인 국가나 지방자치단체의 행정기관에 국한되지 않고, 공사(公社) 기타 공법인(公法人)은 물론 공권력을 부여받은 사인도 국가로부터 행정권을 부여받은 범위 안에서 여기에서의 행정청에 포함된다.

행정청은 단독기관(예: 행정안전부 장관, 병무청장)임이 보통이나 합의제기관(예: 토지수용위원회, 공정거래위원회 등)도 행정청이 될 수 있다. 따라서 행정기관이라 하더라도 보조기관(예: 차관, 국장)이나 국회나 사법부의 행위는 원칙적으로 이에 해당하지 않는다. 다만, 보조기관이라 하더라도 위임을 받은 경우이거나, 국회나 법원의 기관에서도 기능적으로 행정임무(즉, 행정청의 기능)를 수행하는 경우(예: 공무원의 임명 등), 또한 자동장치에 의한 행정자동 결정(예: 교통신호)은 행정청이 작성한 프로그램에 따라 행해진다는 점에서 행정행위의 일종이 된다.

판례는 지방의회의 결정에 대해 이를 행정행위로 판시한 바 있다(대판 1994. 10.11, 94두23).

2. 행정행위는 법 아래에서 법에 근거해서 행해진다

행정행위는 행정청이 아무런 법적 근거 없이 자의적으로 행하는 것이 아니고, 법에 근거하여 행해진다. 사례의 경우, 사례 1은 도로교통법에 근거하여, 사례 2는 소득세법에 근거하여, 사례 3은 건축법에 근거하여, 사례 4는 사립학교법에 근거해서 행해진다.

3. 행정행위는 구체적 사실에 대한 것이다

위의 사례에서와 같이 행정행위는 구체적 사실에 대해 행해지는 것이다.

1) 사례 1의 경우, ○○년 ○월 ○일 오후 ○시에 ○○지역에서 경찰이 행한 야간 음주 운전 단속을 실시한 결과, 운전자 갑이 음주 운전자로 적발된 사실에 대해 행한 것이다.

2) 사례 2의 경우, A세무서장이 갑이라는 사람의 구체적인 소득액에 대해 소득세법상의 규정에 따라 소득세를 부과한 것이다.

3) 사례 3의 경우, 갑이라는 유성구 주거 주민이 유성구에 개인 주거용 일반 건물을 짓기 위해 ○○년 ○월 ○일에 유성구청에 건축허가를 신청함으로써 행해진 것이다.

4) 사례 4의 경우, 학교법인 A사립대학교의 임원 선임 요청에 대해 이루어진 것이다.

4. 행정행위는 개별적 · 구체적 사실에 대한 법 집행작용이다

행정행위는 법 아래에서 개별적 · 구체적 사실에 관해 법을 적용하는 **법 집행작용(法執行作用)**이라는 점에서 일반적 · 추상적인 법을 제정하는 **입법작용**과 구별된다.

1) 일반적으로 **법률**이나 **행정입법**은 **일반적 · 추상적 규율**이라 하고, **행정행위**는 **개별적 · 구체적 규율**이라 하여 양자를 구별한다. 예를 들어 설명하면 다음과 같다.

> **〈법률〉 도교통법 제93조(운전면허의 취소 · 정지) 제1항 제10호**: 지방경찰청장은 운전면허(연습운전면허를 제외한다. 이하 이 조에서 같다)를 받은 사람이 운전 중 고의 또는 과실로 교통사고를 일으킨 때에는 행정안전부령이 정하는 기준에 의하여 운전면허를 취소하거나 1년 이내의 범위에서 운전면허의 효력을 정지시킬 수 있다.
>
> **〈행정행위〉** 운전면허를 받은 운전자 갑(甲)이 ○○년 ○월 ○일 오후 ○시에 ○○지역에서 운전 중 교통사고를 일으켜 A지방경찰청장이 갑에 대해 1개월 동안 운전면허를 정지시켰다.
>
> **〈법률〉의 경우**
> ○ **일반성**(법의 적용을 받는 **사람**): 운전자라면 누구든지 이 법의 적용을 받는다.
> ○ **추상성**(법이 적용되는 **사안**): 운전 중 고의 또는 과실로 일으킨 모든 교통사고에 적용된다.
>
> **〈행정행위〉의 경우**
> ○ **개별성(사람)**: 교통사고를 일으킨 갑에게 대해 행해진다.
> ○ **구체성(사안)**: ○○년 ○월 ○일 오후 ○시에 ○○지역에서 운전 중 일으킨 교통사고에 대해 행해진다.

위에서 제시한 모든 사례들은 개별적, 구체적 사실에 대한 법 집행작용이라는 점에서 공통점을 갖는다. 이와 같이 **'일반적'**이라 함은 규율 대상이 **'불특정 다수인'**인 경우를 말하고, 규율 대상이 특정인 또는 특정할 수 있는 인적 범위인 경우를 '개별적'이라 한다. 한편, **추상적인가 구체적인가의 문제는 '적용되는 사안(경우)'에 관한 것이다.** 즉, 불특정 다수 사안에 적용되는 경우를 '추상적'이라 하고, 시간적 · 공간적으로 특정한 사안에 적용되는 것을 '구체적'이라 한다. 법은 불특정 다수인을 대상으로 장래에 향하여 되풀이 규율하는 것이고, 행정행위는 일반적으로 특정인을 특정의 사안에 있어 규율하는 것이라 할 수 있다.

2) 그런데 행정청은 특정 범위의 사람을, 장래에 행하여 계속적으로 규율하기 위하여 일정한 조치를 취하는 경우가 있다. 예를 들면, 행정청이 어느 공장주에게 공장으로부터 뿜어 나오는 수증기로 인해 도로에 빙판이 생길 때마다 그것을 제거하라는 명령을 발하는 경우가 이에 해당한다. 이 경우, 이 명령의 수명자는 특정인이지만, 빙판의 제거라는 규율 내용은 장래의 불확정한 생활관계이므로, 이는 **개별적 · 추상적 규율**에 해당한다. 이러한 내용 역시 행정행위의 일종으로 볼 수 있다.

3) 행정청이 불특정 다수인을 대상으로 하여 구체적 사실을 규율하는 경우가 있다. 예를 들면, '어느 날 어느 장소에서의 집회 금지', '○○도로 통행금지' 등이 이에 해당한다. 이들 조치는 수범자는 불특정 다수인이라는 점에서 '일반적'이지만, 시간적 · 공간적으로 특정한 사안에 대하여 규율하는 점에서 '구체적'이다. 이와 같이 일반적 · 구체적 규율을 **'일반처분(一般處分)'**이라 하여 행정행위에 속하는 것으로 본다.

5. 행정행위는 외부에 대하여 직접적인 법적 효과를 발생하는 행위이다

행정행위의 가장 중심된 개념 요소는 행정행위를 행하게 되면 그것이 법적 효과(法的效果)를 발생시킨다는 데 있다. 법적 효과란 권리 · 의무를 형성하거나 변경 혹은 박탈하거나 그 범위를 확정하는 등 기존의 권리 상태를 변경시키거나 일반적인 법적 상태를 구체화하는 것을 말한다. 행정행위는 국민에 대하여 직접적인 법적 효과를 발생하는 것이어야 한다. 따라서 그 자체로는 아무런 법적 효과를 발생하지 않는 조사 · 보고 등은 사실행위(事實行爲)일 뿐 행정행위는 아니다.

1) 사례 1의 경우, 운전면허 취소통지를 받은 갑은 더 이상 운전을 해서는 안 된다.

2) 사례 2의 경우, 소득세 과세통지서를 받은 갑은 과세통지서대로 소득세를 납부하여야 할 법적 의무가 발생한다.

3) 사례 3의 경우, 건축허가서를 받은 갑은 허가를 받은 대로 건축을 할 수 있다.

4) 사례 4의 경우, 이사장 취임 승인을 받은 갑은 사립학교 이사장으로서의 권리와 의무를 가진다.

5) 행정행위는 행정청이 일반 국민에 대해 행하는 행위이다. 따라서 행정기관 상호 간에 있어서의 내부적 행위(상급 관청의 하급 관청에 대한 명령·승인·동의 등)나 행정규칙 등은 원칙적으로 행정행위가 아니다.

6. 행정행위는 공권력의 발동으로 행하는 단독적(일방적) 공법행위이다

행정행위는 행정 주체가 행정 객체에 대하여 **우월한 지위**에서 행하는 '공권력 행사' 작용으로서의 성질을 갖는다. 위에서 제시한 사례들은 행정청으로서의 지방경찰청장, 세무서장, 구청장, 교육부 장관 등이 상대방보다 우월한 지위에서 상대방의 의사에 관계 없이 일방적으로 행한 공권력 행사라는 공통성을 가지고 있다.

여기서 '공권력의 행사(발동)'라 함은 고권적(高權的) 혹은 일방적(一方的)이라는 말로 표현될 수 있다. 따라서 행정청이 행하는 구체적 사실에 관한 법 집행 행위일지라도 행정청이 상대방과 대등한 지위에서 상대방과의 의사의 합치에 의해 성립하는 **'공법상 계약(公法上契約)'**은 공권력 행사에 해당되지 않으므로 행정행위가 아니다.

행정행위의 공권력 행사로서의 성질은 행정행위에 본래적으로 내재되어 있는 성질이 아니고 행정법(공법)의 규정에 의하여 행정청으로 하여금 그러한 권력을 행사할 수 있도록 하고 있는 **공법행위**이다. 이와 같이 행정행위는 공법행위로서의 성질을 가지므로, 행정청의 법적 행위일지라도 물자 등의 구매를 위한 사법상의 보조작용, 홍삼 판매와 같은 영리활동, 공적 임므 작용이기는 하나 사법상 계약의 형식을 취하는 행위 등과 같은 행정상의 사법작용은 행정행위에 해당되지 않는다.

당해 법률관계(권리·의무관계)의 내용이 일방적으로 결정되는 것인 한, 그 성립에 있어서 상대방의 신청이나 동의 등을 요하는 행위일지라도 행정행위에 속한다. 예를 들면, 허가나 특허 등에 상대방의 신청을 필요로 하거나, 공무원의 임명에 상대방의 동의를 요하는 경우, 상대방은 신청을 철회하거나 동의를 거부함으로써, 행정행위의 성립을 저지시킬 수 있다. 그러나 신청이나 동의가 행정법관계의 내용에까지 영향을 미칠 수 있는 것은 아니다. 이러한 점에서 공법상 계약과 구별된다. 한편, 행정행위의 신청이 있는 경우 행정청이 그것을 거부하는 행정작용도 행정행위로서의 거부행위에 해당한다(예: 건축허가 신청에 대한 거부처분).

Ⅲ. 행정행위의 개념과 '처분' 개념과의 구분

1. 논의의 관점

행정행위 개념이 성립된 배경은 행정의 여러 작용 가운데 위와 같은 특성을 갖는 행정행위만이 **행정재판의 대상**이 된다는 데에 연유하고 있다.

이에 따라 우리나라에서도 행정쟁송(抗告爭訟)을 제기할 수 있는 대상을 모든 행정작용에 대해 인정한 것이 아니고, 일정한 특성을 갖는 행정작용에 대해서만 가능하도록 한정하고 있다.

그런데 우리나라에서는 행정심판이나 행정소송의 대상을 '행정행위'라는 용어로 표현하지 않고 행정심판법에서는 **'행정청의 처분 또는 부작위'**라고 표현하고 있고(행정심판법 제3조 제1항), 행정소송법에서는 항고소송의 개념을 **'행정청의 처분 등이나 부작위**에 대하여 제기하는 소송'(행정소송법 제3조 제1항)이라고 하여 행정심판이나 행정소송에서의 항고소송의 대상을 **'행정청의 처분이나 부작위'**로 한정하고 있다.

행정심판법 제3조(행정심판의 대상)

① 행정청의 **처분 또는 부작위**에 대하여는 다른 법률에 특별한 규정이 있는 경우 외에는 이 법에 따라 행정심판을 청구할 수 있다.

② 대통령의 처분 또는 부작위에 대하여는 다른 법률에서 행정심판을 청구할 수 있

도록 정한 경우 외에는 행정심판을 청구할 수 없다.

행정소송법 제3조(행정소송의 종류)
행정소송은 다음의 네 가지로 구분한다.
1. 항고소송: **행정청의 처분 등이나 부작위에 대하여 제기하는 소송**

한편, '처분'의 개념과 '부작위'의 개념에 대해서는 행정심판법과 행정소송법에서 다음과 같이 정의하고 있다.

행정심판법 제2조(정의)
이 법에서 사용하는 용어의 뜻은 다음과 같다.
1. "**처분**"이란 행정청이 행하는 구체적 사실에 관한 법 집행으로서의 공권력의 행사 또는 그 거부, 그 밖에 이에 준하는 행정작용을 말한다.
2. "**부작위**"란 행정청이 당사자의 신청에 대하여 상당한 기간 내에 일정한 처분을 하여야 할 법률상 의무가 있는데도 처분을 하지 아니하는 것을 말한다.

행정소송법 제2조(정의)
① 이 법에서 사용하는 용어의 정의는 다음과 같다.
1. "**처분 등**"이라 함은 행정청이 행하는 구체적 사실에 관한 법 집행으로서의 공권력의 행사 또는 그 거부와 그 밖에 이에 준하는 행정작용(이하 "처분"이라 한다) 및 행정심판에 대한 재결을 말한다.
2. "**부작위**"라 함은 행정청이 당사자의 신청에 대하여 상당한 기간 내에 일정한 처분을 하여야 할 법률상 의무가 있음에도 불구하고 이를 하지 아니하는 것을 말한다.

이상 우리나라의 현행 행정심판법과 행정소송법에서 규정하고 있는 행정심판이나 행정소송의 대상이 될 수 있는 행정작용은 다음과 같이 정리해 볼 수 있다.

- ○ **행정심판의 대상**: (행정청의 위법 · 부당한) **처분**+(위법 · 부당한) **부작위**
- ○ **행정소송(항고소송)의 대상**: (행정청의 위법한) **처분 등**+(위법한) **부작위**
- ○ **처분의 개념**: 행정청이 구체적 사실에 관한 법집행으로서의 **공권력의 행사** 또는 그 **거부**와 **그 밖에 이에 준하는 행정작용**
- ○ **처분 등**: 처분+행정심판의 재결(재결 자체에 고유한 위법이 있음을 이유로 하는 경우)

이와 같이 행정심판법과 행정소송법에서는 행정심판 및 항고소송의 대상으로서 '행정행위'라는 표현 대신 '처분'이라는 개념을 도입하고 있다. 따라서 양 개념

간에 차이가 있는 것인지 혹은 같은 개념인지에 대해 견해가 대립되어 있다.

2. 행정행위 개념과 '처분' 개념과의 관계

생각건대, 행정쟁송법에서 행정행위라는 개념 대신 처분이라는 개념을 사용한 것은 행정행위 개념 외에 '그 밖에 이에 준하는 행정작용'이라는 표현을 더함으로써, 위법한 행정행위에 덧붙여 행정행위에 준하는 그 밖의 위법한(혹은 부당한) 행정작용에 대해서도 행정쟁송을 통한 국민의 권리 구제의 기회를 확대해주기 위한 의도라고 해석할 수 있다.

따라서 행정쟁송법상의 처분 개념은 행정행위 개념보다는 더 넓은 개념으로 이해하여야 한다.

3. '그 밖에 이에 준하는 행정작용'의 의미와 권력적 사실행위

행정심판법과 행정소송법에서 행정심판이나 행정소송(항고소송)의 대상으로 표현하고 있는 처분 개념에 대한 이해와 관련하여 논의되어야 할 핵심문제가 '그 밖에 이에 준하는 행정작용'의 의미이다. 이의 의미에 대해서는 **형식적 행정행위설**과 **권력적 행정작용설**과 같은 두 가지 견해가 있다.

1) **형식적 행정행위설**은 그 밖에 이에 준하는 행정작용의 의미가 단순한 사실행위 등을 내용으로 하는 비권력적 행정작용을 포함하는 이른바 형식적 행정행위 개념을 인정하는 것이라고 주장한다.

2) **권력적 행정작용설**은 이의 의미를 '공권력의 행사 또는 그 거부'에 준하는 행정청의 구체적 사실에 관한 법 집행행위를 의미하는 것으로 이해되어야 한다고 한다. 따라서 이에는 전통적인 행정행위 개념 이외의 권력적 행정작용이 해당된다고 한다.

3) 이와 같이 견해가 다름에도 불구하고 이른바 **'권력적 사실행위'**에 대해서는 그것이 행정소송법상의 처분 개념에 해당한다는 데 견해가 일치한다. 권력적 사실행위란 "행정청의 일방적 의사결정에 기하여, 특정의 행정 목적을 달성하기 위해 국민의 신체, 재산 등에 명령적·강제적으로 실력을 가하여 행정상 필요한

상태를 실현시키고자 하는 권력 행위"라고 정의하며, 이러한 정의는 우리나라에서도 받아들여지고 있다.[1)]

4) 권력적 사실행위의 예로는, 전염병 환자의 강제 격리, 송환 대상자의 강제 격리, 토지출입조사, 대집행의 실행 등을 들고 있다.

제 2 절 행정행위의 종류

Ⅰ. 법률행위적 행정행위와 준법률행위적 행정행위

이는 행정행위의 내용에 의한 구분이다. 즉, 행정행위의 내용이 의사표시를 요소로 하느냐, 의사표시 이외의 정신작용(판단·인식·관념 등)의 표시를 요소로 하느냐에 다른 구별이다.

법률행위적 행정행위는 법 집행을 위한 행정청의 의사표시를 구성 요소로 하고, 그 의사표시의 내용대로 법률 효과를 발생시키는 행위이다. 예를 들면, 다음과 같다.

세무서장이 갑(甲)이라는 개인에게 소득세를 부과하였다면 이는 법률행위적 행정행위에 속한다. 왜냐하면, 이 행정행위의 내용은 세무서장인 행정청이 갑에 대해 조세를 부과하라는 의사표시를 구성 요소로 하고, 그 의사표시의 내용에 따라 갑은 조세를 납부할 의무가 발생하고, 국가는 조세를 징수할 권리가 발생하는 등의 법률 효과가 발생하기 때문이다.

준법률행위적 행정행위는 행정청의 의사표시 이외의 판단이나 인식과 같은 정신작용의 표시를 구성 요소로 하고, 그 법률 효과는 행위자의 의사와는 무관하게 직접 법규가 정하는 바에 따라 발생하는 행위이다. 예를 들면, 다음과 같다.

갑이 어떤 것을 발명한 바 그 발명품이 특허법상의 특허 발명에 해당하여 특

1) 한편, 비권력적 사실행위란 행정지도나 축사 또는 표창과 같이 명령적 강제적 공권력 행사와 직접 관련성이 없는 사실행위를 말한다.

허법에 정하고 있는 특허 발명을 실시할 권한이 있는지의 여부를 확인받기 위하여 특허청에 판단을 요청한 바, 특허청은 그것이 특허법에서 정하고 있는 특허에 해당하는지 여부를 확인해 주었다.

이러한 행정행위는 '확인'이라는 행정행위로서 **준법률행위적 행정행위**에 속한다. 왜냐하면, 행정청이 이러한 행정행위를 발하기 위해서는 행정청의 의사표시가 아니라 해당 발명품이 특허법상의 특허 발명에 해당하는지에 대한 행정청의 **판단**이나 **인식** 등의 정신작용을 필요로 하며, 특허청이 특허 발명에 해당한다고 판단하였을 경우 그 효과는 행정청의 의사표시대로 나타나는 것이 아니고(즉, 행정청의 의사표시와는 무관하게), 특허법 제87조, 제88조, 제94조 등에서 정하고 있는 바에 따라 발생한다.

Ⅱ. 법률행위적 행정행위

법률행위적 행정행위는 법률 효과의 내용에 따라 명령적 행위(命令的行爲), 형성적 행위(形成的行爲)로 분류된다.

1. 명령적 행위

명령적 행위(命令的行爲)는 행정청이 국민에 대하여 일정한 의무를 부과하거나 이를 해제함을 내용으로 하는 행정행위를 말한다.

명령적 행위는 다시 의무를 명하는 하명(下命)과 의무를 해제하는 허가(許可), 면제(免除)로 나뉜다.

명령적 행위는 공공의 필요에 의하여 개인의 자연적 자유를 제한하거나, 그 제한을 해제시켜 주는 행위라는 점에서, 개인에게 권리 또는 능력을 설정·변경·소멸시키는 행위인 형성적 행위(形成的行爲)와 구별된다.

명령적 행위에 대한 위반은 행정상 강제집행(强制執行)이나 행정벌(行政罰)의 대상이 될 뿐, 그 행위의 법률적 효력 발생에는 영향을 미치지 아니한다.

1) 하명

하명(下命)이란 개인의 자유를 제한하고 작위(作爲)·부작위(不作爲)·급부(給付)·수인(受忍) 등의 의무를 명하는 행정행위이다. 이 중에서 부작위를 명하는 것을 '금지(禁止)'라고 하고, 작위·급부·수인의 의무를 과하는 것만을 '명령(命令)'이라고 부르기도 한다. 하명의 구체적인 예는 다음과 같다.

(1) 일정한 행위를 할 것을 명하는 **작위하명**으로서 예를 들면, 청소시행 명령, 소방협력 명령, 전염병 예방 및 소독 명령·신고 명령 등과 같은 것이 있다.

(2) 일정한 행위를 하지 못하도록 하는 **부작위 하명**(금지하명)으로서 예를 들면, 야간통행 금지, 수렵 금지, 인화물질 저장 금지 등이 있다.

(3) 금전·물품·노역 등의 제공을 명하는 **급부하명**으로서 예를 들면, 조세를 부과하거나 수수료를 부과하는 등의 행위가 이에 속한다.

(4) 행정권의 강제에 대하여 저항하지 말고 참으며 이를 받아들여야 할 의무를 명하는 **수인하명**으로서 예를 들면, 대집행(代執行)의 수인, 강제 격리의 수인 등이 있다.

2) 허가

(1) 허가의 개념과 특징

허가(許可)란 법령에 정해진 일반적·상대적 금지를 특정한 경우에 해제하여 **적법하게 일정한 행위를 할 수 있게 하는 행정행위**를 말하는 데, 건축허가·영업허가 등이 대표적이다. 그러나 법령에 따라서는 허가에 해당하는 표현을 인가·면허·승인·특허 등의 용어로 사용하기도 하는가 하면, 법령상 허가라고 규정되어 있는 것이 학문상의 특허나 인가에 해당하는 것도 있다.

허가는 허가를 유보한 상대적 금지의 존재를 전제로 한다. 따라서 어떠한 경우에도 해제될 수 없는 절대적 금지(예: 미성년자의 음주·흡연 금지)에 대해서는 허가가 인정되지 아니한다.

허가에 대한 전통적 견해는 허가란 본래 행정청이나 기타 국가기관의 간섭이 없이 누구나 자유로이 행할 수 있었던 행위를 공익 목적상 일반적·전면적으로 금지한 후, 법령이 정한 일정한 요건이 충족되는 경우에, 이러한 일반적 금지를 해제하여, 자유를 되돌려 주는 행위이다.

허가는 특별히 새로운 권리를 설정해 주는 것이 아니라, 공익 목적상 제한되었던 자유를, 법령에 정해진 일정한 요건을 갖춘 경우 자유를 회복시켜 주는 것이다. 그런데 법령이 정한 일정한 요건을 갖추었다는 것은, 제한의 이유가 되었던 공익 목적에 저해되지 않는다는 것을 의미한다. 따라서 허가는 허가 요건이 충족된 경우 반드시 허가를 해주어야 하는 **기속행위**로 보아야 한다(예: 음식점 영업허가).

> 식품위생법상 일반음식점 영업허가는 성질상 일반적 금지에 대한 해제에 불과하므로 허가권자는 허가 신청이 법에서 정한 요건을 구비한 때에는 허가하여야 하고, 관계 법규에서 정하는 제한 사유 이외의 사유(예를 들면, 신청인이 행정청이 임의로 요구한 인근 주민의 동의서 제출 요구에 응하지 않았다는 것을 이유로 하는 경우: 필자 주)를 들어 허가 신청을 거부할 수 없다(대판 2000.3.24, 97누12532).

그러나 허가가 기속행위인지 재량행위인지의 여부는 개별 법령에 정하는 바에 의한다. 예를 들면, 일반 건축물의 건축허가에 대해 규정한 건축법 제11조 제1항에 따른 일반 건축물의 건축허가는 기속행위로 보아야 하지만, 동법 제11조 제4항에서는 숙박시설용 건축물에 대한 건축허가를 명시적으로 재량행위로 규정하고 있다.

> **건축법 제11조(건축허가)**
> ① 건축물을 건축하거나 대수선하려는 자는 특별자치도지사 또는 시장·군수·구청장의 허가를 받아야 한다. 다만, 21층 이상의 건축물 등 대통령령으로 정하는 용도 및 규모의 건축물을 특별시나 광역시에 건축하려면 특별시장이나 광역시장의 허가를 받아야 한다.
> ④ 허가권자는 위락시설이나 숙박시설에 해당하는 건축물의 건축을 허가하는 경우 해당 대지에 건축하려는 건축물의 용도·규모 또는 형태가 주거환경이나 교육환경 등 주변 환경을 고려할 때 부적합하다고 인정하면 이 법이나 다른 법률에도 불구하고 건축위원회의 심의를 거쳐 **건축허가를 하지 아니할 수 있다.**

판례는 과거에는 관계 법규에서 정하고 있는 사유 이외의 것을 들어 허가 신청을 거부할 수 없다고 보았으나 최근의 판례는 법규에 명문의 근거가 없다 하더라도 공익의 원칙을 근거로 예외적으로 허가를 거부할 수 있다는 재량의 여지를 남겨두고 있다.

> 산림 훼손은 국토 및 자연의 유지와 수질 등 환경의 브전에 직접적으로 영향을 미치는 행위이므로, 법령이 규정하는 산림 훼손 금지 또는 제한지역에 해당하는 경우는 물론 금지 또는 제한지역에 해당하지 않더라도 허가 관청은 산림 훼손 허가 신청 대상 토지의 현상과 위치 및 주위의 상황 등을 고려하여 국토 및 자연의 유지와 환경의 보전 등 중대한 공익상 필요가 있다고 인정될 때에는 허가를 거부할 수 있고, 그 경우 법규에 명문의 근거가 없더라도 거부처분을 할 수 있다(대판 2002.10.25, 2002두6651).

(2) 허가의 분류(대상에 따른 분류)

허가는 그 대상에 따라 대인적 허가(對人的許可)·대물적 허가(對物的許可) 및 혼합적 허가(混合的許可)로 나눌 수 있다.

대인적 허가는 주로 사람의 능력·지식 등과 같은 주관적 요소를 기준으로 하는 것이다(예: 자동차 운전면허, 의사면허 등).

대물적 허가는 물건의 내용·상태 등과 같은 객관적 요소를 기준으로 하는 것이다(예: 건축허가, 자동차 검사 등).

혼합적 허가는 인적 요소와 물적 요소를 모두 기준으로 하는 것이다(예: 총포화약류 제조허가).

이를 구별하는 실익은 허가의 타인에의 **이전성(移轉性) 유무**에 있다. 즉, 대인적 허가는 일신전속적(一身專屬的) 성격으로 인하여 이전을 할 수 없는데 비해, 대물적 허가는 물적 사정에 변경이 있으면 이전할 수 있다. 한편, 혼합적 허가는 원칙적으로 이전할 수 없다.

3) 면제

면제(免除)란 법령에 의하여 일반적으로 부과되어 있는 작위의무·급부의무·수인의무를 특정한 경우에 해제하는 행정행위이다(예: 경찰 면제, 조세 면제, 예방접종 면제 등). 면제도 **의무해제 행위**라는 점에서는 허가와 같으나, **허가는 부작위 의무**를 해제하는 행위라는 점에서 면제와 구별된다.

면제의 성질, 효과 등은 일반적으로 허가의 경우와 다름이 없다. 작위 의무와 급부 의무를 연기하거나 유예하는 행정행위의 성질이 문제된다. 즉, 그것은 의무

자체를 소멸시키는 것은 아니며, 오직 의무 내용의 일부를 변경하는 데 그치는 것이므로 면제가 아니라 하명의 변경에 해당한다고 보는 견해가 있고, 면제의 일종으로 보는 견해도 있다. 의무의 일부 해제(一部解除)의 경우는 면제의 일종으로 볼 수 있다.

2. 형성적 행위

형성적 행위(形成的行爲)란 특정의 상대방에게 권리·능력·기타 법적 지위를 설정·변경·소멸시키는 행정행위를 말한다. 형성적 행위는 이와 같이 제3자에 대하여 주장할 수 있는 법률상의 힘을 부여하거나, 혹은 그것을 부정하는 것을 목적으로 하는 행위인 점에서, 자유의 제한 또는 그 제한의 해제를 목적으로 하는 명령적 행위와 구별된다.

형성적 행위에는 상대방 여하에 따라, 첫째, 직접 상대방을 위해 권리 등을 설정하거나(이를 **'설권행위'** 혹은 **'특허'**라 한다) 혹은 박탈·변경하는 행위[박권행위·변권(변경)행위]와, 둘째, 제3자의 법률적 행위를 보충(동의)하여 그 효력을 완성시켜 주는 행위(이를 **'보충행위'** 또는 **'인가'**라 한다), 셋째, 제3자를 대신하여 행하는 행위(이를 **'대리행위'**라 한다)로 구분한다.

결국, 형성적 행정행위에는 특허(特許), 인가(認可) 및 대리(代理)가 있음을 알 수 있다.

1) 특허

(1) 특허의 개념

특허(特許)란 특정인을 위해 새로운 법률상의 힘을 부여하는 행정행위를 말한다. 특허에는 다음과 같은 행위가 포함된다.

행정청이 갑(甲)에게 어업허가를 해줌으로써 갑이 어업권을 독점적으로 누릴 수 있거나, 갑에게 여객자동차운수사업 면허를 해줌으로써 갑이 독점적 경영권을 획득하는 것과 같이 상대방에게 새로운 권리를 설정하여 주는 행위(예: 공기업 특허, 공물 사용의 특허, 광업허가, 어업면허).

행정청이 법인의 설립을 허가해 줌으로써 자연인과 같이 법률행위의 주체가 될 수 있는 능력인 권리 능력을 설정하여 주는 행위이다.

특정인에게 귀화를 허가하거나 그를 공무원으로 임명하는 행위를 함으로써 그가 대한민국의 국민으로서 제반 권리와 의무를 갖거나, 공무원으로서의 새로운 권리와 의무가 설정되는 등 포괄적 법률관계를 설정하는 행위 등이 이에 해당한다. 따라서 특허를 **'설권행위(設權行爲)'**라고도 한다.

특허를 설권행위라고 하는데 대해 특정인의 기존의 권리 능력 · 포괄적 법률관계를 변경시키는 행위를 **'변권행위(變權行爲)'**라 한다. 예를 들면, 특허처분의 변경, 공무원의 전보, 공무원의 징계 종류의 변경, 환지 처분 등이 이에 해당한다. 한편, 이를 소멸시키는 행위를 **'박권행위(剝權行爲)'**라 하는데, 예를 들면 특허 취소나 공무원 파면과 같은 행위이다.

특허를 실정법상에서는 허가 · 인가 · 면허라고도 표현하고 있으며, 특허법에서 규정하는 **발명특허(發明特許)**는 특허가 아니고 준법률행위적 행정행위인 **'확인(確認)'**에 해당한다.

(2) 특허와 허가와의 차이

허가는 명령적 행정행위에 속하고 특허는 형성적 행정행위에 속한다. 그러나 양자의 차이는 상대화되어 가고 있다.

① 허가는 신청 없이 이루어질 수 있으나, 특허는 상대방의 출원을 필요 요건으로 한다.

② 허가의 효과는 공법상 의무의 해제로 공법적이지만, 특허의 효과는 공법뿐만 아니라 사권을 설정(예: 광업허가에 의한 광업권)하여 주는 사법적(私法的)일 수도 있다는 점에서 양자는 구별된다.

③ 허가는 불특정 다수인에 대해서도 이루어지지만, 특허는 특정인에 대해서만 부여된다.

④ 허가 여부의 결정기준은 공공질서에 대한 장해 발생 가능성(障害發生可能性) 여부인데 반해, 특허 여부의 결정기준은 당해 특허 사업의 국민의 복리 증진 목적의 적합성 여부에 있다.

2) 인가

(1) 인가의 개념

인가(認可)란 행정 객체가 행하는 법률적 행위를 보충하여 그 행위의 법률상 효력을 완성시켜 주는 행위이며, 이를 **'보충행위(補充行爲)'**라고도 한다. 인가는 실정법상으로는 인허(認許)·승인(承認) 등의 용어가 사용된다.

(2) 인가의 성질

일반적으로 국민 기타 법인격 주체 간의 법률행위는 국가 등 행정 주체의 관여 없이도 완전한 효력을 발생하는 것이 원칙이다. 그러나 공익적 관점에서 일정한 법률행위는 법령상 그 효력 발생에 행정청의 동의가 요건으로 규정되어 있는 경우와 같이 행정청의 보충행위를 규정하고 있는 경우도 있다. 인가는 이러한 보충행위에 해당하며 보호 또는 감독을 위한 공익적 견지에서 행해지는 것이다.

인가는 제3자의 법률행위에 동의함으로써 그 효력을 완성시키는 보충적 행위임에 그치고, 그 법률행위의 **하자를 치유하는 효력을 갖는 것은 아니기 때문에** 기본적 법률행위가 무효인 경우는 인가가 있다 하여 그 법률행위가 유효로 되는 것이 아니다. 또한 적법·유효하게 성립된 기본적 법률행위가 사후에 실효가 되면 인가도 당연히 효력을 상실한다.

인가는 법률적 행위의 **유효 요건(有效要件)**이다. 즉, 인가는 법률적 행위가 완전한 효력을 발생하기 위한 요건이다. 따라서 인가를 받지 않고 행하는 **무인가 행위(無認可行爲)는 원칙적으로 무효(無效)**가 된다. 그러나 특별한 규정이 없는 한 행정상의 강제집행이나 행정벌 등과 같은 처벌의 대상은 되지 않는다. 이 점에서 행정상의 강제집행이나 행정벌의 대상은 되지만, 그 행위 자체의 법적 효력은 부인되지 않는 허가와 다르다.

인가가 행해지면 비로소 법률적 행위의 효과가 완성된다. 인가의 효과는 타인에게 이전되지 아니함이 원칙이다.

인가는 기본이 되는 법률적 행위를 하려는 당사자의 신청(출원)이 있는 경우에만 행해진다. 따라서 행정청은 인가 신청에 대하여 소극적으로 인가를 할 것인지의 여부에 관하여만 결정할 수 있으며, 적극적으로 신청의 내용과 다른 내용의 인가(修正認可)를 행하지 못한다.

인가는 형성적 행위의 일종이며, 특별한 규정이 없는 한 **기속행위**로 보아야 한다.

(3) 인가의 구체적인 예

① 도시 및 주거환경정비법(이하, 도정법) 제16조에서는 조합설립에 관하여 일정기준 이상의 토지 등 소유자의 동의를 얻어 시장·군수의 인가를 득하도록 규정하고 있다.

② 여객자동차운수사업법상 자동차 운수사업의 양도행위 그 자체는 사법상(私法上)의 행위로서 행해질 수 있으나, 자동차 운수사업이 갖는 공익성을 고려해 이러한 사인의 행위를 당사자의 임의의 계약에 맡기지 아니하고, 그 양도 계약에는 국토교통부 장관의 인가를 요하도록 하고 있다(여객자동차운수사업법 제14조 제2항).

여객자동차운수사업법 제14조(사업의 양도·양수 등)

① 여객자동차운송사업을 양도·양수하려는 자는 국토교통부령으로 정하는 바에 따라 국토교통부 장관 또는 시·도지사에게 신고하여야 한다.

② 대통령령으로 정하는 여객자동차운송사업을 양도·양수하려면 제1항에도 불구하고 국토교통부령으로 정하는 바에 따라 국토교통부 장관 또는 시·도지사의 인가를 받아야 한다. 이 경우, 국토교통부 장관 또는 시·도지사는 국토교통부령으로 정하는 일정 기간 동안 여객자동차운송사업의 양도·양수를 제한할 수 있다.

③ 기타 인가의 예로는, 사립대학 설립 인가, 재단법인 정관 변경 허가, 공공조합 설립 인가, 어업협동조합의 임원 선출에 관한 행정청의 인가, 지방채 기채(起債) 승인 등이 있다.

(4) 인가와 기본행위

인가는 타자의 법률적 행위의 효력을 보충하는 데 그치므로, 인가의 대상인 기본행위가 불성립 또는 무효인 경우에는 인가를 받았다고 하더라도 유효로 되지 않으며, 인가의 대상이 된 행위에 취소 원인이 있는 경우에는 인가가 있은 후에도 이를 취소할 수 있다고 보아야 할 것이다. 또한 유효한 기본행위를 대상으로 유효하게 성립된 인가라 할지라도 후에 그 기본행위가 취소되거나 실효(失效)하게 되면 인가는 그 존립의 바탕을 잃게 됨으로써 실효한다고 본다.

판례는 사립학교법 제20조 제2항에 의한 학교법인의 임원에 대한 감독청의 취임 승인과 관련하여 기본행위인 학교법인의 임원 선임 행위가 불성립 또는 무효인 경우(예를 들면, A사립학교법인 이사회가 갑을 위법하게 이사로 선임한 경우)에는, 비록 그에 대한 감독청(예: 서울특별시 교육감)의 취임 승인이 있었다 하더라도 이로써 무효인 그 선임 행위가 유효한 것으로 될 수 없다고 판시하였다(대판 1987.8.18, 86누152).

〈표 2-2-1〉 허가·특허·인가의 비교

분 류	허 가	특 허	인 가
의의	일반적·추상적으로 금지된 자연적 자유의 회복	특정인에게 새로운 권리의 부여	제3자의 법률행위를 보충하여 그 법률 효과를 완성함
법적 성질	• 기속행위 • 명령적 행위(이설 있음)	• 재량행위 • 형성적 행위(설권행위)	• 기속행위(이설 있음) • 형성적 행위(보충행위)
출원(신청)	• 원칙적으로 신청을 요함 • 무출원허가, 수정허가 가능	• 반드시 신청을 요함 • 무출원특허, 수정특허 불가	• 반드시 신청을 요함 • 무출원인가, 수정인가 불가
효과	공법적 효과만 발생	공·사법적 효과 발생	공·사법적 효과 발생
대상	법률행위, 사실행위	법률행위, 사실행위	법률행위만 가능
위반행위의 효과	• 적법 요건(행위는 유효) • 행정벌이나 강제집행의 대상이 됨	• 효력 요건(행위는 무효) • 강제집행 등의 대상이 안 됨	• 효력 요건(행위는 무효) • 강제집행 등의 대상이 안 됨
공통점	법률행위적 행정행위, 수익적 행정행위이며, 신청에 의한 행정행위이다.		

3) 공법상의 대리

공법상 대리(公法上代理)란 타인(제3자)이 해야 할 행위를 행정기관이 대신하여 행하고 그 행위의 효과는 타인이 행한 것과 동일한 효력을 발생시키는 행위를 말한다.

넓은 의미에서 대리라 하면, 타인(본인)을 대신하여 어떤 행위를 하는 것을 말하나, 민법총칙(民法總則)에서 규정하고 있는 대리라 함은, 본인을 대신하는 대리인이 자신이 하는 법률행위가 본인을 위하여 하는 것임을 표시하여[현명주의(顯名主義)], 대리인이 하는 법률행위의 효과가 직접 본인에게 귀속하는 법률 제도를 말한다.

공법상 대리는 주로 보호감독자인 행정 주체의 공권력에 의거한 행위라는 점에서 공법적(公法的)이며, 행위의 효과가 타인에게 귀속한다는 점에서 대리행위이다.

공법상 대리의 구체적인 예를 들면, 감독적인 입장에서의 감독청에 의한 공공조합의 정관 작성, 임원 임명 행위, 당사자 사이의 협의(協議)가 이루어지지 않는 경우(즉, 협의의 불성립의 경우)에 조정적(調整的) 입장에서 행하는 예로서 토지수용위원회의 재결, 타인을 보호하는 입장에서의 행려병사자(行旅病死者)의 유류품 처분(遺留品處分), 국가 자신의 행정 목적 달성을 위해 행해지는 체납처분 절차에서 행하는 압류재산(押留財産)의 공매처븐(公賣處分) 등이 있다.

공법상의 대리는 행정행위로서의 대리를 의미하그로 행정조직 내부에서의 행정기관 간의 대리(예: 차관이 장관의 권리 행사를 대리하는 것)와는 구별된다.

Ⅲ. 준법률행위적 행정행위

준법률행위적 행정행위는 그 행위의 성질과 법률 효과의 내용에 따라 확인행위(確認行爲), 공증행위(公證行爲), 통지행위(通知行爲), 수리행위(受理行爲) 등으로 분류된다.

1. 확 인

확인(確認)이란 특정한 사실이나 법률관계(즉, 권리·의무관계))에 관하여 의문이 있거나 다툼이 있는 경우에 행정청이 공권적으로 그 법률관계의 존부(存否), 즉 특정 사실이나 권리·의무관계가 존재하는지의 여부나 정부(正否), 즉 옳은지 그른지를 판단·확정하는 행정행위를 말한다.

확인의 예를 들면, 도로나 하천 등의 구역 결정, 도시계획상의 지역·지구·구역 지정, 교과서 검정, 연금액의 결정, 소득금액의 결정, 발명의 특허, 선거에 있어서의 당선인의 결정,[2] 시험합격자 결정, 이의신청의 결정, 행정심판에서의 재결·준공검사[3] 등이 있다.

확인은 기존의 사실 또는 법률관계에 대한 의문이나 다툼에 대해 이를 공권적으로 판단하여 확정하는 행위이므로 준법률행위적 행정행위, 판단 표시행위(判斷表示行爲), 준사법행위(準司法行爲)의 성질을 가진다. 또한 일정한 사실이나 법률관계가 존재하거나 정당하다고 판단되는 경우에는 확인을 해주어야 하므로 **기속행위**에 속한다.

확인은 판단(判斷)이라는 정신작용을 필요로 하기 때문에 일반적으로 **요식행위**이다. 예를 들면, 자동차검사증의 교부(자동차관리법 제41조의4), 행정심판의 재결서(행정심판법 제35조) 등이 이에 해당한다.

2. 공 증

공증(公證)이란 특정한 사실이나 법률관계의 존재를 공적(公的)으로 증명하는 행위를 말한다.

통설에 의하면, 확인은 특정한 법률 사실이나 법률관계에 관한 의문이나 분쟁이 있음을 전제로 하는 데 대해, 공증은 의문이나 분쟁이 없는 것을 전제로 하는 점에서 양자를 구별한다.

공증은 각종의 등기·등록·증명서의 발급 등이 이에 해당하는 바, 구체적인 예로는 등기·등록(예: 부동산등기부 등 각종 등기부·등록부에의 등기·등재 등), 등재(예: 선거인명부·토지대장·가옥대장 등 각종 명부에의 등재), 기재(예: 회의록·의사록에의 기재), 증명서 발급(예: 당선증서·합격증서·졸업증서·등록증·공정증서 등 발부), 교부(예: 영수증·허가증·면허장·원장 등의 교부), 발급(예: 여권·감찰 등의 발급), 압날(押捺)(예: 검인·증인의 압날) 등

---

2) 공직선거법상 선거구선거관리위원회의 국회의원 당선인의 결정은 유효 투표의 다수를 얻은 자를 당선인으로 결정한다. 다만, 다수 투표자가 2인 이상인 때에는 연장자를 당선인으로 결정한다(공직선거법 제188조).

3) 준공검사처분은 건축허가를 받아 건축한 건물이 건축허가 사항대로 건축행정 목적에 적합한가의 여부를 확인하고, 준공검사필증을 교부하여 줌으로써 허가받은 자로 하여금 건축한 건물을 사용·수익할 수 있게 하는 법률 효과를 발생시킨다.

이 있다.

3. 통 지

통지(通知)란 특정인 또는 불특정 다수의 일반인에게 특정한 사실을 알리는 행정행위를 말하는 것으로, 문서에 의함이 원칙이고 일반인에게는 공고(公告)·고시(告示) 등의 방식으로 행해지는 **독립된 행정행위**이다.

통지의 예로는 관념(觀念)의 통지, 즉 단순히 어떤 사실이 있다는 것을 알리는 행위[예를 들면, 특허출원의 공고, 귀화고시(歸化告示), 토지수용에서의 사업인정의 고시 등]나 의사(意思)의 통지로서 어떤 행위를 하겠다는 의사를 알리는 행위(예: 대집행의 계고, 조세체납자에 대한 독촉 등) 등이 있다.

중요한 것은 준법률행위적 행정행위로서의 통지는 **독립한 행위**라는 점에서 다음과 같은 통지의 개념과는 다르다.

첫째, 이미 성립한 행정행위의 **효력 발생 요건으로서의 통지**로서 예를 들면, 법령 및 조약의 공포, 재결고지, 영업정지 처분의 통지 등이다.

둘째, 법령에 의한 법률 효과가 인정되지 않는 **단순한 사실행위로서의 통지**로서 예를 들면, 문서의 교부·송달 등의 경우의 통지는 준법률행위적 행정행위로서의 통지가 아니다. 예를 들면, 납세고지서로 통지하는 행위는 납세의무를 발생시키는 과세처분의 한 부분이지 독립된 행위가 아니므로 준법률행위적 행정행위르서의 통지가 아니다.

4. 수 리

수리(受理)란 타인의 행정청에 대한 행위를 유효(有效)한 행위로서 수령하는 행정행위를 말한다. 혼인신고의 수리, 공무원 사직원의 수리, 행정심판청구서의 수리 등이 그 예이다.

수리는 타인의 행위를 유효하다는 판단 아래 받아들이는 인식표시 행위이므로, 단순한 사실행위인 도달(到達)이나 접수와는 다르다. 또한 행정청은 법적 요건을 갖춘 신고는 수리하여야 하므로, 수리는 기속행위에 속한다. 따라서 수리

거절행위(却下)는 불수리(不受理)의 의사표시로서 소극적인 법률행위적 행정행위이므로 행정쟁송이 가능하다.

신고서 등에 대한 보정명령(補正命令)은 명령적 행위인 하명이 아니라, 소정의 기한까지 보정되지 아니하는 경우에는 수리를 거절할 의사를 알리는 통지이다.

수리의 법적 효과는 법령이 정한 바에 따른다. 경우에 따라서는 수리에 행정청에게 일정한 행위를 하여야 할 의무를 발생시키기도 하며(예: 행정심판청구서의 수리에 따른 심리·재결 의무), 공법상 또는 사법상의 법률관계의 변동을 가져다주기도 한다(예: 공무원 사직원의 수리, 이혼신고의 수리, 혼인신고의 수리 등).

지금까지 논의된 행정행위의 종류를 표로 나타내면 다음의 〈표 2-2-2〉와 같다.

〈표 2-2-2〉 행정행위의 분류

- 법률행위적 행정행위
  - 1. 명령적 행위
    - (1) 하명
      - ① 작위하명
      - ② 부작위하명(금지)
      - ③ 급부하명
      - ④ 수인하명
    - (2) 허가(부작위하명의 해제)
    - (3) 면제(작위·수인·급부하명의 해제)
  - 2. 형성적 행위
    - (1) 직접 상대방을 위한 행위
      - ① 설권행위(設權行爲, 광의의 특허)
      - ② 변경행위(變權行爲)
      - ③ 박권행위(剝權行爲)
    - (2) 타자(他者)를 위한 행위
      - ① 인가행위(보충)
      - ② 대리행위
- 준법률행위적 행정행위
  - 1. 확인(판단의 표시)
  - 2. 공증(인식의 표시)
  - 3. 통지(특정 사실을 알리는 행위)
  - 4. 수리(유효한 행위로 받아들이는 행위)

Ⅳ. 기속행위 · 재량행위, 불확정 개념

1. 개 설

법규범은 일반적으로 어떤 구체적 사실이 법이 정한 요건(행위 요건)을 충족하면, 일정한 법적 효과가 발생한다는 식으로 구성되어 있다. 즉, 법규범은 **행위 요건규정(行爲要件規定)**과 **효과규정(效果規定)**으로 구성되어 있는 것이다. 도로교통법 제93조를 예로 들면 다음과 같다.

도로교통법 제93조(운전면허의 취소 · 정지)

① 지방경찰청장은 운전면허(연습운전면허를 제외한다. 이하 이 조에서 같다)를 받은 사람이 다음 각 호의 어느 하나에 해당하는 때에는 행정안전부령이 정하는 기준에 의하여 운전면허를 취소하거나 1년 이내의 범위에서 운전면허의 효력을 정지시킬 수 있다. 다만, 제2호 · 제3호, 제7호부터 제9호까지(정기 적성검사 기간이 지난 경우는 제외한다), 제12호, 제14호, 제16호부터 제18호까지, 제20호의 규정에 해당하는 경우에는 운전면허를 취소하여야 한다.

10. 운전 중 고의 또는 과실로 교통사고를 일으킨 때
12. 다른 사람의 자동차 등을 훔치거나 빼앗은 때

위 도로교통법 제93조의 규정을 보면, 운전면허를 받은 사람이 운전 중 고의 또는 과실로 교통사고를 일으킨 때, 혹은 다른 사람의 자동차를 훔치거나 빼앗은 때 등이 **행위 요건규정**이고, 위의 행위 요건을 충족시키는 경우에 운전면허를 취소하거나 1년 이내의 범위에서 운전면허를 정지시키든가, 혹은 운전면허를 취소시켜야 한다는 것을 규정한 것이 **효과규정**이다.

2. 기속행위와 재량행위

1) 기속행위

기속행위(羈束行爲)란 행정법규가 행정청에게 어떤 행위를 할 수도 안 할 수도 있는 자유가 인정되어 있는 것이 아니라, 법이 정한 요건이 충족되면, 법이 정한 효과로서의 일정한 행위를 반드시 하거나 해서는 안 되는 경우의 행정행위를

말한다.

도로교통법 제93조를 예로 들면, 운전면허를 받은 갑이 동법 제93조 제1항 단서 및 제12호에 규정한 바와 같이 다른 사람의 자동차 등을 훔치거나 빼앗은 때에는 운전면허를 취소하여야 한다. 이 경우, 지방경찰청장은 갑의 운전면허를 **반드시 취소**하여야 하며, 운전면허를 취소하거나 1년의 범위 내에서 운전면허를 정지시킬 수 있는 것이 아니다. 이러한 행위를 기속행위라 한다.

2) 재량행위

재량행위(裁量行爲)란 행정법규가 행정청에게 법적 효과를 스스로 정할 수 있는 권한을 위임한 경우를 말한다. 즉, 법이 정한 행위 요건이 충족되면 행정청은 복수의 행위 가운데 어느 것을 선택할 수 있는 자유로서의 재량이 인정되어 있는 행정행위를 말한다.

이러한 재량에는 어떤 행위를 할 수도 안 할 수도 있는 경우인 **'결정재량(決定裁量)'**과, 다수의 행위 중에서 어느 것을 선택해도 괜찮은 경우인 **'선택재량(選擇裁量)'**으로 나눌 수 있다. 결정재량은 재량권의 발동 여부에 관련되는 재량의 유형으로서, 주로 위해 방지(危害防止)를 목적으로 하는 경찰권 발동 여부에 관한 재량에서 나타나게 된다. 한편, 선택재량은 재량권을 발동하기로 한 경우에 구체적으로 허용되어 있는 수단의 선택과 관련되어 있는 재량을 의미하며, 결정재량에 비해 매우 다양하게 나타난다.

위의 도로교통법 제93조를 예로 들면, 운전면허를 받은 갑이 동법 제93조 제1항 단서 및 제10호에 규정하고 있는 바와 같이 고의 또는 과실로 교통사고를 일으킨 때에는 운전면허를 취소하거나 1년의 범위 안에서 그 운전면허의 효력을 정지시킬 수 있다고 규정하고 있다. 이 경우, 지방경찰청장이 갑에게 취할 수 있는 처분은 다음과 같다.

첫째, 지방경찰청장은 갑에게 어떤 처분을 할 수도 있고 안 할 수도 있다. 둘째, 지방경찰청장은 갑에게 1년 이내의 범위에서 운전면허의 취소하거나 정지시키는 처분 중 어느 하나를 선택할 수도 있다. 이 가운데 첫째와 같은 처분이 **결정재량**에 속하고, 둘째와 같은 처분이 **선택재량**에 속한다.

법치행정 원리만을 강조한다면 법률이 행정청의 행위에 대하여 엄격히 규정함으로써 행정청에게 재량권을 부여하지 않는 것이 바람직할 것이다. 그러나 오늘날 재량행위를 인정하고 이유는 행정기능이 확대·강화됨에 따라 법률이 행정의 모든 분야를 빠짐없이 획일적으로 규정하는 것은 입법 기술상 불가능하고, 사회의 끊임없는 변화에 순응하여 행정으로 하여금 타당성 있는 탄력적 행정을 수행하도록 하기 위한 필요성이 증대되고 있기 때문이다.

3) 기속행위와 재량행위의 구별의 기준에 관한 학설

(1) 요건재량설

요건재량설(要件裁量說)은 행정법규는 요건규정과 효과규정으로 구분되는 것임을 전제로 하여, **요건 부분의 내용**에 따라 기속행위와 재량행위를 구별하려는 견해이다.

행정행위에 관한 요건규정이 **일의적(一義的)**이고 **구체적**으로 규정되어 있는 경우, 당해 행정행위를 **기속행위**로 본다. 한편, 법령이 처분 요건에 대해 아무런 규정을 두지 않았거나[**공백규정(空白規定)**], 처분 요건을 규정하고 있어도 다만 **일반적 공익 관념**으로 규정하고 있는 경우, 비록 처분 요건이 보다 한정적으로 규정되어 있을지라도, **불확정 개념**으로 규정되어 있는 경우에는 재량행위에 속한다고 한다.

이 학설은 재량을 행정행위의 처분 요건(요건규정)에 해당하는 사실 인정에 관한 판단에서만 인정하려 한다. 따라서 요건의 규정 내용이 **공백규정이거나 종국 목적(終局目的, 즉 공익 목적)**만을 두고 있는 경우에 이를 **재량행위**로 보고, 행정행위의 종국 목적 이외에 **중간 목적**을 두고 있는 경우에는 개별적 행정작용의 근거기준이 확정적으로 규정되어 있는 경우이므로 **기속행위**라고 보는 것이다.

요건재량설에 대해서는 행정행위의 종국 목적과 중간 목적을 구분하는 구체적 기준 자체가 불명확하다는 점, 법률문제인 요건 인정을 재량문제로 오인하고 있다는 비판이 제기된다.

(2) 효과재량설

요건재량설이 법규상의 요건규정의 규정 방식에 따라 재량행위의 여부를 판단하려는 것인데 대해, 효과재량설(效果裁量說)은 **효과규정**에 규정되어 있는 당해 행위의 성질을 기준으로 양자를 구별하려는 입장으로서 우리 **판례의 입장**이기도 하다.

효과재량설은 당해 행위가 법률 효과, 즉 국민의 권리·의무에 어떻게 작용하는가에 따라 재량행위의 여부를 결정하려는 것이다. 따라서 개인의 자유나 권리를 제한·침해하거나 의무를 부과하는 **부담적(負擔的) 행정행위**는, 법령상 재량을 인정하는 것으로 보이는 경우에도 그것은 **기속행위**이고, 개인에게 새로운 권리를 설정하거나 기타 이익을 부여하는 등 **수익적(授益的) 행정행위**의 경우에는 **재량행위**에 속한다고 본다. 따라서 예를 들면, 영업허가와 같은 행정행위는 수익적 행정행위이므로 재량행위에 속하게 된다.

한편, 직접 개인의 권리·의무에 영향을 미치지 아니하는 행위는 법률이 특히 제한을 두고 있는 경우를 제외하고는 원칙적으로 자유재량행위로 본다.

그러나 이 견해에 대해서는 부담적 행정행위라고 해서 모두 기속행위인 것은 아니며, 수익적 행정행위라고 해서 모두 재량행위는 아니라는 비판이 가해지고 있다.

4) 구별의 구체적 기준

재량행위는 행위 여부 내지는 복수 행위 간의 선택에 관하여 행정청에 재량권이 부여되어 있는 행위라는 점에서 보면, 재량의 속성이 법률 요건이 아닌 법률 효과에 관한 것임을 알 수 있다.

그러나 법치행정의 원칙에 따라 행정청의 처분은 근거 법률에 의한 것이라는 점을 고려할 때, 재량권의 인정 여부의 판단기준은 우선 당해 **법령의 내용**에서 찾아야 한다는 것이다. 그러나 법령의 규정이 당해 처분에 대하여 재량권을 부여하고 있는지의 여부는 명확하지 않은 경우가 적지 않은 바, 이러한 경우에는 당해 행정행위의 성질(부담적 행위인지 혹은 수익적 행위인지의 여부)과 헌법상의 기본권과의 관련성 등도 동시에 고려하여야 한다. 기속행위와 재량행위를 구별하는 구체적 기준을 설명하면 다음과 같다.

(1) 행정법규는 일반적으로 요건규정과 효과규정으로 구성되어 있는 바, 법령이 **처분 요건**에 관하여 **일의적(一義的)·구체적**으로 규정하면서 또한 그에 따

른 처분 의무에 관하여도 판단의 여지없이 **획일적**으로 규정하고 있는 경우 당해 행위는 **기속행위**이다.

(2) 법령이 효과규정에서 **'(필요한) 처분을 할 수 있다'**든가 **'처분을 할 권한을 가진다'**는 식으로 규정하고 있는 경우, 일단 행정청에 행위 여부에 대하여 독자적 판단권(判斷權)이 부여되어 있는 것으로 판단할 수 있다. 이 경우, 요건규정이 공백규정 혹은 불확정 개념으로 되어 있는 경우뿐만 아니라, 처분 요건 자체는 구체적으로 규정되어 있는 경우에도 **행정청에게 재량권이 부여되어 있는 것으로 본다**.

(3) 법령이 **'… 해야 한다'** 또는 **'… 한다'**, **'… 할 수 없다'** 등으로 규정하고 있는 경우에는 일반적으로 **기속행위**이며, **'… 할 수 있다'**, **'… 하지 않을 수 있다'** 등으로 규정되어 있는 경우 일반적으로 **재량행위**라고 보아도 좋을 것이다.

(4) 그러나 근거법상 **'처분을 할 수 있다'**든가, 식품위생법 제37조와 같이 **"허가를 받아야 한다"**라고 규정되어 있는 경우, 혹은 관계 법령이 영업허가에 관한 일정 요건을 규정하면서, 주무부 장관은 이상의 요건을 구비한 신청에 대하여는 **'허가할 수 있다'**라고 규정하고 있는 경우 이를 **헌법상의 기본권(基本權)과의 관련성**을 고려하여 기속행위인지 재량행위인지의 여부를 결정해야 한다. 즉, 음식점 영업 등은 헌법상의 직업 선택의 자유의 행사로서의 의미를 가지는 것이나, 경찰·보건 등의 견지에서 그 행사에 일정한 제한을 두고 있는 것에 불과하므로, 행정청은 상대방이 허가 요건을 충족하고 있는 경우 허가를 거부할 수 없는 기속을 받게 된다. 따라서 이러한 경우에는 **규정의 표현 양식에도 불구**하고 **기속행위**에 속한다.

식품위생법 제37조(영업허가 등)
① 제36조 제1항 각 호에 따른 영업 중 대통령령으로 정하는 영업을 하려는 자는 대통령령으로 정하는 바에 따라 영업 종류별 또는 영업소별로 식품의약품안전처장 또는 특별자치시장·특별자치도지사·시장·군수·구청장에게 **신고하여야 한다**.

5) 재량의 한계

재량행위가 재량권 한계 내의 것이면 당·부당(當·不當)의 문제가 생길 뿐, 위법(違法)의 문제는 생기지 않는다. 그러나 재량행위라도 그 한계를 넘어서는 경우 위법이 됨은 널리 학설·판례가 인정하고 있다.

우리 행정소송법 역시 **"행정청의 재량에 속하는 처분이라도 재량권의 한계를 넘거나 그 남용이 있는 때에는 법원은 이를 취소할 수 있다"**(제27조)고 규정하고 있다. 구체적으로 재량행위가 그 한계를 넘어 **위법**하게 되는 경우는 다음과 같다.

(1) 재량권의 유월(재량권의 외적 한계 위반)

재량권의 유월(踰越)이란 **'재량권의 일탈(逸脫)'**이라고도 하는 것으로서, 행정청이 법이 허용하는 재량의 범위(재량권의 외적 한계)를 넘어서 재량권을 행사한 경우를 말한다.

예를 들면, 도로교통법 제93조 제1항은 운전면허의 취소 또는 1년 이내의 범위에서 운전면허 정지처분을 규정하고 있는데, 지방경찰청장이 음주 운전을 한 갑에게 2년의 운전면허 정지처분을 내린 경우, 그것은 도로교통법 제93조 제1항이 규정하고 있는 재량권의 범위를 벗어난 것으로 재량권의 유월에 해당한다.

(2) 재량권의 남용(재량권의 내적 한계 위반)

법이 허용한 범위 내에서 재량권을 행사하는 경우에도, 행정청은 재량을 부여한 목적(目的)에 위배되거나 부정한 동기(목적·동기의 불법)에서 재량을 행사하지 말아야 하며, 또한 평등원칙·비례원칙 등 '행정법의 일반 원칙'을 준수하여 행사하여야 한다.

이러한 내적 한계를 넘어 재량권을 행사한 경우 이를 재량권의 남용이라 한다.

> 징계 사유에 해당하는 행위가 있더라도, 징계권자가 그에 대하여 징계처분을 할 것인지, 징계처분을 하면 어떠한 종류의 징계를 할 것인지는 징계권자의 재량에 맡겨져 있다고 할 것이나. 그 재량권의 행사가 **징계권을 부여한 목적에 반하거나**, 징계 사유로 삼은 비행의 정도에 비하여 균형을 잃은 과중한 징계처분을 선택함으로써 **비례의 원칙에 위반**하거나 또는 합리적인 사유 없이 같은 정도의 비행에 대하여 일반적으로 적용하여 온 기준과 어긋나게 공평을 잃은 징계처분을 선택함으로써 **평등의 원칙에 위반**한 경우에는, 그 징계처분은 재량권의 한계를 벗어난 것으로 위법하다(대판 2001.8.24, 2000두7704).

(3) 재량권의 불행사(흠결 · 해태)

행정청이 부주의(不注意)로 또는 재량행위를 기속행위로 오해하여 복수 행위 간의 형량(衡量)을 전혀 하지 않은 경우를 재량의 흠결(欠缺) 또는 해태(懈怠)라 하는 바, 이 역시 위법한 행위가 된다.

예를 들면, 법이 행정청에게 A, B, C 중 어느 하나를 선택할 수 있는 재량권을 부여하였는데, A만 해야 하는 것으로 오해하여, A, B, C 중 어느 것이 가장 행정 목적에 적합한가에 대한 판단을 하지 않은 경우가 이에 해당한다.

3. 불확정 개념과 판단 여지

1) 불확정 개념

불확정 개념을 이해하기 위하여 출입국관리법 제4조의 법 규정을 소개하면 다음과 같다.

출입국관리법 제4조(출국의 금지)
① 법무부 장관은 다음 각 호의 어느 하나에 해당하는 국민에 대하여는 기간을 정하여 출국을 금지할 수 있다(효과규정).
6. 그 밖에 제1호부터 제5호까지의 규정에 준하는 사람으로서 **대한민국의 이익이나 공공의 안전 또는 경제질서를 해칠 우려가 있어 그 출국이 적당하지 아니하다고 법무부령으로 정하는 사람(요건규정)**

출입국관리법 제4조 제1항 제6호의 규정과 같이 법령은 요건규정에 불확정 개념(不確定槪念)을 사용하는 경우가 많다. 불확정 개념이란 예를 들면, '중대한 사유', '공공의 안녕과 질서', '경관(景觀)의 침해 우려', '교통의 안정과 원활성', '신뢰성' 등의 용어와 같이, 어떤 사실이 그 요건에 해당하는지의 여부가 한 가지의 뜻[즉, 일의적(一義的)]인 것이 아니라 다의적(多義的)인 것이어서 진정한 의미 내용이 구체적 상황에 따라 판단되는 개념을 말한다.

불확정 개념의 경우 행위를 할 수도 있고 안 할 수도 있고, A행위를 하여도 좋고 B행위를 하여도 좋다는 뜻은 아니라는 점에서 재량행위와 구별된다. 불확정 개념의 해석 및 적용은 그 개념의 법적 내용의 파악이기 때문에 법적 문제이다. 즉, 법률의 요건규정에 불확정 개념을 사용하여 구성 요건을 정했을 때, 구체적 상황 하에서 **특정한 사실관계가 요건규정에 해당하는가의 여부에 대한 판단**은 **법적 문제**이므로 **사법심사의 대상이 되어 법원이 판단할 문제이다**. 따라서 **행정기관이 불확정 개념으로 된 행위의 요건을 판단할 때 재량권을 가질 수는 없다고 본다**.

2) 판단 여지

출입국관리법 제4조 제1항 제6호의 규정상 어떤 특정인 A가 이 요건에 해당하는지를 판단한다는 것은 용이하지 않다. 이와 같이 무엇이 정당한 결론인지를 판단하기가 무척 어려운 한계적인 영역을 '판단 여지(判斷餘地)'라 부른다.

구체적인 경우, 불확정 개념의 해석이나 적용과 같은 판단 여지의 영역에서 법원과 행정청 간에 견해를 달리할 수 있다. 이와 같이 불확정 개념의 해석이나 적용과 관련하여 법원의 견해와 행정청의 견해가 다를 경우 **법원이 행정청의 판단을 존중하고 사법적 판단을 하지 않는 것**이 바람직할 경우가 존재할 수 있다. 바꾸어 말하면, 불확정 개념의 의미 내용은 법원이 최종적으로 결정하는 것이 원칙이지만, 다만, 예외적인 경우에는 법원의 판단보다 행정기관의 **전문적·기술적·정책적 판단을 우선시해야 할 필요성이 인정되어, 법원이 행정청의 판단을 존중하여 사법권이 미치지 않는 영역**을 인정할 필요성이 존재하게 되는데 이 영역을 '판단 여지'라고 부르는 것이다.

예를 들면, 출입국관리법 제4조 제1항 제6호의 규정과 관련하여 어떤 사람 A가 이 요건에 해당하는가의 판단에는 행정청의 판단과 법원의 판단이 다를 수 있다. 이 경우, 어차피 판단자 간에 견해를 달리 한다면, 전문 지식과 오랜 경험을 가진 행정청의 판단이 조리상의 여러 원칙을 준수하고 있는 한, 법원은 그 판단을 존중할 수밖에 없는 경우가 있다고 할 수 있는데 이 경우가 바로 **행정청의 판단 여지를 인정하여 그에 대한 사법심사를 제약하는 경우로 볼 수 있다**.

이와 같이 판단 여지와 재량행위는 **행정청의 일정한 판단에 대한 법원의 사법심사가 제약**되는 점에서는 유사하나, 재량은 '복수 행위 사이의 선택의 자유'가 법에 의해 처음부터 인정되고 있는 경우를 의미하는 데 대해, 판단 여지는 요건규정에서의 불확정 개념의 해석·적용이라는 법률 문제로서 원칙적으로는 법원의 전면적인 사법 심사의 대상이 되는 것이고, 극히 **예외적인 경우에 한정하여 행정청의 판단 여지가 인정**된다는 점에서 차이가 있다.

3) 판단 여지가 인정되는 경우(예시)

행정의 실제상 행정청의 평가 영역이 전문적 · 기술적 사항과 관련된 것일 때 어떠한 것이 정당한 결론인지를 판단한다는 것은 용이하지 않다. 따라서 이러한 영역에서는 행정청의 판단 여지를 인정하고, 그 범위 내에서는 사법부가 관여하여 그 판단의 위법성 여부에 대한 판단을 자제하는 경우가 많다.

(1) **국가시험 출제나 시험평가 결정(査定)** 각종 국가시험의 출제나 행정고등고시 채점, 대학입시 사정기준, 면접시험에서의 불합격 결정, 도로 주행 시험에서의 합격 여부 결정 등

(2) **시험 유사 결정** 유급 결정, 특별 교육 필요성 결정, 대기 명령을 받은 자에 대한 능력 회복이나 근무성적의 향상을 위한 교육훈련 결정, 특별한 연구과제의 부여 결정 등(국가공무원법 제73조의2 ④ 참조)

(3) **공무원법상의 평가** 상관에 의한 부하 공무원의 근무평가, 시보 공무원 평가, 공무원 임용 시의 적성 · 능력의 평가

(4) **전문가와 이익대표자로 구성된 독립위원회의 결정** 인사위원회의 평가, 청소년 유해도서 여부의 평가, 보호대상 문화재이의 해당 여부 평가 등

(5) **환경법, 경제법 영역에서의 미래 예측적 결정과 위험의 평가** 원자력 작업장 운영 시의 위험에 대한 사전 대비의 평가

(6) **특히 행정정책적인 종류의 불확정 개념과 관련한 결정** 공무원의 전보를 위해 근무상의 필요성을 평가하기 위한 기준으로서의 행정청의 인사계획

(교육부 장관의 중학교 2종교과서 검정처분의 취소를 구한 사건에서) 교과서 검정이 고도의 학술상, 교육상의 전문적인 판단을 요한다는 특성에 비추어 보면, 교과용 도서를 검정함에 있어서 법령과 심사기준에 따라서 심사위원회의 심사를 거치고, 또 검정상 판단이 사실적 기초가 없다거나 사회통념상 현저히 부당하다는 등 현저히 재량권의 범위를 일탈한 것이 아닌 이상 그 검정을 위법하다고 할 수 없다(대판 1992. 4.24, 91누6634).

4) 판단 여지의 한계

판단 여지가 인정되는 영역에서도 다음과 같은 한계를 준수하여야 한다.

(1) 판단 기관이 **적법하게 구성**되어야 한다. 즉, 전문 지식을 가진 법정수를 요구하는 위원회가 결정하여야 하는 경우를 들 수 있다.

(2) **법정 절차**가 준수되어야 한다. 따라서 의견제출 · 청문 · 공청회 등을 거치거나 자문기관의 자문을 거쳐야 하는 경우에는 그 절차를 거쳐야 한다.

(3) 판단의 기초가 된 **사실관계의 파악이 정확하고 정당**하여야 한다. 예를 들면, 공무원의 근무평가 시 1년 동안 관찰한 내용을 판단의 대상으로 하여야 하는데 우연히 1회적인 실수만을 평가의 대상으로 하는 경우는 사실관계의 파악이 정당하지 않은 경우이다.

(4) 일반적으로 받아들여지고 있는 평가의 척도, 예를 들면, 평등의 원칙, 경험법칙 등에 입각하고 있는 경우이어야 한다.

(5) 판단자가 사실과 관계없는 형량을 하지 않아야 하는 것 등이다.

Ⅴ. 대인적 행정행위, 대물적 행정행위, 혼합적 행정행위

행정행위의 대상이 사람인가 물건 또는 시설인가에 따라 '대인적(對人的) 행정행위'와 '대물적(對物的) 행정행위' 및 '혼합적(混合的) 행정행위'로 구별된다.

대인적 행정행위란 개인의 기능 · 지식 · 경험 등과 같은 주관적 요소를 기준으로 행하여진 행정행위를 말한다(예: 운전면허 · 의사면허). 대인적 행정행위의 효과는 원칙적으로 일신전속적(一身專屬的)이기 때문에 타인에게 이전할 수 없다.

대물적 행정행위란 물건의 구조 · 성질 · 설비 등과 같은 객관적 사정을 기준으로 행하여진 행정행위를 말한다(예: 건축허가 · 자동차 검사증의 교부). 대물적 행정행위의 효과는 일반적으로 그 대상이 된 물건과 함께 이전이 가능하다고 본다.

혼합적 행정행위란 허가의 기준으로서 인적(人的)인 자격 요건 외에 물적(物的)인 요건도 아울러 고려하여 행하는 경우가 있는 바(예: 폐기물처리업허가, 액화석유가스충전사업허가) 이러한 행정행위를 혼합적 행정행위라 한다. 혼합적 행정행위는 원칙적으로 사전에 행정청의 승인이 있어야 그 효과가 이전될 수 있다.

제3절 행정행위의 특질

행정행위는 공권력에 기초한 우월한 행정 의사의 발동으로서 행정청이 행하는 권력적 단독행위이므로, 대등 당사자 사이의 행의인 **민법상의 법률행위** 등과 구별되는 여러 가지 특수성을 가지고 있다.

Ⅰ. 법률행위와 행정행위

1. 법률행위의 의의

법률의 규정은 법률 요건규정과 법률 효과규정으로 구성되어 있어서 일정한 법률 요건이 발생하면, 그에 따라 일정한 법률 효과, 즉 권리의 발생·변경·소멸의 효과가 발생한다는 조건명제의 형식으로 구성되어 있다.

법률행위(法律行爲)라 함은 한 개 또는 수개의 **의사표시**를 불가결의 요소로 하는 **법률 요건**이라고 설명한다. **의사표시**란 일정한 권리 내지 법률관계의 발생·변경·소멸을 목적으로 하는 의식적 행위를 말하는 것으로서, 법률행위에 있어 불가결의 요소이다. 다시 말하면, 법률행위는 의사표시를 구성 요소로 하여 성립하고, 그 법률 효과는 의사표시의 내용대로 발생한다는 것이다. 의사표시는 예를 들면, '취소한다'거나 '판다'거나 '산다'와 같은 것이다.

2. 법률행위의 분류

법률행위는 단독행위(單獨行爲, 일방행위)와 계약(契約, 쌍방행위), 합동행위(合同行爲)로 분류한다. 법률행위는 의사표시가 그 중심적 요소로 되어 있으나,

그것은 의사표시 하나만으로 성립하는 수도 있고, 둘 이상의 의사표시의 합치에 의해 비로소 성립하는 수도 있다.

단독행위(일방행위)란 재단법인의 출연행위(出捐行爲), 무능력자의 법률행위의 취소, 계약의 해제, 채권의 면제 등과 같이 **하나의 의사표시**만으로 성립하는 것을 말한다.

계약(쌍방행위)이란 매매 · 임대차 · 고용 계약 등과 같이 서로 대립하는 두 개의 의사표시의 합치에 의해 성립하는 것이다.

합동행위란 사단법인의 설립행위와 같이 방향을 같이하는 두 개 이상의 의사표시의 합치에 의하여 성립하는 것이다.

3. 행정행위와 법률행위와의 구별

사인(私人) 간에 있어서 중요한 행위 형식이 법률행위로서, 사법상의 법률행위는 일정한 권리 내지 법률관계(즉, 권리 · 의무관계)의 발생 · 변경 · 소멸을 목적으로 하는 의사표시가 그 중심적 요소가 됨은 앞에서 살펴본 바와 같다. 따라서 민법의 대부분은 법률행위에 관한 법으로 이루어져 있다.

이에 비해, 행정청이 상대방에 대해 일방적으로 행하는 행정행위의 내용은 법률이 명하는 바에 따르고 그를 구체화하는 것으로서, 법률관계가 행정청의 자유로운 의사결정에 의하는 것이 아니다.

Ⅱ. 행정행위의 법률적합성

행정행위는 행정청이 일방적으로 권리를 부여하거나 의무를 부과하는 등의 권력적 단독행위이므로, 그 발동은 반드시 법에 의거하여 행해져야 하며(법률유보), 그의 내용도 법에 적합해야 한다(법률우위). 행정행위의 발동 근거로서의 법은 원칙적으로 입법부가 제정한 법률(法律)이어야 하는 바, 이런 점에서 행정행위에는 '법률적합성'이 요청되는 것이다.

Ⅲ. 행정행위의 공정력

행정행위는 상대방이 알 수 있는 상태에 놓임으로써 설사 그 성립에 하자가 있어도 효력이 발생한다. 다만, 그 하자가 중대 · 명백한 경우에는 처음부터 무효가 된다. 이와 같이 행정행위가 하자가 있더라도 그것이 **중대 · 명백하지 않는 한, 권한 있는 기관에 의해 취소되기까지**는 **유효**한 행위로 통용되어 그 상대방은 물론이고 다른 국가기관(다른 행정청이나 법원 등)이나 제3자를 구속하는 힘을 가진다. 행정행위가 가지는 이러한 힘을 **'공정력(公定力)'** 혹은 **'예선적 효력(豫先的效力)'**이라고 한다.

예를 들면, 관련 세법에 따르면 세무서장이 갑에게 100만 원의 세금을 부과하는 것이 적법한 것인데, 110만 원을 부과하였다면 그것은 위법한 과세처분이 된다. 그러나 그 정도의 위법은 위법의 정도가 중대하고 명백하여 당연 무효라고 할 수 있을 정도의 위법이라고는 할 수 없다. 그러므로 해당 세무서장이 110만 원의 과세처분을 취소하지 않는 한, 혹은 갑이 110만 원의 과세처분의 위법성을 주장하면서 10만 원 부분의 취소를 구하는 행정심판이나 행정소송을 제기하여 취소받지 않는 한, 행정철차상 갑은 110만 원의 세금을 납부하여야 할 의무가 있고, 관할 세무서장은 이를 징수할 권한이 있다.

이와 같이 어떤 행정행위가 위법하다고 하여도 그것이 당연 무효에 이를 정도의 중대하고 명백한 위법이 아닌 한 권한을 가진 기관에 의해 취소될 때까지 행위의 상대방이나 제3자가 그 효력을 부인할 수 없는 구속력을 가지는 바, 이러한 구속력을 공정력이라 부른다.

당사자 자치(當事者自治)의 원칙이 지배하는 사법상(私法上)의 법률행위에 있어서는 예를 들면, 계약 해제는 일방적(단독적) 행위이나 그 적법 여부에 관하여 다툼이 생기면 그에 관하여 법원의 판결이 확정될 때까지는, 상대방이나 이해관계인은 그 행위의 효력을 승인할 필요가 없는 데 대하여, 행정행위는 공정력을 갖는 점에 특징이 있다.

Ⅳ. 존속력(불가쟁력 · 불가변력)

1. 존속력의 의의

행정행위가 행해지면 그것을 기초로 하여 많은 법률관계가 형성된다. 따라서 될 수 있는 한 일단 행해진 행정행위를 존속시키는 것이 여러모로 바람직하다. 이러한 요청을 제도화한 것이 행정행위의 불가쟁력(不可爭力) 및 불가변력(不可變力)이며, 이 둘을 합쳐서 '존속력(存續力)'이라 한다. 종래에는 이를 **'확정력(確定力)'**이라 칭하기도 했다.

2. 불가쟁력(형식적 존속력)

행정행위의 불가쟁력이란 행정행위의 효력을 신속하게 안정시키기 위해 행정쟁송 제기기간이 경과하거나 쟁송 수단을 다한 경우(즉, 심급을 종료한 경우)에는 상대방 또는 이해관계인은 더 이상 행정행위의 효력을 다툴 수 없게 되는 힘을 말한다. 불가쟁력을 **'형식적 존속력(形式的存續力)'**이라고도 한다.

> **행정심판법 제27조(심판청구의 기간)** ① 행정심판은 처분이 있음을 알게 된 날부터 **90일 이내**에 청구하여야 한다.
> ③ 행정심판은 처분이 있었던 날부터 **180일**이 지나면 청구하지 못한다. 다만, 정당한 사유가 있는 경우에는 그러하지 아니하다.
>
> **행정소송법 제20조(제소기간)** ① 취소소송은 처분 등이 있음을 안 날부터 90일 이내에 제기하여야 한다.
> ② 취소소송은 처분 등이 있은 날부터 1년(제1항 단서의 경우는 재결이 있은 날부터 1년)을 경과하면 이를 제기하지 못한다. 다만, 정당한 사유가 있는 때에는 그러하지 아니하다.

불가쟁력은 '행정행위의 상대방이나 이해관계인'에 대한 구속력이며, 처분 행정청이나 그 밖의 국가기관을 구속하지는 않는다. 따라서 처분 행정청은 불가쟁력이 발생한 후에도 직권으로 행정행위를 취소 · 변경할 수 있다.

불가쟁력이 발생한 행정행위에 대한 행정쟁송은 부적법(不適法)을 이유로 각하(却下)된다. 다만, 불가쟁력이 생긴다고 하여 행정행위의 하자가 치유(治癒)되어 위법성이 제거되는 것은 아니므로, 따로 국가배상청구를 하거나 행정청이 직권으로 취소하는 것이 가능하다.

3. 불가변력(실질적 존속력)

행정행위는 원칙적으로 하자(瑕疵) 또는 공익상의 이유로 행정청의 직권에 의해 취소·변경되며 혹은 행정행위를 그대로 존속시킬 수 없는 새로운 사정의 발생을 이유로 철회되기도 한다. 이러한 행정행위의 취소 및 철회는 행정행위의 하자 또는 부적합성을 시정함으로써 법치주의를 확보하고, 형정의 공익적합성(公益適合性) 및 상황적합성(狀況適合性)을 유지하기 위한 수단으로 간주된다.

다만, 일정한 경우에는 행정행위의 하자 또는 새로운 사정의 발생에도 불구하고, 행정청(처분청·감독청) 자신도 직권으로 자유로이 당해 행정행위를 취소·변경·철회할 수 없는 경우가 있는데, 이와 같은 효력(구속력)을 불가변력 또는 '실질적 존속력(實質的存續力)'이라 한다.

행정행위에 중대하고 명백한 하자가 있으면 당연 무효로서 효력이 없기 때문에 불가변력의 문제도 발생하지 않는다. 그러나 하자가 무효 원인에 의하지 않고 다만 취소 사유에 그치는 경우에는 어느 경우에 그 행정행위에 불가변력을 인정하여 그것을 취소·변경할 수 없느냐가 문제이다. 불가변력은 모든 행정행위에 공통된 효력이 아니라, **특별한 경우에만 인정된다**.

행정행위의 불가변력이 인정되는 예로는 행정심판의 재결을 들 수 있다. 행정심판의 재결(裁決)은 준사법적(準司法的) 작용의 성질을 가지며, 그에는 소송법적인 확정력(確定力)에 준하는 불가변력이 인정되어 그 행위에 구속되므로 이를 취소·변경할 수 없다.

행정심판의 재결 외에도 준사법적 행정행위로서의 확인행위(確認行爲)는 사실 또는 법률관계의 정부(正否) 또는 존부(存否)에 관하여 공적으로 선언하는 행위이므로, 이를 재결 유사적(裁決類似的) 행위로 보아 그에도 불가변력을 인정하여야 한다는 것이 유력한 견해이다.

V. 자력 강제력(집행력 · 제재력)

자력 강제력을 이해하기 위하여 다음과 같은 두 가지의 사례를 보자.

사례 1) A구청장이 갑에게 개발제한구역의 지정 및 관리에 관한 특별조치법 등에 근거하여 그린벨트 지역 내에 지은 위법 건축물의 철거를 명하는 처분을 하였으나 갑이 자진하여 철거하지 않고 있다.

이와 같이 상대방이 의무를 **이행하지 않을 시**에는 행정청은 일정한 요건 하에 법원의 힘에 의존하지 않고 **자력**(**自力**)으로 상대방의 의무 이행을 강제할 수 있다.

사례 2) 교통경찰관이 고속도로상에서 과속을 하는 운전자 갑에게 고속도로 우측 갓길도로에 정지할 것을 명령하였으나 이에 응하지 않고 도주하였다.

이와 같이 상대방이 **의무를 위반한 경우**에는 그 위반에 대한 제재로 행정벌을 부과할 수 있다.

이와 같이 행정행위에 있어서 그 상대방에게 주어진 의무를 이행하지 않거나(사례 1) 의무를 위반하는 경우(사례 2)에는 일정한 요건 하에 행정청이 **자력**(**自力**)으로 상대방이 의무 불이행 시에는 그 의무의 이행을 강제하거나[이를 **'집행력**(**執行力**)**'**이라 한다], 상대방이 의무를 위반한 경우에는 그 위반에 대한 제재를 가하는 경우가 있는 데[이를 **'제재력**(**制裁力**)**'**이라 한다], 이 양자를 합쳐 '자력 강제력(自力强制力)'이라 한다.

1. 집행력의 의의 및 근거

행정행위의 집행력이란 행정행위에 의해 부과된 행정상의 의무를 상대방이 이행하지 않는 경우에, 행정청이 스스로의 강제력(强制力)을 발동하여 그 의무를 실현시키는 힘을 말한다.

그러나 모든 행정행위가 집행력을 가지는 것이 아니라, 상대방에게 어떤 의무를 부과하는 **'하명행위**(**下命行爲**)**'**만이 집행력을 가질 수 있다.

집행력은 행정법 관계의 실효성을 확보하기 위하여 법규에 의하여 부여된 것이지, 행정행위의 본질상 당연히 내재하는 효력은 아니다. 현행법상 집행력의 일반적인 법적 근거로는 **'행정대집행법(行政代執行法)'**과 **'국세징수법(國稅徵收法)'**을 들 수 있다.

행정행위의 자력 집행력은 사법(私法)상의 의무를 이행하지 않는 경우 법원에 의해 강제되는 것과 구별된다.

2. 제재력

제재력이란 행정행위에 의해 부과된 의무(주로 부작위 의무)를 위반하는 경우(예: 허가를 받지 않고 영업을 하거나 건축을 하는 경우)에 법률상 규정된 제재로서의 행정벌(행정형벌 · 질서벌)을 과할 수 있는 법률상의 힘을 말한다.

이러한 제재는 심리적 강제에 의해 간접적으로 의무 이행을 확보하는 것이므로 광의의 강제력에는 이러한 제재력도 포함하는 것으로 파악한다. 따라서 협의로는 이러한 제재력을 행정행위의 효력의 한 종류르 보는 것에 대하여는 의문을 제기하는 학자도 있다.

제 4 절 행정행위의 부관

Ⅰ. 행정행위의 부관의 의의

1. 행정행위의 부관의 개념

예를 들면, A구청장이 갑에게 ○○도로의 점용허가를 하면서 매월 일정액의 점용료를 납부하도록 하는 행정조치를 취하였다.

이 경우, 중심적인 사항은 갑에게 도로점용허가를 했다는 점인데 이를 **주(主)된 행정행위**라 한다. 그리고 일정액의 점용료를 납부하도록 명한 것은 주된 행정행위에 부가된 **종(從)된 규율**에 해당한다. 주된 행정행위에 이러한 종된 규율을 하는 것은 주된 행정행위의 효과를 **제한**하거나 **특별한 의무를 부가**하거나 요건을 **보충**하는 내용으로 이루어지는데 이를 행정행위의 부관(附款)이라 한다.

이와 같이 행정행위의 부관이란 행정행위의 효과를 **제한**하거나 **보충**하기 위하여 행정기관에 의하여 주된 행정행위에 부가된 종(從)된 규율을 말한다.

Ⅱ. 부관의 종류

행정행위의 부관에는 조건, 기한, 부담, 철회권의 유보, 사후 변경의 유보 등이 있고, 부관의 여부에 대해 논란이 있는 법률 효과의 일부 배제와 수정 부담이 있다.

1. 조 건

조건(條件)은 행정행위의 효과의 발생 또는 소멸을 불확실한 장래의 사실에 의존하게 하는 행정청의 의사표시를 말한다. 조건에는 정지조건(停止條件)과 해제조건(解除條件)이 있다.

1) 정지조건부 행정행위

정지조건부(停止條件附) 행정행위는 (조건의 성취 전에는 발생하지 않던 행정행위의 효력이) **조건의 성취로 당연히 효력이 발생**하는 행정행위를 말한다.

예를 들면, 갑에게 도로 확장을 조건으로 하여 자동차 운수사업 면허를 해 준 경우를 들 수 있다. 이 경우, 자동차 운수사업 면허의 효력은 도로가 확장되면서부터(즉, 도로 확장이라는 조건이 성취되면서부터) 그 효력을 발생하고, 그 이전에는 그 면허의 효력이 발생하지 않는다.

2) 해제조건부 행정행위

해제조건부(解除條件附) 행정행위는 (일단 행정행위의 효력이 발생했다가) **조건의 성취에 의해 그 효력이 소멸**하는 행정행위이다.

예를 들면, 갑에게 3개월 내에 공사에 착수하지 않으면 효력을 잃는다는 것을 조건으로 하여 공유수면 매립 면허(公有水面埋立免許)를 해 준 경우를 들 수 있다.

이 경우, **매립 면허와 동시에 면허의 효력을 발생**하지만, 조건이 성취되면(즉, 3개월 이내에 공사에 착수하지 못하면) **당연히 매립 면허의 효력이 소멸**된다.

조건부 행정행위는 행정법 관계를 오랫동안 불안정한 상태에 놓아두는 결과를 초래하므로 공익상 적당하지 않기 때문에 그리 갛지 않다. 실정법상 조건이라는 표현을 한 경우도 그 실질적 내용은 뒤에서 기술할 '부담(負擔)'인 경우가 많다.

2. 기 한

기한(期限)이란 행정행위의 효력을 장래 도달할 것이 확실한 사실(예: 일자, 인간의 사망 등)의 발생에 매이게 하는 부관을 말한다. 예를 들견, 행정청이 갑에게 영업허가를 하면서, 영업허가 기간을 2020년 12월 31까지로 하는 것과 같은 부관을 말한다.

조건이 발생이 불확실한 장래의 사실에 매이게 하는데 반해, 기한은 발생이 확실한 장래의 사실에 의존한다는 점에서 차이가 있다.

행정행위의 효력의 발생에 관한 기한을 **'시기(始期)'**라 하고, 소멸에 관한 기한을 **'종기(終期)'**라 한다.

기한은 다시, 도래할 것이 확실함은 물론 도래하는 시기까지 확실한 **'확정 기한(確定期限)'**[예: 일자(日字) 등]과, 도래는 확실하나, 도래하는 시기는 확실하지 않은 **'불확정 기한(不確定期限)'**(예: A가 사망할 때)으로 나누어진다.

3. 부 담

부담(負擔)이란 행정행위의 주된 내용에 부가하여, 그 행정행위의 상대방에게 작위(作爲)·부작위(不作爲)·급부(給付) 등의 의무를 부과하는 부관을 말하며, 주로 허가·특허 등과 같은 수익적 행정행위게 붙여진다.

예를 들면, 영업허가를 하면서 각종 준수 의무를 명하는 것, 도로·하천의 점용허가를 하면서, 점용료(占用料) 또는 사용료(使用料)의 납부를 명하는 것 등이다.

1) 법적 성질

부담은 다른 부관과는 달리 주된 행정행위의 효력 발생이나 소멸과 관련되는 것이 아니기 때문에 부담이 부가되어도 **주된 행정행위의 효력은 처음부터 유효하게 발생**하고, **부담의 불이행**이 있다 하여도 **당연히** 주된 행정행위의 효력이 소멸되는 것은 아니다. 즉, 부담은 그 자체가 하나의 **독립된 행정행위**로서의 성질을 갖는다(부담의 독립성). 따라서 부담은 행정행위의 효과를 제한하기보다는 **보충·보조**함으로써, 그 적절한 실현을 돕는 데 있다. 이런 점에서 부관의 기능이 단순히 행정행위의 효과를 제한하는 데 있는 것만은 아님을 알 수 있다.

이러한 이유로 부담은 그 자체로서 행정쟁송 및 행정강제의 대상이 될 수 있고, 사후 부담이나 사후 변경도 가능하다는 것이 판례의 입장이다.

2) 조건과의 구별

부담은 법률상 또는 실무상 '조건'으로 불리어지기도 한다. 그러나 조건과 부담은 다음과 같은 점에서 차이가 있다.

정지조건부 행정행위는 일정한 사실의 성취가 있어야 비로소 효력이 발생하게 되는데 대해, 부담부 행정행위는 **처음부터 효력을 발생**한다.

해제조건부 행정행위는 조건이 되는 사실의 성취에 의해 **당연히** 효력이 소멸되는 데 대해, 부담부 행정행위는 부담을 이행하지 않더라도 당연히 그 효력이 소멸되지 않는다. 부담의 불이행을 이유로 주된 행정행위를 취소한다는 등의 행정청의 별도의 의사표시를 필요로 한다.

부담과 조건 간의 구별이 불확실할 때에는 원칙적으로 부담으로 추정함이 타당하다. 그 이유는 조건에 비하여 부담이 상대방의 이익 및 법률생활의 안정 등의 점에서 유리하다고 보기 때문이다.

3) 부담 불이행의 효과

부담은 그의 존속이 본체인 행정행위에 의존하는 것이기 때문에, 본체인 행정행위가 효력을 발생할 수 없을 때에는 그 부담은 당연히 효력을 상실한다.

부담상의 의무를 불이행한 경우에는 비례의 원칙상 먼저 **부담 자체**에 대해 **강제집행**을 하거나[따라서 부담의 경우 부담의 내용은 그 자체만 독립하여 강제집행(强制執行)의 대상이 되는데 대해, 조건은 그렇지 않다는 점에서도 조건과 구별된다], **행정벌을 부과**하여야 할 것이다. 그리고 이에 의하여 실효성을 확보할 수 없는 경우에는 비로소 주된 행정행위 자체를 철회하거나 후속처분을 거부할 수도 있다고 본다.

판례도 부담상의 의무 불이행을 본체인 행정행위의 철회 사유로 보고 있으며, 부담의 불이행을 이유로 그 후의 후속 처분을 거부할 수도 있는 것으로 보고 있다. 예를 들면, 건축허가 시 붙인 부담의 불이행을 이유로 그 후의 준공 검사를 하지 않을 수 있는 것이다(대판 1985.2.8, 83누625).

> 부담부 행정처분에 있어서 처분의 상대방이 부담(의무)을 이행하지 아니한 경우에 처분 행정청으로서는 이를 들어 당해 처분을 취소(철회)할 수 있는 것이다(대판 1989.10.24, 89누2431).

4. 철회권의 유보

철회권(撤回權)의 유보(留保)는 주된 행정행위에 부가하여 특정한 사항이 발생한 경우(예: 의무 위반 등)에 행정행위를 철회할 수 있는 권한을 유보하는 부관을 말한다.

예를 들면, 공기업 특허를 하면서 "특허명령서에 따른 내용을 위반하면 특허를 취소한다"는 내용의 부관을 붙이는 경우이다.

철회권의 유보는 **'취소권의 유보'**라고도 하며, 행정행위의 효력의 소멸에 관한 것이라는 점에서 해제 조건과 유사하나, 행정헝위의 효력을 소멸시키기 위해서는 별도의 행정청의 의사표시, 즉 철회행위를 요한다는 점에서 구별된다.

철회권이 유보된 경우에도 그 테두리 안에서는 무제한으로 철회권을 행사할 수 있는 것이 아니라, 행정행위의 철회권의 행사의 일반적인 원리에 따라야 한다. 따라서 그 철회를 필요로 할 만한 공익상의 필요성, 당사자의 이해관계, 법적 안정성 등을 모두 고려하여 철회권을 행사하여야 한다.

이때에 당사자는 철회권 행사의 가능성을 알고 있는 상태이므로 신뢰 보호를 이유로 이를 다툴 수 없다.

5. 사후 변경의 유보(추후 변경의 유보, 부담 유보)

행정행위의 사후 변경의 유보란 당해 행정행위를 사후에 변경·보완하거나 사후에 새로운 부관을 붙일 수 있는 권리를 유보하는 부관을 말하며, '추후 변경의 유보', '부담 유보(負擔留保)'라고도 한다.

행정행위의 효력은 장기간에 걸쳐 지속되는 것이기 때문에, 그동안의 사회·경제적 변화와 기술적 발전을 예측하기 어려운 경우에 이에 대비하기 위하여 붙이는 부관이다.

이에 대해서는 그것이 실질적으로 철회권의 유보 내지 행정행위의 변경을 의미하는 것이라는 반대설이 있으나 이를 특별한 행정행위의 부관의 일종으로 보고 긍정하는 설이 다수설이다.

6. 법률 효과의 일부 배제

이는 주된 행정행위에 부가하여 **법령이 일반적으로 그 행위에 부여한 효과의 일부를 배제**하는 행정청의 의사표시를 말한다.

예를 들면, 택시 영업허가를 하면서 격일제 운행을 명하거나, 도로 사용허가를 하면서 사용 시간을 야간에 국한시키는 것 등이 이에 속한다.

이는 법률이 인정한 효과를 행정청의 의사로 배제하는 것이므로, 법률에 근거가 있을 때에만 붙일 수 있다.

법률 효과의 일부 배제에 대해서는 신청한 주된 행정행위의 내용 자체의 효과를 제한하는 것이므로 이를 부관의 하나로 보지 않는 견해가 있다.

7. 수정 부담

수정 부담(修正負擔)이란 당사자가 신청한 내용의 행정행위와 다르게 행정 주체가 행정행위의 내용을 정하여 발령하는 경우를 말한다. 즉, 수정 부담이란 통상적인 부관으로서의 부담처럼 부가적인 이행 의무를 부과하는 것이 아니라, **본래의 행정행위의 내용에 질적인 변경 · 수정을 가하여 발하는 경우**이다.

예를 들면, 갑이 행정기관에 대해 A국으로부터의 쇠고기 수입허가를 신청하였던 바, 허가기관이 갑에 대해 B국으로부터의 쇠고기 수입허가를 부여하는 것과 같은 경우를 말한다.

수정 부담은 따라서 당사자의 신청에 반하여 행정행위의 내용이 제한되고 변경된다는 특색을 지닌다. 그러므로 수정 부담에 대해서도 부관의 성질을 인정할 수 없고, **새로운 행정행위(수정 허가, 변경 처분)**로 보아야 한다는 것이 독일에서의 지배적인 견해이다.

수정 부담의 경우에는 상대방이 수정된 내용에 동의하여야 효력이 발생한다. 만약 상대방이 수정된 내용을 받아들이지 않을 때에는 수정된 행정행위의 취소소송을 제기할 수는 없고, 신청한 행정행위의 거부처분취소소송 또는 부작위위법확인소송을 제기하여야 할 것이다.

Ⅲ. 부관의 한계

이는 어떠한 행위에 대하여(부관의 대상), 어느 정도 내용(부관의 정도)을, 언제(부관의 시간적 제한) 붙일 수 있는가에 관한 문제이다. 이와 관련하여 주로 논의되는 내용은 다음과 같다.

1. 준법률행위적 행정행위에 대해 부관을 붙일 수 있는가의 문제이다

종래의 통설은 부관은 '주된 의사표시'에 붙여진 '종된 의사표시'라 하여 부관은 법률행위적 행정행위에만 붙여지며, 준법률행위적 행정행위(확인 · 공증 · 통지 · 수리)에는 그것이 의사표시를 구성 요소로 하지 아니하고, 효과도 법률에 의하여 부여되므로 성질상 부관을 붙일 수 없다고 하였다.

그러나 법률행위적 행정행위이면서도 부관을 붙일 수 없는 경우가 있는 반면에(예: 귀화 허가 처분), 준법률행위적 행정행위이면서도 법률 규정 자체에 의해 허용되기 때문에 부관을 붙일 수 있는 경우도 있다(예: 자동차 검사증의 유효기간, 여권의 유효기간 등). 따라서 종래의 통설은 타당하지 않으며 준법률행위적 행정행위의 경우에도 법령에 부관을 붙일 것을 인정하는 수권 규정이 있을 때는 부관을 붙일 수 있다.

2. 기속행위에 대하여 부관을 붙일 수 있는가의 문제이다

종래의 통설은 재량행위에만 부관을 붙일 수 있고, 기속행위에 대해서는 부관을 붙일 수 없다고 한다.

이에 대해 부관은 행정행위의 '효과의 제한'을 위해서뿐만 아니라, '행정행위의 요건을 보충'하기 위해서도 붙여진다고 보는 오늘날의 견해는 기속행위에도 행정행위의 요건을 보충하기 위한 부관을 붙일 수 있다고 본다.

3. 부담적 행정행위에도 부관을 붙일 수 있는가의 문제이다

부관을 수익적 행정행위에만 붙일 것인가에 대해 견해의 대립이 있으나, 예를 들면, 기한부 부작위 명령과 같이 부담적 행정행위에도 부관을 붙일 수 있다는 것이 다수설이다.

4. 부관의 내용은 어느 정도 허용될 수 있는가의 문제이다

이에 대해서는 다음의 한계 내에서만 부관을 붙일 수 있다고 보아야 한다.

부관의 내용은 법령에 위반되어서는 안 된다. 따라서 내용이 **적법(適法)**해야 하고 **실현 가능**해야 한다.

부관의 내용은 주된 행정행위가 추구하는 목적을 넘어서는 안 된다. 따라서 주된 행정행위와 부관 사이에는 실질적인 관련성이 존재해야 한다. 이때에는 **부당결부 금지의 원칙**이 주요한 의미를 갖는다. 예를 들면, 단란주점 영업허가를 하면서 고객용 주차장으로 100여 평 이상을 마련할 것 등을 부관으로 붙일 수는 없다. 단란주점 영업허가와 주차장의 마련은 상호 실질적 관련성이 없기 때문이다.

부관은 그 내용이 대부분 상대방에게 불이익을 과하는 것이므로, **필요 최소한의 범위** 내에서만 붙여야 하며(비례의 원칙에 의한 한계), **평등의 원칙**에 적합해야 한다. 따라서 그 내용이 정당한 이유 없이 타인을 차별하는 것일 때에는 위법임을 면치 못한다.

5. 부관을 행정행위 발령 당시가 아닌 사후에도 붙일 수 있는가에 관한 문제이다

이에는 긍정설과 부정설이 대립되어 있다. 부관은 행정작용의 명확성과 당사자의 권리 보호의 기능을 실현하는 면을 갖는다. 따라서 사후 부관을 붙일 수 없음이 원칙이나, 예외적으로 부담의 경우나, 법규나 행정행위 자체가 예상하였거나 상대방의 동의가 있을 때에 한하여 사후 부관을 붙일 수 있다고 보는 **'제한적 긍정설'**이 다수설이다.

판례는 이 밖에도 사정 변경으로 인하여 당초에 부관을 부가한 목적을 달성할 수 없게 된 경우에도, 그 목적 달성에 필요한 범위에서 사후 부관이 예외적으로 허용된다고 하였다(대판 1997.5.30, 97누2627).

제 5 절 행정행위의 성립 및 효력 발생 요건

행정행위는 성립 요건과 효력 요건을 갖추는 경우에만 적법·유효한 행위로서 완전한 효력을 발생한다.

Ⅰ. 행정행위의 성립 요건

행정행위가 적법하게 성립하기 위해서는 주체에 관한 요건, 절차에 관한 요건, 형식에 관한 요건 및 내용에 관한 요건이 충족되어야 한다.

1. 주체에 관한 요건

행정행위의 주체는 정당한 권한을 가진 행정청이어야 하며, 타 기관과의 협력이 요구되는 경우에는 소정의 협력이 충족되어야 하며, 적법하게 구성된 행정기관의, 정상적인 의사(의사 능력이 있고, 사기·강박에 의한 것이 아닐 것)에 의한 행위이어야 한다.

행정절차법 제6조(관할)

② 행정청의 관할이 분명하지 아니하는 경우에는 해당 행정청을 공통으로 감독하는 상급 행정청이 그 관할을 결정하며, 공통으로 감독하는 상급 행정청이 없는 경우에는 각 상급 행정청의 협의로 그 관할을 결정한다.

2. 절차에 관한 요건

행정행위에 일정한 절차가 요구되는 경우에는 그에 관한 절차를 거치지 않으면 안 된다. 즉, 상대방의 신청·동의 등을 필요로 하고, 행정의 신중·공정을 위하여 다른 행정기관의 협의·심의·동의를 필요로 하는 경우, 이해관계인의 권익 보호를 위하여 의견청취(청문·공청회·의견제출 등)를 거치도록 한 경우에는 이를 거쳐야 한다. 이에 대한 자세한 내용은 행정절차 편에서 다루기로 한다.

3. 형식에 관한 요건

행정행위에는 불요식행위(不要式行爲)도 많으나, 행정행위의 존재, 내용 등을 명확히 하기 위해 일정한 형식을 요구하는 경우도 많이 있다. 법이 일정한 형식을 갖출 것을 요구하고 있는 경우에는 그러한 형식을 갖추어야만 적법한 행위가 된다.

4. 내용에 관한 요건

행정행위는 헌법이나 법률에 적합하게 행사되어야 하며, 그 내용이 법률상 사실상으로 실현 가능하고, 객관적으로 명확하여야 한다.

Ⅱ. 행정행위의 효력 발생 요건

행정행위는 행정 결정의 외부에 대한 표시행위이므로, 행정 내부의 결정이 있는 것만으로는 아직 행정행위의 효력이 발생하였다고 할 수 없고, 그것이 외부에 표시되어야 한다.

행정행위는 표시와 동시에 효력을 발생하는 경우도 있지만(예: 경고, 교통신호 등), 그 상대방이 있는 행정행위는, 외부에 표시되어 상대방이 알 수 있는 상태에 도달함으로써 효력을 발생하는 것이므로 상대방에 대한 통지(通知)를 요한다. '도달(到達)'이라 함은 반드시 상대방이 직접 수령하여야 한다는 뜻이 아니고, 상대방이 알 수 있는 상태에 놓이는 것을 의미한다.

통지의 방법에는 송달(送達)과 공고(公告)의 방법이 있는데, 송달은 상대방이 특정되어 있고 주소나 거소가 분명한 경우의 통지 방법이다.

행정절차법 제14조(송달)
④ 다음 각 호의 1에 해당하는 경우에는 송달받을 자가 알기 쉽도록 관보 · 공보 · 게시판 · 일간신문 중 하나 이상에 공고하고 인터넷에도 공고하여야 한다.
1. 송달받을 자의 주소 등을 통상의 방법으로 확인할 수 없는 경우
2. 송달이 불가능한 경우

행정절차법 제15조(송달의 효력 발생)
① 송달은 다른 법령 등에 특별한 규정이 있는 경우를 제외하고는 송달받을 자에게 **도달됨으로써 그 효력이 발생한다**.

공고의 방법에 의한 고지(告知)의 경우에는 다른 법령에 특별한 규정이 없는 한 공고일로부터 14일이 경과한 때에 그 효력이 발생한다. 다른 법령에 특별한 규정이 있는 경우로는 행정기관의 공고문서에 의한 사무 처리의 경우이다. 공고

문서의 경우에는 그 고시 또는 공고가 있은 후 5일이 경과된 때에 상대방에게 도달된 것으로 되어 효력이 발생한다(사무관리규정 제8조 제2항 단서). 여기서의 '공고문서'라 함은 행정기관이 일정한 사항을 일반에게 알리기 위하여 작성된 공문서의 일종을 말한다.

사무관리규정 제8조(문서의 성립 및 효력 발생)
② 문서는 수신자에게 도달(전자문서는 수신자의 컴퓨터 파일에 기록되는 것을 말한다)됨으로써 그 효력을 발생한다. 다만, 공고문서의 경우에는 공고문서에 특별한 규정이 있는 경우를 제외하고는 그 고시 또는 **공고가 있은 후 5일이 경과한 날부터** 효력을 발생한다.

제6절 행정행위의 하자(흠)

Ⅰ. 행정행위의 하자의 의의

행정행위의 하자(瑕疵)란 행정행위가 유효하게 성립하기 위한 성립 요건 및 효력 요건을 완전히 갖추지 못함으로써 그 효력이 완전하게 발생하지 못한 것을 말한다.

행정행위의 하자의 종류에는 행정행위가 법정 요건인 성립 요건과 효력 요건을 결여한 **'위법(違法)한 행정행위'**와 행정기관이 재량을 그르치게 행사하였으나 법이 정한 한계를 벗어나지 않은 경우의 **'부당(不當)한 행정행위'**가 있다.[4] 부당한 행정행위는 이와 같이 재량권 행사와 관련된 것으로서, 재량권을 행사하는 데 있어서 합리성이 다소 결여된 상태를 의미한다. 따라서 재량권을 남용하거나 재량권을 유월함으로써 위법한 행정행위에까지는 이르지 않은 상태를 말한다.

이와 같이 행정행위의 효력 발생을 방해하는 '위법한 행정행위'나 '부당한 행

4) 혹자는 부당한 행정행위를 공익에 위반한 행정행위를 의미하는 것으로 설명하고 있다. 그러나 공익 위반이 언제나 부당에 머무르는 것은 아니며, 오히려 대부분의 공익 위반은 위법으로 된다고 볼 수 있다. 행정법의 궁극 목적이 공익을 달성하는 데 있다고 볼 수 있기 때문이다.

정행위'를 '하자(혹은 흠) 있는 행정행위'라 한다.

위법한 행정행위에 대해서는 이를 무효(無效)로 하거나 취소(取消)할 수 있도록 하고 있는데, 이는 '법률에 의한 행정의 원리'에 의하여 위법행위에 대한 일종의 제재적(制裁的)인 의미를 갖는다. 이에 대하여 부당한 행위의 효력을 상실시키는 경우가 있는 것은 행정 내부에 있어서의 **자기감독(自己監督)의 수단**으로 행하여진다.

이와 같이 하자 이론에 있어서 위법과 부당은 그 의의를 달리하는 바, 중요한 것은 행정에 대한 법적 통제이므로 주로 문제되는 것은 위법한 행정행위에 대한 것이다. 따라서 **좁은 의미의 행정행위의 하자는 위법한 행정행위**만을 가리킨다.

오기(誤記) · 오산(誤算) 기타 이에 준하는 행정행위의 표면상의 오류에 대하여 행정청은 언제나 이것을 정정(訂正)할 수 있으며, 상대방도 특별한 형식 · 절차에 의함이 없이 그의 정정을 요구할 수 있다. 따라서 오기 · 오산 등이 있는 행위는 '하자 있는 행위'와는 구별된다고 봄이 타당하다.

행정절차법 제25조(처분의 정정)
행정청은 처분에 오기 · 오산 기타 이에 준하는 명백한 잘못이 있는 때에는 직권 또는 신청에 의하여 지체없이 정정하고 이를 당사자에게 통지하여야 한다.

Ⅱ. 행정행위의 하자의 유형

1. 무효인 행정행위와 취소할 수 있는 행정행위

행정행위의 하자의 유형은 크게 '무효(無效)인 행정행위'와 '취소(取消)할 수 있는 행정행위'로 나뉘는 것이 보통이다. 이들 하자의 유형에 따라 행정행위의 효력이 달라지는 데 우리나라의 경우 이에 관한 명문의 규정이 없으므로, 효력의 문제는 현재 거의 전적으로 학설 · 판례에 맡겨져 있다.

무효인 행정행위란 행정행위가 외견상으로 존재하나 그 하자가 중대하고 명백하여 권한 있는 행정청이나 법원의 취소를 기다릴 것 없이 **처음부터 당연히** 그 법률적 효과를 발생하지 않는 행위를 말한다. 따라서 누구도 구속을 받지 않고 다른 행정청, 법원 및 사인(私人)은 각각 독자적인 판단과 책임으로 그 무효를 단정할 수 있다.

취소할 수 있는 행정행위란 행정행위에 하자가 있으나 그것이 중대하고 명백한 정도에 이르지 않는 행정행위를 말한다. 취소할 수 있는 행정행위는 성립에 하자가 있음에도 불구하고 권한 있는 행정청 또는 법원의 취소가 있을 때까지는 유효한 행정행위로서 효력을 가지며, 그 취소로 인해 비로소 효력을 잃는 행정행위를 말한다. 따라서 취소가 있기까지는 사인은 물론이고 다른 행정청 · 법원 등 국가기관도 이에 구속되고, 독자적인 판단으로 그 효력을 부인하지 못한다.

2. 행정행위의 부존재와 무효인 행정행위와의 구별

1) 행정행위의 부존재의 개념

행정행위의 부존재(不存在)란 행정행위가 그 성립 요건의 중요한 요소를 갖추지 못함으로써 행정행위라고 볼 수 있는 외형조차도 존재하지 않는 경우를 말한다.

예를 들면, 행정청이 아닌 사인(私人)의 행위, 행정권의 발동으로 볼 수 없는 행위(권유 · 주의 · 알선 등), 행정청 내부적으로 의사결정이 있었을 뿐 대외적으로는 표시되지 않은 행위, 취소 · 철회 · 실효 등으로 소멸한 행위 등이다.

2) 무효인 행정행위와의 구별

행정행위의 부존재는 처음부터 행정행위로서의 아무런 효력을 발생하지 않는 점에서는 무효인 행정행위와 같으나, **무효인 행정행위**는 행정행위의 **외형**을 갖추고 있으나 행정행위의 부존재는 행정행위로서의 외형조차 존재하지 않는다는 점 등에서 구별된다.

양자는 개념도 다르고, 무효인 행정행위의 경우에는 일정한 요건 하에서 유효한 다른 행정행위로의 전환이 가능하지만, 행정행위의 부존재의 경우에는 전환이 불가하다는 점에서도 구별 실익이 있다고 본다.

Ⅲ. 무효인 행정행위와 취소할 수 있는 행정행위의 구별 실익

1) 효력의 차이

무효인 행정행위는 처음부터 행정행위로서의 아무런 효력을 발생하지 않는다. 따라서 무효인 행정행위에 의해서는 처음부터 아무런 권리나 의무도 생겨나지 않는다. 누구라도 무효인 행정행위를 준수할 필요가 없다. 그런데 만약 무효인 행정행위임에도 불구하고 이를 행한 행정청이 유효하다고 주장할 경우에는, 상대방은 무효 등 확인심판이나 무효 등 확인소송을 제기하여 구효 확인을 구할 수 있다. 한편, 취소할 수 있는 행정행위는 권한 있는 기관에 의해 취소될 때까지는 효력을 발생한다.

2) 공정력 · 존속력 · 강제력과의 관계

행정행위의 공정력 · 존속력 · 강제력 등은 취소할 수 있는 행정행위에 대해서만 인정되며, 무효인 행정행위에는 인정되지 아니한다.

3) 불가쟁력과의 관계

취소할 수 있는 행정행위는 쟁송 제기 기간이 경과되면 불가쟁력(不可爭力)이 발생하는 데 대해, 무효인 행정행위는 쟁송 제기 기간의 제한을 받지 않으므로 불가쟁력이 발생하지 않는다.

4) 하자의 치유 가능성 여부

취소할 수 있는 행정행위는 요건이 사후 보완(事後補完)을 통해 흠이 치유(治癒)될 수 있으나, 무효인 행정행위는 흠의 치유가 인정되지 않는다고 하는 것이 통설이다.

5) 행정행위의 전환과의 관계

무효인 행정행위에 대해서만 다른 행정행위로의 전환(轉換)을 인정하고, 취소할 수 있는 행정행위에 대해서는 전환을 인정하지 않는 것이 통설이다.

6) 쟁송 형태

취소할 수 있는 행정행위에 대한 소송 형태는 '취소소송'이다. 한편, 무효인 행정행위에 대해서는 원칙적으로 '무효확인소송'을 제기할 수 있으며, '무효선언(無效宣言)을 구하는 의미에서의 취소소송'도 가능하다는 것이 통설과 판례의 입장이다.

7) 행정소송의 제기 요건

행정행위의 취소소송은 제소 기간의 제약을 받는 데 대해서, 행정행위의 무효확인소송은 이러한 제약을 받지 않는다. 한편, 무효선언을 구하는 의미에서의 취소소송의 경우에는 취소소송의 제기 요건을 갖추어야 한다는 것이 판례의 입장이다.

8) 사정재결 및 사정판결과의 관계

행정심판법 및 행정소송법은 공익 보호의 견지에서 사정재결(행정심판법 제33조) 및 사정판결(행정소송법 제28조)을 인정하고 있는 바, 이들은 취소할 수 있는 행정행위에만 인정되고, 무효인 행정행위에는 인정되지 않는다는 데 이견이 없다.

행정소송법 제28조(사정판결)

① 원고의 청구가 이유 있다고 인정하는 경우에도 처분 등을 취소하는 것이 **현저히 공공복리에 적합하지 아니하다고 인정하는 때**에는 법원은 원고의 청구를 기각할 수 있다. 이 경우, 법원은 그 판결의 주문에서 그 처분 등이 위법함을 명시하여야 한다.
② 법원이 제1항의 규정에 의한 판결을 함에 있어서는 미리 원고가 그로 인하여 입게 될 손해의 정도와 배상방법 그 밖의 사정을 조사하여야 한다.
③ 원고는 피고인 행정청이 속하는 국가 또는 공공단체를 상대로 손해배상, 제해시설의 설치 그 밖에 적당한 구제방법의 청구를 당해 취소소송 등이 계속된 법원에 병합하여 제기할 수 있다.

Ⅳ. 무효와 취소의 구별기준

행정행위의 하자의 양태를 무효와 취소로 구별하는 경우에, 그 구별기준에 대해 우리나라에서는 아직 이에 관한 통칙적(通則的) 규정이 없으므로, 이 문제에 대해서는 학설·판례의 발전에 맡겨져 있다. 행정행위의 하자의 양태를 무효와 취소로 구별하는 기준에 관한 학설로는 중대설(重大說)과 중대·명백설(重大·明白說)이 있다.

중대설은 행정행위에 중대한 하자가 있으면 그 행위는 무효인 행위로 보는 견해이다. 중대설은 무효 사유를 넓게 인정하여 국민의 권리 구제에 이바지하는 면이 있다.

중대·명백설은 행정행위의 하자가 중대(重大)한 법규의 위반이고 또한 그것이 외관상(外觀上) 명백(明白)한 것인 때에는 무효이고, 그에 이르지 않는 때에는 취소할 수 있음에 그친다고 본다. 학자에 따라서는 **'명백설(明白說)'**이라 부르기도 한다. 이는 통설과 판례의 입장이다.

이 학설과 관련하여서는 **무엇**을 '중대·명백한 하자'로 보며, **누구**(행정행위의 이해관계인, 평균인, 행정청 등)의 판단을 기준으로 그것을 정할 것인지가 문제된다.

Ⅴ. 구체적인 무효 사유와 취소 사유

1. 주체에 관한 하자

1) 무권한자의 행위

공무원이 아닌 자(공무원 결격자, 면직·임기 만료된 자 등)의 행위, 대리권 없는 자의 행위, 공무원의 권한 외의 행위(예: 경찰서장이 행한 조세 부과 처분), 의사 무능력자의 행위(심신 상실 중의 행위) 등은 무효라고 본다.

다만, 결격자가 공무원이 되어 행한 행위나 공무원의 퇴직 후의 행위 등은 상대방의 신뢰 보호 및 법률생활의 안정성을 위해서 그의 효력이 부인받지 않는 경우가 있을 수 있는 바, 이를 뒷받침하는 것이 '사실상의 공무원 이론'이다.

2) 적법하게 구성되지 않은 합의제 행정청의 행위

합의제 행정청의 소집 절차와 관련하여 적법하게 소집되지 않는 경우, 의사 또는 의결 정족수를 결한 경우, 결격자를 참가시킨 경우 등의 행정기관의 행위는 무효의 원인이 됨이 원칙이다.

3) 행정청의 권한 초과행위나 의사에 하자가 있는 경우

행정청의 권한 초과행위(權限超過行爲)나 사기(詐欺)·강박(强拍)·착오(錯誤)에 의한 행위, 증뢰(贈賂) 등 행정결정 과정상의 하자(부정 수단)는 단순한 취소 사유가 된다.

사기란 고의로 사실을 속여서 사람을 착오에 빠지게 하는 행위이다. 과대선전·과대광고는 모두 사실을 속이는 것이나, 그것을 받아들이는 측에서 과장되어 있는 것을 예측할 수 있는 경우는 사기가 되지 않는다는 것이 보통이다. **강박**이란 사람을 위협하여 공포심을 일으키는 행위이다. **착오**란 표의자(表意者)가 진의(眞意)와 다름을 알지 못하고 한 의사표시를 말한다.

착오에 의한 결정은 그것만으로써 위법하게 되는 것은 아니고, 이로 인해 행정행위에 하자가 있을 때 취소 또는 무효인 하자가 된다는 것이 다수의 견해이다.

의사 능력이 없는 자(예: 저항할 수 없는 정도의 강제, 심신 상실 중의 행위)에 의한 처분은 무효이다.

행위 능력이 없는 자의 행위는 적법·유효하다. 미성년자도 공무원이 될 수 있기 때문이다.

2. 내용에 관한 하자

1) 실현 불능인 행위

예를 들면, 죽은 자에 대한 의사면허, 존재하지 않은 물건의 징발 명령 등 사실상 실현이 불가능한 경우에는 무효인 것이 원칙이다.

2) 불명확한 내용

내용이 불명확한 행위(목적물이 특정되지 않은 철거명령, 경계를 분명히 정하지 않은 도로구역의 결정) 등은 무효라고 본다.

3) 공서양속 위반

내용이 단순 위법인 행위, 공익에 위반된 행위, 선량한 풍속 기타 사회질서[공서양속(公序良俗)]에 반하는 행위 등은 취소 사유가 된다고 본다.

4) 근거 법률의 위헌 결정

행정청이 법률에 근거하여 행정행위를 하였는데, 그 후 근거가 된 법률이 위헌 결정을 받은 경우에 행정행위의 효력이 문제된다. 판례에 의하면, 이 경우 행정행위는 결과적으로 법률의 근거 없이 행해진 것과 마찬가지가 되어 하자 있는 행정행위가 되나, 일반적으로 법률이 헌법에 위배되는지의 여부는 **헌법재판소의 위헌 결정이 있기 전에는 객관적으로 명백한 것이라고 할 수 없으므로**, 특별한 사정이 없는 한 이러한 하자는 행정처분의 **취소 사유**에 해당할 뿐 당연 무효 사유는 아니라고 본다(대판 2000.6.9, 2000다16329).

3. 절차에 관한 하자

청문, 이유부기(理由附記) 등의 절차상 하자 있는 행정행위의 효력에 관하여는 학설은 중대·명백설(重大·明白說)에 따라 하자의 정도가 중대·명백한 경우에는 무효 사유가 되고, 그러한 정도에 이르지 않은 경우에는 취소 사유가 된다고 본다.

예를 들면, 청소년에게 술을 판 단란주점업자에게 의견 제출의 기회를 주지 아니하고 위법하게 영업정지 처분을 한 것은 외관상 명백한 하자이지만, 적법 요건상 중대한 하자라고 보기는 어렵기 때문에 취소할 수 있는 행위라고 할 수 있다.

절차를 정한 목적이 당사자 사이의 **이해 조정**(利害調整)이나 **이해관계인의 권리 보호를 목적**으로 하는 경우에는 그 절차를 결한 것은 **무효 사유**가 되는 데 대해, 절차의 목적이 단순히 행정상의 편의를 도모하기 위한 경우에는 취소 사유가 된다는 견해도 이와 유사하다고 할 것이다.

이에 대해 **판례**는 행정행위가 청문·이유부기 등의 절차를 흠결(欠缺)한 경우에 이를 무효 사유가 아닌 **취소 사유**에 해당한다고 보고 있다.

> 한약업사 허가취소 처분을 할 때 약사법 제69조의2에서 규정한 청문 절차를 거치지 아니했다 하더라도 그 위법은 처분의 무효를 가져오는 중대하고 명백한 것이라고 할 수 없다(대판 1986.10.28, 86누106).

> 납세의무자가 세금을 납부 기한까지 납부하지 아니하자 과세청이 그 징수를 위해 압류처분에 이른 것이라면, 비록 독촉 절차 없이 압류처분을 하였다 하더라도 이러한 사유만으로는 압류처분을 무효로 되게 하는 중대하고 명백한 하자로는 되지 않는다(대판 1987.9.22, 87누383).

4. 형식에 관한 절차

법령상 서면에 의하도록 되어 있는 행정행위(행정심판법 제28조 제1항 등)를 서면에 의하지 않는 경우, 행정기관의 서명 날인을 결여한 행위 등은 무효라고 봄이 일반적이다.

예를 들면, 세금의 납부를 구두로 통지한 것은 무효이다. 왜냐하면, 세법이 납세자의 보호를 위해 과세처분은 반드시 서면으로 할 것을 규정하고 있으므로 이를 위반한 것은 적법 요건상 하자가 중대하고, 구두로 한 과세처분이 위법하다는 것은 일반인에게도 명백하기 때문이다. 그러나 경미한 형식을 위반한 행위는 취소 사유가 된다고 본다.

> **행정심판법 제28조(심판청구의 방식)**
> ① 심판청구는 서면으로 하여야 한다.

Ⅵ. 하자 있는 행정행위의 치유와 전환

하자 있는 행정행위는 어떤 기준에 의하여 그 효력이 부인되거나 취소되어야만 **행정의 법률적합성**을 충실히 유지할 수 있다. 그러나 하자 있는 행정행위를 유효한 것으로 존속시키더라도 법치주의에 위배되지 않을 뿐 아니라, 행정의 법률적합성 요청을 후퇴시킬 만한 다른 법 가치(예: **법률생활의 안정성, 국민의 기득권의 보호, 신뢰 보호의 원칙 등**)가 존재하는 경우에는 취소 원인인 하자를 치유시켜 유효로 보거나, 무효 원인인 하자를 유효로 전환하는 것이 구체적으로 타당성 있는 해결 방법이 될 수 있다.

이와 같이 하자가 있는 행정행위를 일정한 상황 하에서 하자의 존재에도 불구하고 그 효력을 유지시키고자 하는 법리가 바로 '**하자의 치유(治癒)에 관한 법리**'와 '**위법행위의 전환(轉換)의 법리**'이다.

치유는 **취소할 수 있는 행정행위**에만, **전환**은 **무효인 행정행위**의 경우에만 인정한다는 것이 **통설**의 입장이다. 무효인 행정행위는 그 하자가 중대하고 명백한 경우인데, 그러한 행위의 치유를 인정하는 것은 오히려 관계인의 신뢰 및 법적 생활의 안정을 해치는 결과가 될 우려가 있기 때문이다.

1. 하자의 치유 개념 및 사유

1) 개념

행정행위의 하자의 치유라 함은 성립 당시에 하자가 있는 행정행위라 하더라도 그 하자의 원인인 법정 요건을 사후에 추완(追完, 즉 빠뜨린 것을 사후에 충족하는 것으로 예를 들면, 필요한 신청서를 사후에 제출한 경우 등)하였다든가, 또는 그 하자가 취소를 요하지 않을 정도로 경미해진 경우에, 그의 성립 당시의 하자에도 불구하고 하자 없는 적법한 행위로 그 효력을 유지하도록 하는 것을 말한다.

예를 들면, 구청장이 갑에게 단란주점 영업허가 취소처분을 내리고 그 사실을 갑에게 통보하였는데, 구청장이 실수로 갑이 위반한 사실에 대한 기재가 통보 내용에 빠져 있었다면, 갑은 행정처분 시 처분의 근거와 이유를 반드시 제시하도록 하고 있는 행정절차법 제23조의 위반을 이유로 영업정지처분 취소심판이나 취소소송을 제기할 수 있다. 그러나 구청장이 취소 사유가 담긴 이유를 기재한 서면을 그 후 보내게 되면 영업정지처분은 하자의 치유 개념에 따라 적법한 것이 되고, 따라서 그 이후에 갑이 취소심판이나 취소소송을 제기하면 갑은 승소할 수 없게 된다.

2) 하자의 치유 인정 사유

하자의 치유를 인정하는 사유로는 행정행위에 대한 상대방의 신뢰 보호, 행정법 관계의 안정성 고려 및 공공복리의 도모, 행정행위의 불필요한 반복의 배제 등이다.

하자의 치유가 인정될 수 있는 경우로는 흠결된 요건의 사후 추완 혹은 보완(예: 무권대리행위의 사후 추인, 필요한 신청서의 사후 제출, 허가 요건 또는 등록 요건의 사후 충족, 요식행위의 형식 보완, 불특정 목적물의 사후 특정, 이유의 사후 제시), 장기간 방치로 인한 법률관계의 확정, 취소를 불허하는 공익상의 요구의 발생 등이다.

대리(代理)는 대리인이 한 행위의 효과가 직접 본인(本人)에게 귀속하는 제도이므로 대리인에게는 대리권(代理權), 즉 대리인이 될 수 있는 지위나 자격이 필요하다. **무권대리(無權代理)**란 대리권이 없는 대리행위를 말한다. 민법 규정에 의하면, 무권대리는 원칙적으로 **무효**이지만(민법 제130조), 본인이 추인(追認)하면 대리권이 추완(追完)되어 유효로 된다.

2. 하자 있는 행정행위의 전환

1) 전환의 개념

행정행위의 하자의 전환이란 행정행위가 행정청이 본래 의도한 행정행위로서는 하자가 있을지라도, 이것을 다른 행정행위로 간주한다면 하자 없는 행정행위라고 판단되는 경우, 그것에 다른 행정행위로서의 효력을 인정하는 것을 말한다.

예를 들면, 갑이 구청장에게 건축물 허가 신청을 한 후 이틀 뒤에 사망하였는데, 그 후 이미 고인이 된 갑에게 구청장이 건축허가를 내주었다면 이는 권리와 의무의 주체가 될 수 없는 사망자에 대한 행정행위이므로[5] 위법한 행정행위가 된다. 이런 경우, 구청장의 건축허가 처분을 갑의 배우자인 을에 대한 것으로 전

5) 민법 제3조에는 "사람은 생존한 동안 권리와 의무의 주체가 된다"고 규정하고 있다.

환하여 건축허가의 효력을 인정할 수 있는데, 이를 하자 있는 행정행위의 전환이라 한다.

이 밖에 사망자에 대한 재산세 부과 처분을 그 상속인에 대한 처분으로 효력을 발생케 하는 것도 그 예이다.

통설·판례는 무효인 행정행위에 대해서만 전환을 인정하고 있다.

2) 전환의 요건

(1) 무효인 행정행위와 전환하려는 다른 행정행위와의 사이에 요건·목적·효과에서 실질적 공통성이 있고,

(2) 다른 행정행위의 성립·발효 요건을 갖추고 있어야 하며,

(3) 무효인 행정행위를 한 행정청의 의도에 반하지 않고,

(4) 당사자가 그 전환을 의욕하는 것으로 인정될 것,

(5) 제3자의 이익을 침해하지 않을 것,

(6) 행위의 중복을 회피하는 의미가 있을 것 등이다.

3) 전환이 인정되는 경우

(1) 사망자에 대한 광업 허가·재산세 부과를 그 상속인에 대한 것으로 해석하는 경우

(2) 과오납세액을 다른 조세채무에 충당한 행위가 무효인 경우에 환급행위로 전환하는 경우

(3) 이중의 도로부담금의 부과처분이 전의 부과처분의 독촉으로서의 효력이 인정되는 경우와 같이 행정행위가 타행정행위로 전환되는 경우

(4) 무효인 공법상의 임용행위가 사법상의 고용계약으로 전환되는 경우와 같이 공법상의 행위가 사법상의 행위로 전환되는 경우

(5) 조세부과 처분 중 세액만에 대한 쟁송 제기가 조세부과 처분 전체에 대한 불복의 소로서 효력이 인정되는 경우와 같이 사인의 공법상의 행위에서의 전환

(6) 상대방의 신뢰를 보호할 가치가 있을 경우에 공무원이 아닌 자의 행위를 사실상의 공무원의 행위로서 유효한 행위로 인정하는 것(이를 '흠의 치유'로 보는 학자들도 많다) 등이다.

제7절 행정행위의 취소

Ⅰ. 협의의 취소와 광의의 취소

행정행위의 취소라 함은 **협의**, 즉 **좁은 의미**로는 **직권취소(職權取消)**를 의미한다. 직권취소란 일단 유효하게 성립한 행정행위의 효력을 그 성립에 무효 원인 이외의 하자가 있음을 이유로 권한 있는 행정기관이 그 효력의 전부 또는 일부를 원칙적으로 원래의 행위 시에 소급하여 소멸시키는 행정행위를 의미한다. 행정행위의 취소라고 할 때는 보통 협의의 취소를 의미한다.

넓은 의미의 행정행위의 취소란 직권취소 외에 이해관계인의 쟁송 제기에 의해 심판기관(재결청, 법원)이 행하는 취소, 즉 **쟁송취소(爭訟取消)**까지를 포함하는 개념이다.

행정행위의 취소는 '일단 유효하게 성립된 행정행위'의 효력을 소멸시키는 행위인 점에서, 처음부터 효력을 발생하지 않는 **무효인 행정행위**와 구별되며, '성립 당시에 하자가 있음'을 이유로 효력을 소멸시키는 점에서 '성립 당시 하자 없이 성립'하였으나 그 효력을 존속시킬 수 없는 새로운 사유의 발생을 이유로 하는 **'철회(撤回)'** 및 취소와 철회를 합친 의미의 **'폐지(廢止)'**와도 구별된다.

행정행위의 취소는 그것을 구별하는 기준에 따라 다음과 같이 분류할 수 있다.

1) 행정행위를 취소할 수 있는 권한을 가진 **기관에 따른 분류**로서, **'행정청에 의한 취소'**와 **'법원에 의한 취소'**가 있다. 전자는 직권이나 행정심판의 제기에 의해 행정청이 행하는 취소이고, 후자는 법원에 의해 소송 절차에 따라 취소가 행하여지는 경우이다.

2) 행정행위의 **취소권을 발동하게 된 직접적인 동기**에 따른 구분으로, 행정청이 직권으로 행하는 **'직권에 의한 취소'**와, 상대방이나 이해관계인의 쟁송 제기에 의해 쟁송기관이 행하는 **'쟁송취소'**가 있다.

3) 취소의 대상인 행정행위의 종류에 따른 구분으로, **'수익적 행정행위의 취**

소'와 **'부담적 행정행위의 취소'**가 있다.

이러한 구분은 직권에 의한 취소에 있어서 **'취소권의 제한'**과 관련하여 중요한 의미를 갖는다. 즉, **수익적 행정행위의 취소**는 그 상대방에게 손해를 주는 것으로써 신뢰 보호 등의 견지에서 **취소권이 제약**을 받는다. 이에 대하여 부담적 행정행위의 취소는 상대방에게 이익이 되는 것이므로 대개의 경우 쟁송취소의 대상이 된다.

4) 행정행위의 **취소의 범위**를 기준으로 한 구분으로 행정행위 전체를 취소하는 **'전부취소(全部取消)'**와 일부만 취소하는 **'일부취소(一部取消)'**가 있다. 부관의 취소는 행정행위의 일부취소에 해당한다.

Ⅱ. 직권취소와 쟁송취소의 구별

위법한 행정행위의 쟁송취소는 법률에 의한 행정의 원리를 실현하기 위해 적법 상태를 회복시키기 위한 제도로서, 국민의 권리 구제의 성격을 가지고 있으며, 그 대상은 부담적(침익적) 행정행위이다.

이에 비해, 직권취소는 적법성을 회복시키는 동시에, 장래에 향하여 행정 목적을 실현하기 위한 수단으로 행해지는 점에 그 특색이 있다. 이러한 점에서 직권취소는 철회와의 공통점이 많으며, 수익적 행정행위가 주로 그의 대상이 된다. 직권취소와 쟁송취소의 차이점은 다음과 같다.

1) **취소권자**의 차이로서 직권취소권자는 **행정청(처분청 또는 감독청)**이고 쟁송취소권자는 행정심판위원회 또는 법원이다.

2) **취소 사유**의 차이로서 쟁송취소, 그 중에서도 법원에 의한 취소는 위법성만이 취소 사유가 되는 데 대해, 직권취소와 행정심판에 의한 취소는 위법뿐만 아니라 부당한 행위도 취소 사유가 된다.

3) **취소의 목적**의 차이로서 직권취소는 행정작용의 위법성을 시정하여 장래에 향하여 행정 목적을 달성하기 위한 것이고, 쟁송취소는 위법·부당한 행위로 인하여 권익을 침해받은 국민을 구제하고 아울러 행정작용의 위법성을 시정하는 것에 그 목적이 있다.

4) **이익 형량 여부**와 관련된 차이로서 **쟁송취소**에 있어서는 위법성이 있는 한 **이익의 비교 형량을 함이 없이** 취소됨이 원칙이며, 실정법에 의해 예외적으로 이익 형량이 행해질 뿐이다(행정심판법 제33조에서의 '사정재결'과 행정소송법 제28조에서의 '사정판결'). 이에 대해 **직권취소**에서는 행정 목적에 비추어 위법의 내용을 구체적으로 확정해야 하는 동시에 취소에 의해 초래되는 제반 관계 이익들 간의 **비교 형량을 세밀히 검토**하지 않으면 안 된다.

행정소송법 제28조(사정판결)
① 원고의 청구가 이유 있다고 인정하는 경우에도 처분 등을 취소하는 것이 현저히 공공복리에 적합하지 아니하다고 인정하는 때에는 법원은 원고의 청구를 기각할 수 있다. 이 경우, 법원은 그 판결의 주문에서 그 처분 등이 위법함을 명시하여야 한다.

5) **취소기간**의 차이로서 쟁송취소는 쟁송의 제기기간이 법에 정해져 있다(행정심판법 제27조, 행정소송법 제20조). 이에 대해, 직권취소는 원칙적으로 그러한 제한을 받지 않는다. 다만, 실권의 법리에 의한 제한은 가능하다.

행정심판법 제27조(심판청구의 기간)
① 행정심판은 처분이 있음을 알게 된 날부터 90일 이내에 청구하여야 한다.
③ 행정심판은 처분이 있었던 날부터 180일이 지나면 청구하지 못한다. 다만, 정당한 사유가 있는 경우에는 그러하지 아니하다.

행정소송법 제20조(제소기간)
① 취소소송은 처분 등이 있음을 **안 날부터 90일 이내**에 제기하여야 한다.
② 취소소송은 처분 등이 있은 날부터 **1년**(제1항 단서의 경우는 재결이 있은 날부터 1년)을 경과하면 이를 제기하지 못한다. 다만, 정당한 사유가 있는 때에는 그러하지 아니하다.

6) **취소 대상**의 차이로서 **직권취소**는 주로 **수익적 행위**를 대상으로 한다. 따라서 신뢰 보호와의 관계상 그 취소가 제한되는 경우가 많다. 한편, **쟁송취소**는 주로 **침익적 행위**를 대상으로 하므로 취소가 자유로운 것이 원칙이다. 다만, 사정재결·사정판결 등의 경우는 예외이다. 그리고 복효적 행정행위에 있어서는 제3자의 이익도 함께 고려되어 비교 형량해야 한다.

7) **취소의 형식**에 있어서 쟁송취소는 재결·판결 등의 형식으로 행해지므로

일정 사항을 기재한 **서면**으로 하여야 하나, 직권취소에는 그와 같은 엄격한 형식이 요구되어 있지 않다.

〈표 2-2-3〉 직권취소와 쟁송취소의 차이점

	쟁송취소	직권취소
성질	사법작용	행정작용
목적	적법성의 실현을 통한 국민의 권리 구제를 목적으로 함	적법성의 실현과 행정 목적의 효율적 실현을 동시에 추구함
취소의 대상	주로 부담적 행정행위	부담적 행정행위와 수익적 행정행위가 모두 대상이 될 수 있으나, 특히 수익적 행정행위의 취소가 문제됨
취소 사유	행정심판의 경우 위법 또는 부당, 행정소송의 경우 위법한 행정행위	위법 또는 부당한 행위
취소권자	행정심판의 재결청, 법원	처분청
시간적 제약	행정쟁송의 제기기간의 제한을 받음	제한 없음 (단, 실권에 의한 제약 있음)
절차	엄격한 쟁송절차에 의함	원칙적으로 특별 절차 불필요
형식	재결·판결의 형식에 의함	원칙적으로 특별 절차 불필요
취소의 제한	흠 있는 행정행위는 취소함을 원칙으로 함	수익적 행정행위의 경우, 비록 흠이 있는 경우에도 관계 이익을 비교 형량하여 취소 여부를 결정함
취소의 효과	소급효를 가짐	수익적 행정행위의 취소의 효과는 장래에 향하여 발생하는 것이 일반적
적극적 변경	통설·판례는 부인	가능함

8) **취소 효과**의 소급효와 관련하여 **쟁송취소**는 회고적(回顧的)으로 적법성을 확보하려는 것이기 때문에 원칙적으로 **소급효가 인정**되는 데 대해, **직권취소**는 수익적 행정행위가 주를 이루므로 상대방에게 귀책사유가 있을 때를 제외하고는 **취소의 효과가 소급되지 않는 것이 원칙**이다.

9) **취소의 내용**에 있어서 **직권취소와 행정심판을 통한 취소**는 행정의 자율적 통제 제도에 해당하는 것이므로 **적극적 변경**도 허용된다. 그러나 **취소소송**의 경

우는 권력분립주의의 원칙상 **적극적 변경은 허용되지 않는다**는 것이 **통설과 판례**의 견해이다.

Ⅲ. 취소권자

1. 직권취소의 경우

행정행위를 직권으로 취소할 수 있는 권한을 가진 자는 원칙적으로 **처분청(處分廳)**이다. 행정행위에 하자가 있는 경우에는 별도의 법적 근거가 없더라도 당해 행정행위를 한 처분청은 그가 행한 행정행위를 취소할 수 있다는 것이 통설과 판례의 입장이다. 처분청이 행정행위를 할 수 있는 권한 속에는 취소권이 포함되고 있다고 볼 수 있기 때문이다.

감독청의 경우, 명문 규정이 없는 한 직접 취소할 수 없고, 처분청에 대하여 취소를 명할 수 있음에 그친다는 견해와, 감독청도 당연히 취소권을 갖는다는 견해가 대립되고 있다.

직권취소는 위법하거나 부당한 행정행위를 시정하는 것이므로, 감독권의 실효성을 확보하기 위해서 감독청도 스스로 취소할 수 있다고 보아야 할 것이다. 실정법이 감독청에게 취소권을 명문으로 규정하고 있는 경우도 많다(정부조직법 제11조 제2항, 제22조 제3항과 지방자치법 제169조 제1항).

정부조직법 제11조(대통령의 행정감독권)
② 대통령은 국무총리와 중앙행정기관의 장의 명령이나 처분이 위법 또는 부당하다고 인정하면 이를 중지 또는 취소할 수 있다.

정부조직법 제22조(행정 각부)
③ 장관은 소관 사무에 관하여 지방행정의 장을 지휘·감독한다.

지방자치법 제169조(위법·부당한 명령·처분의 시정) ① 지방자치단체의 사무에 관한 그 장의 명령이나 처분이 법령에 위반되거나 현저히 부당하여 공익을 해친다고 인정되면 시·도에 대하여는 주무부 장관이, 시·군 및 자치구에 대하여는 시·도지사가 기간을 정하여 서면으로 시정할 것을 명하고, 그 기간에 이행하지 아니하면 이를 취소하거나 정지할 수 있다. 이 경우, 자치사무에 관한 명령이나 처분에 대하여는 법령을 위반하는 것에 한한다.

2. 쟁송취소의 경우

쟁송취소는 상대방이나 이해관계인이 취소쟁송을 제기한 경우에 쟁송 담당기관이 행하는 것이므로, 쟁송취소권자는 **행정심판**의 **재결청**이나 **법원**이다.

Ⅳ. 취소 사유

행정행위의 취소 사유는 몇몇 개별 법령에서 명문의 규정을 두고 있는 경우 외에는 통칙적 규정이 없다.

1) 통설·판례에 의하면, 행정행위에 하자가 있으나 그것이 중대·명백하여 무효에 이르지 않는 경우, 즉 경미하고 명백하지 않은 하자가 있는 경우에는 일단 전부가 직권취소의 대상이 된다고 한다.

2) 쟁송취소의 경우, 행정행위의 쟁송취소는 행정의 적법성 회복의 견지에서 회고적으로 당해 행위의 적법성을 심사하는 것을 목적으로 하기 때문에 중대·명백하지 않은 위법(행정소송의 경우) 또는 부당(행정심판의 경우)한 모든 행위는 행정행위의 취소 사유가 된다.

Ⅴ. 취소의 효과

1) 행정행위의 취소는 성립 당시의 흠을 이유로 하는 것이기 때문에 성립 당시로 **소급하여 취소의 효과가 발생**하는 것이 원칙이다. 따라서 **쟁송취소의 효과는 소급함이 원칙**이다. 그러나 **직권취소**에 있어서는 **구체적인 이익 형량**에 따라 결정되어야 한다. 즉, 직권취소의 원인이 당사자에게 있거나 과거에 완결한 법률관계 또는 법률 사실을 제거하지 않으면 취소의 목적을 달성할 수 없는 경우 외에는 취소의 효과가 원칙적으로 소급하지 않는다.

2) 직권취소의 경우 침익적 행정행위의 직권취소의 효과는 대체로 소급한다. 예를 들면, 2011년 7월 1일에 부과한 과세처분이 위법하다고 판단하여 2011년 8월 10일에 그 과세처분을 직권취소하였다면 2011년 7월 1일부터 그 과세처분의 효력은 없는 것으로 보아야 한다. 그러나 수익적 행정행위의 경우, 그 행정행위의 위법성이 상대방에게 귀책사유가 있지 아니한 한 이를 직권취소하면 그 취소의 효과는 소급하지 않고 위법한 행정행위를 취소한 날로부터 장래에 향하여 효력이 없는 것으로 보아야 한다. 예를 들면, 2011년 1월 5일에 내어준 단란주점 영업허가가 위법하다고 하여 2011년 4월 1일에 그 영업허가를 직권으로 취소하면 그 영업허가의 효력은 2011년 4월 1일부터 없는 것으로 보아야 한다. 그렇지 않고 2011년 1월 5일로 소급하여 효력이 없는 것으로 하면, 그 영업허가를 받은 사람은 2011년 4월 1일까지는 불법영업을 한 셈이 된다.

3) 수익적 행정행위가 상대방의 귀책사유에 기인하지 않는 하자로 인하여 취소되는 경우에는 그로 인한 상대방의 손실을 보상하여야 할 것이다.

제 8 절 행정행위의 철회

Ⅰ. 의의 및 취소와의 구별

행정행위의 철회(撤回)라 함은, 행정행위의 성립 당시 하자 없이 유효하게 성립한 행정행위를 사후에 발생한 사유에 의해서 행정기관이 장래에 향해서 그 효력을 소멸시키는 행정행위를 말한다. 행정 실무상으로나 판례상으로는 취소의 용어로 사용되고 있으나, 개념상으로는 서로 구별되는 개념이다.

취소와 철회는 행정행위의 효력을 소멸시키는 행위인 점에서는 동일하나, 철회는 **'변화한 사정에의 적응'**을 목적으로 하는 데 대해, 취소는 **'하자(瑕疵)의 시정(是正)'**을 목적으로 한다는 점에서 본질적인 차이가 있다.

행정행위의 철회는 **처분청만의 권한**이며, 감독청(監督廳)은 법률에 근거가 있는 경우에 한하여 철회권을 갖는다. 그 이유는 철회는 그 성질상 원래의 행정행위와 동일한 새로운 행정행위를 하는 것이라는 점, 감독권은 원래 피감독청(被監督廳)의 권한 행사의 적법·타당성을 확보하기 위한 것이라는 점, 감독청이 철회권을 행사하는 것은 내용적으로 대집행적 성격을 갖는 것인데, 감독청은 법률에 특별한 규정이 없는 한 원칙적으로 피감독청의 권한에 대한 대집행의 권한이 없다는 점 등이다.

철회는 처분청만이 할 수 있는 점, 장래에 향해서만 효과를 발생하며, 따라서 소급효(遡及效)가 인정되지 않는다는 점, 철회 원인이 사후에 발생한 사유에 기인한다는 점 등에서 취소와 구별된다는 것이 종래의 통설이었다.

그러나 취소를 좁은 의미의 직권취소로 보는 경우 철회와 직권취소 간에는 성질상 유사성이 있다는 점이 강조되고 있다. 즉, 직권취소 역시 주로 처분청에 의해 행해진다는 점, 직권취소의 효력 또한 구체적 사정에 따라 예외적으로만 소급효가 인정된다는 점, 취소 원인이 본래 발생한 것인지 후에 발생한 것인지 등은 행정 실무에 있어 그다지 중요하지 않으며, 상대화될 수 있다는 점(예를 들면, 취소 원인이 있는 행정행위에 대하여 일단 개선 명령을 내리고, 그에 따르는 의무의 불이행을 이유로 철회권을 행사하는 경우도 있다) 등에서 그러하다.

Ⅱ. 철회 사유

철회의 사유는 공익상 행정행위의 효력을 더 이상 존속시킬 수 없는 새로운 사유가 발생한 경우를 의미하는 바, 그 구체적인 예를 들면 다음과 같다.

1) **철회권의 유보 사실이 발생**한 경우로서 행정행위를 하면서 일정한 사실이 발생할 경우 행정행위를 철회하겠다는 취지의 부관(즉, 철회권의 유보)을 붙였는데, 그 유보된 사실이 발생한 경우이다.

2) **근거법령의 개폐**의 개폐(改廢)로 인해 행정행위를 더 이상 존속시킬 수 없는 경우이다.

3) **사정변경(事情變更)**에 의하여 공익상 행정행위의 존속이 장애가 되는 경우이다. 예를 들면, 국유재산법은 행정재산에 대한 사용 허가를 부여한 후, 직접

공용 또는 공공용으로 사용하기 위하여 필요하게 된 때에는 그 허가를 철회할 수 있음을 규정하고 있다(국유재산법 제8조의2).

> **국유재산법 제8조의2(사용 승인 철회 등)** ① 총괄청은 제8조 제4항에 따라 사용을 승인한 행정재산에 대하여 다음 각 호의 어느 하나에 해당하는 경우에는 제26조에 따른 국유재산정책심의위원회의 심의를 거쳐 그 사용 승인을 철회할 수 있다.
> 1. 다른 국가기관의 행정 목적을 달성하기 위하여 우선적으로 필요한 경우
> 2. 제21조 제1항에 따른 보고나 같은 조 제3항에 따른 감사 결과 위법하거나 부당한 재산관리가 인정되는 경우
> 3. 제1호 및 제2호의 경우 외에 감사원의 감사 결과 위법하거나 부당한 재산관리가 인정되는 등 사용 승인의 철회가 불가피하다고 인정되는 경우
>
> ② 총괄청은 제1항에 따라 사용 승인 철회를 하려면 미리 그 내용을 중앙관서의 장에게 알려 의견을 제출할 기회를 주어야 한다.

또 다른 사정 변경의 예로는 음식점 영업허가를 한 후 그 인근에 주택가 또는 학교가 세워진 경우, 또는 새로운 교육정책 기타 행정계획과 관련하여 기존의 허가 · 인가 등이 그에 부합하지 않게 된 경우나, 생활보호법상 수혜자가 생활 여건의 개선으로 피보호 사유를 충족하지 못하게 되는 경우이다.

4) **상대방의 신청 · 동의**가 있는 경우이다.

5) **법령이 정한 의무에 위반**하거나 수익적 행정행위에 부가된 **부담을 이행하지 않는 경우**인 바, 이때의 철회 수단은 **비례의 원칙상 최후의 수단으로 허용될 수 있다**. 따라서 의무 위반의 내용이나 정도에 따르되, 의무 위반의 정도가 심한 경우에 마지막 수단으로 철회권의 행사가 가능하다.

6) 예를 들면, 도로의 폐지에 따른 도로 점용 허가의 철회 등과 같이 **사실관계가 변화한 경우**이다.

Ⅲ. 철회의 효과

철회의 효과는 장래에 향해서만 발생하는 것이 원칙이다. 그러나 그 소급효를 인정하지 않으면 철회의 의의가 없게 되는 경우에는, 예외적으로 그 소급효를 인정해야 하는 경우가 있다. 예를 들면, 행정행위에 의하여 보조금이 지급된 경

우, 그 상대방의 부담 또는 법령상 의무 위반으로 인하여 그 지급 결정을 취소하는 경우에는 소급효가 인정된다.

법령상으로는 철회와 함께 원상회복(原狀回復), 시설 개수 의무 등이 규정되어 있는 경우가 많다. 또한 상대방의 귀책사유에 기인한 경우가 아니면 손실을 보상함이 원칙이다.

제 9 절 행정행위의 실효

Ⅰ. 실효의 의의

행정행위의 실효란 하자 없이 성립·발효한 행정행위가 이후 일정한 사건의 발생으로 인하여 당연히 그 효력이 소멸되는 것을 말한다.

행정행위의 무효는 그 성립상의 중대·명백한 하자로 인하여 처음부터 효력이 발생하지 않는 데 대해, 실효는 일단 적법 유효한 행정행위가 이후 일정 사유의 발생으로 인하여 당연히 그 효력이 소멸되는 것이라는 점에서 양자가 다르다.

행정행위의 실효는 일정한 사실의 발생에 의하여 **당연히** 그 효력이 소멸된다는 점에서, 행정행위의 효력을 소멸시키는 **별도의 행정청에 의한 의사표시**를 필요로 하는 취소·철회와 구별된다.

이와 같이 행정행위의 실효는 실효 사유가 발생하면 별도의 행위 없이도 그 때부터 장래에 향하여 그 효력이 당연히 소멸되는 것이고, 별도의 행정행위를 요하지 않는다는 데 그 특징이 있다.

Ⅱ. 실효의 사유

1) 행정행위는 그 대상인 사람의 사망이나 목적물의 소멸 등으로 당연히 효력이 소멸된다.

2) 해제 조건(解除條件)이 붙은 행정행위는 그 조건인 사실이 발생함으로써, 종기(終期)가 붙은 행정행위는 종기가 도래함으로써 각각 그 효력이 당연히 소멸된다. 다만, 인·허가기간이 단기인 경우에는 당해 행정행위의 유효기간이 아니라 부관의 갱신기간으로 보아야 하는 경우도 있을 수 있다.

3) 행정행위는 그 목적이 달성됨으로써 효력이 소멸된다.

제 3 장

비권력적 행정작용

행정 주체가 행정 목적의 달성을 위해 행정행위와 같은 공권력 발동의 수단에 의하지 않고 행하는 행정작용을 일반적으로 '비권력적 행정작용'이라고 한다. 이는 다시 '법적 행위(法的行爲)'와 '사실행위(事實行爲)'로 나눌 수 있으며, 전자에는 '공법상 계약(公法上契約)'과 '공법상 합동행위(公法上合同行爲)'를, 후자의 사실행위로는 '행정지도(行政指導)'와 '비공식적(非公式的) 행정작용' 및 '비구속적(非拘束的) 행정계획(行政計劃)'을 들 수 있다.

〈표 2-3-1〉 비권력적 행정작용의 유형

- 비권력적 행정작용
  - 법적 행위
    - 공법상 계약
    - 공법상 합동행위
  - 사실행위
    - 행정지도
    - 비공식적 행정작용
    - 비구속적 행정계획

과거에는 행정행위를 중심으로 한 권력적 행정작용이 주를 이루었으나, 오늘날에는 이러한 비권력적 행정작용의 중요성이 증가함에 따라 상대방의 권리 보호 문제가 중요한 관심사로 대두되고 있다.

이러한 행정작용에 있어서도 행정기관은 헌법의 기본권 규정(특히, 평등권이나 생존권)과 행정법의 일반 원칙(과잉 금지의 원칙 등)의 구속을 받는다. 그러나 **비권력적 행정작용을 통해 권리가 침해된 상대방**은 당해 행정작용이 통상적으로 '**처분성(處分性)**'을 갖지 못한다는 이유로 **취소쟁송(取消爭訟)**을 제기하지 못하고, '**공법상의 당사자소송(當事者訴訟)**'에 의해 법적 분쟁을 해결할 수 있을 뿐이다.

제 1 절 공법상 계약

Ⅰ. 공법상 계약의 의의

사례 1) A도의 도지사가 B도의 도지사와 도로법 제70조 제1항 등이 정하는 바에 따라 대등한 지위에서 A도와 B도의 경계에 있는 도로의 비용을 분담하는 계약을 체결하였다.

도로법 제70조(경계지 도로 등의 비용)
① 제16조에 따라 노선이 인정된 도로나 행정구역의 경계에 있는 도로에 관한 비용은 제67조에도 불구하고 관계 지방자치단체가 협의하여 부담하여야 할 금액과 분담 방법을 정할 수 있다.

사례 2) A광역시는 지방공무원법에 따라 지방전문직공무원 채용을 일반 공개경쟁시험을 통하지 않고 전문지식을 가진 자와 근로조건에 관하여 협의를 한 다음에 채용계약을 하였다.

공법상 계약이란 위의 두 가지 사례에서와 같은 행정의 행위 형식으로서, 행정 주체(행정청)가 **공법의 영역**(예: 도로법, 지방공무원법 등)에서 **공법적 효과의 발생**(예: 도로법이나 지방공무원법과 같은 공법상에서의 권리나 의무의 발생, 변경, 소멸의 효과)을 목적으로 복수의 **대등한 당사자 사이**(예: A도지사와 B도지사, A광역시와 임용대상자)의 **반대 방향의 의사표시의 합치**에 의해 성립되는 **공법행위(公法行爲)**를 말한다.

Ⅱ. 공법상 계약의 종류

1. 행정 주체 상호 간의 공법상 계약

이에는 공공단체 상호 간의 사무위탁(事務委託, 예: 지방교육자치법에 의한 교육사무위탁), 지방자치단체 간의 도로 또는 경비 부담에 관한 협의(協議)나 도로 관리에 관한 협의, 농지개량조합·상공회의소의 시·군·구에 대한 조합비·회비 징수위탁 등이 있다.

2. 행정 주체와 사인 간의 공법상 계약

이는 가장 일반적인 공법상 계약의 형태로서 그 종류는 다음과 같다.

1) **특별행정법 관계(또는 특별신분 관계) 설정에 관한 계약**으로 예를 들면, 지원에 의한 군 입대, 전문직(계약직) 공무원의 채용계약, 영조물 이용관계의 설정 등이 있다.

서울특별시립 무용단원 위촉은 공법상 계약에 해당하며, 그 단원의 해촉에 대하여는 공법상의 당사자소송으로 그 무효 확인을 청구할 수 있다(대판 2001.12.11, 2001두7794; 대판 1995.12.22, 95누4636).

지방전문직 공무원 채용계약 해지의 의사표시에 대하여는 대등한 당사자 간의 소송형식인 공법상 당사자소송으로 그 의사표시의 무효 확인을 청구할 수 있다(대판 1993.9.14, 92누4611).

2) **임의적 공용 부담**의 형태로서 예를 들면, 개인이 사유지를 도로·학교·공원 등의 부지로 기부 체납하는 계약(국유재산법 제13조 참조)이 있다.

3) **공법상의 보조계약**으로 예를 들면, 보조금(자금) 지원계약, 장학계약 등 보조금 지급 결정에 관한 계약(보조금의 예산 및 관리에 관한 법률 제17조)을 들 수 있다.

보조금의 예산 및 관리에 관한 법률 제17조(보조금의 교부 결정)
중앙관서의 장은 제16조에 따른 보조금의 교부신청서가 제출된 경우에는 다음 각 호의 사항을 조사하여 지체없이 보조금의 교부 여부를 결정하여야 한다.
1. 법령 및 예산의 목적에의 적합 여부
2. 보조사업 내용의 적정 여부
3. 금액 산정의 착오 유무
4. 자기자금의 부담 능력 유무(자금의 일부를 보조사업자가 부담하는 경우만 해당한다)

4) **행정사무의 위탁**과 관련된 계약으로, 국가나 공공단체가 사인에게 법률의 규정에 기한 합의에 의하여 행정사무를 위임하는 경우(예: 별정우체국법 제3조에 기한 별정우체국의 지정)이다.

별정우체국법 제3조(별정우체국의 지정 등)
① 별정우체국을 설치·운영하려는 사람은 대통령령으로 정하는 바에 따라 과학기술정보통신부 장관의 지정을 받아야 한다.

5) **지방자치단체와 사기업 사이**에 공장이나 사업장에서 발생하는 공해를 방지하기 위한 협약이 체결되는 경우와 같은 **환경보존협정** 등은 공법상의 권리·의무에 관한 것이라는 점에서 공법상 계약에 해당한다.

3. 사인 상호 간의 공법상 계약

이에 해당하는 것으로는 현행법상 특허기업자 등 사인(私人)인 사업 시행자와 토지 소유주 사이의 공익사업을 위한 토지 등의 취득 및 보상에 관한 법률상의 토지 수용을 위한 협의(제26조 참조)만이 인정된다.

공익사업을 위한 토지 등의 취득 및 보상에 관한 법률 제26조(협의 등 절차의 준용)
① 제20조의 규정에 의한 사업 인정을 받은 사업 시행자는 토지조서 및 물건조서의 작성, 보상계획의 공고·통지 및 열람, 보상액의 산정과 토지 소유자 및 관계인과의

협의의 절차를 거쳐야 한다. 이 경우, 제14조 내지 제16조 및 제68조의 규정을 준용한다.

협의(協議)는 수용 절차의 한 단계임을 중시하고 공권적 강제력이 그 배경으로 되어 있다는 점을 고려하여 이를 공법상 계약으로 보는 것이 일반적이다. 이때의 기업자(起業者)인 사인은 **'공무수탁사인(公務受託私人)'**으로서의 지위를 가지게 된다.

따라서 '사인 상호 간의 공법상 계약'이라는 표현은 엄격히 말하면 **'공무수탁사인과 사인 간의 공법계약'**이라고 표현해야 한다. 그렇지 않고 순수한 사인 간에서는 그 내용이 아무리 공공성을 띤다 하더라도 그것을 공법상 계약이라고 부를 수는 없다. 예를 들면, 같은 기업이라도 공익사업을 위한 토지 등의 취득 및 보상에 관한 법률상의 기업자의 지위에서의 토지의 협의 취득은 공법상 계약의 성질을 가지나, 그 밖의 토지의 임의 취득은 사법상 계약으로서의 성질을 가지는 것이다.

공용수용(公用收用)이란 공익사업을 위하여 법률에 의거하여 타인의 토지 등의 재산권을 강제적으로 취득하는 것을 말한다. 토지 등의 수용에 관한 일반법은 '공익사업을 위한 토지 등의 취득 및 보상에 관한 법률'이 있다. 공용수용의 당사자는 공용수용권의 주체인 수용자(收用者)와 수용권의 객체인 피수용자(被收用者)를 말한다.
수용자란 그 사업을 위하여 공용수용을 할 수 있는 공익사업의 주체를 말하며, 이러한 공익사업의 주체를 '기업자(起業者)'라 하고 있다(제4조 제1항). 수용자는 공익사업의 주체로서 그 사업을 위하여 필요한 목적물인 재산권을 취득할 권리를 가지고, 또한 그와 관련하여 수용의 목적 달성을 위하여 여러 권리(타인의 토지에의 출입, 측량, 조사권, 수용절차상의 권리 등)를 가진다.
수용권자가 누구인가에 대해서는 기업자(공익사업의 주체)가 국가인 경우에는 문제가 없으나, 국가 이외의 공공단체 또는 사인인 경우에는 **'국가수용권설(國家收用權說)'**과 **'기업자수용권설(起業者收用權說)'**로 견해가 갈리고 있다. 국가수용권설에 의하면, 공용수용권의 본질을 수용의 효과를 야기할 수 있는 능력으로 보아, 공용수용의 주체는 국가이며, 사업 주체는 수용청구권을 가지고 있음에 불과하다고 한다. 한편, '기업자수용권설'은 공용수용권을 수용의 효과를 향유할 수 있는 능력이라고 보고, 이 수용권의 주체는 그 효과를 향유할 수 있는 사업 주체라고 한다. 이러한 학설의 대립이 있게 된 이유는 '공익사업을 위한 토지 등의 취득 및 보상에 관한 법률'이 기업자를 수용자로 규정하면서도 공용수용의 효과를 야기할 수 있는 자, 즉 수용 재결을 할 수 있는 자는 국가로 하고 있기 때문이다. 후자, 즉 **기업자수용권설**이 **통설**이다.

기업자는 사업 인정(事業認定)의 고시(告示)가 있은 후 그 토지에 관하여 권리를 취득하거나 소멸시키기 위해 토지 소유자 및 관계인과 협의하여야 한다.

제 2 절 공법상 합동행위

공법상 합동행위란 공법적 효과의 발생을 목적으로 하는 복수 당사자의 **동일 방향의 의사표시의 합치**에 의해 성립되는 공법행위를 말한다. 예를 들면, 둘 이상의 시·군이 자치단체조합(自治團體組合)을 설립하는 행위(지방자치법 제159조~제164조), 둘 이상의 공공조합(농업협동조합, 도시개발조합 등)이 협의하여 공공조합 연합회를 설립하는 행위 등이 그 대표적인 예이다.

지방자치법 제159조(지방자치단체조합의 설립)

① 2개 이상의 지방자치단체가 하나 또는 둘 이상의 사무를 공동으로 처리할 필요가 있을 때에는 규약을 정하여 그 지방의회의 의결을 거쳐 시·도는 행정안전부 장관의, 시·군 및 자치구는 시·도지사의 승인을 받아 지방자치단체조합을 설립할 수 있다. 다만, 지방자치단체조합의 구성원인 시·군 및 자치구가 2개 이상의 시·도에 걸치는 지방자치단체조합은 행정안전부 장관의 승인을 받아야 한다.

공법상 합동행위는 각 당사자의 의사표시의 방향이 동일하고, 그 효과도 각 당사자에게 동일한 의미를 가지는 점에서, 공법상 계약과 구별된다. 또한 다수 당사자의 의사의 합치이기 때문에 일반적인 의사표시인 행정행위와 다르며, 복수의 의사의 합치인 점에서 하나의 의사를 형성하는 합성행위(예: 선거)와도 다르다.

공법상 합동행위가 유효하게 성립하면, 그 성립에 관여한 당사자뿐만 아니라 그 후에 참가한 자도 구속한다. 따라서 제3자가 알 수 있도록 공고(公告)함을 원칙으로 한다.

공법상 합동행위가 일단 성립한 후에는 개개 당사자의 무능력이나 착오 등

의사의 흠결을 이유로 그 효력을 다툴 수 없음이 원칙이다.

제3절 행정상 사실행위

Ⅰ. 행정상 사실행위의 의의

사례 1) A지방자치단체가 주민들의 편의를 제공하기 위하여 공공도서관을 설치하였다.

사례 2) A지방자치단체는 추석 물가 안정 대책의 일환으로 관할 구역 내의 목욕장이나 이발관 및 미용실 등에 대해 요금을 인상하지 말아줄 것을 요청하였다.

사례 3) 관계 행정청은 환경오염 유발 원료를 이용하여 상품을 생산하는 기업체의 대표들과 상품 생산에 있어서 환경오염을 유발하는 물질의 사용을 줄이겠다는 협약을 체결하였다.

위의 사례에서 제시한 행위들의 특징은 그러한 행위들을 함으로써 어떤 법적 효과를 발생하는 것이 아니라, 도서관의 설립, 물가 안정을 위한 요청, 환경오염을 줄이기 위한 협약의 체결 등과 같이 직접 어떠한 **사실상의 효과나 결과의 실현을 목적**으로 하는 행정작용이라는 점이다. 이러한 행정작용을 행정상 사실행위(事實行爲)라 한다.

1) 행정상 사실행위란 행정기관의 행위 중에서 그 자체 법적 효과(즉, 권리 · 의무의 발생 · 변경 · 소멸의 효과)를 발생하지 않고, **직접적으로는 사실상의 결과**만을 가져오는 행위 형식의 전체를 말한다. 따라서 법적 효과를 직접적으로 의도하지 않는 행위라는 점에서 법적 행위인 행정행위와 구별된다. 다만, 사실행위라도 간접적으로는 법적 효과를 가져올 수도 있다(예: 행정지도와 같은 사실행위를 잘못함으로 인하여 상대방이 손해를 입은 경우 손해배상의무와 같은 법적

효과를 발생시키는 것).

2) 행정 주체의 행정작용 유형으로서, 실제 행정활동 또는 작용의 대부분은 이러한 사실행위가 차지하고 있다.

3) 행정작용으로서의 사실행위는 법적 규율성을 결여한다는 이유로 행정행위 중심의 행정법 연구에서 그간 별로 관심의 대상이 되지 못하였다. 따라서 사실행위 일반에 대한 이론은 아직도 제대로 정리되지 못한 실정이다. 그러나 오늘날 행정수요(行政需要)의 다양화로 인해 행정작용의 형태는 종전과 같이 행정행위에 한정되지 않고 여러 형태의 행정작용이 행해지고 있으며, 이로 인해 사실행위가 갖는 비중도 높아지고 있다. 현실적으로는 **사실행위에 대한 권리 구제**가 주요한 의미를 가지게 된다.

Ⅱ. 행정상 사실행위의 종류

1. 권력적 사실행위와 비권력적 사실행위

이는 사실행위가 공권력의 행사로서 행하여지는 것인지 여부에 따른 구별이다. 즉, 행정기관이 일방적으로 명령・강제하는 공권력 행사의 성질을 갖는 사실행위가 '권력적(權力的) 사실행위'이고, 공권력 행사로서의 성질을 가지지 않는 사실행위가 '비권력적(非權力的) 사실행위'이다.

1) 권력적 사실행위를 보다 구체적으로 설명하면, 행정청의 일방적 의사결정에 기하여, 특정의 행정 목적을 달성하기 위하여 국민의 신체・재산 등에 실력을 가하여 행정상 필요한 상태를 실현시키고자 하는 권력적 행위를 말한다.

2) 권력적 사실행위의 예로는, 전염병 환자의 강제 격리, 위법한 관세물품의 영치행위(領置行爲), 송환 대상자의 강제 격리, 토지 출입조사, 대집행(代執行)의 실행 등을 든다. 한편, 비권력적 사실행위의 대표적인 것으로는 공익 목적을 위한 공사행위(工事行爲), 행정지도(行政指導), 비공식적 행정작용(非公式的行政作用) 등을 들 수 있다.

3) 권력적 사실행위는 그 실체에 있어서 이를 통한 상대방의 법적 영역에 개

입하여 일정한 **법적 규율(특히, 수인의무의 부과)**이 행해지는 측면과, 이를 **물리적으로 집행**하는 사실행위가 동시에 포함되어 있는 **이중적인 성격**을 갖는 것이라고 이해될 수 있다. 예를 들면, 무허가 건물의 강제철거라는 권력적 사실행위에는 실제상 강제로 철거하는 사실행위와 강제철거 시에 상대방이 강제철거를 참고 받아들여야 하는 수인의무가 결합되어 있다.

4) 행정심판법과 행정소송법은 행정쟁송의 대상인 **'처분(處分)'**을 '행정청이 행하는 구체적 사실에 대한 법 집행으로서의 공권력의 행사 또는 그 거부와 그 밖에 이에 준하는 행정작용'이라고 정의하고 있는 바, **권력적 사실행위**는 여기에서의 '공권력의 행사'에 해당하는 것으로서 **처분**에 해당하며, 따라서 취소심판이나 취소소송 등의 대상이 된다고 본다.

2. 물리적 사실행위와 정신적 사실행위

이는 당해 행위가 물리적 행위에 그치는가, 아니면 일정한 정신작용(의사작용)을 내용으로 하는가에 따른 구별이다.

물리적 사실행위로는 공공시설(도로·공공건물) 등의 설치·유지 행위, 예방접종 행위, 대집행(代執行)의 실행행위 등이 이에 속한다.

정신적 사실행위로는 행정조사(行政調査)·행정지도(行政指導)·법적인 효과 없는 보고·경고·고지·통지 등이 정신적 사실행위에 속한다.

Ⅲ. 사실행위의 법적 근거와 한계

사실행위는 원칙적으로 직접적인 법적 효과를 발생하지 않으므로 직접적인 법적 근거는 필요하지 않으나, 행정작용인 이상 조직법적(組織法的) 근거는 필요하게 된다. 즉, 사실행위도 그것이 적법한 것이기 위해서는 당해 **행정청의 정당한 권한의 범위 내**의 것이어야 하는 것이다.

이 외에도 작용법적(作用法的) 근거를 요하는가의 문제는, 법률유보(法律留保)의 범위에 대하여 어느 견해를 취하는가에 따라 견해가 갈릴 수 있다. 그러나 적어도 권력적 · 침익적 사실행위의 경우에는 반드시 법률의 근거가 필요하다[침해유보설(侵害留保說)]고 보아야 한다.

예를 들면, 전염병 환자의 강제 격리나 공공의 안녕과 질서를 파괴하는 범죄자에게 무기를 사용하는 경우에는 반드시 법적 근거가 있어야 한다.

경찰관직무집행법 제10조의4(무기의 사용)
① 경찰관은 범인의 체포 · 도주의 방지, 자기 또는 타인의 생명 · 신체에 대한 방호, 공무집행에 대한 항거의 억제를 위하여 필요하다고 인정되는 상당한 이유가 있을 때에는 그 사태를 합리적으로 판단하여 필요한 한도 내에서 무기를 사용할 수 있다. 다만, 형법에 규정한 정당방위와 긴급피난에 해당하는 때 또는 다음 각 호의 1에 해당하는 때를 제외하고는 사람에게 위해를 주어서는 아니 된다.

사실행위의 한계 문제는 행정행위의 그것과 기본적으로 다르지 아니하다. 즉, 사실행위는 법령에 위반되어서는 아니 되며(**법률우위의 원칙**), 법적 근거가 있는 경우에는 관계법이 정하는 모든 절차적 · 실체적 요건을 충족하여야 함은 물론이고(**법률유보**), 필요한 한도에서 행해져야 하며(**과잉 금지의 원칙**), 평등의 원칙, 신뢰 보호의 원칙 등 **행정법의 일반 원칙**에 위배되어서는 아니 된다.

Ⅳ. 행정지도

1. 행정지도의 의의

행정지도(行政指導)에 관한 행정절차법상의 정의는 다음과 같다(행정절차법 제2조 제3호).

행정절차법 제2조(정의)
3. "행정지도"라 함은 행정기관이 그 소관 사무의 범위 안에서 일정한 행정 목적을 실현하기 위하여 특정인에게 일정한 행위를 하거나 하지 아니하도록 지도 · 권고 · 조언 등을 하는 행정작용을 말한다.

현행 행정절차법은 행정지도에 관해 정의를 내린 다음, 행정지도의 원칙 · 방식 등에 관하여 명문의 규정을 두고 있다.

행정의 실제에서는 행정행위 등과 같은 공식적인 행정처분(行政處分)에 의하여 국민에게 작위·부작위 의무를 과하지 아니하고, 행정청이 조언·지도·권고·요망·경고 등의 방법에 의하여 그 의도하는 바를 실현하는 경우가 적지 않다. 이와 같이 행정기관이 그 의도하는 바를 실현하기 위하여 행하는 조언·권고·요망 등의 비권력적 행정작용을 행정지도라 한다.

오늘날에는 행정의 기능적 다양화와 질적·양적 증대에 따라 행정지도가 양적으로 현저히 증가하였을 뿐만 아니라, 특히 급부행정(給付行政)에서는 그 중요한 수단으로 등장하게 되었다.

행정지도는 사실행위(事實行爲)로서의 성질을 가지므로, 직접적으로 일정한 법적 효과의 발생을 목적으로 하는 법적 행위인 행정행위와 구별된다. 또한 행정지도는 그 자체로서는 상대방에 대하여 아무런 법적 구속력도 발생하지 않으며, 단지 **상대방의 임의적(任意的)·자발적(自發的)인 협력을 전제**로 한다는 점에 특징이 있는 비권력적 사실행위이므로 권력적 사실행위(강제퇴거·행정대집행 등)와 구별된다.

그러나 행정지도는 그것이 **공권력을 배경**으르 하고 있다는 점에서, 국민은 그에 따라야 하는 **심리적 압박감**을 받는 경우가 많아서 **사실상의 강제력**을 갖는 경우가 적지 않다. 또한 행정지도에 따른 결과 국민에게 손해가 발생한 경우 그에 대한 구제의 문제가 제기된다. 행정지도는 일본의 문화·사회적 배경을 기초로 하여 일본에서 정립된 개념이다.

2. 행정지도의 효용성과 문제점

1) 존재 이유

오늘날 새로운 행정수요(行政需要)가 크게 확대되고 있으나 행정작용을 위한 **법적 근거가 없는 경우**에, 법률에 의한 행정의 요청과 행정 현실의 변화에 상응한 적극적인 행정 수요의 요청 사이의 괴리를 극복하기 위해 행정지도의 필요성이 인정된다.

또한 경우에 따라서는 당해 행정 부문에 법률이 있는 경우에도 사회·경제

현상 등의 급격한 변화로 그 법적 규율은 현실적 여건에 비하여 이미 낙후된 것인 경우도 있고, 구체적 사안에 적합하지 않은 경우도 있다. 이러한 경우에 행하는 행정지도는 구체적 상황에 적합한 조치를 취할 수 있는 **신축적(伸縮的)·탄력적(彈力的)**인 행정수단으로서의 의미를 가진다.

공권적인 처분(處分)·명령(命令)의 방식에 의하지 않고, 상대방의 **임의적 협력(任意的協力)**에 근거하여 행정작용을 행함으로써, 불필요한 마찰이나 분쟁을 사전에 회피할 수 있도록 한다.

중소기업 경영개선 지도나 영농기술 지도 등과 같은 행정지도와 같이 행정주체에 의해 적극적으로 새로운 과학기술적인 지식이나 경제 영역의 최신 정보를 제공하여, 국민의 활동을 바람직한 방향으로 유도(誘導)·조장(助長)해 나가는 데 공헌할 수 있다.

2) 문제점

(1) **법치주의가 공동화(空洞化)할 우려가 있다는 점이다.** 행정지도는 비권력적 성질을 가지므로 위법한 행정지도라고 하여도 통상적으로 행정쟁송이 인정되지 않으며, 행정상 손해배상에 있어서도 **상대방의 동의(同意)**가 있었다는 사실상태로 인해 그 인정이 용이하지 않은 문제가 있다. 이와 같이 행정지도가 단순히 법령의 불비를 보완하는 것에 그치지 않고, 법령을 갈음하거나 입법권에 의한 수권의 범위를 넘어서 실질적으로 규범을 정립하고 규범 내용을 변경함으로써 법치주의를 공허하게 만든다.

(2) **사실상의 강제성을 지니고 있다**는 점이다. 행정지도는 비권력적 사실행위이나, 이를 거부하는 경우에는 여러 가지 억제적 조치가 행해짐으로써 불이익을 받게 된다. 따라서 행정지도는 사실상의 강제성을 갖기 때문에 권력적 행위가 행해지는 것과 같은 효력을 발생함에도 불구하고, 권력적 행위와는 달리 법령의 근거가 강하게 요구되고 있지 않다는 점에 문제가 있다.

(3) **행정지도의 기준이 불명확하다.** 행정지도는 개별적인 경우의 사정에 따라 탄력적으로 행해지므로 기준이 불명확하고, 그 **일관성**과 **안정성**을 결하게 된다. 이로 인해, 행정기관의 **책임 소재**도 명확하지 않게 되는 문제가 발생한다.

(4) **정경유착의 오해를 낳을 수 있다.** 행정청이 공식적인 규제 권한을 발동하

지 않고, 행정지도를 통해 애매하게 처리하거나, 필요 이상으로 관계인과 타협하는 경우도 발생할 수 있어, 업계(業界)와 행정의 유착(癒着)이라는 비난을 받기도 한다.

(5) **잘못된 지식과 정보의 제공으로 인한 불측의 손해를 발생시킬 수 있다.** 행정지도에 의한 지식과 정보가 최신의 것인 경우에는 장점이 될 수 있으나, 그 내용에 잘못이 있는 경우에는 국민이 불측의 손해를 입을 가능성이 있다. 이러한 경우, 국가배상이 가능할 것인지가 문제된다.

(6) **권리 구제가 곤란하다는 점이다.** 행정지도는 상대방의 **임의적 협력**을 전제로 하는 비권력적 작용이므로 **처분성이 부정**되어 행정쟁송의 대상이 될 수 없다. 그리고 이로 인하여 손해가 발생한 경우에도 국가 등의 **배상 책임**을 인정하는 데 어려움이 있다.

3. 행정지도의 종류

1) 조성적 행정지도

조성적(助成的) 행정지도란 경제·사회·문화 등의 여러 분야에서 일정한 행정 목적을 달성하기 위하여 국민에 대하여 지식·기술·정보 등을 제공하여 그 활동을 도와주는(조성하는) 행정지도를 말한다(예: 영농지도, 중소기업에 대한 경영지도, 생활개선지도 등).

2) 조정적 행정지도

조정적(調整的) 행정지도란 사인 또는 기업 간의 경제적 이해관계의 대립이나 과당경쟁 등을 시정하고 조정하기 위해 행하는 행정지도를 말한다(예: 기업 사이의 이해 대립의 조정, 노사 간의 쟁의 조정, 환경상의 분쟁이 생기는 경우에 주변 주민과의 대화를 통해 이를 해결하도록 하는 것, 기업의 계열화 촉진, 수출 쿼터의 조정 등).

3) 규제적 행정지도

규제적(規制的) 행정지도란 공공복리 또는 질서유지에 반하는 것으로 판단되는 행위·사태 등을 제거 또는 억제하기 위하여 특정한 단체 또는 기업 등에 일정한 행위를 하거나 하지 아니할 것을 요망 또는 권고하는 행정지도를 말한다. 이러한 행정지도는 본래 행정행위에 의하여 규제되어야 하는 것이나, 그 사전적 또는 대체적(代替的) 수단으로서 행해지는 경우가 많다(예: 물가의 억제를 위한 가격 지도, 주거환경 유지를 위한 일정한 행위규제 형식의 행정지도 등).

V. 비공식적 행정작용

1. 개 설

비공식적 행정작용이란 그의 **요건·효과·절차** 등이 법에 정해져 있는 '공식적 행정작용' 이외의 행정작용을 총칭하는 개념이다. 비공식적 행정작용은 공식적 행정작용에 앞서 **사전 단계**에서 그 **준비행위**로서 행해지거나, 또는 공식적인 행정작용을 **대체**하는 것으로서 행해지는 행정작용으로서, 행정 주체가 일방적인 명령이나 강제의 수단에 의존하지 않고, 권고하거나 조언하거나 타협을 하는 등 **상대방의 자발적인 협력을 유도하기 위한 수단**에 의존하는 행정작용이다.

행정법학은 종래 공식 행정작용(특히, 명령, 행정행위, 행정강제 등)에 대해서는 많은 관심을 가지고 연구해 왔으나, 비공식 행정작용에 대해서는 거의 관심을 기울이지 않았다. 그러나 오늘날 행정은 그 **복잡성**과 **다양성**으로 인해 **형식의 다양화**를 요청하고 있고, 권위주의적 국가에서 **민주적·협동적 국가**로 넘어가면서, 전통적인 명령이나 강제적 수단만으로는 더 이상 행정목적을 달성하는 데 한계가 있음을 인식하게 되었다. 이에 따라 전통적인 명령, 강제식의 행위 형식을 공식적으로 행하기 **이전**에 행하는 행위 형식 혹은 공식적 행위 형식 대신 다른 행위 형식으로 **대체**하는 등의 새로운 행위 형식으로서 비공식적 행정작용이 점차 중요한 의미를 가지게 되었다.

비공식적 행정작용의 개념과 범주에 대해서는 학계에서 아직 완전한 합의가 이루어지지 않고 있는 상태이다. 그러나 비공식적 행정작용은 크게 행정청의 일방적인 비공식적 행정작용과 행정청과 개인 간의 협력에 기초한 비공식적 행정작용으로 구분할 수 있다.

이 가운데 전자에 해당하는 비공식적 행정작용으로는 **호소 · 위협 · 경고 · 조언 · 정보제공** 등이 있으며, 후자에 해당하는 비공식적 행정작용으로는 **협상 · 타협 · 합의 · 사전 절충** 등이 있다.

좁은 의미에서의 비공식적 행정작용이라 하면 **협상 · 타협 · 합의 · 사전 절충** 등 행정청과 사인 간의 협력에 기초한 행정작용을 의미한다. 여기에서 말하는 비공식적 행정작용은 주로 좁은 의미의 비공식적 행정작용을 의미한다. 이러한 의미의 비공식적 행정작용의 유형은 여러 영역에서 나타나고 있으나, 주된 영역으로는 환경법(環境法), 경제규제법(經濟規制法), 건축법(建築法), 경찰법(警察法) 등을 들 수 있다.

1) 환경행정 관련 **법령에 근거**하여 일정한 **규제적 행정작용**을 행하기 **이전**에 행정기관과 기업 또는 사인이 **협의(또는 협상)**하는 경우

2) 건축 관청과 건축허가 신청인이 **사전 접촉**을 통한 건축허가와 관련한 **협상**을 하는 경우

3) 대규모 집회를 행하기 전에 경찰관청과 주최자 사이의 **사전 협상** 등이 이에 해당한다.

4) 특히, 환경법 분야에서는 환경법의 주요 원리의 하나인 **'협상의 원칙'**과 관련되는 것으로서, 국가와 사회가 공동으로 협력하여 환경 보호 목적을 달성하기 위해 양 당사자 간에 그 **절차나 형식이 법적으로 규정되고 있지 않은 합의(合意)**를 하는 경우가 이에 해당한다.

비공식적 행정작용은 특정한 형식을 갖지 않고 위에서 설명한 바와 같이 다양한 형식이 사용되며, 그 절차 등이 법령에 규정되어 있지 않고, 법적 구속력을 발생하지 않는 행위 형식이라는 특징이 있는 바, 그 법적 성질은 **사실행위(事實行爲)**의 영역으로 구분할 수 있다.

따라서 공동적으로 행정상 사실행위에 속하는 **행정지도**와 **비공식적 행정작용**과의 관계가 문제된다. 행정지도 개념은 일본에서 배태된 개념이고, 비공식적 행정작용의 개념은 독일에서 배태된 개념이라는 점에서 양 개념 간의 상호관계가 혼란을 가져오는 면이 없지 않다. **행정지도**의 형식으로 행해지는 **지도 · 권고 · 조언** 등은 **행정청이 일방적으로 행하는 비공식적 행정작용**의 개념에 포함되는

것으로 이해할 수 있다.

2. 비공식적 행정작용의 장점과 단점

1) 장점

(1) **행정의 능률화에 기여한다.** 비공식 행정작용은 전통적인 공식적 행정작용(특히 일방적인 명령이나 강제)에 의하는 것보다 개인의 자유로운 의사결정을 유도함으로써 행정 목적 달성을 용이하게 할뿐만 아니라, 행정작용에 따르는 노력이나 비용을 절감할 수 있고, 절차 수행의 신속화(迅速化) 및 직무 수행을 간편하게 행할 수 있어 행정의 능률화에 기여할 수 있는 것이다.

(2) **법적 분쟁을 회피하거니 감소시킬 수 있다.** 당사자의 합의(合意)에 의한 행정작용이 행해짐으로써 사후의 집행상의 문제를 야기하지 않으며, 행정심판이나 행정소송의 제기와 같은 법적 분쟁을 회피하거나 감소시킬 수 있다.

(3) **탄력적으로 행정을 운영할 수 있다.** 당사자가 비공식적 수단에 의해 정규기준을 변경할 수 있는 등(예: 환경 보호기준의 상향 조정) 구체적 상황에 맞는 탄력적 행정을 가능하게 한다.

(4) **법적 불명확성을 제거할 수 있다.** 법령의 해석 · 적용에 있어 불명확한 점이 있는 경우에 행정청과 상대방과의 협의 · 절충 등에 의해 불명확성을 제거할 수 있다.

(5) 이 밖에도 비공식적 행정작용은 **행정조직 간**의 **대립을 완화**할 수 있고, **법적 제재 조치**의 영향이 상대방에게 과도한 경우 이의 **대체 수단**으로 활용될 수 있는 등의 장점이 있다.

2) 단점

(1) **법치행정을 후퇴시킬 우려가 있다.** 행정청이 공식적 행위 형식에 대한 법적 구속 및 법원의 통제로부터 벗어나기 위하여 의도적으로 비공식 행정작용을 선택할 우려가 있어 자칫 법치행정을 후퇴시킬 우려가 있다.

(2) **제3자에게 불이익을 줄 수 있다.** 행정청과 상대방과의 협의 · 교섭의 내

용이 외부에 노출되지 않음으로써, 이해관계 있는 제3자에게 불리하게 작용될 가능성이 있다.

(3) **권리 구제가 어렵다.** 사실행위로서의 비공식 행정작용은 대부분 취소소송 내지 항고소송의 대상이 되지 않음으로써 이로 인해 권익을 침해당한 자의 권리 구제에 어려움이 있다.

(4) **행정의 능률성을 저해시킬 가능성이 있다.** 비공식적 행정작용이 행정의 능률성 확보에 도움이 되기도 하지만 오히려 능률적 행정에 장애가 되기도 한다. 예를 들면, 무허가 건물 내지 노후 건물의 제거를 포함하는 도시재개발 사업 또는 신도시의 개발 등에 있어, 행정 당국은 주민 등과의 마찰을 피하기 위해 법에 정해진 공식적 행정작용(행정강제, 공용수용 등)에 의하기보다는 타협·협상 등의 비공식적 행정작용의 형식으로 이를 수행하는 수가 있는 바, 이것이 결과적으로 행정의 능률성을 저해할 수도 있는 것이다.

3. 비공식 행정작용의 유형

1) 행정기관의 경고·권고 및 정보 제공

(1) 경고와 권고 또는 추천

이는 특정 상품의 위험성, 유해성 및 유용성과 관련하여 환경 및 건강 보호의 분야에서 국민을 행정기관이 바라는 바람직한 방향으로 유도하려는 목적으로 자주 활용되고 있다. 예를 들면, 특정 상품의 소비가 환경에 유해하다거나 또는 건강에 해롭다고 국민에게 알리거나(경고), 환경 친화적 상품의 사용을 권하는 경우(권고)가 이에 해당한다.

행정기관의 경고와 권고는 법적인 구속력이 없다는 점에서 명령·금지 등의 침해적 행위와 구별되지만, 사실상 같은 효력을 가지거나, 경우에 따라서는 더 큰 사실상의 효과를 나타낼 수 있기 때문에 법치행정의 원리와 관련하여 법률유보 원칙의 적용 여부, 그의 허용성 및 한계가 문제된다.

(2) 정보 제공

정보 제공(情報提供)이란 행정기관이 단순히 특정한 목적물에 관하여 지식·

정보를 제공하고, 그것을 어떻게 받아들이는가는 전적으로 국민 각자에게 맡겨져 있는 행정작용을 말한다. 예를 들면, 행정기관이 어떤 물건의 성분 또는 효력을 분석 발표하고 그 중의 어느 것을 선택할 것인지는 전적으로 국민이 결정하게 되어 있는 경우를 말한다.

2) 협상

협상(協商)이라 함은 행정청과 개인 사이에 대화에 의하여 양자의 장래의 행위에 대한 합의를 하는 것을 말한다. 협상은 계약의 형식과 비공식 행정작용으로서의 형식이 있다. 비공식 행정작용으로서의 협상은 법적 구속력이 없는 단순한 장래의 활동에 대한 의도(意圖)의 표시에 한정되어야 한다. 따라서 이 경우, 합의된 바를 준수하지 않을 경우 그에 대한 법적 제재의 가능성이 없다.

보네(Bohne)는 행정에 있어서의 협상을 기능에 따라 규범 대체형 협상(規範代替型協商) · 규범 집행형 협상(規範執行型協商) · 혼합형 협상(混合型協商)으로 나누고 있다.

(1) 규범 대체형 협상(합의)

행정청이 행정 수요 충족을 위해 법령(법률, 법규명령, 조례 등)을 제정하는 방법을 취할 수 있지만, 관련 당사자(주로 사업자 등)와의 원만한 합의에 의하여 행정 목적을 달성하고, 이를 통하여 법령 제정 행위를 유보하는 것을 말한다.

예를 들면, 제품의 생산에 있어서 환경오염을 유발하는 물질의 생산을 방지하거나 축소하기 위해서는 이를 강제로 규제하기 위한 법령을 제정하여 집행하는 방식을 취할 수도 있지만, 그 대신 관계 행정청이 해당 사업자와 만나 환경오염을 유발하는 물질의 생산을 줄이겠다는 협약을 체결하거나 환경 친화적인 제품을 생산하겠다는 협약을 체결하는 것 등이 이에 해당한다.

만약 이러한 협약이 지켜지지 않는 경우 행정 주체는 입법을 통하여 이에 대응할 수 있는 것이다.

(2) 규범 집행형 협상(합의)

행정청이 이미 제정되어 있는 법령에 의하여 집행 권한을 부여받고 있지만, 당해 규범의 집행을 피하거나 집행을 준비하기 위하여 당사자들과 합의를 하는 경우를 말한다.

예를 들면, 새로운 기술 수준에 부응하지 못한 노후시설을 개선하기 위해서 관계 행정청이 이미 제정되어 있는 법에 근거한 법적 조치의 수단을 통해 당해 시설의 사용을 금지하는 처분을 하거나 당해 시설의 운영에 대한 허가를 철회하는 등의 조치를 취할 수 있다. 그러나 관계 행정청이 이러한 법적 조치를 취하는 대신 행정청과 사인 간에 **사전 절충**이나 **사전 조정** 등의 **협의**를 통해 노후 시설 개선 조치를 취하는 방법을 취할 수도 있는데 이를 규범 집행형 협상이라 한다.

(3) 혼합형 협상

규범 대체형 협상과 규범 집행형 협상의 두 성질을 모두 가지는 유형을 말한다. 이는 **법률** 규정상 일정한 요건이 충족되는 경우에 행정청이 당연히 **법규명령(法規命令)**을 발하도록 권한을 위임하고 있으나, 일정한 요건이 충족되는 행위가 존재하여도 행정청이 법규명령을 발하여 대처하지 않고, 합의에 의해 해결하는 경우를 말한다.

이때에는 법규명령이라는 **규범 발령을 하지 않는다는 점**에서는 **규범 대체형**의 요소를, 당해 법률을 집행하는 의미를 갖는 법규명령을 발하지 않아 **법률 집행을 피한다는 점**에서는 **규범 집행형**의 요소가 모두 포함되어 있는 것으로 평가된다.

3) 인·허가 신청 시의 사전 절충

이는 사전에 인·허가권을 가지는 행정청과 신청자가 인·허가의 전망, 그 요건 등에 관하여 논의하는 것을 말한다.

이를 통해 전망 없는 허가의 신청을 처음부터 단념하게 하고, 이후의 절차 진행이 원만하게 진행되며 사후의 분쟁이 방지된다는 점에서 장점을 갖는다.

4) 처분안 및 부관안의 사전 제시

이는 행정청이 처분에 앞서 신청인에게 처분안(處分案)을 송부하는 것이다. 이는 선취형(先取型)의 이의신청 절차의 성격을 가지는 것으로서 사후의 분쟁을 방지할 수 있다.

이 경우, 상대방이 당해 처분안에 찬성하는 경우에는 사후의 소송 포기를 요청하고, 반대하는 경우에는 다른 처분안을 제시하거나 부관안을 미리 제시하여 상대방의 의향을 타진하는 것이다.

5) 응답 유보

이는 허가 등의 신청에 대하여 장애 사유가 있는 경우 그 결정을 유보하고 신청인을 적극적으로 지도하여 허가의 장애 사유로 제기되는 문제점을 사전에 해소하도록 노력하는 것을 말한다.

제 4 장

행정계획

제 1 절 개 설

Ⅰ. 행정계획의 의의

행정계획이란 행정 주체가 장래의 바람직한 행정활동을 위한 **목표를 설정**하고, 이 목표를 달성하기 위해 관련되는 수많은 **행정 수단**(인력 · 자금 · 자료 · 시간)을 **종합 조정**하는 것을 내용으로 하는 행위를 말한다.

따라서 행정계획 개념 속에는 미래를 지향한 목표의 설정과, 그 목표를 달성하기 위한 제반 **수단의 종합화**, 국민에 대한 **유도적(誘導的) · 지침적(指針的) 기능**의 수행(예측가능성 부여 기능) 및 행정과 국민 간의 **매개적(媒介的) 기능** 등의 성격이 내포되어 있다.

계획(計劃, plan)과 **기획(企劃, planning)**은 구별된다. 계획을 수립하는 행위가 기획인 데 대해, 계획은 기획의 산물(産物, output)이라고 본다.

과거 근대 국가에서는 자유방임주의 원리에 기초하여 사회 질서의 형성이 개인의 창의와 자유에 맡겨지는 것을 이상으로 생각하여, 행정에 의한 인위적(人爲的)인 사회 질서의 형성에는 소극적이었다.

그러나 오늘날 복지국가 하에서는 행정에 의한 **인위적인 사회 질서의 형성과 조정**을 필요로 하게 되었고, 이에 따라 행정계획이 현대 행정의 주요 기능 중의 하나로 인정되기에 이르렀다. 그리하여 오늘날 행정 분야에서는 국토이용계획, 도시계획 등 수많은 종류의 계획이 수립·활용되고 있다.

행정계획은 본래 전체주의 국가의 산물이다. 그러나 법치국가의 행정계획은 전체주의 국가의 그것과 구별되는 바, 법치주의 국가에서의 행정계획은 **개인의 자유를 실현하기 위한 계획**이 되어야 한다. 따라서 행정계획이 헌법이나 법령의 적용 영역 밖에 존재해서는 아니 된다. 그러므로 행정계획을 법적 체계 하에 놓는 노력이 필요하게 되며, 현실적으로는 **행정계획으로 인한 개인의 권리 보호**가 주요 문제로 제기되는 것이다.

그러나 행정계획이 법률의 형식을 통하여 인정된다고 하더라도, 그 법은 대체로 장래 달성하고자 하는 **목표만을 규정**하고 있으며, 그 목표 실현을 위한 **구체적인 계획의 수립**에 있어서는 행정 수단의 선택·시간적 순서 등에 있어 **계획기관에게 광범한 형성의 자유**를 부여하고 있다. 이를 **'계획재량(計劃裁量)'**이라고 한다. 따라서 행정계획의 구체적 수립에는 의회가 참여하는 데 한계가 있는 바, 당사자인 국민 스스로가 권리 보호를 위하여 직접 행정계획의 결정 과정에 참여할 필요성이 강력히 제기되는 것이다.

Ⅱ. 행정계획의 종류

1. 대상 지역에 따른 분류

전국을 대상으로 하는 **전국계획(全國計劃)**과, 일정한 지역을 대상으로 하는 **지역계획(地域計劃)** 및 일정한 지방을 대상으로 하는 **지방계획(地方計劃)**이 있다.

2. 행정계획의 구체화의 정도에 따른 분류

이에는 **기본계획(基本計劃)**과 **실시계획(實施計劃)**이 있다. 전자는 후자의 기준이 되는 것이며, 실시계획은 기본계획의 내용을 구체화하는 것이다.

3. 계획 기간에 따른 분류

이에는 **단기계획(短期計劃)**, **중기계획(中期計劃)** 및 **장기계획(長期計劃)**이 있다. 우리나라의 '정부의 기획 및 심사분석에 관한 규정'(대통령령)에 따르면, 장기계획은 6년 이상의 기간, 중기계획은 2년 이상 5년 이하의 기간에 걸치는 계획을 말한다고 한다.

4. 행정계획의 효력에 따른 분류

행정법학적 관점에서 중요한 구분으로 이에는 '자료 제공적 또는 정보 제공적 계획'과 '유도적(誘導的) 혹은 영향적 계획' 및 '명령적(命令的) 계획'이 있다.

1) 자료 제공적 계획

자료 제공적 계획은 구체적인 목표나 구속력을 가짐이 없이, 장래의 경제·사회 전반의 추세 내지 전망(예측)에 관한 자료를 담은 각종의 경제계획·개발계획이 이에 해당한다. 과거 우리 나라에서의 **'경제사회 발전을 위한 5개년계획'**이 이에 해당한다. 이는 흔히 **'백서(白書)'**라는 이름으로 공표되는 경우가 많다.

이러한 계획은 국가기관과 개인이 하나의 지침으로 삼아 스스로의 계획을 수립하는 데 이용되는 것이 보통이다. 따라서 이는 법적인 구속력이 없는 **사실행위**로서의 성질을 갖는다. 따라서 이는 **사법심사의 대상이 되지 않는다.**

2) 유도적 계획(영향적 계획)

유도적 계획은 자료 제공적 계획과 같이 **법적 구속력이 없으나**, 계획의 대상자들을 일정한 방향으로 유도하기 위한 목표와 우선순위를 정해놓고, 이에 부합하는 행위에 대해서는 혜택을 제공하고(예: 보조금의 지급이나 조세 감면 등), 이에 반하는 행위에 대해서는 불이익을 과함으로써(예: 세금 부과상의 불이익), 이를 달성하려고 시도하는 계획을 말한다.

예를 들면, 노후주택 사업을 위한 계획을 수립하면서, 자진하여 주택을 개량하는 자에게는 낮은 이율의 자금을 지원해주거나 지방세를 감면하는 것을 계획의 내용으로 하는 경우이다.

3) 명령적 계획

명령적 계획은 대외적으로 국가와 시민에 대해, 대내적으로는 행정기관에 대해 법적 구속력을 갖는 계획을 말한다. 따라서 전자의 경우에는 법규명령이나 조례나 행정행위의 형식을 취하고, 후자의 경우에는 행정규칙의 형식을 취한다.

5. 법적 구속력의 유무에 따른 분류

1) 구속적 계획

구속적 계획은 앞의 **명령적 계획**이 이에 해당하며, 이는 국민에 대한 구속력을 갖는 계획과 관계 행정기관에 대해 구속력을 갖는 계획의 두 가지 유형으로 구분하여 볼 수 있다.

국민에 대하여 구속력을 갖는 계획의 예를 들면, 국토의 계획 및 이용에 관한 법률 제24조 이하에 따른 도시관리계획은 국민이 그에 따라야 한다. 따라서 이에 위반하면(예: 도시관리계획으로 결정된 자연환경보전구역에서 임의로 건축물을 건축하는 경우) 벌칙이 가해질 수 있다. 이 밖에도 문화재보호법상의 문화재보호구역 지정 행위 등이 이에 속한다.

관계 행정기관에 대해 구속력을 갖는 계획으로는 예를 들면, 예산의 운용계획이나 다른 계획에 대해 구속력을 갖는 계획으로서 국토기본법상의 국토종합계획 등이 있다.

2) 비구속적 계획

비구속적 계획은 법적 구속력이 없는 계획으로서 앞의 **자료 제공적 계획**이나

유도적 계획이 이에 해당한다.

제2절 행정계획의 법적 근거와 확정 절차

Ⅰ. 법적 근거 및 법적 성질

행정청이 행정계획을 수립하고자 하는 경우에 법적 근거를 필요로 하는가의 문제이다.

1) 행정계획을 수립하기 위해서는 물론 **조직법적 근거**가 존재하여야 한다.

2) 이 밖에 **작용법적 근거**의 필요 여부에 대하여는 통설에 의하면, **구속적 계획**은 관계인의 법적 지위 내지 권리 상태에 영향을 미치기 때문에 법률의 근거를 필요로 하는 데 대해, **비구속적 계획**은 단순히 행정의 지침적 구실을 하는 데 지나지 않으므로 법적 근거를 요하지 않는다고 한다.

3) 행정계획은 그 계획마다 특수성이 있기 때문에 모두를 하나로 묶어 법적 성질을 논하기에는 무리가 있다. 따라서 행정계획의 법적 성질에 관해서는 이를 개별적으로 검토해야 한다고 주장하는 **'복수 성질설(複數性質說)'**에 따라 각 계획별로 그 성질을 판단하여야 한다는 것이 다수설과 판례의 입장이다.

4) 이러한 관점에서 행정계획의 **법적 성질**은 예를 들면, **일반처분적 행정행위로서의 성질의 것**으로 나타날 수도 있고(예: 도시관리계획), **행정규칙적 성질의 것**으로 나타날 수도 있으며(예: 민방위기본계획, 국토종합계획, 광역도시계획, 도시기본계획 등), **행정지도와 같은 단순한 사실행위로서의 성질의 것**으로 나타날 수도 있다(예: 체육진흥계획, 민원사무신속처리계획).

5) 우리나라에서는 구체적으로 구 도시계획법상의 **도시계획 결정**이 행정소송법상 **처분**에 해당할 것인지가 문제되었다. 현행 국토의 계획 및 이용에 관한 법률에서는 **도시관리계획**으로 변경되었다. 학설과 판례의 내용은 다음과 같다.

입법행위설(소극설)로서 도시계획 결정은 일반적·추상적인 것으로서 당해 사업의 청사진에 불과한 것이므로 처분성이 부정된다는 견해이며, 우리나라 **고등법원의 입장**이기도 하다.

행정행위설(적극설)로서 도시계획 결정이 고시 또는 공고되면 법률 규정과 결합하여 현상 유지 의무 등 각종의 권리를 제한하는 효과를 가져오는 것이므로, 처분성이 긍정된다는 견해로서 우리나라 **대법원의 입장**이기도 하다.

> 도시계획법 제12조 소정의 도시계획 결정이 고시되면 도시구역 안의 토지나 건물 소유자의 토지형질 변경, 건축물의 신축·개축 또는 증축 등 권리 행사가 제한을 받게 되는 바, 이런 점에서 볼 때 고시된 도시계획 결정은 특정인의 권리 내지 법률상의 이익에 개별적·구체적 효과를 가져오게 하는 **행정청의 처분**이라 할 것이고, 이는 **행정소송의 대상**이 된다(대판 1982.3.9, 80누105).

Ⅱ. 계획의 확정 절차

행정계획은 그 특성상 행정기관에게 넓은 범위의 계획의 구체적 내용에 대한 **형성의 자유(계획재량)**가 인정되므로, 이에 대한 사법심사에 한계점이 있다. 따라서 계획의 확정절차 과정이 중요성을 갖게 된다. 또한 행정계획에 의해 영향을 받는 이해관계의 적절한 조정을 위해서도 절차적 측면에 대한 규제의 필요성이 제기된다.

현행법상 행정계획의 확정절차에 관한 **일반법**이나 **통일적인 절차**는 마련되고 있지 않으며, **행정절차법**도 이러한 절차적 내용을 규정하고 있지 않다. 따라서 개별법의 내용을 검토할 수밖에 없다. 현행 법률에서 규정하고 있는 행정계획 확정 절차는 매우 다양하나 이를 크게 행정 내부적 절차와 행정 외부적 절차로 구분하여 보면 다음과 같다.

1. 행정 내부적 절차

1) 전문가 등을 참여시켜 그들의 자문이나 의결을 거치게 함으로써, 그들의 전문적 지식을 통해 당해 계획의 합리성과 타당성을 확보하기 위한 절차와 관계기관의 장과 협의를 하게 하는 경우로서 예를 들면, 국토의 계획 및 이용에 관한

법률 제4조와 같은 경우이다.

국토의 계획 및 이용에 관한 법률 제4조(국가계획, 광역도시계획 및 도시 · 군계획의 관계 등)

① 도시 · 군계획은 특별시 · 광역시 · 특별자치시 · 특별자치도 · 시 또는 군의 관할 구역에서 수립되는 다른 법률에 따른 토지의 이용 · 개발 및 보전에 관한 계획의 기본이 된다.

② 광역도시계획 및 도시 · 군계획은 국가계획에 부합되어야 하며, 광역도시계획 또는 도시 · 군계획의 내용이 국가계획의 내용과 다를 때에는 국가계획의 내용이 우선한다. 이 경우, 국가계획을 수립하려는 중앙행정기관의 장은 미리 지방자치단체의 장의 의견을 듣고 충분히 협의하여야 한다.

2) 관계 기관의 장의 의견을 듣도록 하는 경우로서 예를 들면, 국토의 계획 및 이용에 관한 법률 제24조 제5항과 같은 경우이다.

국토의 계획 및 이용에 관한 법률 제24조(도시 · 군관리계획의 입안권자)

⑤ 국토교통부 장관은 제1항이나 제2항에도 불구하고 다음 각 호의 어느 하나에 해당하는 경우에는 직접 또는 관계 중앙행정기관의 장의 요청에 의하여 도시 · 군관리계획을 입안할 수 있다. 이 경우, 국토교통부 장관은 관할 시 · 도지사 및 시장 · 군수의 의견을 들어야 한다. [개정 2011.4.14; 2013.3.23]

1. 국가계획과 관련된 경우
2. 둘 이상의 시 · 도에 걸쳐 지정되는 용도지역 · 용도지구 또는 용도구역과 둘 이상의 시 · 도에 걸쳐 이루어지는 사업의 계획 중 도시 · 군관리계획으로 결정하여야 할 사항이 있는 경우
3. 특별시장 · 광역시장 · 특별자치시장 · 특별자치도지사 · 시장 또는 군수가 제138조에 따른 기한까지 국토교통부 장관의 도시 · 군관티계획 조정 요구에 따라 도시 · 군관리계획을 정비하지 아니하는 경우

3) 이 밖에도 상급 행정청의 승인이나 조정을 받도록 하는 경우(예: 국토의 계획 및 이용에 관한 법률 제22조 제1항), 관련 심의회의 심의를 거치게 하는 경우(예: 대외경제장관회의 규정 제2조), 국무회의의 심의를 거치게 하는 경우(예: 헌법 제89조 제1 · 4 · 6 · 13호), 지방의회의 의견을 듣도록 하는 경우(예: 국토의 계획 및 이용에 관한 법률 제28조 제1항) 등이 있다.

2. 행정 외부적 절차

1) 주민 및 관계 전문가 등으로부터 의견을 듣기 위한 공청회(예 : 국토의 계획 및 이용에 관한 법률 제14조)

국토의 계획 및 이용에 관한 법률 제14조(공청회의 개최)
① 국토교통부 장관, 시 · 도지사, 시장 또는 군수는 광역도시계획을 수립하거나 변경하려면 미리 공청회를 열어 주민과 관계 전문가 등으로부터 의견을 들어야 하며, 공청회에서 제시된 의견이 타당하다고 인정하면 광역도시계획에 반영하여야 한다.

2) 주민과 이해관계자의 권한 행정청에 대한 도시관리계획의 입안의 제안(예: 국토의 계획 및 이용에 관한 법률 제26조)

3) 행정예고 절차로서 행정절차법은 국민생활에 큰 영향을 주는 사항, 많은 국민의 이해가 상충되는 사항, 많은 국민에게 불편이나 부담을 주는 사항, 기타 널리 국민의 의견 수렴이 필요한 사항에 대한 정책 · 제도 및 계획을 수립 · 시행하거나 변경하고자 하는 때에는 이를 예고하도록 하고 있다(제46조 제1항). 예고기간은 예고의 성격 등을 고려하여 정하되, 특별한 사정이 없는 한 20일 이상으로 한다(제46조 제3항).

제 3 절 계획재량과 그 한계

Ⅰ. 계획재량의 의의

행정계획에 대해 규정하고 있는 법은 대체로 장래 달성하고자 하는 목표만을 규정하고, 그 목표 달성을 위한 구체적인 계획 수립, 즉 행정 수단의 선택, 시간적 순서의 결정 등에 있어서는 계획 수립 행정기관에게 광범위한 형성(形成)의 자유를 인정하고 있는 바, 이를 '계획재량'이라 한다.

1) 행정계획법규범, 즉 행정계획에 대해 규정하고 있는 법규범이 가지는 이

러한 특색을 '**목적 프로그램**(Zweckprogram)' 또는 '**목적 · 수단의 정식**(**目的 · 手段의 定式**, Zweck-MIttel-Schema)'으로 표현하며, 이를 재량(행위재량)의 법규범에서 보는 바와 같은 '**조건적**(**條件的**) **프로그램**(Konditionalprogram)' 또는 '**가언명제의 정식**(**假言命題의 定式**, Wenn-Dann-Schema)'과 대비시키기도 한다.

2) 이는 법이 정한 요건을 충족한 연후에 효과의 선택에 있어서의 재량을 의미하는 행위재량(行爲裁量)과, 이러한 행위재량보다 더 광범위한 재량권을 인정하는 계획재량(計劃裁量) 간에 차이가 있음을 나타내는 것이다. 따라서 계획재량에 대한 법원의 통제 범위도 행위재량에 비해 좁아지는 것이다.

Ⅱ. 계획재량과 사법심사에서의 형량명령

계획기관에게 계획재량이 인정되더라도 계획재량의 행사 역시 법령이나 행정법의 일반 원칙을 위반할 수 없음은 물론이다. 계획재량에 고유한 형성의 자유가 인정되더라도 그 형성의 자유 영역에도 한계가 있으며, 이 한계를 벗어나면 위법한 행정계획이 된다.

1) 형량명령

(1) 계획상의 목표는 법질서에 부합하여야 하고, (2) 수단은 목표 실현에 적합하고, 필요하며 또한 비례적이어야 하고, (3) 법에서 정한 절차가 있으면 그 절차를 준수하여야 하고, (4) 전체로서 계획 관련자 모두의 이익을 정당히 고려하여야 하는데 이를 '**형량명령**'이라 한다.

2) 형량의 하자

행정계획을 수립함에 있어서 이러한 **형량명령에 위배되어 위법**이 되는 경우, 즉 '**형량의 하자**'를 가져오는 경우로는 (1) 관계 이익의 형량을 전혀 행하지 않는 경우[**형량의 결여 · 해태**(**衡量의 缺如 · 懈怠**)], (2) 형량의 대상에 마땅히 포함시켜야 할 사항을 빠뜨리고 형량을 행하는 경우[**형량의 흠결 · 결함**(**衡量의 欠**

缺·缺陷)]로서 예를 들면, 신도시개발계획을 수립하면서 학교 부지를 배제하여 장래 입주할 주민들의 자녀의 이익을 고려하지 않은 경우), (3) 제 이익 간의 형량을 행하기는 하였으나 그 형량이 **객관성(客觀性)·비례성(比例性)을 결하는 경우** 등으로 위법이 된다. 판례 또한 동일한 견해를 취한다.

제4절 행정계획과 권리 구제

이는 행정계획의 결정 또는 변경으로 인하여 권익을 침해당한 자에게 어떤 구제 방법이 있는가의 문제이다. 대외적으로 법적 구속력이 없는 행정계획에 대하여는 원칙적으로 행정구제의 문제가 발생하지 않으며, 문제가 되는 것은 **대외적으로 법적 효과를 발생하는 구속적 행정계획**에 관한 것이다.

Ⅰ. 행정쟁송

행정입법적 성질의 행정계획은 행정쟁송의 대상이 될 수 없으나, 위법·부당한 **처분적 성질의 행정계획**에 대해서는 행정쟁송을 제기할 수 있다. 구속적 행정계획으로서 국민의 종전의 권리 상태에 **직접적인 변동**을 가져오는 행정계획은 **처분성(處分性)**이 인정되어 취소쟁송의 대상이 될 수 있는 것이다.

행정계획의 위법·부당의 심사에 있어서는 단순히 성문 법규의 저촉 여부라는 관점에서만이 아니라 전술한 형량명령의 위반 여부, 절차의 준수 여부 등의 관점에서 심사되어야 한다. 그러나 행정쟁송을 제기할 수 있는 경우에도 행정쟁송에 의한 권리 구제에는 많은 어려움이 따른다. 왜냐하면, 계획의 수립은 행정청의 광범한 계획재량에 속하기 때문에 본안(本案)에서 원고의 청구가 인용(認容)되기 어렵기 때문이다.

Ⅱ. 손해전보

행정계획의 수립 등에 관여하는 공무원의 직무상 불법 행위가 있는 경우에는 당연히 국가배상을 청구할 수 있다. 그러나 행정계획은 취소쟁송(取消爭訟) 요건을 충족하기 어려운 것과 같이, 국가배상 책임의 요건이 충족되기도 용이하지 않다고 보지 않을 수 없다.

적법한 행정계획으로 인하여 특별한 희생을 입은 경우에는 손실보상을 청구할 수 있다. 그러나 이와 관련하여 특별히 문제가 되는 것은 개발제한구역(開發制限區域)의 지정으로 인한 재산권 침해로 특별한 희생을 입었을 경우 그에 대한 보상 여부와 관련된 문제이다.

일반론적으로는 행정계획으로 인해 국민의 재산권이 제한되는 때에는 이를 특별한 희생으로 인정하여, 법률 규정에 의해 손실보상이 인정되어야 한다. 이는 특히 행정계획의 효과로 인한 개발이익(開發利益)은 환수할 수 있도록 하고 있는 현행 법률(개발이익 환수에 관한 법률)과의 균형에서 볼 때에, 개발손실보상(開發損失補償)에 해당하는 경우라고 볼 수 있으므로 당연히 인정되어야 하는 것이다.

헌법재판소는 그동안 문제로 되어 왔던 개발제한구역의 지정으로 인한 당사자 등의 손실보상 문제에 대해, 종전의 대법원 판례와는 달리,[1] 일정한 경우에 한하여 손실보상 규정의 필요성을 인정하고 있다. 그러나 손실보상의 구체적 내용에 대해서 헌법재판소는 입법자에게 일임하고 있다.

이러한 방향에서 최근에 제정된 '개발제한구역의 지정 및 관리에 관한 특별조치법'은 당사자들에게 상대로 국토교통부 장관을 상대로 하여 당해 토지의 매수(買受)를 청구할 수 있는 권리를 부여하고 있다(제17조 제1항).

개발제한구역의 지정 및 관리에 관한 특별 조치법 제17조(토지매수의 청구)

① 개발제한구역의 지정에 따라 개발제한구역의 트지를 종래의 용도로 사용할 수 없어 그 효용이 현저히 감소된 토지나 그 토지의 사용 및 수익이 사실상 불가능하게 된

1) 대법원 판례에 따르면, **개발제한구역 지정으로 인한 재산권 제한**의 효과는 공공복리를 위하여 인정되는 **적법**한 것으로서 특별한 희생이 아니라고 보고 있다. 따라서 손실보상을 부정하고 있다(대판 1990.5.8, 89부2 참조).

토지(이하 "매수대상토지"라 한다)의 소유자로서 다음 각 호의 어느 하나에 해당하는 자는 국토교통부 장관에게 그 토지의 매수를 청구할 수 있다.

제 5 장

그 밖의 행정의 주요 행위 형식

제 1 절 행정상의 확언 · 확약

Ⅰ. 확언과 확약의 개념

사례 1) A구청장은 주민 갑과 을이 A구청장을 상대로 하여 구청 내 일정지역의 도로를 개설해 줄 것을 탄원하였고. 이에 A구청장은 2012년 6월 말까지 도로를 개설해줄 것을 약속하였다. 그런데 A구청장이 이를 이행하지 않을 경우 주민 갑과 을은 A구청장에게 약속을 이행하라고 요구할 수 있는가의 문제가 발생한다.

사례 2) 갑은 골프장 영업을 설치 · 운영하고자 골프장업사업계획서를 도지사에게 제출하였고, 해당 도지사는 '체육시설의 설치 및 이용에 관한 법률'이 정하는 사항을 구비하여 골프장업의 등록을 신청하면 등록을 받아주겠다고 하였다. 이에 갑은 해당 법률이 정하는 사항을 구비하여 골프장업의 등록 신청을 하였으나 해당 도지사는 갑이 신청한 특정 군에 골프장이 너무 많다는 이유로 수리를 거부하였다.

위의 두 가지 사례에서 사례 1이 **확언(確言)**의 개념과 관련이 있다면, 사례 2의 경우는 **확약(確約)**의 개념과 관련이 있다.

행정법상의 확언과 확약의 구별에 대해서는 **확언**은 현실적으로 행정행위에 관한 것뿐만 아니라 기타 행정작용(행정입법 · 공법상 계약 · 행정사실행위) 등 **일체의 행정작용을 대상**으로 하여 장차 일정한 행정작용을 행하거나 행하지 않겠다고 하는 공법상의 일방적인 자기구속의 의사표시를 말하고, **확약**은 행정작용 가운데 특별히 **행정행위와 관련**하여 행정청이 사인에 대하여 장차 일정한 행정행위를 발령하거나 발령하지 않겠다고 하는 것을 내용으로 하는 공법상의 일방적인 자기구속의 의사표시라는 점에서 구별된다. 따라서 **확언은 확약을 포함하는 보다 넓은 의미의 개념**이다.

확약의 예로는, 장래 광업 허가를 해줄 것을 약속하는 것, 장래 조세 부과 처분을 내리지 않겠다는 것을 약속하는 것, 각종 인 · 허가에 대한 내인가(內認可) · 내허가(內許可) 등을 들 수 있다. 실무상으로는 **내인가**가 확약의 의미로 많이 사용된다.

확약은 종래 독일의 학설 · 판례상 발전시킨 불문법리(不文法理)였으나, 1976년 행정절차법에서 명문으로 확약의 구속성을 인정하게 되었다. 그러나 우리나라의 행정절차법에는 이를 규정하고 있지 않다.

Ⅱ. 확언 · 확약의 법적 성질

1. 행정행위성 여부

확언 · 확약을 행정청의 단순한 사실상의 의견표명에 불과한 것이라고 본다면 확언 · 확약의 상대방은 행정청에 대하여 확언 · 확약의 이행을 관철시키기 어렵다. 그러나 확언 · 확약을 법적인 효과를 가져오는 행정행위로 본다면 확언 · 확약(이하에서는 '확약'으로 표시)의 상대방은 행정청에 대하여 그 이행을 관철시킬 수 있는 법적 가능성이 열리게 된다.

확약은 자기구속적 의사표시로써 행정청에게 일정한 의무를 부여한다는 점에서 행정행위로 보아야 한다는 견해와, 확약은 장래 어떠한 행위(예: 건축허가)를 하겠다는 약속에 해당하는 것이고, 종국적인 규율(예: 건축행위)은 약속된 행위를 통해서 비로소 가능한 것이므로 행정행위라고 볼 수 없다는 견해가 있다.

다수설은 **확약의 행정행위성을 인정**하고 있다. 그리고 본처분(本處分)을 할 수 있는 권한 속에는 확언이나 확약을 할 수 있는 권한까지 포함된다고 본다. 예를 들면, 구청장의 건축허가권에는 장래 건축을 허가할 것이라는 일방 구속적인 의사표시를 할 수 있는 권한까지 포함되는 것으로 보고 있다는 것이다. 그러나 **판례의 입장**은 **행정행위성을 부정**하고 있다. 즉, 판례는 확약의 처분성을 인정하고 있지 않고 있는 것이다.

어업면허에 선행하는 우선순위 결정은 행정청이 우선권자로 결정된 자의 신청이 있으면 어업면허 처분을 하겠다는 것을 약속하는 행위로서 강학상(講學上) 확약에 불과하고 행정처분은 아니므로, 우선순위 결정에 공정력(公定力)이나 불가쟁력(不可爭力)과 같은 효력은 인정되지 아니하며, 따라서 우선순위 결정이 잘못되었다는 이유로 종전의 어업권 면허 처분이 취소되면 행정청은 종전의 우선순위 결정을 무시하고 다른 우선순위를 결정한 다음 새로운 우선순위 결정에 기하여 새로운 어업면허를 할 수 있다(대판 1995.1.20, 94누6529).

2. 확약과 타 개념과의 구별

1) 교시

교시(敎示)란 행정청이 상대방에게 일정한 사실 또는 법률관계에 관한 정보를 제공하는 사실행위를 말한다. 확약이 행정청이 자기구속을 할 의도로 행하는 것인 점에서 비구속적인 법률적 견해의 표명과 같은 교시와 구별된다.

2) 공법상 계약

확약이 행정청의 일방적인 조치인 점에서 쌍방적 행위인 공법상 계약과 구별된다.

3) 내부행위

확약이 국민에 대한 의사표시인 점에서 행정조직 내의 내부행위와 구별된다.

4) 행정지도

확약이 일정한 법적 효과(예: 기대권의 발생)를 발생시킨다는 점에서, 행정지도와 같은 사실행위와 구별된다.

5) 조건부 행정행위

확약은 본 행정작용을 할 것을 약속하는 의사표시라는 점에서, 바로 본 행정행위를 행하면서 단지 그 효력의 발생 또는 소멸을 장래 발생이 불확실한 사실에 메이게 하는 조건부 행정행위(條件附行政行爲)와도 구별된다.

6) 예비결정, 부분허가

예비결정(또는 사전결정)이나 부분허가(部分許可)는 한정된 사항에 대하여 종국적(終局的)으로 규율하는 행정행위의 효과를 발생하는 점에서, 종국적 규율에 대한 약속에 지나지 않는 확약과 구별된다고 본다.

Ⅲ. 확약의 요건

1) 확약은 본래의 처분을 할 수 있는 권한을 가진 행정기관이 자신의 권한의 범위 내에서 행해야 한다.

2) **확약은 그 내용이 법령에 적합해야 하고** 이행 가능한 것이어야 한다.

3) 확약은 본 처분에 대하여 일정한 **절차**가 규정되어 있으면 이를 이행해야 할 것으로 본다. 따라서 청문 등 본래의 처분을 행하기 위해 법이 일정한 절차를 요구하고 있는 경우에는 확약 역시 그 절차에 따라야 한다. 확약의 경우, 생략이 가능한 것으로 보게 되면 행정절차를 회피할 가능성이 있기 때문이다.

4) 확약의 **형식**에 대해서는 내용의 명확성을 위해 서면으로 하는 것이 바람직하다고 할 수 있으나, 명문 규정이 없는 경우에는 통상적으로 형식을 요구하지

않는다고 보아야 할 것이다.

Ⅳ. 확약의 효과

1. 이행의무

확약이 행해진 경우에는 확약의 내용에 따라야 할 자기구속의 효과를 발생하는 한편, 이에 따르지 않을 경우 상대방은 행정청에 대하여 확약의 내용의 이행을 청구할 수 있다.

따라서 확약의 불이행 시에는 행정쟁송(작위를 약속한 경우에는 의무이행심판이나 부작위위법확인소송, 부작위를 약속한 경우에는 취소쟁송이나 무효 등 확인쟁송)을 제기할 수 있다. 그리고 그로 인해 손해를 받은 자는 국가배상을 청구할 수 있다.

2. 확약의 무효 · 취소 · 철회

독일의 행정절차법은 확약의 하자에 대해 행정행위에 관한 규정을 준용하고 있고, 우리나라의 행정절차법(안)에서도 이와 유사한 규정을 드었으나 현행법상에는 그러한 내용이 없다.

1) 행정행위를 준용할 경우, 확약 내용이 위법하거나 확약의 대상 행위가 위법한 때에는 취소 사유가 된다. 또한 확약을 발령한 이후에 그 효력을 유지할 수 없는 사정이 발생한 때에는 철회가 가능하게 된다. 그러나 확약이 수익적(授益的) 행정행위를 대상으로 하는 때에는 신뢰 보호의 관점에서 취소나 철회가 제한될 수 있다.

2) 그러나 판례는 확약의 취소와 철회를 쉽게 인정하는 경향이다.

> 피고의 내부 규정(국세청훈령인 재산제세조사사무취급규정)에 의한 비과세 통지는 이 사건 과세처분에 의하여 철회 내지 취소된 것으로 볼 것이고, 비과세 결정 내지 그 통지가 있었다는 사실만으로써 위 부과처분이 당연 무효로 될 아무런 근거가 없다(대판 1982.10.26, 81누69).

3. 확약과 사정변경

확약이 행해진 후 확약의 기초가 되었던 법적·사실적 상황이 변경된 경우에는 '사정변경(事情變更)'의 원칙에 따라 행정기관이 이러한 사정을 미리 알았더라면 그와 같은 확약을 하지 않았을 것이라고 인정되는 경우에 한하여 확약 내용의 구속력은 상실된다고 할 것이며, 따라서 당사자는 확약의 내용 이행을 행정기관에 강제할 수 없게 된다. 이 경우에는 상대방의 신뢰 보호를 위하여 손실보상이 인정될 수 있을 것이다.

그러나 판례는 별다른 의사표시 없이 실효(失效)된다고 판시하여 사정변경의 법리를 받아들이고 있다.

> 행정청이 상대방에게 장차 어떤 처분을 하겠다고 확약 또는 공적인 의사표명을 하였더라도, 기간 내에 상대방의 신청이 없었거나 확약이 있은 후에 사실적·법률적 상태가 변경되었다면, 그 확약은 **별다른 의사표시를 기다리지 않고 실효**된다(대판 1996. 8.20, 95누10877).

제 2 절 사법 형식의 행정작용

Ⅰ. 개 설

전통적으로 공행정은 공법적 수단에 의해 수행되는 것이 원칙이었으나, 오늘날은 행정 주체는 공행정을 수행하는 데 있어서 일정한 범위(조달행정이나 급부행정의 영역)에서는 공법 규정 하에서의 여러 가지 부담과 제약에서 벗어나 사적 부문의 자율성과 창의성에 기초하여 공행정을 효율적으로 수행할 수 있도록 하기 위하여 행정 주체로 하여금 공법적 제약으로부터 벗어나 공행정을 사법 형식에 의해 수행할 수 있도록 하고 있다.

그런데 문제는 사법의 세계에서는 **'사적 자치의 원칙(私的自治의 原則)'**이 지배하고 있는데, 만일에 행정이 아무런 제약을 받지 아니하고 사법의 형식으로 활동할 수 있다고 한다면 공법의 형식으로 하는 경우에 받게 될 **여러 가지 제약을 벗어나기 위해 고의적으로** 사법의 형식을 취하는 이른바 **'행정의 사법 형식으로의 도피'** 현상이 일어날 수도 있지 않을까 하는 점이다. 따라서 행정이 사법의 형식을 취할 수도 있다는 점을 긍정하면서도, 행정의 사법 형식으로의 도피를 통제하기 위한 이론이 바로 **'행정사법(行政私法)'**의 이론이다.

Ⅱ. 사법 형식의 행정작용의 유형

사법 형식의 행정작용은 그 목적에 있어서 행정 과업 수행과 직접적인 관련을 갖는가의 여부에 따라 **'협의의 국고작용(國庫作用)'**과 **'행정사법작용'**으로 나누어진다.

사례 1) 지방자치단체장인 A도지사는 공무원들의 업무 수행에 필요한 물자를 조달하기 위하여 민간기업체인 갑과 물품 매매계약을 체결하였다.

사례 2) 서울시에 소재하고 있는 A뉴타운 단지 주민들은 서울시장과 수돗물 공급계약을 맺었다.

사례 1의 경우가 '협의의 국고작용'에 속하고, 사례 2의 경우가 '행정사법작용'에 속한다.

1) 협의의 국고작용이란 행정 주체가 일반 사인과 대등한 지위에서(사법상의 재산권의 주체로서) 사법상의 행위(예: 물품매매계약)를 함에 있어서 사인과 행하는 행정작용을 말한다.

2) 행정사법작용이란 사례 2에서의 수돗물 공급 사례에서 보는 바와 같이 행정 주체가 국민이나 주민과의 관계에서 사법 형식으로 이루어지지만, 그것은 순수한 사법작용과 달리 공공의 복지 증진이라는 공적 목적을 직접 실현하기 위한 것이므로, 이러한 작용에는 공법적 제약이 일부 가해진다. 예를 들면, 지방자치단체는 공급 대상자를 선정하여 수돗물을 공급할 수는 없고, 모든 주민에게 평등하게 공급하여야 하며. 지방자치단체가 수돗물 공급과 관련하여 적자가 난다는 이

유만으로 임의로 수돗물 공급 사업을 중단할 수도 없다는 공법적 제약을 받게 되는 것이다.

3) 이와 같이 공적 사무, 즉 공행정을 사법 형식으로 수행하되 거기에 공법적 제약이 가해지는 행정작용을 행정사법작용이라 한다.

4) 행정사법작용이 행해지는 예로는 행정 주체가 행하는 주택건설, 위생시설, 폐수 처리, 오물 처리, 수돗물 공급, 국·공영 극장, 국·공영 스포츠시설 등의 운영 등과 같은 생활 배려를 내용으로 하는 급부행정 영역이나 보조금 지급과 같은 경제 촉진을 목적으로 사법 형식의 교부지원 제도 등이 있다.

1. 국고작용(협의의 국고작용)

행정 주체가 행정작용을 사법적인 형태로 행할 때 이를 **넓은 의미에서의 국고작용**(國庫作用)이라고 한다. 한편, **좁은 의미의 국고작용**은 행정기관의 활동 목적이 **재정 목적**, 즉 재산을 확보, 증대 또는 양여하기 위하여, 혹은 이를 위해 필요한 재화를 조달하기 위해, 행정기관이 경제활동이나 영리활동을 하는 경우를 말한다.

통상적인 경우, **국고작용**은 **좁은 의미**로 이해되며, 그 예로는 국가나 지방자치단체가 사인과 국유지의 매각, 임대차계약, 공사도급계약, 물품매매계약, 잡종재산의 매각 등의 작용을 들 수 있다.

국고작용과 관련된 법적 분쟁은 원칙적으로 민사법원의 관할이다. 예를 들면, 지방자치단체의 장이 A기업과 체결한 공사도급계약의 수행 과정에서 법적 분쟁이 생긴 경우 이러한 분쟁은 민사법원의 관할 사항이 된다.

2. 행정사법작용에 작용하는 공법적 제약

행정사법이란 행정 주체가 자신에게 부여된 공적 임무를 수행하기 위하여 사법의 형식으로 활동하는 경우를 말한다. 따라서 행정사법작용은 기본적으로 사법관계이며 사법에 의해 규율된다. 그러나 그 형식은 비록 사법적 활동이라 할지라도 그 실질은 공행정이므로 공행정의 공공성을 최소한으로 보장하고, 국민의 기본권을 보장하기 위하여 **행정사법작용**에는 **순수한 사법에 의해서만 규율되는 것이 아니고, 공법적인 구속을 받는다**는 점에서 그 특성을 갖는 개념이다. 여기에서 사적 자치의 원칙에 제약을 가하는 공법적 제약의 내용으로는 다음과 같은 것이 있다.

1) 헌법 제10조의 기본권 규정에 의한 구속이다. 즉, 국가나 지방자치단체가 행정을 사법 형식으로 수행할 때에도 헌법상의 기본권, 특히 자유권이나 평등권에 구속을 받는 다는 것이다. 예를 들면, **평등의 원칙 · 비례의 원칙 · 신뢰 보호의 원칙 · 재산권 보장** 등에 의한 구속이 그것이다.

헌법 제10조 모든 국민은 인간으로서의 존엄과 가치를 가지며, 행복을 추구할 권리를 가진다. 국가는 개인이 가지는 불가침의 기본적 인권을 확인하고 이를 보장할 의무를 진다.

2) 국가 등 행정 주체가 사법의 형식으로 활동하는 경우에는 사법상의 **행위능력에 관한 규정, 의사표시에 관한 규정** 등이 수정되는 경우가 있을 수 있다.

우편법에는 무능력자의 행위를 능력자의 행위로 간주하는 규정(제10조)을 두고 있어 사법상의 원리가 그대로 적용되지 않고 있다.

우편법 제10조(무능력자의 행위에 관한 의제) 우편물의 발송, 수취나 그 밖에 우편 이용에 관하여 무능력자가 우편관서에 대하여 행한 행위는 능력자가 행한 것으로 본다.

3) 이 밖에도 우편법은 제24조에서는 체납요금을 강제 징수할 수 있다는 규정을 두고 있고, 제38조 제1항에서는 손해배상범위의 제한 등을 규정하고 있다.

우편법 제24조(체납요금 등의 징수방법)
① 요금 등의 체납금액은 국세징수법에 따른 체납처분의 예에 따라 징수한다.

4) 전기 · 가스의 공급, 교통수단의 이용, 상 · 하수도의 이용 등의 경우에도 사적 자치가 현저하게 제한된다. 공기업이 제공하는 이러한 공공재의 공급은 대량적이고 정형적인 방식으로 이루어진다는 특징이 있다. 따라서 행정 주체가 국민에게 이러한 재화를 공급하는 데 있어서는 행위 능력과 의사표시의 착오에 대한 사법규정이 수정되며, 사용 계약에 있어서 **계약**이 법적으로 또는 사실상으로

강제되거나 또는 **해지**나 **해체**가 **제한**된다. 또한 공기업은 경영 의무를 지며 경영 포기 내지 중단이 부인된다(공행정 계속성의 원칙). 이 밖에도 사용료나 수수료를 결정할 때에는 행정기관의 허가를 필할 것 등을 공법상 규정하고 있다.

수도법 제39조(급수 의무)

① 일반수도사업자는 수돗물의 공급을 원하는 자에게 대통령령으로 정하는 정당한 이유 없이 그 공급을 거절하여서는 아니 된다.

② 일반수도사업자가 부득이한 이유로 일시 수돗물을 공급할 수 없는 경우에는 미리 그 구역과 기간을 정하여 공고하여야 한다.

③ 일반수도사업자는 수돗물의 공급을 거절하려는 경우에는 2개월 이상의 유예기간을 두고 공급 거절의 사유와 이를 시정하지 아니하면 수돗물의 공급을 거절한다는 사실을 서면으로 통지하여야 한다.

5) 행정사법의 영역에서의 **법적 분쟁**은 민사소송에 의하여야 한다는 주장과 행정소송에 의하여야 한다는 주장이 대립되고 있으나, 판례는 **민사소송**의 형태를 취하고 있다.

예를 들면, 전화 가입 계약의 경우 공중통신역무의 제공이라는 이용관계의 특수성 때문에 그 이용조건 및 방법, 이용의 제한, 이용관계의 종료 원인 등에 관하여 여러 가지 법적 규제가 있기는 하나, 그 성질은 사법상의 계약관계에 불과하다 할 것이므로 **전화 가입 계약의 해지와 관련된 법적 분쟁**은 항고소송의 대상이 되는 행정처분이라고 할 수 없고 민사소송의 대상이 된다(대판 1982.12.28, 82누441).

또 다른 예를 들면, A구청장이 갑과 체결한 아파트 분양 계약과 관련하여 법적 분쟁이 있을 경우에는 행정법원이 아닌 민사법원에 소송을 제기하여 분쟁을 해결하여야 한다.

6) 손해배상 책임과 관련하여서도 판례는 철도운행사업에 의한 손해배상 책임과 관련하여 국가의 철도 운행사업은 국가가 공권력의 행사로서 하는 것이 아니고, 사경제작용이라 할 것이므로, 이로 인한 사고에 공무원이 간여하였다고 하더라도 국가배상법을 적용할 것이 아니고 일반 민법의 규정에 따라 민사상 손해배상 책임을 져야 한다고 한다(대판 1999.6.22, 99다7008).

제 3 절 행정의 자동화 작용

Ⅰ. 행정의 자동화 작용의 의의

오늘날 정보화 시대에는 행정 결정을 위해 미리 작성된 프로그램과 이에 입력된 정보를 바탕으로 행정사무를 처리함으로써 엄청난 시간과 노력을 절약하고 부분적으로는 인간의 행위를 대체하는 수준에 이르고 있다. 이에 따라 행정의 자동화(自動化) 현상이 보편화되고 있다.

행정의 실제에 있어서 이러한 자동화 작용은 행정정보와 기록의 보존, 교통신호나 교통관리 시스템의 구축 및 운용, 대량행정에 있어서의 행정 결정의 산출(조세 부과 결정 · 연금 등 급부행정 분야에서의 교부금 지급 결정 · 학생의 학교배정 등), 행정계획의 사전 준비작업 등의 목적을 위하여 활용되고 있다. 이와 같이 행정의 자동화를 통하여 발하여지는 행정작용이 '행정자동 결정(行政自動決定)'이다.

1) 행정의 자동화 작용과 관련하여 제기되는 문제점은 이의 긍정적 필요성과 함께 여러 가지 부정적 측면이 노출되고 있는 바, 그 법적 문제에 대한 다양한 검토를 필요로 한다는 점이다. 특히, 법률유보 원칙의 적용 문제, 자동기계 결정의 법적 특성과 법적 형식에 관한 문제, 행정절차와 관련된 문제 및 정보 수집 과정에서의 개인 보호의 문제, 수집된 정보의 남용으로부터의 개인의 프라이버시 보호 문제 등이 제기되고 있다.

2) 이와 같은 전자정부(Electronic Government : e-Government) 시대의 도래로 인해, 우리 정부도 약칭 '전자정부법(電子政府法)'이라 불리는 법률(전자정부 구현을 위한 행정업무 등의 전자화 촉진에 관한 법률)을 제정하여, 2001년 7월부터 시행해 오고 있다.

Ⅱ. 행정자동 결정의 법적 성질

행정자동 결정이란 전체 의사결정 과정에서 처음부터 마지막 과정에 이르기까지 자동 데이터 처리시설에 의해 결정이 이루어지는 것을 말하며, 이와 같은 행정자동 절차의 최종 산물이 행정자동 결정이다. 예를 들면, 자동 감응장치에 의해 가동되는 교통신호기, 학생의 학교 배정, 공과금의 부과 결정, 주차료 등 공공시설의 사용료 결정, 연금 등 수익금의 결정 등이 있다. 따라서 의사결정 전체의 과정에서 개개의 과정을 자동화하더라도 최종 단계에서만은 여전히 사람에 의해 의사결정이 이루어지는 것은 행정자동 결정에 해당되지 않는다.

1) 이러한 행정자동 결정의 **법적 성질** 내지 **법적 형식**이 행정입법, 행정행위, 행정상 사실행위 등의 행정작용 형식들 가운데 어느 것에 해당하는지가 문제된다. 이들 중 어느 형식에 해당하느냐에 따라 그의 법적 효과와 그에 대응한 행정구제 수단을 달리하기 때문이다.

2) 예를 들면, 행정자동 결정의 법적 성질이 명령(특히, 법규명령)에 해당한다고 하면, 그의 위법 여부가 구체적인 사건에서의 재판의 전제가 되는 경우에 행해지는 구체적인 규범통제만이 가능할 것이며(헌법 제107조 제2항), 행정행위에 해당하는 경우에는 그의 직접적 취소를 청구하는 내용의 행정쟁송을 제기할 수 있을 것이다.

3) 행정자동 결정 역시 인간의 도움이 없이는 불가능하다. 즉, 행정자동 결정은 최소한 공무원이라고 하는 인간이 작성한 프로그램과 구체적인 자료에 의해 이루어지는 것이라는 점이다. 이러한 절차를 통해 결정된 내용을 행정처분으로 통지함으로써 구속력을 발생시키는 역할을 수행하기 때문에 행정자동 결정은 대부분 **행정행위**로서의 성질을 갖는다고 본다.

Ⅲ. 행정행위로서의 행정자동 결정에 대한 특별한 법적 규율

행정자동 결정이 행정행위(처분)로서의 성질을 가지는 이상, 행정행위에 관한 일반 원칙이 여기에 적용되며, 행정절차법이 정하는 바에 따라야 한다. 그러나 행정자동 결정은 자동화된 기술적 절차에 의해 행해지고 대량사무를 처리하는 것이라는 점에서 행정청이 개인을 상대로 개별적으로 행해지는 일반 행정행위와는 다른 특성을 가지며, 그 한도 내에서는 그 성립 및 효력 발생 요건에 관하여 특별한 규율을 요한다. 이와 관련하여 독일연방행정절차법에서는 다음과 같은 특례가 인정되고 있다.

1) 행정자동 결정의 성립에는 보통의 행정절차가 갖추어야 하는 성립 요건으로서의 행정청의 서명·날인을 생략할 수 있게 한다든가, 행정행위의 이유부기·청문 등을 생략할 수 있는 특례를 인정하고 있다. 우리나라의 1987년 행정절차법(안)에서도 같은 내용의 규정이 있었다(제28조 제2호). 그러나 현행 행정절차법에는 행정자동 결정에 대한 특례규정이 없다.

2) 행정자동 결정이 행정행위로서의 성질을 갖는다고 할 때, 그 대상 행위에 재량행위도 포함되는지의 문제이다. 재량행위는 추상적 사고 과정이 포함되는바, 재량행위를 기계적인 절차에 따라 자동화한다는 것은 기속행위에서와는 그 사정이 다르기 때문이다.

재량행위의 경우 법률에 의해 인정되어 있는 재량행위를 구체화하는 재량준칙(裁量準則)을 행정자동 절차에 의해 자동화하는 것은 가능하다고 보여진다. 재량준칙이 재량행위의 통일적 수행을 보장하기 위해 일정한 유형화를 지향하기 때문에, 구체적인 사건이 아니라 전형적인 사건을 그 대상으로 하기 때문이다. 이 경우에 컴퓨터 프로그램은 일종의 **행정규칙(行政規則)**으로서의 성질을 갖는다고 볼 수 있다.

Ⅳ. 행정자동 결정의 하자와 권리 구제

1. 행정자동 결정의 하자

행정자동 결정의 하자는 기계의 이상(異狀) 또는 프로그램을 작성하는 공무원의 과실(過失)이 그 원인이 되는 것이 보통이다.

1) 행정자동 결정이 행정행위로서의 성질을 갖는 이상 행정자동 결정의 하자

역시 행정행위의 하자 일반 원칙에 따라 결정되어야 할 것이다. 따라서 하자가 중대하고 명백한 하자의 경우에는 무효가 되며, 하자가 그 정도에 이르지 않을 때에는 취소의 원인이 되는 것이다. 또한 하자가 취소 사유에 해당한다 할지라도 특히 수익적 행정행위의 경우에는 신뢰 보호의 원칙이나 관련 이익의 비교 형량 등 취소에 관한 일반 원칙이 여기에도 적용된다고 할 수 있다.

2) 이에 반해, 행정자동 결정에 오기(誤記)·오산(誤算) 기타 이에 준하는 명백한 오류는 행정행위의 하자에는 해당되지 않는다. 이러한 경우에는 행정청은 직권 또는 신청에 의해 지체없이 이를 정정하고 당사자에게 통지하여야 한다(행정절차법 제25조 참조).

2. 위법한 행정자동 결정과 권리 구제

자동장치의 하자가 공무원의 고의 또는 과실에 의하거나 자동장치의 설치·관리의 하자로 인하여 타인이 손해를 입은 경우에는 국가배상법 제2조와 제5조에 의한 배상책임이 발생한다고 할 수 있다.

그러나 국가배상법상의 요건에 해당되지 않는 경우, 즉 자동장치로 인한 손해의 발생이 공무원의 무과실 행위라든가, 통행인의 교통신호기 조작 실수 등에 의한 것일 경우에는 국가배상을 인정하기 어렵다. 따라서 이러한 사항에 대한 적절한 권리구제 방안이 금후 모색되어야 할 과제로 등장하고 있다.

제 6 장

행정 과정의 법적 규율

우리나라 행정법은 대륙법계 국가의 전통을 이어받아 주로 그 **실체법적 측면, 결과로서의 행정 결정**만을 중시하고 행정작용이 어루어지는 **과정에 대한 관심**은 소홀히 해 온 것이 사실이다. 그러나 미국을 비롯한 영·미법계 국가에서는 실체법적 측면보다는 **절차법적 측면**을 중시하고 있다.

오늘날과 같이 행정기능이 양적으로 확대되고 질적으로 복잡다기화(複雜多技化)되어 있는 행정 현실에서는 행정의 최종 결정에 대한 법적 판단보다는 어떠한 행정 과정을 거쳐 합당한 결론에 이를 수 있는가에 대한 절차법적 보장이 더 중시되지 않을 수 없다. 이 점은 현대 행정의 과제를 수행하기 위해 점점 확대되어 온 행정재량의 경우 그 절차적 통제의 중요성이 강조되고 있는 것만 보아도 분명히 드러난다.

오늘날 행정은 정책을 수립하고 이를 집행하는 복합적인 과정이자 행정 서비스를 제공하는 과정으로 이해되고 있다. 따라서 행정 과정에 대한 법적 규율도 이에 걸맞은 내용을 담지 않으면 안 된다. 이를 가능하게 하는 것이 바로 **행정절차(行政節次)**이며, 행정 과정에서의 **정보의 공개 및 보호** 등이라 할 수 있다.

정보의 공개 및 보호는 행정 과정에 대한 **참여를 가능하게 하기 위한 전제 조**

건으로서, 행정의 **투명성(透明性)**을 확보하고 개인의 정보를 보호하기 위한 제도적 수단이 된다. 또한 **행정절차**는 사전통지, 의견청취, 이유부기(理由附記) 등 행정처분(행정행위)을 행하기 이전에, **사전적(事前的)으로 거쳐야 할 절차**를 법적으로 제도화한 것이다. 이와 같은 행정 과정에 대한 법적 규율을 통해 행정의 **타당성**과 **공정성**을 증진시키고, **법치행정 및 민주행정의 원리**를 실현하는 데 봉사하는 것이다.

제 1 절 행정정보 공개제도

Ⅰ. 의의 및 순기능과 역기능

1. 행정정보 공개제도의 의의

행정정보 공개제도란 국민이 국가가 보유한 정보에 접근하여 그것을 이용할 수 있게 하기 위하여 국민에게 정부 보유 정보에 대한 공개를 청구할 수 있는 권리를 보장하고, 국가에 대하여 정보공개의 의무를 지게 하는 제도를 의미한다. 이러한 **정보공개의 필요성**은 **'국민의 사생활의 비밀 보호'** 및 **'공무원의 비밀 엄수 의무'**와 **충돌**될 우려가 있으므로, 정보공개의 여부의 결정에는 양 가치 간의 조화를 고려하여야 할 것이다.

우리나라의 경우, 1996년 12월에 '공공기관의 정보공개에 관한 법률'이 제정되었으며, 대부분의 지방자치단체에서는 행정정보에 관한 조례를 제정하고 있다.[1)]

---

1) 대법원은 청주시 정보공개 조례 취소소송 사건에서 지방자치단체의 정보공개 조례(情報公開條例)는 주민의 권리를 제한하거나 의무를 부과하는 조례에 해당하지 않으므로 법률의 위임을 요하지 않는다고 판시하였다(대판 1992.6.23, 92추17).
정보의 공개 문제는 1970년 후반부터 활발하게 전개되어 왔으나, 정보공개에 따른 부작용의 우려가 있다는 점, 개별법에 의한 공개가 상당 부분 가능하다는 점을 이유로 정부는 정보공개

2. 역기능과 순기능

1) 순기능

(1) 헌법상의 국민의 **'알 권리(Access권)'**를 충족시켜 준다.
(2) 주권자인 국민의 국정에 대한 광범위한 정보를 통한 실질적 민주주의의 실현에 도움이 된다.
(3) 여러 가지 문제들에 대한 정보를 통해 정부에 대한 문제 해결책을 요구함으로써, 국민의 권리·이익의 보호 및 국민에게 봉사하는 행정을 실현하는 데 도움이 된다.
(4) 국정에 대한 국민의 신뢰를 구축하는 데 기여한다.

2) 역기능

(1) 국가의 기밀이나 개인 정보를 침해할 우려가 있다.
(2) 경쟁 상대에 대한 비밀 탐지 등의 목적으로 이용될 가능성이 있다.
(3) 행정의 부담이 증대될 가능성이 있다.
(4) 정보 접근 능력이 있는 자와 없는 자 간의 정보의 불균형을 초래할 가능성이 있다.

Ⅱ. 공공기관의 정보공개에 관한 법률(정보공개법)의 주요 내용

1. 정보공개 청구권자

모든 국민은 정보의 공개를 청구할 권리를 갖는다(제5조 제1항). 외국인의 정보공개 청구에 관해서는 대통령령으로 정한다(제5조 제2항).

(1) 국민에는 자연인(自然人)과 법인(法人)이 포함된다. 외국인에게는 어느

법의 제정에 소극적 태도를 보여 왔다. 이에 청주시 의회가 정보공개 조례를 제정하였고, 청주시장은 이 조례가 근거 법률의 위임이 없음을 이유로 대법원에 그 취소를 구하는 소송을 제기하였다.

정도 정보를 공개할 것인지의 문제는 상호주의(相互主義) 원칙이 적용되어야 할 것이다.

(2) 정보공개청구권을 행사하기 위하여서는 당해 정보와 이해관계가 있을 필요는 없다.

2. 공공기관의 정보공개 의무

공공기관은 정보공개 의무를 지는 바, 여기에서의 **'공공기관'**이라 함은 국가기관, 지방자치단체, 공공기관 운영에 관한 법률 제2조에 따른 공공기관, 그 밖에 대통령령이 정하는 기관을 말한다(제2조 제3호). 공공기관은 행정정보를 **공표**하고, **정보목록**을 **작성 · 비치**해야 할 의무가 있다.

(1) 공공기관은 국민생활에 큰 영향을 미치는 정책에 관한 정보, 국가의 시책으로 시행하는 공사(工事) 등 대규모의 예산이 투입되는 사업에 관한 정보, 예산 집행의 내용과 사업평가 결과 등 행정 감시를 위하여 필요한 정보, 그 밖에 공공기관의 장이 정하는 정보에 대하여 공개의 청구가 없더라도 공개의 구체적 범위, 공개의 주기 · 시기 및 방법 등을 미리 정하여 공표하고, 이에 따라 정기적으로 공개하여야 한다(제7조).

(2) 공공기관은 당해 기관이 보유 · 관리하는 정보에 대하여 국민이 쉽게 알 수 있도록 정보목록을 작성 · 비치하고, 그 목록을 정보통신망을 활용한 정보공개 시스템 등을 통하여 공개하여야 한다(제8조 제1항). 이는 국민이 정보공개 청구에 필요한 정보의 소재를 쉽게 알 수 있도록 하기 위한 것이다.

3. 공개 대상 정보와 비공개 대상 정보

1) 공개 대상 정보

원칙적으로 공공기관이 보유 · 관리하는 정보는 공개의 대상이 된다(제3조). 여기에서 **'정보'**라 함은 공공기관이 직무상 작성 또는 취득하여 관리하고 있는 문서(전자문서 포함) · 도면 · 사진 · 필름 · 테이프 · 슬라이드 및 컴퓨터에 의해 처리되는 매체 등에 기록된 사항을 말한다(제2조 제1호).

한편, **'공개'**란 공공기관이 이 법의 규정에 따라 정보를 열람하게 하거나, 그 사본・복제물을 교부하는 것 또는 전자정부법[2] 제2조 제10호에 따른 정보통신망(이하 '정보통신망'이라 함)을 통하여 정보를 제공하는 것 등을 말한다(제2조 제2호).

2) 비공개 대상 정보(제9조)[3]

(1) 다른 법률 또는 법률에서 위임한 명령(국회규칙・대법원규칙・헌법재판소규칙・중앙선거관리위원회규칙・대통령령 및 조례로 한정한다)에 따라 비밀이나 비공개 사항으로 규정된 정보(제1호)

(2) 국가안전보장・국방・통일・외교관계 등에 관한 사항으로서 공개될 경우 국가의 중대한 이익을 현저히 해할 우려가 있다고 인정되는 정보(제2호)

(3) 공개될 경우 국민의 생명・신체 및 재산의 보호에 현저한 지장을 초래할 우려가 있다고 인정되는 정보(제3호)

(4) 진행 중인 재판에 관련된 정보와 범죄의 예방, 수사, 공소의 제기 및 유지, 형의 집행, 교정, 보안처분에 관한 사항으로서 공개될 경우 그 직무수행을 현저히 곤란하게 하거나 형사피고인의 공정한 재판을 받을 권리를 침해한다고 인정할 만한 상당한 이유가 있는 정보(제4호)

(5) 감사・감독・검사・시험・규제・입찰계약・기술개발・인사관리에 관한 사항이나 의사결정 과정 또는 내부검토 과정에 있는 사항 등으로서 공개될 경우 업무의 공정한 수행이나 연구・개발에 현저한 지장을 초래한다고 인정할 만한 상당한 이유가 있는 정보. 다만, 의사결정 과정 또는 내부검토 과정을 이유로 비공개할 경우에는 의사결정 과정 및 내부검토 과정이 종료되면 제10조에 따라 다른 청구인에게 이를 통지하여야 한다(제5호).

---

2) '전자정부 구현을 위한 행정업무 등의 전자화 촉진에 관한 법률'은 2007년 1월 3일 법 개정으로 그 명칭이 '전자정부법'으로 변경되었다.

3) 2004년 개정된 정보공개법의 주요 개정 내용은 ① 다른 법률 또는 법률이 위임한 명령(국회규칙・대법원규칙・헌법재판소규칙・중앙선거관리위원회규칙・대통령령 및 조례에 의하여만 비공개 대상 정보를 규정할 수 있도록 하고(법 제9조 제1항 제1호), ② 종전 비공개 대상 정보인 특정인을 식별할 수 있는 개인에 관한 정보를 개인의 사생활의 비밀 또는 자유를 침해할 우려가 있는 정보로 축소하는 등 비공개 대상 정보의 요건을 강화하였다(법 제9조 제1항 제6호).

(6) 해당 정보에 포함되어 있는 성명 · 주민등록번호 등 개인에 관한 사항으로서 공개될 경우 사생활의 비밀 또는 자유를 침해할 우려가 있다고 인정되는 정보, 다만 법령이 정하는 바에 따라 열람할 수 있는 정보, 공공기관이 공표를 목적으로 작성하거나 취득한 정보로서 개인의 사생활의 비밀 또는 자유를 부당하게 침해하지 않는 정보, 공공기관이 작성하거나 취득한 정보로서 공개하는 것이 공익이나 개인의 권리 구제를 위하여 필요하다고 인정되는 정보, 직무를 수행한 공무원의 성명 · 직위, 공개하는 것이 공익을 위하여 필요한 경우로서 법령에 따라 국가 또는 지방자치단체가 업무의 일부를 위탁 또는 위촉한 개인의 성명 · 직업에 관한 정보는 제외된다(제6호).

(7) 법인 · 단체 또는 개인(이하 "법인 등"이라 한다)의 경영상 · 영업상의 비밀에 관한 사항으로서 공개될 경우 법인 등의 정당한 이익을 현저히 해칠 우려가 있다고 인정되는 정보(제7호)

(8) 공개될 경우 부동산 투기, 매점매석(買占賣惜) 등으로 특정인에게 이익 또는 불이익을 줄 우려가 있다고 인정되는 정보(제8호) 등 8개 사항을 정하고 있다.

우리 법의 경우, 가장 논의가 많은 사항은 위의 비공개 사항 중 **제1호**와 **제2호**이다. 이 조항에 대하여는 법령의 형식을 빌려서 비공개로의 도피를 제도적으로 보장하여 준 것이라는 비판도 있는 바, 만약 이 조항에 의하여 비공개 사항을 일반적 · 추상적으로 규정하면 비공개 사항은 얼마든지 확대될 수 있기 때문이다. 따라서 법령에서 비공개 사항을 정할 때에는 개별적 · 구체적으로 정하여야 할 것이다. 다음으로, 국익(國益)에 관한 정보에 있어서는 우리 나라에서는 그동안 남북 분단이라는 특수 사정에 의하여 국가 기밀이 너무 광범하게 정하여진 것도 부인할 수 없다.

4. 정보공개의 절차와 방법

1) 정보공개의 청구 방법

정보공개를 청구하는 자는 해당 정보를 보유 · 관리하고 있는 공공기관에 일정 사항을 적은 정보공개 청구서(情報公開請求書)를 제출하거나 말로써 정보의 공개를 청구할 수 있다(제10조 제1항).

2) 정보공개 여부의 결정

(1) 공공기관은 정보공개의 청구를 받으면 그 청구를 받은 날로부터 **10일 이내**에 공개 여부를 결정하여야 한다(제11조 제1항). 공공기관은 공개 청구된 공개 대상 정보의 전부 또는 일부가 제3자와 관련이 있다고 인정할 때에는 그 사실을 제3자에게 지체 없이 통지하여야 하며, 필요한 경우에는 그의 의견을 들을 수 있다(제11조 제3항).

(2) 정보공개를 청구받은 날로부터 **10일 이내**에 공공기관이 공개 여부를 결정할 수 없을 때에는 그 기간이 끝나는 날의 다음 날부터 기산(起算)하여 10일의 범위에서 공개 여부 결정기간을 연장할 수 있다. 이 경우, 공공기관은 연장된 사실과 연장 사유를 청구인에게 지체 없이 문서로 통지하여야 한다(제11조 제2항).

(3) 공공기관은 정보공개 여부를 심의하기 위하여 정보공개심의회를 설치·운영한다(제12조 제1항).

판례에 의하면, 공개 청구된 정보의 공개 여부를 결정하는 법적 의무와 권한을 가진 주체는 공공기관의 장(長)이고, 정보공개심의회는 공공기관의 장이 정보공개 여부를 결정하기 곤란하다고 보아 의견을 요청한 사항의 자문에 응하여 심의하는 것이라고 한다.

(4) 정보공개심의회는 위원장 1명을 포함하여 5명 이상 7명 이하의 위원으로 구성한다(제12조 제2항).

(5) 심의회의 위원장을 제외한 위원은 소속 공무원, 임직원 또는 외부 전문가로 지명하거나 위촉하되, 그 중 2분의 1은 해당 국가기관 등의 업무 또는 정보공개의 업무에 관한 지식을 가진 외부 전문가로 위촉하여야 한다(제12조 제3항).

3) 정보공개 여부 결정의 통지

공공기관은 정보의 공개를 결정한 때에는 공개의 일시 및 장소 등을 분명히 밝혀 청구인에게 통지하여야 하며(제13조 제1항), 비공개를 결정한 때에는 그 사실을 청구인에게 지체 없이 문서로 통지하여야 한다. 이 경우, 비공개 이유와 불복(不服)의 방법 및 절차를 구체적으로 밝혀야 한다(제13조 제4항).

4) 정보공개의 방법

(1) 정보공개는 원본으로 함이 원칙이나, 당해 정보의 원본이 더럽히거나 또는 파손될 우려가 있거나 그 밖에 상당한 이유가 있다고 인정할 때에는 그 정보의 사본·복제물을 공개할 수 있다(제13조 제3항).

(2) 공개 대상 정보의 양이 너무 많아 정상적인 업무수행에 현저한 지장을 초래할 우려가 있는 경우에는 정보의 사본·복제물을 일정 기간별로 나누어 제공하거나 열람과 병행하여 제공할 수 있다(제13조 제2항).

(3) 대상 정보에 공개 정보와 비공개 정보가 혼합되어 있는 경우로서 공개청구의 취지에 어긋나지 아니하는 범위에서 두 부분을 분리 가능한 경우에는 비공개 부분을 제외하고 공개하여야 한다(제14조).

(4) 법령 등에 따라 공개를 목적으로 작성된 정보, 일반 국민에게 알리기 위하여 작성된 각종 홍보자료, 공개하기로 결정된 정보로서 공개에 오랜 시간이 걸리지 아니하는 정보, 그 밖에 공공기관의 장이 정하는 정보로서 즉시 또는 말로 처리가 가능한 정보에 대해서는 정보공개 여부의 결정 절차를 거치지 아니하고 즉시 공개하여야 한다(제16조).

(5) 정보의 공개 및 우송 등에 소요되는 비용은 실비(實費)의 범위 안에서 청구인이 부담한다(제17조 제1항). 다만, 공개를 청구하는 정보의 사용 목적이 공공복리의 유지·증진을 위하여 필요하다고 인정되는 경우에는 비용을 감면할 수 있다(제17조 제2항).

5. 불복 절차

청구인의 정보공개 청구에 대하여 당해 공공기관이 이를 비공개 결정(거부결정)을 한 경우에 그에 대한 불복 절차에는 공공기관의 비공개 결정에 불복하여 **청구인(請求人)**이 제기하는 것과, 그와 반대로 공공기관의 공개 결정으로 인하여 **제3자**가 자신의 권익이 침해되었다고 하여 제기하는 것이 있다.

1) 공공기관의 비공개 결정에 대한 청구인의 불복 절차

공공기간의 비공개 결정에 대해 청구인이 이에 불복하는 경우에는 이의신청(異議申請), 행정심판 및 행정소송 등을 통한 불복 절차가 있다.

(1) 이의신청

청구인은 그가 원하는 경우에 행정심판을 제기하기 전에 공공기관으로부터 비공개 결정을 받은 날 또는 당해 청구에 대하여 **20일 이내**에 명시적 결정이 없어서 비공개 결정이 있는 것으로 보는 날로부터 **30일 이내**에 당해 공공기관에 문서로 이의신청을 할 수 있다(제18조 제1항).

공공기관은 이의신청을 받은 날로부터 **7일 이내**에 그 이의신청에 대하여 결정하고 그 결과를 청구인에게 지체 없이 문서로 통지하여야 한다(제18조 제3항).

공공기관은 이의신청을 각하(却下) 또는 기각(棄却)하는 결정을 한 경우에는 청구인에게 행정심판 또는 행정소송을 제기할 수 있다는 사실을 제18조 제3항의 결과 통지와 함께 알려야 한다(제18조 제4항).

(2) 행정심판

공공기관의 비공개 결정에 대하여 불복이 있는 때에는 행정심판법이 정하는 바에 따라 청구인은 행정심판을 청구할 수 있다(제19조 제1항).

이 경우, 국가기관 및 지방자치단체 외의 공공기관의 결정에 대한 감독행정기관은 관계 중앙행정기관의 장(長) 또는 지방자치단체의 장으로 한다(제19조 제1항). 청구인은 제18조에 따른 이의신청을 거치지 않고 행정심판을 청구할 수 있다(제19조 제2항).

(3) 행정소송

청구인이 정보공개와 관련한 공공기관의 결정에 대하여 불복이 있거나 정보공개 청구 후 20일이 경과하도록 정보공개 결정이 없는 때에는 행정소송법에 정하는 바에 따라 행정소송을 제기할 수 있다(제20조 제1항).

이 경우, 청구인은 공개를 거부하거나 무응답의 경우 **거부처분의 취소소송**을 제기할 수 있다. 정보공개를 청구한 날로부터 20일 이내에 공개 여부를 결정하지 않은 때에는 청구가 거부된 것으로 간주하기 때문이다.

소송에 있어서, 재판장은 필요하다고 인정하면 당사자를 참여시키지 아니하고 제출된 공개 청구 정보를 비공개로 열람·심사할 수 있다(제20조 제2항). 이는 소송으로 인하여 비공개 대상 정보가 사실상 공개되는 결과를 방지하려는 것이다. 이의신청과 행정심판은 **임의적 전치 절차**에 불과하다.

2) 제3자의 불복 절차

(1) 자신과 관련된 정보가 공개 청구된 사실을 공공기관으로부터 통지받은 제3자는 통지받은 날부터 **3일 이내**에 해당 공공기관에 **공개하지 아니할 것을 요청할 수 있다**(제21조 제1항).

(2) 제3자의 비공개 요청에도 불구하고 공공기관이 공개 결정을 할 때에는 공개 결정 이유와 공개 실시일을 분명히 밝혀 지체 없이 문서로 통지하여야 하며, 제3자는 해당 공공기관에 문서로 **이의신청**을 하거나 **행정심판** 또는 **행정소송**을 제기할 수 있다. 이 경우, 이의신청은 통지를 받은 날부터 **7일 이내**에 하여야 한다(제21조 제2항). 그리고 공공기관은 공개 결정일과 공개 실시일의 사이에 최소한 30일의 간격을 두어야 한다(제21조 제3항).

제3자가 제기하는 행정심판이나 행정소송에 대하여는 정보공개법상 집행정지에 관한 특례를 두고 있지 아니하므로, 집행부정지 원칙(執行不停止原則)이 그대로 적용된다고 할 것인 바, 제3자는 행정심판이나 행정소송의 제기와 동시에 **집행정지 신청(執行停止申請)**을 하여 관련 정보의 공개를 정지시켜야 할 것이다. 만약 집행정지가 받아들여지지 않아 관련 정보가 공개되고 나면 제3자가 승소하여도 실질적인 의미가 없어지게 될 것이다.

(3) 공공기관이 정보공개법에 위반하여 정보를 공개한 경우 **당해 정보의 주체인 제3자는 공개로 인해 손해가 발생하였다면 국가배상**을 청구할 수 있다. 한편, 공공기관이 정보공개법에 위반하여 공개를 거부한 경우 청구인의 국가배상이 가능한지가 문제되나, 청구인이 당해 정보의 직접적 이해관계인이 아니라면 손해발생(국가배상법 제2조 제1항)이라는 요건을 충족하기 어렵다고 본다.

6. 기타 보완 제도

(1) 국회사무총장 · 법원행정처장 · 헌법재판소사무처장 · 중앙선거관리위원회 사무총장 및 행정안전부 장관은 필요하다고 인정하면 관계 공공기관에 대하여 정보공개에 관한 자료의 제출 등의 협조를 요청할 수 있다(제25조).

(2) 행정안전부 장관은 정보공개 운영에 관한 브고서를 매년 정기국회 개회 전까지 국회에 제출하여야 한다(제26조 제1항).

제 2 절 행정조사

Ⅰ. 행정조사의 의의

행정조사(行政調査)는 행정기관이 필요한 정보 · 자료를 수집하는 일체의 행정활동을 말한다. **행정조사기본법**(2007년 5월 17일 법률 제8482호로 제정)에 의하면, 행정조사란 "행정기관이 정책을 결정하거나 직무를 수행하는 데 필요한 정보나 자료를 수집하기 위하여 현장조사 · 문서열람 · 시료채취 등을 하거나 조사대상자에게 보고 요구 · 자료제출 요구 및 출석 진술 요구를 행하는 활동을 말한다"(제2조)라고 하여 행정조사의 개념을 보다 구체화하여 정의하고 있다.

행정 주체가 여러 가지 의사결정을 하기 위해서는 관련된 정보나 자료를 수집 · 조사하는 하는 것이 필수적인 사항이다. 그리하여 행정기관은 행정에 필요한 정보의 수집을 위하여 조사활동을 행한다. 이에 따라 행정조사에 따른 **국민의 권익에 대한 침해**의 가능성도 존재하고 있다. 즉, **권력적인 행정조사**로 인하여 주거(住居)의 자유, 영업(營業)의 자유 등 인권이 **침해**되는 경우가 있고, 개인 정보와 기업 비밀이 부당히 수집되고 부당하게 공개됨으로써 **프라이버시권**과 **영업의 자유를 침해당할 가능성**이 커지고 있다.

그러나 행정조사는 그것이 **법적 행위**가 아니고, 그 준비 단계인 **사실행위**라는 점, 그리고 행정조사의 방법·대상 등이 다종다양함으로 인해 그것을 통일적인 법적 도구 개념으로 구성하는 데 어려움이 많다는 점 등으로 인해 종래 행정법학에서 별로 연구의 대상이 되지 않았고, 이를 행정상의 **즉시강제(卽時强制)**의 일종으로 다루었다. 그러나 오늘날 정보화 사회의 도래와 함께 행정조사 과정에서 개인 또는 사생활의 보호라는 관점에서 이 문제의 중요성이 부각되고 있고, 드디어 행정조사에 관한 일반법으로서 '행정조사기본법'이 2007년 5월 제정되기에 이르렀다.

> **즉시강제**는 상대방의 신체나 재산 등에 실력(實力)을 행사하여 구체적인 행정 목적을 실현하는 행정작용이다(예: 전염병 환자의 강제 입원, 소방 장애물의 제거, 출입국관리법상의 강제 퇴거 조치, 도로교통법상의 주차 위반 차량의 견인·보관 조치 등).
>
> **행정조사**가 조사를 위한 출입과 같이 개인의 신체 혹은 재산에 대한 실력 행사를 수반하는 경우에는 물리력(物理力)을 행사한다는 점에서 행정상 즉시강제와 공통점을 갖는다. 그러나 이 경우에도 행정조사는 행정상 즉시강제와 그 목적을 달리한다. 즉, 행정상 즉시강제는 직접 개인의 신체 또는 재산에 실력을 행사하여 **직접 행정상 필요한 상태를 실현**시키는 것을 목적으로 하지만, 행정조사는 그 자체가 행정상 필요한 구체적인 결과를 실현시키는 것이 아니고, **행정에 필요한 자료의 수집**을 위해 행하여진다. 또한 행정조사는 비권력적인 행위와 법적 행위를 포함시킨다는 점에서도 행정상 즉시강제와 구별된다.

Ⅱ. 행정조사의 성격

행정조사에 대해서는 이의 독자성을 인정하지 않고 **즉시강제**로 보는 견해, 행정조사의 독자성을 인정하면서 **권력적 조사**만을 행정조사로 정의하는 견해, 행정조사를 권력적 조사만에 국한시키지 않고 비권력적 조사를 포함하는 것으로 보며 **행정조사의 독자성**을 인정하는 견해 등이 있다.

행정조사는 권력적인지 비권력적인지 여부보다는 행정에 필요한 정보를 수집하는 활동이라는 점에 중점이 있는 행정작용이다. 따라서 권력적인 행정조사이든 비권력적인 행정조사이든 이를 모두 행정조사의 개념에 포함시키는 것이 합당하다.

행정조사의 법적 성질에 대해서는 이를 **사실행위**로 보는 것이 **다수설**이다. 따라서 법적 행위인 행정행위 등과 구별된다고 보고 있다. 행정조사는 법적 행위를 행하기 위한 **준비적 · 보조적 활동**으로서 많이 행해진다고 보기 때문이다.

행정조사에는 보고서요구명령(報告書要求命令) · 장부서류제출명령(帳簿書類提出命令) · 출두명령(出頭命令) 등과 같은 **권력적 행정조사**와, 질문 · 출입검사 · 실지조사 · 진찰 · 앙케이트조사 등과 같은 **비권력적 사실행위 형식**의 행정조사가 있다.

Ⅲ. 행정조사의 법적 근거

1. 권력적 행정조사

권력적 행정조사는 국민의 자유와 재산에 대한 제한을 수반하므로 법적 근거가 있어야 한다. 2007년 5월 행정조사에 관한 일반법으로 '행정조사기본법'이 제정되었으며 이 밖에도 많은 개별법에 근거 규정이 마련되어 있다(예: 통계법 제7조, 식품위생법 제16조, 소득세법 제79조 · 제170조, 경찰관직무집행법 제3조, 독점규제 및 공정거래에 관한 법률 제50조 등).

> **소득세법 제79조(사업장 현황의 조사 · 확인)** 제78조에 따른 사업장 현황신고를 받은 사업장 소재지 관할 세무서장 또는 지방국세청장은 대통령령으로 정하는 바에 따라 그 사업장의 현황을 조사 · 확인하거나 이에 관한 장부 · 서류 · 물건 등의 제출 또는 그 밖에 필요한 사항을 명할 수 있다.

2. 비권력적 행정조사

비권력적 행정조사(임의조사)의 경우, 원칙상 법률의 근거가 없이도 가능하다고 보아야 할 것이다. 다만, 개인 정보(프라이버시)의 수집에는 원칙적으로 당사자의 동의 또는 법률의 수권이 필요하다고 보아야 한다.

Ⅳ. 행정조사의 한계

행정조사로 인하여 프라이버시권, 영업의 자유, 재산권 등 개인이나 기업의 기본권이 침해될 가능성이 많으므로 행정조사에는 엄격한 실체법적 · 절차법적 한계가 설정되어야 한다.

1. 실체법적 한계

(1) 권력적 행정조사는 법적 근거가 있어야 한다.
(2) 행정조사는 적합성의 원칙, 필요성의 원칙, 상당성의 원칙, 보충성의 원칙 등 조리상의 한계 내에서 행해져야 한다.

2. 절차법적 한계

1) 영장주의와의 관계

(1) 헌법은 압수 · 수색 등을 할 때에는 법관이 발부한 영장(令狀)을 제시하도록 규정하고 있다(제12조 제3항, 제16조). 이 영장주의(令狀主義)가 행정조사에도 적용되는가의 문제가 제기되는 바, 강제적인 행정조사는 국민의 자유와 권리를 제한하며, 형사소추로 발전될 위험이 많은 점 등을 고려하여 행정조사에도 적용되는 것이 원칙이라고 본다.
(2) 다만, 형사책임 추급을 위한 것(형사소추 절차로 이행하는 경우)이 아닌 조사작용 또는 직접 물리적인 강제를 수반하는 것이 아닌 조사작용의 경우에는 영장주의가 적용되지 않는 것으로 본다.
(3) 따라서 현재 이의 적용을 완전히 부정하거나 완전히 긍정하는 견해는 없다. **절충설(折衷說)**을 취하는 견해만이 존재한다.

2) 증표의 제시

법령이 행정조사에서 관계자에게 증표를 제시하도록 하고 있는 경우, 증표 제시는 상대방에게 수인의무를 발생시키는 행정조사 요건이다. 그러므로 **증표 제시 없는 행정조사는 무효**가 되며, 상대방이 실력에 의거하여 항거하더라도 **정당방위 법리**에 의해서 공무집행방해죄를 구성하지 않는다.

3) 실력 행사의 인정 여부

이는 행정조사 목적을 위한 장부검사, 위생검사 등을 상대방이 거부하는 경우 관계 공무원이 실력을 행사하여 그것을 강제할 수 있는가의 문제이다.

이에 대해서는 긍정설과 부정설이 있으나 **부정설이 다수설**이다. 부정설에 따르면, 개별법들이 권력적 조사를 규정하고 있는 경우 그 조사를 상대방이 거부하거나 방해하는 경우에는 처벌이나 불이익을 가하도록 하는 등 제재 규정을 두고 있으므로, 명문 규정이 없는 한 관계 공무원은 그 저항을 배제하면서까지 직접 상대방에게 물리적인 실력 행사를 행할 수는 없다고 본다.

4) 행정조사와 사전통지(행정조사기본법 제17조)

행정조사를 실시하고자 하는 행정기관의 장은 출석요구서, 보고요구서, 자료제출요구서 및 현장출입조사서(이하 "출석요구서 등"이라 한다)를 조사 개시 7**일 전까지** 조사 대상자에게 **서면**으로 통지하여야 한다.

다만, 다음에 해당하는 경우에는 행정조사의 개시와 동시에 출석요구서 등을 조사 대상자에게 제시하거나 행정조사의 목적 등을 조사 대상자에게 구두로 통지할 수 있다.

(1) 행정조사를 실시하기 전에 관련 사항을 미리 통지하는 때에는 증거인멸 등으로 행정조사의 목적을 달성할 수 없다고 판단되는 경우
(2) '통계법' 제3조 제2호에 따른 지정통계의 작성을 위하여 조사하는 경우
(3) 제5조 단서에 따라 조사 대상자의 자발적인 협조를 얻어 실시하는 행정조사의 경우

행정조사기본법 제5조(행정조사의 근거) 행정기관은 법령 등에서 행정조사를 규정하고 있는 경우에 한하여 행정조사를 실시할 수 있다. **다만, 조사 대상자의 자발적인 협조를 얻어 실시하는 행정조사의 경우에는 그러하지 아니하다.**

Ⅴ. 행정조사의 기본 원칙(행정조사기본법 제4조)

(1) 행정조사는 조사 목적을 달성하는 데 필요한 최소한의 범위 안에서 실시하여 하며, 다른 목적 등을 위하여 조사권을 남용하여서는 아니 된다(**조사 범위의 최소화**).

(2) 행정기관은 조사 목적에 적합하도록 조사 대상자를 선정하여 행정조사를 실시하여야 한다(**조사 목적에 적합한 대상자의 선정**).

(3) 행정기관은 유사하거나 동일한 사안에 대하여는 공동조사 등을 실시함으로써 행정조사가 중복되지 아니하도록 하여야 한다(**중복조사의 제한**).

(4) 행정조사는 법령 등의 위반에 대한 처벌보다는 법령 등을 준수하도록 유도하는 데 중점을 두어야 한다(**유도 중심의 행정조사**).

(5) 다른 법률에 따르지 아니하고는 행정조사의 대상자 또는 행정조사의 내용을 공표하거나 직무상 알게 된 비밀을 누설하여서는 아니 된다(**조사 내용의 공표·누설 금지**).

(6) 행정기관은 조사를 통하여 알게 된 정보를 다른 법률에 따라 내부에서 이용하거나 다른 기관에 제공하는 경우를 제외하고는 원래의 조사 목적 이외의 용도로 이용하거나 타인에게 제공하여서는 아니 된다(**조사 결과에 대한 이용 제한**).

Ⅵ. 행정조사와 권리 구제

(1) 행정조사를 통하여 획득한 정보가 정확하지 않은 경우 그 정보에 기초하여 내려진 행정행위는 사실(事實)의 기초에 흠이 있는 행정행위이므로 행정조사의 위법 여부를 묻지 않고 당연히 위법하다.

(2) **행정조사 자체가 위법한 경우**에는 그 행정조사에 의해 수집된 정보에 기초하여 내려진 행정 결정이 위법한 것으로 되는지의 문제이다. 이에는 학설의 적극설과 소극설, 절충설 간의 대립이 있다.

적극설의 견해는 절차의 적법성 보장의 원칙에 비추어 행정조사가 위법한 경우에 당해 조사를 기초로 한 행정 결정은 위법하다고 본다. 행정조사가 반드시 어떠한 행정 결정에 필수적으로 요구되는 것은 아니고, 단지 예비적(豫備的)인 작용이라 하여도 마찬가지라고 본다.

소극설은 행정조사는 법령에서 특히 행정행위의 전제 조건으로 규정되어 있는 경우를 제외하고는 우선 별개의 제도로 볼 수 있는 것이고, 이 경우에는 조사의 위법이 바로 행정행위를 위법하게 만들지는 않는다고 한다.

절충설은 행정조사의 적정 절차(適定節次)의 관점에서 행정조사에 중대한 위법 사유가 있는 때에는 이를 기초로 한 행정행위도 위법한 행위로 된다는 견해와, 적어도 법이 요구하는 요건을 무시하여 조사로 볼 수 없을 정도의 위법한 행정조사에 기초하여 행정처분이 행해졌을 경우에는 행정처분의 위법을 초래한다는 견해 등이 있다.

행정조사가 위법한 경우에는 당해 행정처분의 절차상에 하자가 있는 것을 의미하므로 이는 행정처분의 **절차상의 하자**의 문제가 된다고 할 수 있다.

(3) 행정조사에 대한 행정구제로는 적법한 행정조사에 대한 구제와 위법한 행정조사에 대한 구제로 나누어 볼 수 있다.

적법한 행정조사로 재산상 손해를 받은 자에 대하여는 손실보상을 해주어야 한다.

권력적 사실행위로서의 성질을 갖는 행정조사는 **수인하명(受忍下命)**을 수반한다. 이와 같은 수인하명을 수반하는 행정조사 상태가 지속되는 경우(예: 물건의 압수 등), 취소쟁송을 통한 구제를 생각할 수 있다.

위법한 행정조사가 국가배상법 제2조의 요건(공무원의 직무상 불법행위)을 충족하는 한, 그로 인한 손해의 배상을 청구할 수 있다.

제3절 개인정보 보호

Ⅰ. 의 의

오늘날 정보화 시대에서는 행정 주체는 행정작용의 효율적 수행을 위하여 방대한 개인정보를 수집 · 관리하고 있는 바, 때로는 부정확한 정보에 의하여 또는 정보의 부당한 공개로 인하여 국민의 프라이버시가 침해되는 경우가 많이 있다. 따라서 개인의 정보 보호의 문제가 제기된다.

개인은 누구나 자신에 관한 정보를 관리하고 외부로 공개함에 있어 이를 스스로 결정할 수 있는 권리를 갖는 바, 이를 **'정보상 자기결정권(情報上自己決定權)'**이라 하며, 이러한 권리는 독일 연방헌법재판소의 판결에서 유래한다.

개인정보 보호는 사생활(私生活)의 비밀과 자유의 한 부분이며, 사생활의 비밀과 자유는 인간 행복의 최소한의 요건으로서, 헌법 제10조의 인간의 존엄과 행복추구권, 주거의 자유(제16조), 통신의 비밀 등에 관한 규정(제18조) 및 "모든 국민은 사생활의 비밀과 자유를 침해받지 아니한다"고 규정한 헌법 제17조에서 당연히 유래한 것이라 할 수 있다.

우리나라에서는 공공기관이 보유하는 개인정보의 보호를 위해 1994년에 **'공공기관의 개인정보 보호에 관한 법률'**이 제정 · 시행되었다. 그 후 2011년 3월 29일 공공 부문과 민간 부문을 모두 포함하여 개인정보 처리 원칙 등을 규정한 **'개인정보 보호법'**이 제정 · 시행됨에 따라 공공기관의 개인정보 보호에 관한 법률은 폐지되었다. 따라서 개인정보 보호법은 공공 부문과 민간 부문을 포함한 모든 분야의 개인정보 처리에 적용되는 개인정보에 관한 일반법이다.

Ⅱ. '개인정보 보호법'의 주요 내용

1. 보호의 대상이 되는 개인정보

개인정보 보호법의 보호 대상이 되는 개인정보는 "살아 있는 개인에 관한 정보로서 성명, 주민등록번호 및 영상 등을 통하여 개인을 알아볼 수 있는 정보(해당 정보만으로는 특정 개인을 알아볼 수 없더라도 다른 정보와 쉽게 결합하여 알아볼 수 있는 것을 포함한다)"를 말한다(제2조 제1호).

개인정보 보호법의 보호 대상이 되는 개인정보는 공공기관의 개인정보뿐만 아니라 업무를 목적으로 개인정보 파일을 운용하기 위하여 스스로 또는 다른 사람을 통하여 개인정보를 처리하는 공공기관, 법인, 단체 및 개인 등의 개인정보를 포함한다(제2조 제5호).

공공기관이란 첫째, 국회, 법원, 헌법재판소, 중앙선거관리위원회의 행정사무를 처리하는 기관, 중앙행정기관(대통령 소속 기관과 국무총리 소속 기관을 포함한다) 및 그 소속 기관 지방자치단체나, 둘째, 그 밖의 국가기관 및 공공단체 중 대통령령으로 정하는 기관을 말한다(제2조 제6호).

2. 개인정보 보호의 원칙(제3조)

(1) 개인정보처리자는 개인정보의 처리 목적을 명확하게 하여야 하고 그 목적에 필요한 범위에서 최소한의 개인정보만을 적법하고 정당하게 수집하여야 한다.

(2) 개인정보처리자는 개인정보의 처리 목적에 필요한 범위에서 적합하게 개인정보를 처리하여야 하며, 그 목적 외의 용도로 활용하여서는 아니 된다.

(3) 개인정보처리자는 개인정보의 처리 목적에 필요한 범위에서 개인정보의 정확성, 완전성 및 최신성이 보장되도록 하여야 한다.

(4) 개인정보처리자는 개인정보의 처리 방법 및 종류 등에 따라 정보 주체의 권리가 침해받을 가능성과 그 위험 정도를 고려하여 개인정보를 안전하게 관리하여야 한다.

(5) 개인정보처리자는 개인정보 처리방침 등 개인정보의 처리에 관한 사항을

공개하여야 하며, 열람청구권 등 정보 주체의 권리를 보장하여야 한다.

(6) 개인정보처리자는 정보 주체의 사생활 침해를 최소화하는 방법으로 개인정보를 처리하여야 한다.

(7) 개인정보처리자는 개인정보의 익명처리가 가능한 경우에는 익명에 의하여 처리될 수 있도록 하여야 한다.

(8) 개인정보처리자는 이 법 및 관계 법령에서 규정하고 있는 책임과 의무를 준수하고 실천함으로써 정보 주체의 신뢰를 얻기 위하여 노력하여야 한다.

3. 개인정보 보호의 체계

1) 개인정보 보호위원회

개인정보 보호에 관한 사항을 심의·의결하기 위하여 대통령 소속으로 개인정보 보호위원회(이하 "보호위원회"라 한다)를 둔다. 개인정보 보호위원회는 그 권한에 속하는 업무를 독립하여 수행한다(제7조 제1항). 개인정보 보호위원회는 의결기관인 합의제 행정기관이다.

2) 개인정보 보호지침

행정안전부 장관은 개인정보의 처리에 관한 기준, 개인정보 침해의 유형 및 예방조치 등에 관한 표준 개인정보 보호지침(이하 "표준지침"이라 한다)을 정하여 개인정보처리자에게 그 준수를 권장할 수 있다(제12조 제1항).

중앙행정기관의 장은 표준지침에 다라 소관 분야의 개인정보 처리와 관련한 개인정보 보호지침을 정하여 개인정보처리자에게 그 준수를 권장할 수 있다(제12조 제2항).

4. 개인정보 처리(수집, 이용, 제공 등)의 규제

1) 개인정보의 수집, 이용의 제한

개인정보처리자는 다음 각 호의 어느 하나에 해당하는 경우에는 개인정보를 수집할 수 있으며 그 수집 목적의 범위에서 이용할 수 있다(제15조 제1항).

① 정보 주체의 동의를 받은 경우, ② 법률에 특별한 규정이 있거나 법령상 의무를 준수하기 위하여 불가피한 경우, ③ 공공기관이 법령 등에서 정하는 소관 업무의 수행을 위하여 불가피한 경우, ④ 정보 주체와의 계약의 체결 및 이행을 위하여 불가피하게 필요한 경우, ⑤ 정보 주체 또는 그 법정대리인이 의사표시를 할 수 없는 상태에 있거나 주소불명 등으로 사전 동의를 받을 수 없는 경우로서 명백히 정보 주체 또는 제3자의 급박한 생명, 신체, 재산의 이익을 위하여 필요하다고 인정되는 경우, ⑥ 개인정보처리자의 정당한 이익을 달성하기 위하여 필요한 경우로서 명백하게 정보 주체의 권리보다 우선하는 경우. 이 경우 개인정보처리자의 정당한 이익과 상당한 관련이 있고 합리적인 범위를 초과하지 아니하는 경우에 한한다.

2) 개인정보의 제공 제한

개인정보처리자는 다음의 어느 하나에 해당되는 경우에는 정보 주체의 개인정보를 제3자에게 제공(공유를 포함한다. 이하 같다)할 수 있다. ① 정보 주체의 동의를 받은 경우, ② 제15조 제1항 제2호 · 제3호 및 제5호에 따라 개인정보를 수집한 목적 범위에서 개인정보를 제공하는 경우(제17조 제1항)

개인정보처리자가 개인정보를 국외의 제3자에게 제공할 때에는 제2항 각 호에 따른 사항을 정보 주체에게 알리고 동의를 받아야 하며, 이 법을 위반하는 내용으로 개인정보의 국외 이전에 관한 계약을 체결하여서는 아니 된다(제17조 제3항).

개인정보처리자로부터 개인정보를 제공받은 자는 다음의 어느 하나에 해당하는 경우를 제외하고는 개인정보를 제공받은 목적 외의 용도로 이용하거나 이를 제3자에게 제공하여서는 아니 된다. ① 정보 주체로부터 별도의 동의를 받은 경우, ② 다른 법률에 특별한 규정이 있는 경우(제19조)

3) 개인정보 처리의 제한

개인정보처리자가 정보 주체 이외로부터 수집한 개인정보를 처리하는 때에는 정보 주체의 요구가 있으면 즉시 다음의 모든 사항을 정보 주체에게 알려야 한다. ① 개인정보의 수집 출처, ② 개인정보의 처리 목적, ③ 제37조에 따른 개인정보 처리의 정지를 요구할 권리가 있다는 사실(제20조 제1항)

개인정보처리자는 사상 · 신념, 노동조합 · 정당의 가입 · 탈퇴, 정치적 견해, 건강, 성생활 등에 관한 정보, 그 밖에 정보 주체의 사생활을 현저히 침해할 우려가 있는 개인정보로서 대통령령으로 정하는 정보(이하 "민감정보"라 한다)를 처리하여서는 아니 된다. 다만, 각 호의 어느 하나에 해당하는 경우에는 그러하지 아니하다. ① 정보 주체에게 제15조 제2항 각 호 또는 제17조 제2항 각 호의 사항을 알리고 다른 개인정보의 처리에 대한 동의와 별도로 동의를 받은 경우, ② 법령에서 민감정보의 처리를 요구하거나 허용하는 경우(제23조)

개인정보처리자는 다음의 경우를 제외하고는 법령에 따라 개인을 고유하게 구별하기 위하여 부여된 식별정보로서 대통령령으로 정하는 정보(이하 "고유식별정보"라 한다)를 처리할 수 없다. ① 정보 주체에게 제15조 제2항 각 호 또는 제17조 제2항 각 호의 사항을 알리고 다른 개인정보의 처리에 대한 동의와 별도의 동의를 받은 경우, ② 법령에서 구체적으로 고유식별정보의 처리를 요구하거나 허용하는 경우(제24조 제1항)

제24조 제1항에도 불구하고 개인정보처리자는 다음의 어느 하나에 해당하는 경우를 제외하고는 주민등록번호를 처리할 수 없다. ① 법령에서 구체적으로 주민등록번호의 처리를 요구하거나 허용한 경우, ② 정보 주체 또는 제3자의 급박한 생명, 신체, 재산의 이익을 위하여 명백히 필요하다고 인정되는 경우, ③ 제1호 및 제2호에 준하여 주민등록번호 처리가 불가피한 경우로서 행정안전부령으로 정하는 경우(제24조의2 제1항)

개인정보처리자는 제24조 제3항에도 불구하고 주민등록번호가 분실 · 도난 · 유출 · 변조 또는 훼손되지 아니하도록 암호화 조치를 통하여 안전하게 보관하여야 한다. 이 경우, 암호화 적용 대상 및 대상별 적용 시기 등에 관하여 필요한 사항은 개인정보의 처리 규모와 유출 시 영향 등을 고려하여 대통령령으로 정한다(제24조의2 제2항).

5. 정보 주체의 권리

정보 주체란 처리되는 정보에 의하여 알아볼 수 있는 사람으로서 그 정보의 주체가 되는 사람을 말한다(제2조 제3호).

정보 주체는 자신의 개인정보 처리와 관련하여 다음의 권리를 가진다. ① 개인정보의 처리에 관한 정보를 제공받을 권리, ② 개인정보의 처리에 관한 동의 여부, 동의 범위 등을 선택하고 결정할 권리, ③ 개인정보의 처리 여부를 확인하고 개인정보에 대하여 열람(사본의 발급을 포함한다. 이하 같다)을 요구할 권리, ④ 개인정보의 처리 정지, 정정·삭제 및 파기를 요구할 권리, ⑤ 개인정보의 처리로 인하여 발생한 피해를 신속하고 공정한 절차에 따라 구제받을 권리(제4조)

6. 권익구제

1) 행정쟁송

제35조 내지 제37조에 근거한 개인정보의 열람 요구, 정정삭제 요구 및 처리 정지 등 요구에 대한 거부나 부작위는 행정심판 및 행정소송법상의 처분이나 부작위에 해당하므로 이에 대해 행정심판이나 행정소송을 제기할 수 있다.

2) 손해배상 책임

정보 주체는 개인정보처리자가 이 법을 위반한 행위로 손해를 입으면 개인정보처리자에게 손해배상을 청구할 수 있다. 이 경우, 그 개인정보처리자는 고의 또는 과실이 없음을 입증하지 아니하면 책임을 면할 수 없다(제39조 제1항).

3) 개인정보 분쟁조정

개인정보에 관한 분쟁의 조정(調停)을 위하여 개인정보 분쟁조정위원회(이하 "분쟁조정위원회"라 한다)를 둔다(제40조).

4) 개인정보 단체소송

제51조의 어느 하나에 해당하는 단체는 개인정보처리자가 제49조에 따른 집

단분쟁조정을 거부하거나 집단분쟁조정의 결과를 수락하지 아니한 경우에는 법원에 권리침해 행위의 금지·중지를 구하는 소송(이하 "단체소송"이라 한다)을 제기할 수 있다.

법원은 다음의 요건을 모두 갖춘 경우에 한하여 결정으로 단체소송을 허가한다. ① 개인정보처리자가 분쟁조정위원회의 조정을 거부하거나 조정 결과를 수락하지 아니하였을 것, ② 제54조에 따른 소송허가신청서의 기재사항에 흠결이 없을 것(제55조 제1항)

제 4 절 행정절차

Ⅰ. 행정절차의 개념 및 필요성

1. 행정절차의 개념

행정절차란 넓게는 행정기관이 행정활동을 함에 있어서 거치는 사전 및 사후의 모든 절차를 의미한다. 그러나 보통 행정절차라 함은 **사전통지, 의견청취, 이유부기(理由附記)** 등 행정처분을 행하기 **이전**에, **사전적으로 거치는 절차**만을 의미한다. 우리나라의 행정절차법이나 각국의 행정절차법 또한 이러한 의미의 행정절차 개념에 입각하고 있는 것이 대부분이다.

우리나라는 오래전부터 행정절차의 필요성이 인식되어 왔으나, 도로법·하천법 등 개별법에서 청문 제도(聽聞制度)가 도입되어 있을 뿐, 통일적인 행정절차법을 마련하지 못하고 있었다. 그러다가 1987년 행정절차법(안)이 입법예고되었으나, 정부 내 부처 간의 이견으로 진통을 겪다가 드디어 1996년 12월 '행정절차법'이 제정되어 **1998년부터 시행**되기에 이르렀다.

행정절차의 구체적 내용은 국가에 따라 다르다. 우리의 행정절차법에서는 **처분(處分), 신고(申告), 행정상 입법예고(行政上立法豫告), 행정예고(行政豫告)**

및 **행정지도(行政指導)**의 절차를 행정절차로 구성하고 있다(행정절차법 제3조 제1항).

행정절차와 사법절차(司法節次)는 구별된다. 양자 모두 법을 실현하고 수행하는 점은 동일하나, 그 목표와 구체적인 실현 과정에서 차이가 생긴다. 즉, 행정절차는 공적 임무의 실현, 공공복지의 현실화가 주된 목적인데 대해, 사법절차는 그 본질적인 존재 이유가 개인의 권리 보호의 실현에 있다는 점에 양자의 차이가 있다. 따라서 **행정절차**의 경우에는 형식성이 완화되고 **능률성**이 매우 요구되나, **사법절차**는 엄격한 **형식성**과 **절차의 보장**이 매우 중요한 요청이다.

2. 행정절차의 필요성

1) 국민의 행정에의 능동적 참여를 통한 민주적 통제

오늘날은 의회입법 내지 법치주의가 여러 가지 한계를 나타내어 행정에 대한 민주적 통제를 제대로 수행하지 못하고 있다. 따라서 행정절차를 행정에 대한 민주적 통제를 실현하기 위한 국민의 행정에의 능동적 참여 수단으로 본다.

오늘날 행정에 대한 시각은 과거와 같이 행정청이 결정하고 이를 행정 객체로서의 국민에 대하여 수행한다는 관념에서 벗어나 국민 또한 행정청과 더불어 행정의 의사결정에 참여하고 집행에 참여한다는 **협력적(協力的)·참여적(參與的) 관계**를 중시하는 행정으로 변모하고 있다. 이러한 행정에 대한 새로운 시각을 **'거버넌스(governance)'** 행정이라 칭한다. 거버넌스 행정이란 국민이 단순한 통치나 행정의 객체로만 머무르는 것이 아니라 한 걸음 더 나아가 통치나 행정의 근원적인 주체로서, 국가 권력의 행사인 행정 과정에 국민이 참여한다는 것이 당연한 것으로 인식되고 있는 행정에 대한 새로운 패러다임이다. 이는 오늘날 민주주의 발달과 더불어 국민의 지위가 그만큼 변화되었음을 의미한다.

이와 같이 행정청이 단독으로 행정 의사를 결정하는 것이 아니라, 행정 의사결정 과정에 이해관계를 갖는 국민의 참여 기회를 부여함으로써, 행정절차는 행정의 민주화에 기여한다.

2) 실질적 법치주의의 실현

행정절차법은 행정의 투명성·예측가능성을 부여하고 행정의 남용을 방지하는 역할을 함으로써 법치주의의 이념을 실질적으로 실현하는 수단이 된다.

법치주의의 궁극 목적은 이를 통해 국민의 기본권을 보장하고자 하는데 있다. 행정절차법 제1조에서는 "이 법은 …… 국민의 행정 참여를 도모함으로써 행정의 공정성·투명성 및 신뢰성을 확보하고 국민의 권익을 보호함을 목적으로 한다"라고 규정하고 있는 바, 행정절차가 법치주의를 보장하고 실천하는 제도임을 밝히고 있다.

과거 전통적인 대륙법계 국가에서의 '법률에 의한 행정의 원리'와 그 배경이 되는 법치주의 아래에서는 사인(私人)의 권리에 대한 국가 권력의 침해는 입법권이 행정활동의 실체적 요건을 정하여 법으로 정하여 통제하고, 행정권이 그와 같은 입법적 통제에 위반하는 경우에는 이를 사법적으로 시정하는 데 그 주안점이 두어졌다. 문제는 이러한 실체법 원리의 충실만으로는 국민의 권리·이익을 실질적으로 보장하는 데 한계가 있다는 데 있다.

예를 들면, 재판을 통한 **사후적 통제**로 나타나는 문제점으로서의 원상회복(原狀回復)의 한계, 비용과 인력 및 시간의 소요, 취소소송의 기능적 한계로서의 사정판결 제도(事情判決制度)의 존재, 행정행위의 위법성에 한정된 통제(부당성에 대한 통제의 한계)라든가, 실정법의 한계로서의 진정한 국민의 이익을 위한 입법의 한계성 등을 들 수 있다.

이와 같은 **실체법에 의한 규율과 사후적·재판적 통제**만으로는 개인의 권익구제에 한계가 있으므로, **처분 전에 처분의 적정성을 담보하기 위한 수법**으로서 실체법적 규율 이외에 그 **절차**를 **규제**하여 관계인에게 방어권(防禦權)을 행사하게 함과 동시에 그 **절차의 투명성**을 확보하는 것이 실질적 법치주의의 실현을 통해 국민의 권익을 구제하는 데 절실히 요청되는 것으로 보게 되었다.

3) 행정의 능률화에 기여

행정권의 발동이 일방적으로 행해지고, 사후에 그에 대한 이의가 제기되어 이를 시정하는 것보다는, **사전**에 당사자 간의 의견 수렴이 행해지는 것이 행정의 원활한 집행에 도움이 되어 행정의 능률화에 기여할 수 있다.

4) 행정작용의 적법 · 타당성 확보

행정행위나 행정입법을 함에 있어 상대방이나 이해관계인에게 통지를 하고 의견이나 참고 자료를 제출토록 하는 절차를 통해 행정청이 모르고 있었거나 잘못된 판단을 발견하고 이를 시정할 수 있는 기회를 제공함으로써, 행정청의 사실 인정 및 법령의 해석 · 적용을 적정화하여 행정작용의 적법 · 타당성을 확보하고 국민적 합의를 형성하는 데 도움이 된다.

Ⅱ. 행정절차의 일반적 내용

원래 행정절차는 **사전통지[事前通知, notice, 혹은 고지(告知)]**, **청문(聽聞, hearing)**, **결정(決定, decision)**의 3단계를 요소로 하고 있는 바, 그 중에서도 청문이 중심적인 절차이다.

1. 사전통지(고지)

사전통지란 행정 결정을 하기 전에 그 상대방 또는 이해관계인에게 당해 결정의 내용 · 이유 및 그에 관한 청문의 일시 · 장소 등을 알리는 행위를 말하며 이를 **'고지'**라고도 한다. 고지는 이해관계인에게 청문 시에 의견 진술 · 권리 주장 · 자료 제출 등을 미리 준비할 수 있도록 하기 위한 것이므로 상당한 기간 전에 하여야 하며, 특별한 규정이 없는 한 송달 또는 공고의 방법에 의한다.

2. 청 문

청문이라 함은 국민의 자유와 권리를 제한 · 침해하는 행정처분을 발하기 전에 행정청이나 관계인의 주장 · 증거에 대하여 처분의 상대방이나 대립하는 이해관계인으로 하여금 자기에게 유리한 주장 · 증거를 제출하여 반박할 수 있는 기회를 부여함을 목적으로 하는 절차를 말하며, 행정절차의 **핵심적인 부분**이라 할 수 있다.

3. 이유부기

이유부기(理由附記)란 행정청이 확인적 성질의 행위나 기타 상대방에게 불이익한 행정처분 등을 할 때 그러한 결정을 하게 된 법적 근거 및 사실적 이유를 구체적으로 명시하도록 하는 것이다.

이러한 이유부기 제도는 행정청의 자의적(恣意的) 결정을 배제하고 행정청으로 하여금 신중한 처분을 발동하게 할 수 있고, 상대방에게 그 내용을 납득시키며, 이해관계인으로 하여금 행정쟁송에 있어서 구체적 근거 제공 기능을 하게 됨으로써 행정구제를 용이하게 받을 수 있도록 하기 위한 것이다.

우리나라의 행정절차법에서는 행정청이 당사자에게 의무를 부과하거나 권익을 제한하는 처분을 하는 경우에는 미리 처분하고자 하는 원인이 되는 사실과 처분의 법적 근거를 당사자 등에게 통지하도록 하고 있으며(제21조), 행정청이 처분을 하는 때에는 특별한 경우를 제외하고는 당사자에게 그 근거와 이유를 제시하도록 규정하고 있다(제23조).

Ⅲ. 각국의 행정절차법

1. 영국의 행정절차법

영국에서의 행정절차는 1215년 대헌장(大憲章, Magna Carta)에 이미 청문제도의 취지가 반영되어 있다고 말할 만큼 청문 제도를 창설한 나라로서, 판례법으로 형성되어 온 **'자연적 정의(natural justice)'의 원칙**과 이것을 보충하는 제정법(制定法)을 통해 발전되었다.

자연적 정의는 판례법으로 형성되어 온 것으로서 실정법 규정의 유무에 관계없이 모든 사법(司法) 및 준사법작용(準司法作用)의 적법한 수행을 위한 전제조건이 되고 있으며, 특히 행정작용에 대한 사법적 통제를 위하여 발달되었다고 할 수 있다.

자연적 정의는 누구든지 자기의 사건에 대한 심판관이 될 수 없다(No one shall be a judge in his own case)고 하는 **편견(偏見, bias) 배제의 원칙**과, 누구든지 청문 없이는 불이익을 받아서는 안 된다(No one shall be condemned unheard), 또는 **쌍방이 청문되어야 한다**(Both sides must be heard)는 원칙을 내용으로 하고 있다.

행정절차는 특히 자연적 정의의 원칙 중에서 두 번째의 원리에 의해 뒷받침되고 있는데, 그것은 구체적으로 국가적 행위에 의하여 어떤 영향을 받은 자는 청문을 받을 권리가 있으며, 그 청문은 편견 없이 공정할 것이 요구된다.

2. 미국의 행정절차법

미국에서의 행정절차는 자연적 정의의 미국판이라 할 수 있는 미국수정헌법 제5조에서의 **적법절차 조항**, 즉 "누구든지 법의 **정당한 절차**(due process of law)에 의하지 아니하고는 생명 · 자유 또는 재산을 박탈당하지 않는다"는 조항에 기초하고 있다.

적법절차 조항은 처음에는 사법작용(司法作用)에만 적용되는 것으로 보고, 행정작용에의 적용 여부에 대하여는 오히려 소극적인 입장이 지배적이었다. 그 후 1880년대부터 판례는 적법절차는 국민의 권익을 침해할 우려가 있는 모든 국가작용에 대하여 요구된다는 태도를 확립함에 따라 행정작용에 대해서도 일반적으로 적용되게 되었다.

이와 같이 미국에서의 행정절차의 적정화의 문제는 주로 적법절차 조항의 해석과 운용을 통하여 발전되어 왔으며, 1946년 연방 행정절차법(Administrative Procedure Act)의 제정으로 그 결실을 보게 되었다.

3. 독일의 행정절차법

과거 대륙법계 국가에서는 사전에 당사자의 의견을 듣는 행정절차 같은 것은 불필요할 뿐만 아니라, 오히려 행정 능률을 저해하는 것으로까지 여겨지기도 하였다. 따라서 대륙법계 국가에서는 영·미에서와는 달리 과거 행정절차가 발전하지 못하고, 행정작용의 법적합성은 행정기관의 책임 하에 실현되어야 하며, 개인의 권익 보장을 위한 절차는 필요에 따라 **사후적인 재심사**의 길이 열려 있으면 충분한 것으로 보았다.

그러나 제2차 세계대전 이후 독일에서는 **'본**(Bonn) **기본법'**의 채택으로 행정절차의 적정화는 **헌법적 요청**으로 받아들여졌으며, 따라서 그 중점이 영·미에서와 같이 국민의 권익을 보장하고 행정작용에의 국민 참여 기회를 확보하는 방향으로 옮겨지게 되었다.

'본 기본법'에서의 **"인간의 존엄성은 불가침이다"**(제1조)라는 조항과, "독일연방공화국은 민주적 …… 국가이다"(제20조)라는 조항 등에서 개인은 행정 객체로 머무르는 것이 아니라 행정 결정에 있어서의 참여자로서의 지위가 도출된다고 보고 있으며, 또한 '본 기본법'이 채택한 **사회적 법치국가**는 개인의 인권을 존중·보장하고, 국가 권력의 공정성과 중립성을 확보하기 위하여 행정절차의 법제화를 요구한다고 본다.

이러한 요청에 부응하여 독일에서는 행정절차법을 제정하여 1977년 1월 1일부터 시행하고 있다.

Ⅳ. 우리나라 행정절차법의 일반적 특징

1. 행정절차법의 기본구조

우리나라의 행정절차법은 제1장 **총칙(總則)**에서 용어의 정의, 적용 범위 등 일반적 사항을 규정하고, 제2장부터 제6장까지의 본 내용에서는 **처분(處分)**(제2장), **신고(申告)**(제3장), **행정상 입법예고(行政上立法豫告)**(제4장), **행정예고(行政豫告)**(제5장), **행정지도(行政指導)**(제6장) 및 **국민참여의 확대**(제7장)의 절차에 관하여 규정하고 있다. 그러나 **제2장 처분**에 관한 규정이 약 반을 차지하고 있고, 그 중에서도 **불이익처분(不利益處分)**이 주된 규율 대상이 되고 있다.

행정절차법은 주로 절차적 규정만을 두고 있다. 그러나 행정절차법이라고 해서 오로지 절차적인 규정만 담아야 하는 것은 아니다. 국가에 따라서는 절차적인 규정과 동시에 실체적인 규정을 담고 있는 예도 있다(독일 · 일본 등). 우리나라의 행정절차법에서는 행정에 있어서의 신의성실 및 신뢰 보호의 원칙(제4조)과 투명성의 요구(제5조), 행정지도의 원칙(제48조) 등과 같이 예외적으로만 실체법 규정을 두고 있다.

현행 행정절차법은 **행정계획의 확정절차, 행정조사 절차 및 행정계약 절차**는 규정하고 있지 않다. 다만, 행정계획도 행정예고의 대상이 되며, 행정계획이 입법의 형식을 띠는 경우에는 행정상 입법예고 절차가 적용되고, 행정처분의 성질을 띠는 경우에는 처분절차가 적용된다.

행정입법 절차도 입법안의 예고와 임의적 의견제출 절차를 규정하고 있을 뿐이다. 또한 자료의 열람을 정식청문의 경우에 한하여 제한적으로 인정하고 있는 점도 문제점으로 지적되고 있다.

2. 행정절차법의 적용 범위

행정절차법이 행정절차에 관한 일반법이지만, 모든 행정작용에 적용되는 것은 아니다. 그것은 '처분, 신고, 행정상 입법예고, 행정예고 및 행정지도'의 절차에 관하여 다른 법률에 특별한 규정이 없는 경우에 적용된다(제3조 제1항). 이 중에서도 **처분 절차가 행정절차법의 중심**을 이룬다.

행정절차법은 **공법상 계약**이나 **행정계획 절차**와는 관계가 없다. 지방자치단체의 조례에 대해서는 행정절차법상 특별한 규정이 없으므로 지방자치단체의 사무에 대해서도 행정절차법이 적용되는 것이 원칙이나, 그 사무의 집행과 관련하여 필요한 때에는 다른 내용을 조례로서 정할 수 있다고 할 것이다.

3. 행정절차법의 적용 제외 사항

행정절차법은 다음 각 호의 1에 해당하는 사항에 대하여는 행정절차법을 적용하지 아니한다(제3조 제2항)고 규정하고 있다.

1. 국회 또는 지방의회의 의결을 거치거나 동의 또는 승인을 얻어 행하는 사항

2. 법원 또는 군사법원의 재판에 의하거나 그 집행으로 행하는 사항
3. 헌법재판소의 심판을 거쳐 행하는 사항
4. 각급 선거관리위원회의 의결을 거쳐 행하는 사항
5. 감사원이 감사위원회의의 결정을 거쳐 행하는 사항
6. 형사(刑事), 행형(行刑) 및 보안처분 관계 법령에 의하여 행하는 사항
7. 국가안전보장·국방·외교 또는 통일에 관한 사항 중 행정절차를 거칠 경우 국가의 중대한 이익을 현저히 해칠 우려가 있는 사항
8. 심사청구, 해양안전심판, 조세심판, 특허심판, 행정심판 그 밖의 불복 절차에 따른 사항
9. 병역법에 따른 징집·소집, 외국인의 출입국·난민인정·귀화, 공무원 인사 관계 법령에 따른 징계와 그 밖의 처분, 이해 조정을 목적으로 하는 법령에 따른 알선·조정·중재·재정 또는 그 밖의 처분 등 해당 행정작용의 성질상 행정절차를 거치기 곤란하거나 거칠 필요가 없다고 인정되는 사항과 행정절차에 준하는 절차를 거친 사항으로서 대통령령이 정하는 사항

Ⅴ. 행정절차법의 통칙적 규정(제1장)

1. 목적(제1조)

행정절차법은 행정절차에 관한 공통된 사항을 규정하여 국민의 행정 참여를 도모함으로써 행정의 **공정성(公正性)·투명성(透明性)** 및 **신뢰성(信賴性)**을 확보하고 **국민의 권익**을 **보호**하는 것을 목적으로 하고 있다(제1조).

2. 용어의 정의(제2조)

행정절차법에서 사용하는 용어는 다음과 같다(제2조).

1) **'행정청'** 행정청이란 행정에 관한 의사를 결정하여 표시하는 국가 또는 지방자치단체의 기관 기타 법령 또는 자치법규(이하 "법령 등"이라 한다)에 따

라 행정 권한을 가지고 있거나 위임 또는 위탁받은 공공단체 또는 그 기관이나 사인(私人)을 말한다.

2) **'처분'** 처분이란 행정청이 행하는 구체적 사실에 관한 법 집행으로서의 공권력의 행사 또는 그 거부와 그 밖에 이에 준하는 행정작용을 말한다.

3) **'행정지도'** 행정지도란 행정기관이 그 소관 사무의 범위 안에서 일정한 행정 목적을 실현하기 위하여 특정인에게 일정한 행위를 하거나 하지 아니하도록 지도, 권고, 조언 등을 하는 행정작용을 말한다.

4) **'당사자 등'** 당사자 등이란 행정청의 처분에 대하여 직접 그 상대가 되는 당사자와 행정청이 직권 또는 신청에 따라 행정절차에 참여하게 한 이해관계인을 말한다.

5) **'청문'** 청문이란 행정청이 어떠한 처분을 하기 전에 당사자 등의 의견을 직접 듣고 증거를 조사하는 절차를 말한다.

6) **'공청회'** 공청회란 행정청이 공개적인 토론을 통하여 어떠한 행정작용에 대하여 당사자 등 전문 지식과 경험을 가진 사람 그 밖의 일반인으로부터 의견을 널리 수렴하는 절차를 말한다.

7) **'의견제출'** 의견제출이란 행정청이 어떠한 행정작용을 하기 전에 당사자 등이 의견을 제시하는 절차로서 청문이나 공청회에 해당하지 아니하는 절차를 말한다.

8) **'전자문서'** 전자문서란 컴퓨터 등 정보 처리 능력을 가진 장치에 의하여 전자적인 형태로 작성되어 송신·수신 또는 저장된 정보를 말한다.

9) **'정보통신망'** 정보통신망이란 전기통신 설비를 활용하거나 전기통신 설비와 컴퓨터 및 컴퓨터의 이용 기술을 활용하여 정보를 수집·가공·저장·검색·송신 또는 수신하는 정보통신체제를 말한다.

3. 신의성실 및 신뢰 보호(제4조)

행정청은 직무를 수행할 때 신의(信義)에 따라 성실히 하여야 하고, 법령 등의 해석 또는 행정청의 관행이 일반적으로 국민들에게 받아들여졌을 때에는 공익 또는 제3자의 정당한 이익을 현저히 해칠 우려가 있는 경우를 제외하고는 새로운 해석 또는 관행에 따라 소급하여 불리하게 처리하여서는 아니 된다(제4조)고 규정하여 신의성실 및 신뢰 보호 원칙을 명시하고 있다.

4. 투명성(제5조)

행정청이 행하는 행정작용은 그 내용이 구체적이고 명확하여야 하며, 행정작용의 근거가 되는 법령 등의 내용이 명확하지 아니한 경우 상대방은 해당 행정청에 그 해석을 요청할 수 있다. 이 경우, 해당 행정청은 특별한 사유가 없으면 그 요청에 따라야 한다(제5조).

5. 행정청의 관할(제6조)

행정청이 그 관할에 속하지 아니하는 사안을 접수하였거나 이송(移送)받은 경우에는 지체 없이 이를 관할 행정청에 이송하여야 하고, 그 사실을 신청인에게 통지하여야 한다. 행정청이 접수하거나 이송받은 후 관할이 변경된 경우에도 또한 같다(제6조 제1항).

행정청의 관할이 분명하지 아니한 경우에는 해당 행정청을 공통으로 감독하는 상급 행정청이 그 관할을 결정하며, 공통으로 감독하는 상급 행정청이 없는 경우에는 각 상급 행정청이 협의하여 그 관할을 결정한다(제6조 제2항).

6. 행정응원(제8조)

행정청은 법령 등의 이유로 독자적인 직무 수행이 어려운 경우, 인원·장비의 부족 등 사실상의 이유로 독자적인 직무 수행이 어려운 경우, 다른 행정청에 소속되어 있는 전문기관의 협조가 필요한 경우, 다른 행정청이 관리하고 있는 문서(전자문서 포함)·통계 등 행정자료가 직무 수행을 위하여 필요한 경우, 다른 행정청의 응원을 받아 처리하는 것이 보다 능률적이고 경제적인 경우에는 다른 행정청에 행정응원(行政應援)을 요청할 수 있다(제8조 제1항). 행정응원은 해당 직무를 직접 응원할 수 있는 행정청에 요청하여야 한다(제8조 제3항).

행정응원을 요청받은 행정청은 다른 행정청이 보다 능률적이거나 경제적으로 응원할 수 있는 명백한 이유가 있는 경우, 행정응원으로 인하여 고유의 직무 수행이 현저히 지장받을 것으로 인정되는 명백한 이유가 있는 경우에는 이를 거부할 수 있다(제8조 제2항).

행정응원을 요청받은 행정청은 응원을 거부하는 경우 그 사유를 응원을 요청한 행정청에 통지하여야 한다(제8조 제4항).

행정응원을 위하여 파견된 직원은 특별한 규정이 없는 한 응원을 요청한 행정청의 지휘 · 감독을 받는다(제8조 제5항).

행정응원에 드는 비용은 응원을 요청한 행정청이 부담하며, 그 부담 금액 및 부담방법은 응원을 요청한 행정청과 응원을 하는 행정청이 협의하여 결정한다(제8조 제6항).

Ⅵ. 처분절차(제2장)

행정절차법상 처분절차에 관한 사항(제2장)은 크게 '신청에 의한 처분(수익적 처분)'과 '당사자에게 의무를 과하거나 권익을 제한하는 처분(침익적 처분)'에 관한 것, 그리고 양자에 '공통적인 부분(共通事項)'에 관한 사항으로 구분할 수 있다.

1. 공통적(통칙적) 규정

1) 처분기준의 설정 · 공표(제20조)

행정청은 필요한 처분기준을 해당 처분의 성질에 비추어 되도록 구체적으로 정하여 공표하여야 한다. 처분기준을 변경하는 경우에도 또한 같다(제1항).

처분기준을 공표하는 것이 해당 처분의 성질상 현저히 곤란하거나 공공의 안전 또는 복리를 현저히 해치는 것으로 인정될 만한 상당한 이유가 있는 경우에는 처분기준을 공표하지 아니할 수 있다(제2항).

당사자 등은 공표된 처분기준이 명확하지 아니한 경우 해당 행정청에 그 해석 또는 설명을 요청할 수 있으며, 이 경우 해당 행정청은 특별한 사정이 없으면 그 요청에 따라야 한다(제3항).

이러한 처분기준은 주로 법령해석규칙 · 재량준칙 등 **행정규칙**이 일반적일 것이다. 따라서 처분기준 자체에는 법적 효력이 없는 것이 원칙이고(행정규칙은 법규가 아니기 때문), 다만 평등의 원칙 등을 매개로 하여 간접적으로 법적 효력을 인정할 수 있을 것이다.

2) 처분의 이유 제시(이유부기, 제23조)

행정청은 처분을 할 때에는 다음 각 호의 1에 해당하는 경우를 제외하고는 당사자에게 그 **근거**와 **이유**를 제시하여야 한다(제1항).

1. 신청 내용을 모두 그대로 인정하는 처분인 경우
2. 단순 · 반복적인 처분 또는 경미한 처분으로서 당사자가 그 이유를 명백히 알 수 있는 경우
3. 긴급히 처분을 할 필요가 있는 경우

행정청은 제1항 제2호 및 제3호의 경우에 처분 후 당사자가 요청하는 경우에 그 근거와 이유를 제시하여야 한다.

이러한 이유부기(理由附記) 제도의 취지는, 행정처분을 하게 된 근거 및 이유를 명시함으로써 행정청의 자의적 결정을 배제하고, 이해관계인으로 하여금 행정구제를 용이하게 받을 수 있도록 하기 위한 것이다.

3) 처분의 방식(문서주의, 제24조)

행정청이 처분을 할 때에는 다른 법령 등에 특별한 규정이 있는 경우를 제외하고는 **문서**로 하여야 하며, 전자문서로 하는 경우에는 당사자 등의 동의가 있어야 한다. 다만, 신속히 처리할 필요가 있거나 사안이 경미한 경우에는 말 또는 그 밖의 방법으로 할 수 있으며, 이 경우 당사자가 요청하면 지체 없이 처분에 관한 문서를 주어야 한다(제1항).

처분을 하는 문서에는 그 처분 행정청 및 담당자의 소속 · 성명 및 연락처를 적어야 한다(제2항).

4) 처분 내용의 정정(제25조)

행정청은 처분에 오기(誤記)·오산(誤算) 또는 그 밖에 이에 준하는 명백한 잘못이 있을 때에는 직권 또는 신청에 따라 지체 없이 정정(訂正)하고 그 사실을 당사자에게 통지하여야 한다.

5) 행정심판 사항의 고지(제26조)

행정청이 처분을 할 때에는 당사자에게 그 처분에 관하여 행정심판 및 행정소송을 제기할 수 있는지 여부, 그 밖에 불복을 할 수 있는지 여부, 청구절차 및 청구기간, 그 밖에 필요한 사항을 알려야 한다.

2. 신청에 의한 처분의 절차(신청 → 신청의 심사 → 처분의 결정)

1) 처분의 신청

행정청에 처분을 구하는 신청은 특별한 규정이 없는 한 문서로 하여야 한다(제17조 제1항). 처분을 신청할 때 전자문서로 하는 경우에는 행정청의 컴퓨터 등에 입력된 때에 신청한 것으로 본다(제17조 제2항).

이러한 신청은 다른 법령 등에 특별한 규정이 있거나 당해 신청의 성질상 보완·변경하거나 취하할 수 없는 경우를 제외하고 처분이 있기 전에는 그 신청의 내용을 보완·변경하거나 취하할 수 있다(제17조 제8항).

2) 행정청의 절차상 의무

(1) 처리기간의 설정·공표 의무

행정청은 신청인의 편의를 위하여 처분의 처리기간을 종류별로 미리 정하여 공표하여야 한다(제19조 제1항). 다만, 부득이한 사유로 처리기간 내에 처분을 처리하기 곤란한 경우에는 해당 처분의 처리기간의 범위에서 한 번만 그 기간을 연장할 수 있다(제19조 제2항).

이는 법적 의무로 되어 있으나 보통 행정규칙의 형식으로 행해질 것이므로, 그 기간을 초과한 처분이라도 위법성을 주장할 수는 없을 것이다.

(2) 신청의 접수 · 처리 의무

행정청은 신청을 받았을 때에는 다른 법령 등에 특별한 규정이 있는 경우를 제외하고는 그 접수를 보류 또는 거부하거나 부당하게 되돌려 보내서는 아니 된다(제17조 제4항).

행정청은 신청에 구비서류의 미비 등 흠이 있는 경우에는 보완에 필요한 상당한 기간을 정하여 지체 없이 신청인에게 보완을 요구하여야 하고, 그 기간 내에 보완을 하지 아니하였을 때에는 그 이유를 구체적으로 밝혀 접수된 신청을 되돌려 보낼 수 있다(제17조 제5항, 제6항).

(3) 공관(共管)사무 등의 신속 처리 의무

행정청은 다수의 행정청이 관여하는 처분을 구하는 신청을 접수한 경우에는 관계 행정청과의 신속한 협조를 통하여 그 처분이 지연되지 아니하도록 하여야 한다(제18조).

이는 상호 관련성을 가진 신청에 대해 책임 회피의 목적으로 행정청이 부당하게 지연하는 것을 방지하기 위한 것이다.

(4) 공청회

행정청은 처분을 할 때 다른 법령 등에서 공청회를 개최하도록 규정하고 있는 경우, 해당 처분의 영향이 광범위하여 널리 의견을 수렴할 필요가 있다고 행정청이 인정하는 경우에는 공청회를 개최한다(제22조 제2항).

수익적 처분에 있어서도 행정청은 다른 법령 등에서 특별히 규정하고 있는 경우, 행정청이 필요하다고 인정하는 경우, 해당 처분의 영향이 광범위하여 널리 의견을 수렴할 필요가 있다고 행정청이 인정하는 경우에는 청문을 실시하며, 공청회를 개최한다(제22조 제1호, 제2항 참조).

3. 침익적 처분의 절차

1) 적용 범위

행정절차는 본래 침익적 처분과 관련하여 국민의 권익을 보호하기 위해 발달한 것이므로 행정절차법상의 통지, 청문 등은 침익적 처분에 대하여 전형적으로 적용되는 것이다.

다만, 행정절차법상 당사자 등에게 사전통지를 해야 하는 대상을 **"당사자에게 의무를 과하거나 권익을 제한하는 처분"**이라고 규정되어 있으므로(제21조 제1항), 불특정 다수인을 상대로 하는 **일반처분(一般處分)**은 이에 해당하지 않고, 수익적 행위에 대한 **거부처분**도 실질적으로는 불이익 처분에 해당하는 것이지만, 여기에서의 불이익 처분(침익적 처분)에는 해당하지 않는다.

2) 처분의 사전 통지와 생략 등

행정청은 당사자에게 의무를 과하거나 권익을 침해하는 처분을 하는 경우에는 미리 '처분하고자 하는 원인이 되는 사실과 처분의 내용 및 법적 근거', '위 사항에 대하여 의견을 제출할 수 있다는 뜻과 의견을 제출하지 아니하는 경우의 처리방법, 의견 제출기관의 명칭·주소, 의견제출 기한(청문을 실시하는 경우에는 청문의 일시·장소 등 청문에 필요한 사항)' 등의 내용을 당사자에게 통지하여야 한다.

의견제출 기한은 의견제출에 필요한 상당한 기간을 고려하여야 하며, 청문을 실시하는 경우에는 청문이 시작되는 날부터 10일 전까지 위 사항을 통지하여야 한다(제21조 제2항, 제3항).

다만, 공공의 안전 또는 복리를 위하여 긴급히 처분을 할 필요가 있는 경우, 법령 등에서 요구된 자격이 없거나 없어지게 되면 반드시 일정한 처분을 하여야 하는 경우에 그 자격이 없거나 없어지게 된 사실이 법원의 재판 등에 의하여 객관적으로 증명된 경우, 해당 처분의 성질상 의견청취가 현저히 곤란하거나 명백히 불필요하다고 인정될 만한 상당한 이유가 있는 경우에는 통지를 하지 않을 수 있다(제21조 제4항).

3) 의견청취(청문, 공청회, 의견제출) 절차

행정청이 침익적 처분을 할 때 당사자 등에게서 의견청취를 하여야 한다. 현행법상 의견청취의 방법으로는 **청문, 공청회, 의견제출**의 세 가지가 있다(제22조 제1항~제3항). 다만, 법 제21조 제4항 각 호의 1에 해당하는 경우와 당사자가 의

견진술의 기회를 포기한다는 뜻을 명백히 표시한 경우에는 의견청취를 아니할 수 있다(제22조 제4항).

이와 같이 행정청이 처분을 할 때 의견청취 절차를 거치도록 한 취지는 처분으로 말미암아 불이익을 받게 될 당사자에게 미리 변명과 유리한 자료를 제출할 기회를 부여함으로써 부당한 권리 침해를 예방하려는 데에 있는 것이다(대판 1992.10.23, 92누2844).

Ⅶ. 신 고

행정절차법의 적용을 받는 신고란 행정청에 대하여 일정한 사항을 통지하는 행위로서, 법령 등이 정하는 바에 따라 해당 통지가 의무로 되어 있는 작용을 말한다. 즉, 행정절차법상의 신고는 모든 종류의 신고가 아니라, 법령 등에서 행정청에 대하여 일정한 사항을 통지함으로써 의무가 끝나는 신고, 즉 **의무적 신고**만이 이에 해당된다.

예를 들면, 전입신고나 출생신고 등은 주민등록법이나 가족관계의 등록에 관한 법률(구 호적법)상 의무적 신고 사항이지만, 화재신고와 같은 신고는 의무적 신고가 아니며 따라서 행정절차법상의 신고에 해당되지 않는다.

법령 등에서 행정청에 대하여 일정한 사항을 통지함으로써 의무가 끝나는 신고(즉, **수리를 요하지 않는 신고**)를 규정하고 있는 경우에는 신고를 관장하는 행정청은 신고에 필요한 구비서류와 접수기관, 그 밖에 법령 등에 따른 신고에 필요한 사항을 게시(인터넷 통한 게시 포함)하거나 이에 대한 편람을 갖추어 두고 누구나 열람할 수 있도록 하여야 한다(제40조 제1항).

수리를 요하지 않는 신고의 경우에는 다음의 각 호와 같은 법적 요건을 갖춘 신고서가 접수기관에 도달된 때에 신고 의무가 이행된 것으로 본다(제40조 제2항).

1. 신고서의 기재사항에 흠이 없을 것
2. 필요한 구비서류가 첨부되어 있을 것
3. 기타 법령 등에 규정된 형식상의 요건에 적합할 것

행정청은 제2항 각 호의 요건을 갖추지 못한 신고서가 제출된 경우 지체 없

이 상당한 기간을 정하여 신고인에게 보완을 요구하여야 한다(제40조 제3항).

행정청은 신고인이 제3항의 규정에 따른 기간 내에 보완을 하지 아니하였을 때에는 그 이유를 구체적으로 밝혀 해당 신고서를 되돌려 보내야 한다(제40조 제4항). 이러한 경우의 반려 행위는 **거부처분**의 성질을 가진다고 보는 것이 판례이다.

Ⅷ. 행정상 입법예고 절차

1. 입법예고의 원칙

행정상 입법예고란 국민의 권리·의무 또는 일상생활과 밀접한 관련이 있는 법령 등을 제정·개정 또는 폐지하고자 할 때는 해당 입법안의 제안을 주관하는 행정청으로 하여금 이를 예고하도록 하는 제도를 말한다.

다만, 긴급을 요하는 경우, 입법 내용의 성질 또는 기타 사유로 예고의 필요가 없거나 곤란하다고 판단되는 경우, 상위 법령 등의 단순한 집행을 위한 경우, 예고함이 공공의 안전 또는 복리를 현저히 해칠 우려가 있는 경우에는 입법예고를 아니할 수 있다(제41조 제1항).

2. 예고방법·기간

행정청은 입법안의 취지, 주요 내용 또는 전문(全文)을 관보·공보나 인터넷·신문·방송 등의 방법으로 널리 공고하여야 한다(제42조 제1항).

행정청은 입법예고를 할 때에 입법안과 관련이 있다고 인정되는 중앙행정기관, 지방자치단체, 그 밖의 단체 등이 예고사항을 알 수 있도록 예고사항을 통지하거나 그 밖의 방법 등으로 알려야 한다(제42조 제3항).

행정청은 예고된 입법안에 대하여 전자공청회 등을 통하여 널리 의견을 수렴할 수 있다. 이 경우, 제38조의2(전자공청회)의 제2항부터 제4항까지의 규정을 준용한다(제42조 제4항).

입법예고기간은 예고할 때 정하되, 특별한 사정이 없으면 **40일(자치법규는 20일)** 이상으로 한다(제43조).

3. 의견제출 및 처리

예고된 입법안에 대해서는 누구든지 의견을 제출할 수 있으며, 행정청은 제출된 의견에 대해서는 의견제출자에게 그 처리 결과를 통보하여야 한다(제44조 제1항, 제4항).

행정청은 입법안에 대하여 공청회를 개최할 수 있다(제45조 제1항).

Ⅸ. 행정예고

행정예고(行政豫告)란 행정청이 국민생활에 매우 큰 영향을 주는 사항, 많은 국민의 이해가 상충되는 사항, 많은 국민에게 불편이나 부담을 주는 사항, 그 밖에 널리 국민의 의견 수렴이 필요한 사항에 대한 정책, 제도 및 계획을 수립·시행하거나 변경하려는 경우에는 이를 예고하도록 하는 제도를 말한다(제46조).

행정예고의 방법, 의견제출 및 처리, 공청회 및 전자공청회에 관하여는 입법예고의 규정을 준용한다(제47조).

Ⅹ. 행정지도

행정지도(行政指導)는 그 목적 달성에 필요한 최소한도에 그쳐야 하며, 행정지도의 상대방의 의사에 반하여 부당하게 강요되어서는 아니 된다(제48조 제1항). 행정기관은 행정지도의 상대방이 행정지도에 따르지 아니하였다는 것을 이유로 불이익한 조치를 하여서는 아니 된다(제48조 제2항).

행정지도의 상대방은 해당 행정지도의 방식·내용 등에 관하여 행정기관에 의견제출을 할 수 있다(제50조).

행정기관이 같은 행정 목적을 실현하기 위하여 많은 상대방에게 행정지도를 하려는 경우에는 특별한 사정이 없으면 행정지도에 공통적인 내용이 되는 사항을 공표하여야 한다(제51조).

이와 같이 행정절차법에서는 **행정지도의 원칙**으로서 **과잉금지의 원칙, 임의성의 원칙, 불이익조치금지의 원칙** 등을 규정하고 있다.

XI. 국민참여의 확대

행정청은 행정 과정에 국민의 참여를 확대하기 위하여 다양한 참여방법과 협력의 기회를 제공하도록 노력하여야 한다(제52조).

행정청은 국민에게 영향을 미치는 주요 정책 등에 대하여 국민의 다양하고 창의적인 의견을 널리 수렴하기 위하여 정보통신망을 이용한 정책토론을 실시할 수 있다(제53조 제1항).

XII. 행정절차의 하자

행정절차의 하자라 함은 이를 '광의의 행정절차의 하자'와 '협의의 행정절차의 하자'로 나누어 볼 수 있다.

광의의 행정절차의 하자는 '모든 행정작용'의 절차상의 '모든 하자'를 의미한다. 따라서 이에는 행정행위만이 아니라, 행정입법 · 행정지도 등 모든 행정작용의 절차에 관련된 '모든 하자(사전통지, 청문 주재자에 관련된 사항 등)'가 여기에 포함된다. 한편, **협의의 행정절차의 하자**는 행정작용 가운데 **'행정행위(처분)'의 절차에 관련된 하자**, 그 가운데에서도 주로 **'청문(광의)'과 '이유 제시'**에 관련된 하자만을 의미한다.

여기에서는 후자, 즉 좁은 의미의 행정절차의 하자에 관해서 살펴보기로 한다.

1. 절차상 하자가 독립한 취소 사유가 되는지에 관한 문제

행정행위에 실체법상의 하자가 있는 경우에는 법치행정의 원리에 따라 취소 또는 무효사유가 될 것이다. 그러나 형식·절차상의 하자가 있는 경우, 즉 법령에 의해 요구되는 사전통지·청문·이유부기 등의 행정절차를 결한 행정행위의 경우에 그러한 절차상의 하자만을 이유로 행정행위를 무효로 하거나 취소할 수 있는지의 문제이다. 왜냐하면, **절차상의 하자가 있다 하더라도 실체적으로는 적법할 수 있기 때문이다**.

이 문제와 관련해서는 이를 긍정하는 **적극설**과 부정하는 **소극설**이 있다.

소극설에 의하면, 행정행위를 기속행위와 재량행위로 구분하여 재량행위의 경우에는 절차상의 하자만을 이유로 기존 처분을 취소할 수 있지만, 기속행위(재량권이 0으로 수축된 경우 포함)의 경우에는 절차상의 하자를 이유로 취소되어도 다시 적법 절차만 거치게 되면 종전과 동일한 처분을 할 수밖에 없으므로 절차상의 하자만을 이유로 취소하는 것은 허용되지 않는다고 한다.

적극설은 재량행위이건 기속행위이건 불문하고 절차상의 하자 있는 행정행위는 내용상의 하자 있는 행정행위와 마찬가지로 취소의 대상이 된다는 견해이다. 이는 우리나라에서의 **다수설**이다.

판례의 태도는 재량행위든 기속행위든 관계없이 절차상의 하자만을 이유로 취소할 수 있다는 **적극설**의 입장을 취하고 있다.

> 식품위생법 제64조, 같은 법 시행령 제37조 제1항 소정의 청문 절차를 거치지 아니하거나 거쳤다고 하여도 그 절차적 요건을 제대로 준수하지 아니한 경우에는 가사 영업 정지 사유 등 위 법 제58조 등 소정 사유가 인정된다고 하더라도 그 처분은 위법하여 취소를 면할 수 없다(대판 1991.7.9, 91누971).

2. 절차상 하자의 정도(무효와 취소)

이는 법이 정한 절차를 준수하지 않아 절차상 하자가 있는 경우에 그 행정행위의 효력을 무효로 볼 것인지 취소할 수 있는 행정행위로 볼 것인지의 문제이다.

이에 대한 일반적 규정은 존재하지 않고, 다만 개개 실정법에서 특별한 규정을 두고 있는 경우가 있다. 예를 들면, 공무원에 대한 징계나 소청심사에 있어서는 징계 대상자나 소청인에게 진술의 기회를 부여하여야 하며, 진술의 기회를 부여하지 아니한 결정은 무효라고 규정한 국가공무원법 규정이 그에 해당한다(제

13조, 제81조).

그러나 이와 같이 개별법에 특별한 규정이 없는 경우에는 무효와 취소의 구별기준에 관한 통설·판례의 입장인 중대·명백설(重大·明白說)에 따라야 할 것이다. 따라서 행정절차의 하자가 중대하고 명백한 경우에는 그에 해당하는 행정행위는 무효가 되며, 그 하자가 중대·명백하지 않거나 중대하지만 명백하지 않은 경우에 해당 행정행위는 취소할 수 있는 행위가 되는 것이다.

판례는 허가 취소 처분을 함에 있어서 청문을 거치지 않은 경우, 당사자에게 의무를 과하는 처분을 함에 있어서 의견제출의 기회를 주지 않은 경우, 도시계획을 수립함에 있어서 공청회를 열지 않은 경우, 면허 취소 처분을 함에 있어 이유부기를 결한 경우 등 대부분의 절차상 하자의 경우를 취소 사유에 해당한다고 보고 있다.

제 3 편

행정작용의 실효성을 확보하기 위한 수단들

제 1 장

행정강제

공익을 위하여 법을 집행하는 행정작용 가운데에는 국민에 대해 적극적으로 일정한 의무를 부과하거나, 소극적으로 일정한 행위를 금지하는 것을 내용으로 하는 경우가 많다. 이러한 행정작용이 그 본연의 목적을 실효성 있게 달성하기 위해서는 **행정법상 의무의 이행을 강제**하거나 **의무 위반**에 대해 **제재**를 가하는 등 의무 이행을 확보하기 위한 수단이 마련되어 있지 않으면 아니 된다. 이와 같이 행정법상의 의무 이행을 확보하기 위한 수단을 **행정의 실효성 확보 수단**이라 한다.

종래의 **전통적인 행정의 실효성 확보 수단**으로는 **'행정벌(行政罰)'**과 **'행정강제(行政强制)'**가 있다. 행정벌은 행정법상의 의무 위반(예: 교통신호를 위반하는 것)에 대한 제재 수단으로서, 이는 다시 **'행정형벌(行政刑罰)'**과 **'행정질서벌(行政秩序罰)'**로 구분한다.

한편, 행정강제는 행정법상의 의무 이행(예: 세금을 부과하면 이를 납부하는 것)을 강제하기 위한 수단으로, 이를 다시 **'행정상 강제집행(强制執行)'**과 **'행정상 즉시강제(卽時强制)'**로 나누고, 행정상 강제집행 수단의 구체적 내용을 다시 **대집행(代執行)** · **행정상 강제징수(行政上强制徵收)** · **집행벌(執行罰)** · **직접강제**

(直接强制) 등 네 가지로 나누어 설명하는 것이 일반적이었다.

행정벌이 과거의 의무 위반에 대한 제재를 직접 목적으로 하는 데 반해, 행정강제는 장래에 향하여 의무의 이행을 실현시키기 위한 것이라는 점에서 기본적인 차이가 있다. 따라서 행정강제가 직접적 의무 이행 확보 수단이라면, 행정벌은 간접적인 의무 이행 확보 수단이라고 할 수 있다.

그러나 사회가 복잡·다양해짐에 따라 전통적인 의무 이행 확보 수단으로는 기능적 한계성을 드러냄에 따라 **새로운 실효성 있는 의무 이행 확보 수단**이 법상 또는 행정의 관행상 등장하고 있다. 이러한 **새로운 의무 이행 확보 수단**으로 들 수 있는 것으로는 **비금전적 수단**으로서 **인·허가의 취소나 철회, 명단의 공표, 관허사업(官許事業)의 제한, 공급 거부(供給拒否)** 등이 있고, **금전적 수단**으로서 **과징금(課徵金), 가산세(加算稅), 가산금(加算金), 범칙금(犯則金)** 등이 있다.

종래에 행정상 즉시강제의 일환으로 다루어져 왔던 질문·조사 등과 같은 행정작용이 오늘날에는 '행정조사(行政調査)'라는 이름으로 독립하여 다루어지고 있다

〈표 3-1-1〉 행정작용의 실효성 확보 수단

- 전통적 수단
  - 행정강제 (행정법상의 의무 이행 강제 수단)
    - 행정상 강제집행
      - 대집행(대체적 작위의무)
      - 행정상 강제징수 (금전급부 의무)
      - 이행강제금(혹은 집행법: 비대체적 작위의무, 부작위의무)
      - 직접강제(모든 의무)
    - 행정상 즉시강제
  - 행정벌 (행정법상의 의무 위반에 대한 제재 수단)
    - 행정형벌(형법, 형사소송법 적용)
    - 행정질서벌(비송사건절차법 적용)

새로운 의무이행 확보 수단
- 금전적 수단 —— 과징금, 가산세, 가산금, 벌칙금
- 비금전적 수단 —— 인·허가의 취소나 철회, 명단의 공표, 관허사업의 제한, 공급 거부 등

지금까지 설명한 행정작용의 실효성을 확보하기 위한 수단을 체계적으로 설명하면 〈표 3-1-1〉과 같다.

행정강제(行政强制)라 함은 행정 목적의 실현을 확보하기 위하여 사람의 **신체** 또는 **재산**에 실력을 가함으로써 행정상 필요한 상태를 실현시키는 **권력적 사실행위**이다.

행정강제에는 '**행정상 강제집행(行政上强制執行)**'과 '**행정상 즉시강제(行政上即時强制)**'가 있다. 전자가 행정법상의 **의무 불이행**(義務不履行)을 전제로 하여 이 의무의 이행을 강제하는 것인데 반해, 행정상 즉시강제는 **급박한 상황 하에서 의무를 명할 수 없는 경우**에 행하여지는 행정강제로, 행정법상의 의무 불이행을 전제로 하지 않는다는 점에서 양자는 구별된다.

제1절 행정상 강제집행의 의의 및 특색

Ⅰ. 행정상 강제집행의 의의

1. 개 념

행정상 강제집행이란 행정법상의 **의무 불이행**이 있는 경우에 행정청이 의무자의 **신체** 또는 **재산**에 실력을 가해 그 의무를 이행시키거나 이행한 것과 동일한 상태를 실현시키는 작용을 말한다.

예를 들면, 갑에게 부과된 재산세를 갑이 주어진 기한 내에 납부하지 않는 경우(즉, 의무의 불이행이 있는 경우), 관할 세무서장이 갑의 재산을 강제로 매각하여 세금으로 충당함으로써, 세금을 납부한 것과 동일한 상태를 실현시키는 것을 행정상 강제집행이라 한다.

행정상 강제집행에는 **대집행(代執行)**, **강제징수(强制徵收)**, **이행강제금(집행벌)**, **직접강제(直接强制)가** 있다.

2. 기타의 실효성 확보 수단과의 구별

1) 행정상 강제집행은 **민사상 강제집행**과 구별된다. 양자는 국가적 강제력을 배경으로 하여 의무 불이행이 있는 경우에 의무의 이행을 강제하는 의무 이행 확보 수단인 점에서는 같지만, 양자는 강제집행의 대상 및 주체에서 차이가 있다.

민사상의 강제집행은 사법상(私法上) 의무를 대상으로 하는데 반해, 행정상 강제집행은 공법상 의무를 대상으로 한다. 민사상 강제집행은 국가기관의 강제력 행사에 의해 행해지지만, 행정상 강제집행은 행정청이 스스로 강제력을 행사하여 행하여진다.

2) 행정상 강제집행은 **장래**에 향하여 의무의 이행을 강제하기 위한 수단인 점에서, **과거**의 의무 위반에 대한 제재 수단인 **행정벌(行政罰)**과 구별된다.

3) 행정상 강제집행은 상대방의 **의무 불이행**을 전제로 한다는 점에서, 이를 전제로 하지 않는 **행정상 즉시강제**와 구별된다.

4) 행정상 강제집행은 **사실행위(事實行爲)**인 점에서, 법적 행위인 **행정행위**와 구별되며, **권력적 사실행위**인 점에서 **비권력적 사실행위**인 **행정지도**와 구별된다.

Ⅱ. 행정상 강제집행의 법적 성질

행정상 강제집행의 법적 성질에 대해서는 이를 **권력적 사실행위(權力的事實行爲)**에 속한다고 보는 것이 통설이다. 그러나 엄밀히 말하면 행정상 강제집행은 여러 단계의 행위로 구성되므로 이를 획일적으로 권력적 사실행위에 속한다고 보는 것은 옳지 않다.

예를 들면, 행정상 강제집행의 대표적인 예인 대집행(代執行)에 관해 살펴보면, 대집행은 계고(戒告) - 대집행 영장(代執行令狀)에 의한 통지 - 대집행의 실행 - 비용 징수 등 일련의 절차를 거쳐 행해지는 바, 이 중에서 **계고, 대집행 영장에 의한 통지, 비용 징수는 법적 행위**에 속하며, 다만 **대집행의 실행행위**(實行行爲)만이 **권력적 사실행위**에 속한다고 할 것이다.

Ⅲ. 행정상 강제집행의 근거

과거에는 행정 주체가 국민에 대하여 의무를 명할 수 있는 명령권을 부여하는 법이 있으면 그것은 동시에 그 의무 이행을 강제할 수 있는 근거가 된다고 보았다. 즉, 명령권에는 강제권이 포함되는 것으로 본 것이다. 그러나 **의무를 명하는 행위**와 **의무의 내용을 강제적으로 실현하는 행위**를 하기 위해서는 각각 **별개의 법에 근거**해야 한다는 것이 오늘날의 통설이다. 그 이유는 의무를 명하는 행위와 의무 내용을 강제적으로 실현하는 행위는 별개의 행위이므로 각각 별도의 법률상 근거가 있어야 한다는 것이다.

행정상 강제집행의 근거법으로는 대집행의 근거법으로서 대집행에 관한 일반법인 **행정대집행법**(行政代執行法)과 대집행에 관한 개별 법 규정이 있고, 행정상 강제징수에 관한 근거법으로는 **국세징수법**(國稅徵收法)과 국세징수법을 준용하는 여러 개별법 규정이 있다. 또한 **직접강제**와 **집행벌**은 각 개별법에서 예외적으로 인정되고 있다.

제 2 절 대집행

Ⅰ. 대집행의 의의

대집행이란 의무자가 **'대체적 작위의무(代替的作爲義務)'**, 즉 다른 사람이 대신할 수 있는 작위의무를 이행하지 않는 경우에, 행정청이 의무자가 행할 의무를 스스로 행하거나 또는 제3자로 하여금 이를 행하게 하고, 의무자로부터 그 비용을 징수함으로써 의무의 이행이 있었던 것과 같은 상태를 실현시키는 것을 말한다.

예를 들면, 관할 구청장이 갑에게 갑이 축조한 무허가 건물의 철거를 명하였으나 갑이 이 의무를 이행하지 아니하고 있는 경우, 관할 구청장이 소속 공무원으로 하여금 갑을 대신하여 갑의 무허가 건물을 철거하게 하고 그 철거에 들어간 비용을 갑으로부터 징수하는 것과 같은 것이다. 이 경우, 갑의 무허가 건물 철거의무는 갑이 아닌 다른 사람이 그 의무를 대신할 수 있는 대체적 작위의무에 속한다.

대집행은 대체적 작위의무 위반을 전제로 하는 것이나, 직접강제는 모든 의무를 그 대상으로 하고, 강제징수는 금전 급부의무 위반을 전제로 한다는 점에서 구별된다.

Ⅱ. 대집행권자

대집행을 할 수 있는 권한을 가진 자는 **'당해 행정청(當該行政廳)'**, 즉 당초에 의무를 명하는 행정행위를 한 행정청이다(행정대집행법 제2조). 당해 행정청은 대집행을 스스로 하거나(자기 집행) 제3자에게 대집행을 위탁(타자 집행)할 수도 있다.

행정대집행법 제2조(대집행과 그 비용징수)
법률(법률의 위임에 의한 명령, 지방자치단체의 조례를 포함한다. 이하 같다)에 의하여 직접 명령되었거나 또는 법률에 의거한 행정청의 명령에 의한 행위로서 타인이 대신하여 행할 수 있는 행위를 의무자가 이행하지 아니하는 경우 다른 수단으로써 그 이행을 확보하기 곤란하고 또한 그 불이행을 방치함이 심히 공익을 해할 것으로 인정될 때에는 **당해 행정청**은 스스로 의무자가 하여야 할 행위를 하거나 또는 **제삼자**로 하여금 이를 하게 하여 그 비용을 의무자로부터 징수할 수 있다.

대집행을 행정청이 제3자로 하여금 실행하게 한 경우의 법률관계가 문제된다. 이 경우, 제3자와 의무자 사이에는 아무런 직접적인 법률관계가 발생하지 않으나, 다만 의무자는 제3자의 실행 행위를 **수인(受忍)**하여야 할 의무를 진다고 본다.

Ⅲ. 대집행 대상 및 요건

1. 대집행의 대상

1) 공법상 대체적 작위의무

대집행의 대상은 행정대집행법 제2조에 의하면 법령(조례 포함)에 의하여 직접 명령되었거나 또는 법령에 의거한 행정청의 처분에 의하여 부과된 의무로서 타인이 대신하여 행할 수 있는 행위, 즉 **대체적 작위의무(代替的作爲義務)**이다.

대집행의 대상이 되는 의무는 '대체적 작위의무'에 한정된다. 따라서 **부작위의무**나 **수인의무** 및 **비대체적 작위의무**는 그 대상이 될 수 없다.[1] '대체적 작위의무'란 타인이 대행하더라도 의무자가 스스로 행한 것과 동일한 목적을 달성할 수 있는 성질의 의무를 말한다. 따라서 일신전속적(一身專屬的)이거나 전문 기술적이어서 대체성(代替性)이 없는 비대체적 작위의무 등은 대집행의 대상이 되지 않는다.

1) 따라서 부작위의무를 위반한 경우에는 작위의무로 전환한 후에 대집행이 가능하다. 예를 들면, 공원부지 등의 불법점거 및 불법공작물의 설치행위는 부작위의무의 위반이므로 바로 대집행할 수 없다.

비대체적 작위의무로는 예방접종 · 신체검사 · 건강진단 등을 받을 의무, 국유지로부터 퇴거 의무, 증인으로 출석할 의무 등을 예로 들 수 있으며, 부작위의무로는 통제 구역에 출입하지 않을 의무, 야간에 소음을 내지 않을 의무 등을 예로 들 수 있다.

2) 구체적 · 특정적 의무

대집행의 대상이 되는 의무는 구체적(具體的) · 특정적(特定的) 의무이어야 한다. 그런데 법령에 의해 직접 구체적 · 특정적 행위를 행할 의무가 명하여지는 일은 비교적 드물고, 많은 경우에 법령에 의거한 행정처분(行政處分)에 의하여 비로소 그러한 의무가 과하여진다. 그러므로 대집행의 대상이 되는 것은 원칙적으로 행정처분에 의해 부과된 의무이다.

2. 대집행의 요건

대집행의 요건으로는 의무자의 **의무 불이행**이 있는 경우에, **다른 수단**으로서 그 이행을 확보하기 곤란하고, 그 불이행을 방치함이 심히 **공익**을 해할 것으로 인정될 때에 행할 수 있다(행정대집행법 제2조).

'다른 수단'이란 대집행보다 의무자의 권익을 적게 침해하는 수단을 말한다. 이 규정은 **'비례의 원칙'**이 행정대집행에도 적용됨을 강조한 것에 불과하다.

이상의 요건이 충족된 경우에도 행정청은 대집행을 할 것인지의 여부에 대한 재량권을 가진다는 견해도 있으나, 다수설에 의하면 요건이 충족된 경우에는 행정청은 대집행을 하여야 할 의무를 진다고 한다. 즉, 대집행은 **기속행위(羈束行爲)**에 속한다고 본다.

Ⅳ. 대집행의 절차

대집행의 절차는 **계고, 대집행 영장에 의한 통지, 실행, 비용징수**의 **네 단계**로 나누어진다. 그러나 긴급 시에는 일부 절차를 생략할 수 있다.

1. 계　고

대집행을 하려면 상당한 이행기간을 정하여 그 기한까지 이행되지 아니할 때에는 대집행을 한다는 뜻을 미리 문서로써 의무자에게 알려야 하는 바, 이를 계고(戒告)라 한다(행정대집행법 제3조 제1항).

계고의 법적 성질에 대해서는 계고는 의무의 이행을 최고(催告)함과 아울러 기한 내에 의무를 이행하지 않을 경우에는 대집행할 뜻을 알려주는 행위인 점에서 이를 준법률행위적 행정행위 중 **통지(通知)**에 속한다고 보는 것이 **통설 및 판례**의 입장이다. 따라서 계고는 그 자체가 독립하여 항고소송(抗告訴訟)의 대상이 된다.

2차 계고를 행한 경우에는 2차 계고는 **대집행 기한의 연기 통지**에 불과하므로 **행정처분이 아니다**(대판 1991.1.25, 90누5962).

대집행의 계고에 있어서는 의무자가 이행하여야 할 행위와 그 의무 불이행 시 대집행할 행위의 내용 및 범위가 구체적으로 특정되어야 한다.

실무상 대집행의 계고와 의무를 과하는 행정처분(하명)을 동시에 행하는 경우가 있는데 이것이 현행법상 허용될 것인가가 문제된다. 예를 들면, 일정기간 내에 위법 건축물의 자진 철거를 명하는 작위 하명과 동시에 일정기간 내에 위법 건축물의 자진 철거를 하지 아니할 때에는 그 집행할 뜻을 미리 계고하는 경우가 그것이다.

대집행은 의무 불이행이 있는 경우에 자동적으로 행해지는 것이 아니라, **대집행의 요건을 충족한 경우**에 한하여 인정된다. 또한 대집행은 **의무를 명하는 행정처분과는 독립된 국민의 권익을 침해하는 행위**이다. 따라서 **대집행의 요건은 원칙적으로 계고 시에 충족**되어야 하므로, 의무를 명하는 행위와 대집행의 계고를 동시에 행할 수 없는 것이 원칙이다. 다만, 현행법에서는 비상시 또는 위험이 절박한 경우에 있어서 계고를 할 여유가 없을 때에는 계고 절차를 거치지 아니하고 대집행을 행할 수 있다(동법 제3조 제3항)고 한다. 따라서 이 규정에 비추어 하명 시 대집행 요건의 충족이 확실하고 또한 즉시 대집행을 행할 긴급할 필요가 있거나, 상당한 자진 이행기간을 주고 있는 경우에 한하여, 즉 대집행의 계고와 의무를 과하는 행정처분을 동시에 행하여도 의무자에게 크게 불이익을 주지 않는다고 여겨지는 경우에 한하여, 예외적으로 대집행의 계고를 행정처분에 결합하는 것이 가능하다고 볼 수 있을 것이다.

2. 대집행 영장에 의한 통지

의무자가 계고를 받고 그 지정기한까지 그 의무를 이행하지 아니할 때에는 당해 행정청은 대집행 영장(代執行令狀)으로써 대집행 시기・대집행 책임자・대집행 비용 견적서 등을 의무자에게 통지하여야 한다(동법 제3조 제2항). 다만, 비상시 또는 위험이 절박한 때에는 예외적으로 대집행 영장에 의한 통지를 생략할 수 있다(동법 제3조 제3항).

대집행 영장에 의한 통지의 법적 성질은 대집행 영장에 의한 통지는 대집행을 하겠다는 의사를 구체적으로 통지하는 행위이며, 의무자에게 대집행 수인의무(受忍義務)가 발생하고, 행정청은 대집행실행권(代執行實行權)을 갖게 되는 **법적 효과**를 발생하므로 그 법적 성질은 준법률행위적 행정행위로서 강학상 **'통지'**에 해당한다. 따라서 대집행 영장에 의한 통지는 그 자체가 독립하여 취소소송의 대상이 된다.

3. 대집행의 실행

대집행은 대집행 영장에 기재된 시기에 대집행 책임자에 의해 실행되는 바, 이 경우 대집행 책임자는 그가 대집행 책임자라는 것을 표시한 증표(證票)를 휴대하여 이해관계인에게 제시하여야 한다(동법 제4조). 대집행 실행행위는 물리력(物理力)을 행사하는 **'권력적 사실행위'**이다.

의무자는 대집행의 실행에 대하여 **수인의무**가 있는 바, 위법 건축물의 철거에서와 같이 만일 의무자가 대집행의 실행에 저항하는 경우에는 **공무집행방해죄(公務執行妨害罪)**를 구성한다. 이때에 대집행 실행자는 의무자의 저항을 실력으로 배제할 수 있는지가 문제된다.

이와 관련해서는 우리나라의 경우 실력에 의한 저항 배제를 대집행의 당연한 권한으로 인정할 수 없다는 견해(부정설)와, 필요한 한도 내에서 저항의 배제를 위해 부득이한 실력행사는 대집행에 수반되는 것으로 인정되어야 한다는 견해(긍정설)가 대립하고 있는 바, 전자, 즉 **부정설**이 **다수설**이라 할 수 있다.

저항을 실력으로 배제하는 것은 신체에 대하여 물리력을 행사하는 것이므로 대집행에 포함된다고 볼 수 없고, **직접강제(直接强制)**의 대상이 된다고 보아야 한다. 대집행의 시행을 위해 저항을 실력으로 배제하는 것을 인정할 필요가 있지만 그것의 인정을 위해서는 **별도의 법률상 근거**가 있어야 한다.

4. 비용의 징수

대집행의 비용은 원칙상 의무자가 부담하여야 한다. 따라서 대집행에 소요된 비용은 납기일을 정하여 의무자에게 문서로써 납부를 명하여야 한다(동법 제5조).

의무자가 납기일 내에 납부하지 않으면 국세징수법의 규정에 따라 강제징수할 수 있다(동법 제6조 제1항). 비용납부 명령에 따라 발생한 행정청의 비용납부청구권은 공법상 청구권이기 때문이다.

행정청이 의무자로부터 징수할 수 있는 금액은 실제로 대집행에 필요한 비용에 한한다. 징수된 비용은 사무비(事務費)의 소속에 따라 국고 또는 지방자치단체의 수입으로 한다(동법 제6조 제3항).

비용납부 명령은 비용납부 의무를 발생시키는 **행정행위**이다. 따라서 비용납부 명령은 항고소송의 대상이 된다.

Ⅴ. 대집행에 대한 불복

1. 행정심판전치주의의 문제

행정대집행법 제7조는 "대집행에 대하여는 행정심판을 제기할 수 있다"고 규정하고 있다. 또한 동법 제8조는 "전조의 규정은 법원에 대한 출소(出訴)의 권리를 방해하지 아니한다"고 규정하고 있다.

이들 규정은 당해 행정청에 대한 이의신청(異議申請)을 인정한 것을 제외하고는 특별한 효력을 갖지 못한다. 즉, 이들 규정이 없다 하더라도 대집행에 대하여는 행정심판법과 행정소송법에 따라 행정심판과 행정소송이 인정된다. 또한 행정소송법상의 '행정심판전치주의(行政審判前置主義)'가 폐지되었기 때문에 행정심판을 거치지 아니하고 행정소송을 제기할 수 있다고 보아야 한다.

2. 처분성의 문제

대집행은 네 단계의 절차를 거쳐 행해지는데 행정쟁송은 네 단계의 행위 중 어느 행위에 대하여 인정할 것인가가 문제된다.

대집행의 기초가 되는 행정청의 **하명**(예: 건물의 철거 명령)과 그에 이은 계고와 대집행 영장의 통지는 준법률행위적 행정행위로서 강학상 **'통지'**로서, 대집행의 실행행위는 **권력적 사실행위**로서, 비용징수는 **급부하명**으로서 각각 처분성이 인정된다는 것이 학설·판례의 경향이다. 따라서 이들 모두가 행정쟁송의 대상이 된다고 보아야 한다. 행정대집행법 제7조와 제8조가 이를 명시하고 있다.

○ **건물의 철거명령: 하명(작위하명)**
○ **계고, 대집행 영장의 통지: 강학상의 통지(준법률행위적 행정행위)**
○ **대집행의 실행행위: 권력적 사실행위**
○ **비용징수: 하명(급부하명)**

제 3 절 이행강제금(집행벌)

Ⅰ. 이행강제금의 의의

이행강제금은 **작위의무**(비대체적 작위의무와 대체적 작위의무를 모두 포함) 또는 **부작위의무**(不作爲義務)를 **불이행**한 경우에 그 의무를 간접적으로 강제 이행시키기 위하여 일정한 기간 안에 의무 이행이 없을 때에는 일정한 **이행강제금**

(履行强制金)을 부과할 것을 계고하고, 그 기간 안에 이행이 없는 경우에는 이행강제금을 부과하는 것을 말한다. 이행강제금에 대하여는 이를 '**집행벌(執行罰)**'이라는 용어로 표현하기도 한다. 그러나 집행벌은 자칫 행정벌로 오인될 가능성이 있어서 실정법상 **이행강제금**이라는 용어가 많이 사용되고 있다.

예를 들면, 건축법에 의하면 위법 건축물에 대하여 시정명령(是正命令)을 받은 자가 기간 내에 시정명령을 이행하지 않는 경우에는 이행강제금을 부과할 수 있도록 하였는 바(제80조), 이때의 이행강제금이 대표적인 예에 속한다. 이러한 이행강제금 제도는 농지법(제62조)과 주차장법(제32조) 등에도 인정되고 있다.

건축법 제80조(이행강제금)

① 허가권자는 제79조 제1항에 따라 시정명령을 받은 후 시정기간 내에 시정명령을 이행하지 아니한 건축주 등에 대하여는 그 시정명령의 이행에 필요한 상당한 이행기한을 정하여 그 기한까지 시정명령을 이행하지 아니하면 다음 각 호의 이행강제금을 부과한다.

Ⅱ. 기타의 실효성 확보 수단과의 구별

1) **대집행**과 **직접강제**는 **직접적 의무 이행 확보 수단**인데 반해, 이행강제금은 일정한 기간까지 의무를 이행하지 않을 때에는 일정한 금전적인 부담이 과해진다는 것을 통지함으로써 의무자에게 심리적 압박을 주어 의무를 이행하게 하려는 **간접적인 의무 이행 수단**이다.

2) 이행강제금은 **행정벌(行政罰)**과도 구별되는 바, 행정벌은 의무자에게 심리적 압박을 가하여 간접적으로 의무의 이행을 강제하는 기능을 갖지만, 이행강제금과는 달리 의무의 이행을 직접 목적으로 하는 것은 아니다. 행정벌은 **과거의 법 위반**(의무 불이행 포함)에 대한 제재(처벌)를 주된 목적으로 한다. 한편, 이행강제금은 의무의 이행을 위한 것이므로 일종의 처벌이라 할 수 있는 행정벌과는 성질을 달리한다. 따라서 이행강제금은 행정벌이나 행정형벌과 병행하여 부과될 수 있다.

Ⅲ. 법적 근거 및 불복 절차

이행강제금에 대해서는 그에 대한 일반법이 존재하지 않으므로 건축법 등 개별법에서 그 근거를 두고 있어야 발동할 수 있다. 그리고 이행강제금은 상대방이 의무를 이행할 때까지 반복적으로 부과할 수 있는 것이 특징이나 법정 최고액의 제한이 있다.

건축법에 의하면, 시장・군수・구청장은 이행강제금을 부과하기 전에 이행강제금을 부과・징수한다는 뜻을 미리 문서로서 계고하도록 하고 있다(건축법 제80조 제2항).

이행강제금의 부과가 잘못된 부과라든지 또는 부과된 이행강제금이 과다하다든지 하여 이행강제금의 부과 처분에 불복이 있는 자는 개별 법률이 정하는 바에 따라 다툴 수 있다. 그리고 개별 법률에 특별한 규정이 없다면 행정심판법이나 행정소송법이 정하는 바에 따라 다툴 수 있을 것이다.

제 4 절 직접강제

직접강제(直接强制)란 행정법상의 **의무 불이행**이 있는 경우에 의무자의 **신체나 재산**에 실력을 가하여 의무의 이행이 있었던 것과 동일한 상태를 실현하는 작용을 말한다. 외국인의 강제퇴거 조치(출입국관리법 제46조 이하), 무허가 영업소의 폐쇄조치(식품위생법 제79조), 공중위생영업소의 폐쇄 등(공중위생관리법 제11조), 해산 명령에 불응하는 집회자의 강제 해산, 강제 예방접종의 실시, 촬영금지 구역에서의 촬영 필름을 즉시 압수하는 행위 등이 그 예에 속한다.

식품위생법 제79조(폐쇄조치 등) ① 식품의약품안전처장, 시・도지사 또는 시장・군수・구청장은 제37조 제1항, 제4항 또는 제5항을 위반하여 허가받지 아니하거나 신고 또는 등록하지 아니하고 영업을 하는 경우 또는 제75조 제1항 또는 제2항에 따라 허가 또는 등록이 취소되거나 영업소 폐쇄명령을 받은 후에도 계속하여 영업을 하는 경우에는 해당 영업소를 폐쇄하기 위하여 관계 공무원에게 다음 각 호의 조치를 하게 할 수 있다.

직접강제는 대체적 작위의무뿐만 아니라 비대체적 작위의무 · 부작위의무(예를 들면, 해군이 해상 일정 영역에 대해 해상훈련을 위해 어선 출입을 금지하였는 데도 불구하고 어민 갑이 그 해역에서 조업을 하면서 해군의 명령에 불복하는 경우 강제로 그 어선을 해당 해상 밖으로 끌어내는 것) · 수인의무 등 일체의 의무의 불이행에 대해 행할 수 있다는 점에서, 대체적 작위의무의 강제수단인 **대집행**과 구별된다. 또한 의무의 부과 및 의무의 불이행을 전제로 행해지는 점에서, 그러한 전제 없이 행해지는 **즉시강제(卽時强制)**와 구별된다.

직접강제는 강제집행 수단 중에서 **가장 강력한 수단**인 점에서 국민의 기본권을 침해할 가능성이 높다. 따라서 직접강제는 **과잉 금지 원칙**의 준수 하에 강제집행의 **최후 수단**으로 활용되어야 할 것이다.

직접강제에 관한 일반법은 없고, 다만 출입국관리법 · 식품위생법 · 공중위생관리법 · 도로교통법 · 방어해면법 · 군사시설보호법 · 해군기지법 등 개별법에서 특별히 규정하고 있는 경우에만 인정된다.

제 5 절 행정상 강제징수

Ⅰ. 의 의

행정상 강제징수(强制徵收)란 행정법상의 **'금전 지급 의무'**의 **불이행**이 있는 경우에, 의무자의 **재산**에 실력을 가하여 의무의 이행이 있었던 것과 동일한 상태를 실현하는 작용을 말한다. 행정상 강제징수에 관한 일반법으로는 **국세징수법(國稅徵收法)**이 있다.

행정상 강제징수는 작위 · 부작위 또는 수인의무를 강제하기 위한 수단인 대집행 · 직접강제 · 이행강제금과는 달리 **금전급부(金錢給付)의무의 불이행**에 대한 강제 수단이다.

Ⅱ. 절 차

행정상 강제징수는 독촉, 재산의 압류, 압류재산의 매각[환가처분(換價處分)], 청산(淸算, 충당)의 절차에 의하여 행해진다. 이 중 재산의 압류, 압류재산의 매각 및 청산을 **'체납처분(滯納處分)'**이라 한다.

1. 독 촉

독촉(督促)이란 금전 지급 의무의 불이행이 있는 경우에 상당한 이행기간을 정하여 의무의 이행을 최고(催告)하고, 그 기한까지 의무를 이행하지 않을 경우에는 강제징수(체납처분)를 할 뜻을 알려주는 행위로서, 준법률행위적 행정행위 중 **통지(通知)**에 속한다고 보는 것이 통설의 입장이다. 독촉은 국세징수권에 대한 **시효중단(時效中斷)**의 효과를 발생한다.

국세를 그 납부기한까지 완납하지 아니한 때에는 납기 경과 후 **10일** 이내에 독촉장을 발급하여야 한다(국세징수법 제23조).

2. 재산의 압류

의무자가 독촉을 받고도 기한까지 납부의무를 이행하지 않는 때에는 의무자의 재산을 압류하는 바, 여기에서의 **압류(押留)**란 의무자의 재산에 대해 사실상, 법률상의 처분을 금지시키고 그것을 확보하는 강제보전행위(强制保全行爲)를 말한다.

압류의 대상이 될 수 있는 것은 의무자의 소유로서 금전적 가치가 있는 모든 재산[동산 · 부동산 · 무체재산권(無體財産權) 불문]을 포함한다. 그러나 국세징수법 등은 의무자의 최저 생활을 보장하기 위하여 의류 · 침구 · 주방구 등 생활필수품이나 봉급 · 연금 등의 압류를 금지 또는 제한하고 있다(동법 제31조, 제33조).

압류가 허용된 재산 중에서 어느 것을 압류할 것인가는 행정청의 재량에 속한다 할 것이다. 그러나 가급적 체납 금액과 압류재산의 가격 사이에 균형이 유지되도록 하여야 할 것이다. 압류재산이 체납 금액에 비하여 상당히 고가(高價)인 때에는 그것만으로 곧 압류가 무효로 되는 것은 아니나, **과잉압류(過剩押留)**로서 **위법(취소사유)**이 될 수 있다는 것이 판례의 입장이다(대판 1966.7.26, 66누63).

3. 매 각

매각(賣却)은 체납자의 압류재산을 금전으로 환가(換價)하는 것을 의미한다. 매각의 방법은 원칙적으로 공매(公賣, 입찰 또는 경매)에 의하고, 예외적으로 수의계약(隨意契約)에 의할 수 있다.

공매(公賣)의 법적 성질에 대해서는 이를 행정처분[특히, **'대리(代理)'**]에 속한다고 보는 것이 학설의 일반적 견해이다. 따라서 공매 그 자체는 행정소송의 대상이 된다. 다만, 공매하기로 한 결정(공매 결정), 공매 계획의 통지(공매 통지), 공매를 한다는 공고(공매 공고)는 취소소송의 대상이 아닌 것으로 판시하였다.

> 과세관청이 체납처분으로서 행하는 공매는 우월한 공권력의 행사로서 행정소송의 대상이 되는 공법상의 행정처분이며, 공매에 의하여 재산을 매수한 자는 그 공매처분이 취소된 경우에 그 취소처분의 위법을 주장하여 행정소송을 제기할 법률상 이익이 있다(대판 1984.9.25, 84누201).

세무서장은 매각 결정을 한 때에는 매수 대금의 납부기한을 정하여 매각 결정 통지서를 교부하여야 한다(동법 제75조). 매수인이 최고를 받고도 매수 대금을 지정된 기일까지 납부하지 아니한 때에는 세무서장은 매각 결정을 취소한다. 이 경우, 계약보증금은 국고에 귀속한다(동법 제78조).

4. 청 산

매각에 의해 수령한 금전은 체납처분 비용, 가산금, 체납된 세금, 기타의 공과금, 담보채권 등에 충당하고 잔여액(殘餘額)이 있는 경우에는 체납자에게 돌려줌으로써 체납처분 절차가 종료되는 바, 이를 청산(清算) 또는 배분(配分)이라 한다.

특별한 규정이 없는 한 체납처분비, 국세, 가산금의 순서로 충당한다(국세징수법 제4조).

5. 체납처분의 중지 및 결손처분

체납처분의 목적물인 총재산의 추산가액(推算價額)이 체납처분비에 충당하고 잔여가 생길 여지가 없는 때에는 체납처분을 중지하여야 한다(동법 제85조).

한편, 체납처분의 결과 배분 금액이 체납액에 부족한 때, 체납처분을 중지한 때, 국세징수권의 소멸시효가 완성한 때 및 징수할 가망이 없다고 인정하는 때에는 **결손처분(缺損處分)**을 할 수 있는 바(동법 제86조), 그로써 납부 의무는 소멸하게 된다.

6. 체납처분의 유예

세무서장은 체납자가 국세청장이 성실납세자로 인정하는 기준에 해당하는 때, 재산의 압류나 압류재산의 매각을 유예함으로써 사업을 정상적으로 운영할 수 있게 되어 체납액의 징수가 가능하다고 인정되는 때에는 국세청장의 승인을 얻어 체납처분에 의한 재산의 압류나 압류재산의 매각을 유예(猶豫)할 수 있다(동법 제85조의2).

Ⅲ. 강제징수에 대한 불복 수단

독촉(督促), 압류(押留), 공매처분(公賣處分)에 대하여 불복이 있는 자는 행정심판이나 행정소송에 의하여 그 효력을 다툴 수 있다.

행정상 강제징수에 대하여 불복이 있는 때에는 국세기본법에서 특별한 규정을 두고 있다(제55조 이하). 이들 규정 이외에는 행정심판법과 행정소송법이 적용된다.

제 6 절 행정상 즉시강제

Ⅰ. 의의 및 다른 개념과의 구별

행정상 즉시강제(卽時强制)란 목전의 급박한 행정상 장애를 제거하기 위하여 필요한 경우, 혹은 성질상 미리 의무를 명함에 의해서는 목적을 달성할 수 없는 경우(예: 은닉 물건의 압수 등)에, 직접 개인의 신체 또는 재산에 실력을 가함으로써 행정상 필요한 상태를 실현하는 행정작용을 말한다. 예를 들면, 소방기본법상의 화재건물 인근의 연소 위험 건물에 대한 강제처분, 전염병 예방법상의 전염병 환자의 강제 격리 등이 이에 해당한다.

1. 행정상 강제집행과의 구별

행정상 강제집행과 즉시강제는 양자 모두 실력으로서 행정상 필요한 상태를 실현시키는 **권력적 사실행위**에 속한다는 점에서 같다.

그러나 강제집행은 선행하는 의무의 존재와 그의 불이행을 전제로 하는데 대해, 즉시강제는 그것을 전제로 하지 않는다는 점, 즉 의무를 부과하는 행위와 그 의무를 강제로 실현시키는 작용이 결합되어 **동시**에 행해진다는 점에서 차이가 있다.

2. 행정조사와의 구별

행정상 즉시강제는 행정조사와도 구별되는데, 행정상 즉시강제가 행정 목적을 **직접적(直接的)·종국적(終局的)**으로 실현시키기 위한 수단인데 대해, 행정조사는 일정한 행정 목적을 실현시키기 위한 **준비적(準備的)·보조적(補助的)** 수단으로서의 성질을 갖는다는 점에서 다르다.

행정상 즉시강제의 법적 성질에 대해서는 이를 **'권력적 사실행위'**에 해당한다고 보는 것이 통설적 견해이다. 예를 들면, 소방관이 통행인들에게 화재발생 지역에의 접근을 금지하는 금지통보를 하면 일반인들은 그 금지통보를 받는 순간부터 화재발생 지역에의 접근을 하지 말아야 하고, 만약 이를 어기고 일반인이 접근하려고 하면 소방관이 힘으로 이를 제지할 수 있다.

Ⅱ. 행정상 즉시강제의 근거

종래에는 행정상 즉시강제의 이론적 근거를 국가의 긴급권(緊急權)으로 보아 법적 근거 없이도 행정상 즉시강제가 가능하다고 보았다. 그러나 법치주의가 확립된 오늘날에는 즉시강제는 의무의 불이행을 전제로 하지 않고 국민의 권익을 침해하는 것이므로 엄격한 법적 근거가 필요하다고 보고 있다.

경찰관의 직무집행과 관련된 즉시강제에 대하여는 **'경찰관 직무집행법(警察官職務執行法)'**이 일반법으로서의 지위를 가지고 있으며, 그 밖에 많은 개별법(예: 전염병예방법, 정신보건법, 소방기본법, 식품위생법)에서 행정상 즉시강제를 인정하고 있다.

Ⅲ. 행정상 즉시강제의 수단

행정상 즉시강제의 수단에는 그 대상에 따라 대인적(對人的) 강제, 대물적(對物的) 강제, 대가택(對家宅) 강제로 나눌 수 있으며, 그 근거법에 따라 경찰관 직무집행법상의 수단과 기타 개별법상의 수단으로 나눌 수 있다.

대인적 강제란 사람의 신체(身體)에 실력을 가하여 행정상 필요한 상태를 실현시키는 경우를 말한다. 현행법상 그 수단으로는 경찰관 직무집행법상의 대인적 강제 수단과 개별법상의 대인적 강제 수단이 있다.

대물적 강제란 물건(物件)에 대해 실력을 가하여 행정상 필요한 상태를 실현시키는 경우를 말한다.

대가택 강제란 소유자나 점유자 혹은 관리인의 의사에 관계없이 타인의 가택, 영업소 등에 대하여 실력을 가하여 행정상 필요한 상태를 실현시키는 경우를 말한다.

경찰관 직무집행법상의 대인적 강제 수단으로는 불심검문(제3조), 구호를 요하는 자의 보호조치(제4조), 억류피난(抑留避難) 등과 같은 위험 발생 방지 조치(제5조 제1항), 범죄의 예방과 제지(제6조), 통행금지 조치(제5조 제2항), 무기사용(제10조의4) 등이다. 또한 개별법상의 대인적 강제 수단으로는 강제격리 수용과 치료(전염병 예방법 제29조), 강제진찰과 치료(전염병 예방법 제42조) 등이 있다.

대물적 강제 수단에는 물건의 제거(소방기본법 제25조 제3항), 물건의 폐기(식품위생법 제72조), 장애물 제거(도로교통법 제71조 제2항, 제72조 제2항) 등이 있다.

대가택 강제 수단에는 수색(조세범 처벌절차법 제3조 제1항) 등이 있다.

Ⅳ. 행정상 즉시강제의 한계

행정상 즉시강제는 사람의 신체 또는 재산에 물리력을 행사하는 행위이며 법치주의의 요청인 예측가능성을 침해하는 행위이므로, 국민의 기본권을 보장하기 위하여 엄격한 요건 하에서 인정되어야 하며 또한 엄격한 한계가 설정되어야 한다.

행정상 즉시강제에 대한 한계에는 실체법적 한계와 절차법적 한계가 있다. 실체법적 한계로는 **'비례(比例)의 원칙(原則)'**이 중요하며, 절차법적 통제로는 **'적법절차(適法節次, due process of law)의 원칙'**이 중요하다.

1. 실체법적 한계

행정상 즉시강제는 일정한 조리상의 한계 내에서 행해져야 하는 바, 급박성의 원칙, 보충성의 원칙, 적합성의 원칙, 필요성의 원칙, 소극성의 원칙, 상당성의 원칙 등을 준수하며 행해져야 한다.

1) 급박성의 원칙

행정상 즉시강제는 위해(危害)가 현존하거나 위해의 발생이 확실히 예견되는 목전(目前)의 급박한 위해(위험과 장애)를 방지하고 제거하기 위하여 행해져야 한다.

2) 보충성의 원칙

상황이 급박하여 미리 의무를 명할 시간적 여유가 없을 때 또는 성질상 의무를 명해 가지고는 목적 달성이 곤란한 경우 등과 같이 다른 수단으로는 그 위해를 방지할 수 없는 경우에만 행해질 수 있다.

3) 적합성의 원칙

즉시강제라는 수단이 목전의 급박한 위해의 방지·제거라는 행정 목적을 달성하는 데 적합한 경우에 한하여 행해져야 한다.

4) 필요성의 원칙

즉시강제는 상대방의 권익에 대하여 보다 적은 침해를 가져오는 다른 수단에 의해 행정 목적을 달성할 수 있는 경우에는 행정상 즉시강제는 인정되지 않으며, 행정상 즉시강제가 필요한 경우에도 그 수단이 여러 가지 있는 경우 상대방의 권익을 가장 적게 침해하는 내용의 강제가 행해져야 한다. 이를 **'최소 침해의 원칙'** 이라고도 한다. 예를 들면, 전염병 예방을 위해 강제격리(强制隔離)로도 목적을 달성할 수 있는 경우에 강제입원을 명하는 것은 이 원칙에 위배된다.

5) 소극성의 원칙

행정상 즉시강제는 소극적으로 사회 공공의 안녕 질서를 유지하기 위하여 필요한 경우에만 가능하며, 적극적으로 공공복리를 증진시키기 위하여 발동되어서는 안 된다.

6) 상당성의 원칙

즉시강제 조치가 설정된 행정 목적을 위하여 필요한 경우라도 즉시강제 조치를 취함에 따른 불이익이 그것에 의해 초래되는 효과보다 큰 경우에는 당해 조치가 취해져서는 아니 된다. 이를 **'협의의 비례의 원칙'**이라고도 한다.

2. 절차법적 한계(통제)

헌법은 개인의 자유 및 재산을 보호하기 위해 개인의 신체·재산 및 가택에 대한 강제에 법관의 **영장**을 요하도록 규정하고 있다(헌법 제12조, 제16조). 그러나 헌법은 행정작용의 경우에도 이 규정이 적용되는지에 대해서는 명시적으로 표현하고 있지 않다. 따라서 이러한 **영장주의(令狀主義)**가 형사 절차 이외에 행정상 즉시강제에도 적용되는지의 문제이다.

이에 대해서는 영장이 필요하지 않다는 견해(영장불요설)와 영장이 필요하다는 견해(영장필요설)가 있는가 하면, 헌법상의 영장주의는 원칙적으로 행정상 즉시강제에도 적용되어야 하나, 행정 목적의 달성을 위해 불가피하다고 인정할 만한 긴급한 필요 등 영장 없는 즉시강제를 인정해야 할 합리적인 이유가 존재하는 경우에는 영장주의가 적용되지 않는다고 하는 절충설(折衷說)이 있다. **절충설**이 우리나라의 **통설적 견해**이자 **판례**의 입장이다.

제 2 장

행정벌

제 1 절 행정벌의 의의 및 성질

Ⅰ. 행정벌의 의의

식품위생법 제94조에 따르면, 누구든지 보건복지부령으로 정하는 질병에 걸렸거나 걸렸을 염려가 있는 동물이나 그 질병에 걸려 죽은 동물의 고기・뼈・젖・장기 또는 혈액을 식품으로 판매하거나 판매할 목적으로 채취・수입・가공・사용・조리・저장・소분 또는 운반하거나 진열하여서는 아니 된다. 이러한 **금지 의무**를 **위반**하는 경우 7년 이하의 징역 또는 1억 원 이하의 벌금이 부과된다.

이와 같이 행정벌(行政罰)이란 **행정법상의 의무 위반**행위에 대해 일반통치권(一般統治權)에 근거하여 과하는 제재로서의 처벌을 말하며, 이러한 행정벌이 과하여지는 비행(非行) 또는 의무 위반을 **행정범(行政犯)**이라 한다.

행정벌은 직접적으로는 **과거의 의무 위반**에 대하여 제재를 가함으로써 **행정법규의 실효성을 확보**함을 목적으로 하지만, 간접적으로는 이를 통해 의무자에게 심리적 압박을 가함으로써 행정법상의 의무 이행을 확보하는 기능을 갖는다.

Ⅱ. 행정벌의 성질 및 근거

행정벌은 그 성질상 징계벌(懲戒罰), 집행벌(이행강제금) 및 형사벌(刑事罰)과 구별된다. 그리고 행정벌의 근거로는 죄형법정주의를 든다.

1) 징계벌은 특별권력 관계의 질서를 유지하기 위하여 그 내부질서 위반자에 대하여 과하는 제재인데 대해, 행정벌은 일반권력 관계에 있어서 일반 사인에 대해 통치권의 발동으로서 과하는 제재이다. 따라서 양자는 그 목적·대상·권력의 기초 등에서 차이가 있으며, 양자를 병과하는 것은 일사부재리(一事不再理)의 원칙[1]에 저촉되지 아니한다.

2) 행정벌은 과거의 행정법상의 의무 위반에 대한 제재로서 처벌을 내용으로 하나, 행정상 강제집행(대집행, 강제징수, 직접강제, 이행강제금)은 불이행한 의무를 이행시키는 것을 내용으로 하는 점에서 다르다. 다만, 행정벌도 간접적으로는 의무 이행을 확보하는 기능도 아울러 가지고 있다. 또한 행정상 즉시강제는 의무를 명함이 없이 행정상 필요한 상태를 실현시키는 것을 내용으로 한다는 점에서 의무를 전제로 하는 행정벌이나 행정상 강제집행과 다르다.

1. 행정벌과 형사벌과의 구별

행정벌 중에는 형법상의 형벌(형법 제41조)을 그 제재 내용으로 하는 **행정형벌(行政刑罰)**과 형법상의 형벌이 아닌 제재[과태료(過怠料)]가 과해지는 **행정질서벌(行政秩序罰)**이 있다.

행정벌과 형사벌이 성질상 구별되는 것인지에 대해서는 견해의 대립이 있다. 통설에 따르면, **형사벌**은 살인·상해·절도 등과 같이 사회의 **기본적 생활 질서**

1) 법원이 한 번 사건을 취급하여 재판했는데 같은 문제를 또다시 문제삼을 경우 재판 제도는 무의미하게 되어버리기 때문에 확정판결에는 당연히 "다시 문제삼는 것은 금지"라는 작용이 수반되는 바, 이 작용을 확정판결의 효력이라 보고 '기판력(旣判力)'이라 부른다. 이와 같이 같은 사건을 두 번 다시 취급하는 것이 허용되지 않는다는 원칙을 일사부재리의 원칙이라 한다.

에 위반되는 행위, 즉 실정법을 기다리지 아니하고 그 자체로서 반도덕적 · 반사회적인 범죄로 인식되고 있는 행위에 대해 벌을 과하는 것인데 대해, **행정벌**은 건축법규 위반과 같이 그 행위의 반도덕성 · 반사회성이 당해 행위를 범죄로 규정하는 법률의 제정 이전에는 당연히 인정되는 것은 아니며, 당해 행위를 범죄로 규정하는 **법률의 제정에 의해 비로소 인정되는 범죄**에 대해 벌을 과하는 것인 점에서 구별된다고 본다. 이러한 점에서 형사범(刑事犯)을 **'자연범(自然犯)'**이라 하고, 행정범(行政犯)을 **'법정범(法定犯)'**이라 한다.

따라서 우리나라에서는 행정벌과 형사벌의 구별은 절대적인 것이 아니고 그 시대의 도덕 관념 및 사회 현상에 따라 변화될 수 있는 상대적인 것이라고 보는 상대적 긍정설이 통설이다.

형법 제41조(형의 종류) 형의 종류는 다음과 같다.
1. 사형 2. 징역 3. 금고 4. 자격상실 5. 자격정지 6. 벌금 7. 구류 8. 과료 9. 몰수

2. 죄형법정주의의 적용

죄형법정주의의 원칙[2]은 행정벌에도 적용되므로 법률에 의하지 아니하고는 행정벌을 과할 수 없다. 따라서 법률이 행정벌 규정의 제정권을 행정입법에 위임하는 경우에는 처벌의 대상인 행위의 기준, 처벌의 최고 한도 등을 구체적으로 정하여 위임하여야 한다.

한편, 지방자치단체는 조례로써 조례 위반 행위에 대하여 1,000만 원 이하의 과태료를 정할 수 있다(지방자치법 제27조 제1항).

지방자치법 제27조(조례 위반에 대한 과태료) ① 지방자치단체는 조례를 위반한 행위에 대하여 조례로써 1천만 원 이하의 과태료를 정할 수 있다.
② 제1항에 따른 과태료는 해당 지방자치단체의 장이나 그 관할 구역 안의 지방자치단체의 장이 부과 · 징수한다.

---

2) 일반적으로 죄형법정주의라 함은 어떠한 행위를 하면 범죄가 되고, 어느 정도의 벌을 과하게 되는가를 법률로 미리 정하여 두지 않은 상태에서 사람을 벌하는 것은 허용되지 않는다는 주의를 말한다.

제 2 절 행정벌의 종류

행정벌은 의무 위반에 대해 어떠한 내용의 벌을 과하는지에 따라 다시 **행정형벌**(行政刑罰)과 **행정질서벌**(行政秩序罰)로 나눌 수 있다.

행정형벌이란 형법상의 형벌(사형・징역・금고・자격상실・자격정지・벌금・구류・과료・몰수)을 과하는 행정벌을 말한다. 행정형벌에는 원칙적으로 형법총칙(刑法總則)이 적용되고 처벌은 형사소송법(刑事訴訟法)이 정하는 절차에 따른다. 다만, 예외적으로 간이처벌절차(簡易處罰節次)(예: 즉결심판, 통고처분)가 인정된다.

행정질서벌은 의무 위반에 대해 **과태료**(過怠料)가 과하여지는 행정벌이다. 행정질서벌에는 국가의 법령(法令)에 근거한 것과, 지방자치단체의 조례에 근거한 것이 있다. 과태료는 형벌과는 성질을 달리하는 것이므로 형법총칙이 적용되지 않고, 처벌 절차도 형사소송법에 의하지 않는다.

제 3 장

새로운 의무 이행 확보 수단들

제 1 절 개 설

대집행(代執行)·직접강제(直接强制)와 같은 전통적 강제 집행 수단이나 행정벌(行政罰)과 같은 의무 이행 확보 수단들은 오늘날과 같은 행정 현실의 변화에 충분히 대응할 수 없다는 한계를 나타내고 있다.

예를 들면, 강제집행(强制執行)은 구체적인 경우에 개별적인 사정에 따라 집행되지 못하는 상황이 발생하고 있고, 행정벌은 행정기관의 소극적인 자세로 고발되지 않는 경우가 많아 현실적으로 실행되지 못하거나, 실현되는 경우에는 처벌의 측면에만 치우쳐서 개별적인 상황에 맞는 의무 이행 확보 수단이 되지 못하는 문제가 발생하고 있다. 따라서 전통적인 수단과 동시에 이러한 공백을 보충하기 위한 목적으로 행정 현실에 상응하는 탄력적인 의무 이행 확보 수단이 필요하게 되는 것이다.

이러한 새로운 의무 이행 확보 수단으로는 금전적인 부담을 부과하는 수단과 그 이외의 수단으로 나눌 수 있다. **금전적 부담 수단**으로는 **가산세(加算稅)**, **가산**

금(加算金), **과징금**(課徵金), **부과금**(賦課金), **범칙금**(犯則金) 등이 있으며, 그 밖의 수단으로 **공급거부**(供給拒否), **명단의 공표, 관허사업**(官許事業)**의 제한** 등이 있다.

제 2 절 금전적인 부담 수단

Ⅰ. 가산세

가산세(加算稅)는 세법에 규정하고 있는 의무의 성실한 이행을 확보하기 위하여 당해 세법에 의하여 산출한 금액에 가산하여 징수하는 금액을 말한다. 이는 국세와 지방세의 경우에 모두 적용된다(국세기본법 제2조 제4호).

예를 들면, 소득세의 경우 거주자가 과세표준 확정신고(課稅標準確定申告)를 하지 아니했거나 신고해야 할 소득금액에 미달하게 신고한 때에 부과하거나(소득세법 제81조 제1항), 원천징수 의무자(源泉徵收義務者)나 원천징수를 하여야 할 자가 불성실하게 의무를 이행하지 않는 경우(동법 제85조 제3항) 등에 부과한다.

> **소득세법 제81조(가산세)** ① 제164조나 제164조의2에 따라 지급명세서를 제출하여야 할 자가 다음 각 호의 어느 하나에 해당하는 경우에는 다음 각 호의 구분에 따른 금액을 결정세액에 더한다. 다만, 「조세특례제한법」 제90조의2에 따라 가산세가 부과되는 분에 대하여는 그러하지 아니하다.
> 1. 해당 지급명세서를 그 기한까지 제출하지 아니한 경우: 제출하지 아니한 분의 지급금액의 100분의 2(제출기한이 지난 후 3개월 이내에 제출하는 경우에는 지급금액의 1천분의 5로 한다)
> 2. 제출된 지급명세서가 대통령령으로 정하는 불분명한 경우에 해당하거나 제출된 지급명세서에 기재된 지급금액이 사실과 다른 경우: 불분명하거나 사실과 다른 분의 지급금액의 100분의 1

가산세는 세법상의 의무를 이행하지 않는 경우에 대한 **제재**로서의 성질이 아니라, 추가적인 금전적인 부담을 통하여 **성실한 의무 이행을 확보하는 수단**으로서의 의미를 갖는 것이다. 따라서 동일한 납세의무 위반에 대해 행정벌의 부과와 가산세의 부과는 양립할 수 있다고 보는 것이 다수설의 입장이다.

Ⅱ. 가산금

가산금(加算金)은 국세나 지방세를 납부기한까지 납부하지 아니한 때에 국세징수법에 의하여 고지세액(告知稅額)에 가산하여 징수하는 금액(가산금)과, 납부기한 경과 후 일정기한까지도 납부하지 아니하는 경우에 시간 경과에 비례해서 추가적으로 그 금액에 다시 가산하여 징수하는 금액(중가산금)을 말한다(국세기본법 제2조 제5호). 가산금의 예로는 국세징수법 제21조가 있다.

> **국세징수법 제21조(가산금)** ① 국세를 납부기한까지 완납하지 아니하였을 때에는 그 납부기한이 지난 날부터 체납된 국세의 100분의 3에 상당하는 가산금을 징수한다.
> ② 체납된 국세를 납부하지 아니하였을 때에는 납부기한이 지난 날부터 매 1개월이 지날 때마다 체납된 국세의 1천분의 12에 상당하는 가산금을 제1항에 따른 가산금에 가산하여 징수한다. 다만, 체납된 국세의 납세고지서별 · 세목별 세액이 100만 원 미만인 경우는 제외한다.

가산금은 조세채무자가 부담하는 일종의 연체금으로서 세금 체납에 대해 금전적인 부담을 통해 의무 이행을 확보하기 위한 것이지 처벌은 아니다.

Ⅲ. 과징금 · 부과금

과징금(課徵金)은 행정법상의 의무 위반자에 대하여 당해 위반행위로 얻은 경제적 이익을 박탈하기 위하여 부과하거나 또는 사업의 취소 · 정지에 갈음하여 부과하는 금전적 제재를 말한다.

본래 과징금은 행정법상 의무 위반행위로 인한 불법적인 이익을 박탈하기 위하여 그 이익액(利益額)에 따라 과하여지는 일종의 행정제재금(行政制裁金)으로서의 성격을 지닌 것이었다. 그러나 오늘날 실정법에서 사용되고 있는 과징금의 의미는 매우 다양하게 나타나고 있으며, 경우에 따라서는 인가(認可)나 허가(許可)사업에 관한 법률에 의한 의무 위반을 이유로 하여 당연히 당해 인가나 허가 사업 등을 정지하여야 할 경우에도, 여러 가지 사정을 고려하여 이러한 처분을 내리지 아니하고 사업을 계속할 수 있게 하되, 이에 갈음하여 사업을 계속함으로써 얻은 이익을 박탈하는 행정제재금도 과징금으로 논하고 있다(예: 여객자동차 운수사업법 제88조).

> **여객자동차 운수사업법 제88조(과징금 처분)** ① 국토교통부 장관 또는 시·도지사는 여객자동차 운수사업자가 제49조의6 제1항 또는 제85조 제1항 각 호의 어느 하나에 해당하여 사업정지 처분을 하여야 하는 경우에 그 사업정지 처분이 그 여객자동차 운수사업을 이용하는 사람들에게 심한 불편을 주거나 공익을 해칠 우려가 있는 때에는 그 사업정지 처분을 갈음하여 5천만 원 이하의 과징금을 부과·징수할 수 있다.

환경 관련 법률에서는 과징금을 부과금으로 부르기도 한다.

> **대기환경보전법 제35조(배출부과금)** ① 시·도지사는 대기오염물질로 인한 대기환경상의 피해를 방지하거나 줄이기 위하여 대기오염물질을 배출하는 사업자(제29조에 따른 공동 방지시설을 설치·운영하는 자를 포함한다)와 제23조 제1항부터 제3항까지의 규정에 따른 허가·변경허가를 받지 아니하거나 신고·변경신고를 하지 아니하고 배출시설을 설치 또는 변경한 자에 대하여 배출부과금을 부과·징수한다. 이 경우, 배출부과금은 다음 각 호와 같이 구분하여 부과하고, 그 산정방법과 산정기준 등에 관하여 필요한 사항은 대통령령으로 정한다(각 호 생략).

과징금은 금전적인 제재로서의 성질을 가지는 것이라는 점에서 유사 개념과 구별할 필요가 있다.

우선, 과징금은 그 주체가 행정청이라는 점, 그 부과행위는 **급부하명(給付下命)**으로서 행정행위의 성질을 갖는다는 점, 따라서 부과행위에 대한 불복은 **행정쟁송 절차**에 의한다는 점 등에서 행정형벌인 **벌금(罰金)**과 구별된다.

과징금은 행정질서벌이 아니고, 별도의 절차에 의함이 없이 소관 행정청이 바로 징수할 수 있다는 점 등에서 과태료(過怠料)와도 구별된다.

Ⅳ. 범칙금

범칙금(犯則金)은 도로교통법을 위반한 자가 **통고처분**에 의해 납부하여야 할 금전을 말한다.

이 범칙금 제도는 도로교통법을 위반한 자에게 일정한 금액의 범칙금 납부를 통고하고, 그 통고를 받은 자가 기간 내에 이를 납부할 때에는 처벌 절차가 종료되지만, 납부하지 않을 경우에는 형사처벌 절차가 진행되는 도로교통법상의 제도이다(도로교통법 제164조 이하).

제3절 그 이외의 수단

Ⅰ. 공급 거부

공급 거부(供給拒否)는 행정법상의 의무 위반이나 불이행이 있는 경우에 일정한 행정상의 재화나 서비스의 제공을 거부하는 행정조치를 말한다.

예를 들면, 과거 건축법상의 명령이나 처분에 위반하여 행정청이 발한 시정명령(是正命令)을 불이행한 때에 전기·전화·수도 또는 도시가스 공급시설의 설치나 공급을 중지하도록 하는 경우(구 건축법 제69조 제2항)를 들 수 있다.

공급 거부는 침익적 행정작용이므로 헌법 제37조 제2항에 비추어 법률의 근거를 필요로 한다. 그러나 현행법상 공급 거부에 관한 규정을 찾아보기 어렵다.

Ⅱ. 공 표

공표(公表)라 함은 행정법상의 의무 불이행 또는 의무 위반이 있는 경우에 그의 성명·위반 사실 등을 일반에게 공개하는 것을 말하며, 부동산 투기자·고액 조세 체납자·환경오염물질 배출업소, 성범죄자 등의 명단 공개가 그 예이다(예: 국세기본법 제85조의5).

국세기본법 제85조의5(고액·상습체납자 등의 명단 공개) ① 국세청장은 제81조의13과 '국제조세조정에 관한 법률' 제36조에도 불구하고 다음 각 호의 어느 하나에 해당하는 자의 인적사항 등을 공개할 수 있다. 다만, 체납된 국세가 이의신청·심사청구 등 불복청구 중에 있거나 그 밖에 대통령령으로 정하는 사유가 있는 경우에는 그러하지 아니하다(각 호 생략).

공표 제도는 개인의 명예심 내지 수치심을 자극함으로써 개인에게 제재를 가하고 그로 인해 간접적으로 의무 이행을 확보하는 성질을 갖는다.

공표는 상대방의 **프라이버시권(헌법 제17조)** 등의 기본권을 침해할 우려가 있다는 점에서 원칙적으로 **법적 근거**를 요한다고 할 것이다. 또한 공표를 함에 있어서는 공표의 필요성과 상대방의 프라이버시권 간의 이익 형량(利益衡量)을 하여야 하며, 또한 의무 위반과 관계없는 사항을 공표하여서는 아니 된다.

명단 등의 공표에 관해 명시적으로 규정하는 일반법은 없지만, 실제상 공공기관의 정보공개에 관한 법률이 일반적인 기능을 수행할 수 있을 것이다(공공기관의 정보공개에 관한 법률 제3조). 그리고 공표에 관해 규정한 개별법으로는 국세기본법 등이 있다.

Ⅲ. 관허사업의 제한 등 제재적 행정처분

관허사업(官許事業)의 제한이란 예를 들면, 미성년자에게 주류를 제공하는 것과 같이 행정법상의 의무를 위반한 단란주점 영업자에게 영업허가를 취소하는 것과 같이, 행정법상의 의무를 위반하거나 불이행한 자에 대하여 허가·인가 등을 거부하거나, 이미 부여된 허가 등을 취소 또는 정지함으로써 간접적으로 의무 이행을 확보하는 것을 말한다.

관허사업의 제한에는 의무 위반과 관련된 관허사업을 제한하는 경우와, 의무 위반과 직접 관련이 없는 관허사업을 제한하는 경우가 있다.

의무 위반과 관련이 있는 관허사업의 제한이란 미성년자에게 주류를 제공한 단란주점 영업자에게 단란주점 영업허가를 취소하는 것과 같이 의무 위반과 관련된 사업의 허가를 거부하거나 취소·정지하는 것을 말한다. 예를 들면, 식품위생업자가 식품위생법상의 의무에 위반한 경우에 당해 식품영업허가를 취소 또는 정지하는 것(식품위생법 제75조)이 이에 해당한다.

의무 위반과 직접 관련이 없는 관허사업의 제한은 의무 위반과 직접 관련이 없는 사업의 허가를 거부하거나 취소·정지하는 것을 말한다. 예를 들면, 국세징수법 제7조가 그 대표적인 예이다.

> **국세징수법 제7조(관허사업의 제한)** ① 세무서장은 납세자가 대통령령으로 정하는 사유 없이 국세를 체납하였을 때에는 허가·인가·면허 및 등록과 그 갱신(이하 "허가 등"이라 한다)이 필요한 사업의 주무관서에 그 납세자에 대하여 그 허가 등을 하지 아니할 것을 요구할 수 있다.

관허사업의 제한 외의 제재적 행정처분으로는 예를 들면, 음주운전자에 대한 운전면허 취소와 같이 영업사업에 직접 관련이 없는 경우가 있다.

관허사업의 제한을 포함한 제재적 행정처분이 위법하게 행해진 경우에는 행정심판이나 행정소송을 제기할 수 있고, 국가배상법이 정하는 바에 따라 손해배상을 청구할 수도 있다.

제 4 편

행정작용으로 인한 권익 침해는 어떻게 구제받을 수 있는가

제 1 장

행정구제법의 체계

행정구제(行政救濟)라 함은 행정작용으로 인하여 자기의 권리·이익이 침해되었거나 침해될 것으로 주장하는 자가, 행정기관이나 법원에 손해전보(損害塡補)·원상회복(原狀回復) 또는 당해 행정작용의 취소·변경을 청구하거나, 기타 피해구제 또는 예방을 청구하고, 이에 대하여 행정기관 또는 법원이 심리하여 권리·이익 보호에 관한 판정을 내리는 것을 말한다.

오늘날의 행정은 과거에 비하여 질적·양적으로 확대·발전되어 국민생활에 직접·간접으로 영향을 미치고 있다. 이에 따라 행정작용으로 인한 국민의 권익침해의 가능성도 그만큼 증대되고 있는 것이 현실이다. 위법한 행정작용으로 인한 재산권의 침해 또는 신체적 상해(傷害), 위법한 영업의 정지나 취소로 인한 재산상의 침해 등은 그 전형적인 예이다.

이와 같이 위법(違法) 또는 적법(適法)한 행정작용으로부터 국민의 권리·이익을 보호하기 위한 행정구제 제도는 헌법상에 보장된 **국민의 기본권**을 보호하고 **실질적 법치주의**를 구현하게 위해 필요 불가결한 제도적 장치이다.

행정구제 제도는 내용적으로는 사전적 구제 제도(事前的救濟制度)와 사후적 구제 제도(事後的救濟制度)로 나눌 수 있다.

사전적 구제 제도란 위법·부당한 행정작용으로 인하여 **권리 침해**가 **발생**하기 **이전**에 이를 **예방**하기 위한 제도적 장치를 말하는 바, 행정절차, 정당방위, 옴부즈맨(ombudsman) 제도, 청원(請願) 제도, 민원처리 제도 등이 이에 해당한다.

사후적 구제 제도란 행정작용으로 인하여 국민의 권리 침해가 발생한 경우에 당해 작용을 시정하거나 그로 인한 손해를 전보(塡補)해 주는 제도를 말하며, 행정심판이나 행정소송과 같은 **행정쟁송 제도**와 행정상 손해배상이나 손실보상과 같은 **행정상 손해전보 제도**가 그에 해당한다. 엄밀한 의미에서의 행정구제란 이러한 사후적 구제제도를 의미한다.

여기에서는 사후적 권리 구제를 중심으로 논의를 전개한다.

〈표 4-1-1〉 행정구제법의 체계

행정구제법의 체계	사전적 권리 구제 제도	행정절차, 정당방위, 옴부즈맨 제도, 청원, 민원처리 등
	사후적 권리 구제 제도	손해전보 제도(손해배상, 손실보상)
		행정쟁송 제도(행정심판, 행정소송)

제 2 장

행정상 손해전보

제 1 절 행정상 손해배상(국가배상)

Ⅰ. 행정상 손해배상의 의의 및 손실보상과의 관계

행정상 손해배상이라 함은 국가 등 행정 주체의 위법한 활동으로 인하여 타인이 손해를 입은 경우에 행정 주체(또는 가해자)가 그 손해를 배상해 주는 제도를 말한다.

예를 들면, 갑이 운영하는 단란주점 영업에 대해 관련 행정청이 위법하게 영업허가를 취소하여 갑이 단란주점을 운영할 수 없게 됨으로써 손해를 입었다면, 갑은 해당 지방자치단체를 상대로 손해배상을 청구할 수 있고 가해 주체인 해당 지방자치단체는 이를 배상해 주는 제도를 말한다.

이러한 행정상 손해배상 제도는 헌법 제29조 제1항에서 기본권으로 인정되고 있으며, **국가배상법(國家賠償法)**에 의해 그 구체적인 절차와 내용이 정해져 있다.

헌법 제29조 ① 공무원의 직무상 불법행위로 손해를 받은 국민은 법률이 정하는 바에 의하여 국가 또는 공공단체에 정당한 배상을 청구할 수 있다. 이 경우, 공무원 자신의 책임은 면제되지 아니한다.

행정상 손해배상과 **행정상 손실보상**은 양자 모두 행정작용으로 인한 손해·손실을 전보하는 제도인 점에서 공통된다. 다만, 전자가 **위법(違法)한 행정작용**에 의해 타인의 이익이 침해된 경우에 있어서의 구제 수단인 데 대해, 후자는 **적법(適法)한 행정작용**에 의해 타인의 이익이 침해된 경우에 있어서의 구제 수단이라는 점에서 차이가 있다.

Ⅱ. 행정상 손해배상 제도의 연혁

행정상 손해배상 제도는 그 연혁에 있어서 **'국가무책임사상(國家無責任思想)'**을 극복하고 발전된 제도로서 비교적 늦게 점진적으로 발전되었다. 즉, 근대 국가의 성립 초기에까지 통용되었던 영·미의 **'왕은 불법을 행할 수 없다'**는 사상과, 독일의 공무원법에서 통용되었던 **'위임이론(委任理論)'**[1] 등에 의해 공무원의 위법한 행위는 그 책임이 국가에 귀속될 수 없으며, 따라서 그에 대해서는 공무원이 개인적으로 책임을 질 뿐 국가는 아무런 책임이 없다는 것이 지배적인 사고였다.

그러나 19세기 후반에 이르러 국가의 기능이 확대되고 현실적으로 공무원의 개인적 책임만으로는 피해자가 **충분한 구제**를 받을 수 없다는 점이 문제로 부각됨에 따라 각국에서 국가배상 제도가 채택되기 시작하였다.

Ⅲ. 우리나라 헌법과 국가배상법에서의 국가배상청구권의 성격

헌법 제29조

① 공무원의 직무상 불법행위로 손해를 받은 국민은 법률이 정하는 바에 의하여 국

1) 독일에서의 18세기에 지배적인 이론이었던 위임이론은 국가와 공무원과의 관계를 위임계약(委任契約)으로 보고 공무원의 위법행위는 이러한 위임계약에 반하는 것으로 보아, 위법행위의 결과는 공무원에게만 귀속하고 국가는 책임을 지지 않는다는 국가의 무책임사상이다.

가 또는 공공단체에 정당한 배상을 청구할 수 있다. 이 경우, 공무원 자신의 책임은 면제되지 아니한다.

② 군인·군무원·경찰공무원 기타 법률이 정하는 자가 전투·훈련 등 직무집행과 관련하여 받은 손해에 대하여는 법률이 정하는 보상 외에 국가 또는 공공단체에 공무원의 직무상 불법행위로 인한 배상은 청구할 수 없다.

국가배상법 제2조(배상 책임) ① 국가나 지방자치단체는 공무원 또는 공무를 위탁받은 사인(이하 "공무원"이라 한다)이 직무를 집행하면서 고의 또는 과실로 법령을 위반하여 타인에게 손해를 입히거나, '자동차손해배상 보장법'에 따라 손해배상의 책임이 있을 때에는 이 법에 따라 그 손해를 배상하여야 한다. 다만, 군인·군무원·경찰공무원 또는 예비군대원이 전투·훈련 등 직무 집행과 관련하여 전사(戰死)·순직(殉職)하거나 공상(公傷)을 입은 경우에 본인이나 그 유족이 다른 법령에 따라 재해보상금·유족연금·상이연금 등의 보상을 지급받을 수 있을 때에는 이 법 및 '민법'에 따른 손해배상을 청구할 수 없다.

② 제1항 본문의 경우에 공무원에게 고의 또는 중대한 과실이 있으면 국가나 지방자치단체는 그 공무원에게 구상(求償)할 수 있다.

국가배상법 제5조(공공시설 등의 하자로 인한 책임) ① 도로·하천, 그 밖의 공공의 영조물(營造物)의 설치나 관리에 하자(瑕疵)가 있기 때문에 타인에게 손해를 발생하게 하였을 때에는 국가나 지방자치단체는 그 손해를 배상하여야 한다. 이 경우, 제2조 제1항 단서, 제3조 및 제3조의2를 준용한다.

② 제1항을 적용할 때 손해의 원인에 대하여 책임을 질 자가 따로 있으면 국가나 지방자치단체는 그 자에게 구상할 수 있다.

헌법은 **국가**와 **공공단체**를 배상 책임의 주체로 규정하고 있는데 대해, **국가배상법**은 공공단체 가운데 **지방자치단체**만을 배상 주체로 규정하고 있다. 이에 대해서는 위헌(違憲)이라는 주장이 있으나, 우리나라에서는 지방자치단체 이외의 공공단체(공법인)의 직원이 공무원의 신분을 가지고 있지 않은 점, 지방자치단체 이외의 공공단체의 배상 책임에 관해서는 일반법인 민법에 의해 배상 책임을 지도록 하고 있는 점 등에 비추어, 국가배상법상의 관련 규정이 위헌이라고 볼 수는 없다.

헌법 규정은 국가 등에 대한 배상청구권의 주체를 국민(자연인 및 법인)으로 규정하고 있다. 따라서 대한민국 국민이 아닌 외국인이나 외국법인에 대해서는 상호의 보증이 있는 때에 한하여 국가배상법이 적용된다(국가배상법 제7조). 한편, 일정한 경우에는 신분상의 특수성 때문에 **군인, 군무원(軍務員), 경찰공무원** 등에 대해서는 국가배상법에 의한 청구권을 배제하고 다른 법률 규정에 의한 권리 구제 방법이 인정되고 있다(헌법 제29조 제2항, 국가배상법 제2조 제1항 단서).

Ⅳ. 공무원의 직무상 불법행위로 인한 손해배상

1. 배상 책임의 요건

국가배상법 제2조는 배상 책임의 요건으로 "국가 또는 지방자치단체는 공무원이 그 직무를 집행함에 당하여 고의 또는 과실로 법령을 위반하여 타인에게 손해를 가하거나, 자동차손해배상 보장법의 규정에 의하여 손해배상의 책임이 있을 때에는 그 손해를 배상하여야 한다"고 규정하고 있다. 이 규정에 근거하여 배상 책임이 성립하기 위한 구체적인 요건은 다음과 같다.

1) 공무원의 범위

국가배상법에서의 공무원은 이를 광의(廣義)로 파악하여, 국가공무원법·지방공무원법상의 공무원뿐만 아니라, 널리 공무를 위탁받아 그에 종사하는 모든 자를 포함한다고 보는 것이 통설이다. 대법원의 판례도 광의설에 따르고 있다(대판 1970.11.24, 70다2253).

또한 여기에서의 공무원의 범위에는 자연인뿐만 아니라 예를 들면, 지방의회나 선거관리위원회 등 기관 자체도 포함된다.

판례는 예를 들면, 소집 중인 예비군, 미군 부대의 카투사, 검사, 시 청소차 운전수, 소방공무원, 철도 차장, 조세 원천징수 의무자, 임시 공무원, 집행관, 통장 등을 공무원에 포함시키고 있다. 그러나 의용소방대원, 시영버스 운전사, 정부기관에서 아르바이트하는 자, 단순 노무자 등은 공무원에서 제외시키고 있다.

2) 직무행위의 범위

직무행위의 범위에 관하여는 권력작용뿐만 아니라 **비권력적 행정작용[공행**

정작용(公行政作用)]을 포함한 모든 공법상의 직무행위가 포함된다고 보는 견해와, 사경제작용(私經濟作用)까지를 직무행위의 범의에 포함하여야 한다고 주장하는 견해가 대립되고 있다. **전자**의 견해가 **다수설**과 **판례**의 입장이다. 따라서 사경제작용인 국고작용으로 인한 경우는 일반적인 민법 규정에 의하여 배상하도록 하여야 할 것이다.

3) 직무행위의 내용

직무행위의 내용에는 전술한 바와 같이 권력작용과 비권력작용이 포함된다. 이 중 권력작용이 그 중심을 이루는 것으로 이에는 법률행위적 행정행위뿐만 아니라 준법률행위적 행정행위도 포함되며(예: 주민자치센터 직원의 허위 인감증명서 발급행위), 권력적 사실행위 등도 포함된다.

4) 직무를 집행하면서

'직무를 집행하면서'라 함은, 직무 집행행위 자체는 물론 널리 외형상으로 객관적으로 직무의 범위에 속한다고 판단되는 행위 및 직무와 밀접히 관련된 행위를 말한다.

직무행위인지의 여부는 당해 행위가 현실적으로 정당한 권한 내의 것인지 또는 행위자인 공무원이 주관적으로 직무 집행의 의사를 갖고 있는지의 여부와는 관계없이, **객관적**으로 직무행위의 **외관**(外觀)을 갖추고 있는지의 여부에 따라 판단하여야 한다는 것이 통설과 판례의 태도이다(**외형설**).

그러나 재산 압류를 할 때 세무공무원이 재산을 절취하는 경우, 경찰관이 순찰 중 빈집을 발견하고 그 집에 들어가 남의 물건을 훔쳐 나오는 경우처럼 행위의 내용과 외형 모두가 직무와 관계없을 때는 '직무를 집행하면서'에 해당되지 않는다.

또한 판례는 상관의 명령에 의한 이삿짐 운반, 훈련 도중 휴식시간을 틈타 꿩 사냥을 한 경우 외형설에 따라 직무 관련성을 인정한 바 있다. 한편, 공무원이 통상적으로 근무하는 근무지로 출근하기 위하여 자기 소유의 자동차를 운행하는 경우는 특별한 사정이 없는 한 직무행위에 해당되지 아니한다고 하였다(대판 1996. 5.31, 94다15271).

5) 고의 또는 과실

국가 등의 배상 책임이 성립되기 위해서는 공무원이 고의 또는 과실로 법령에 위반하여 손해를 가했어야 한다. 따라서 국가배상법은 원칙적으로 **과실책임주의(過失責任主義)**에 입각하고 있다. 이러한 점에서 국가배상법 **제5조**의 경우인 영조물의 설치나 관리상의 하자의 경우에 **무과실책임(無過失責任)**으로 배상책임을 지는 경우와 구별된다.

'고의'란 일정한 결과가 발생하리라는 것을 알면서 이를 행하는 심리상태를 말하며, **'과실'**이란 일정한 결과가 발생한다는 것을 알고 있어야 함에도 불구하고 부주의(不注意)로 그것을 알지 못하였음을 의미한다. 즉, 통상적으로 갖추어야 할 주의의무(注意義務)를 게을리 한 경우를 의미한다.

고의 또는 과실의 존재는 가해 공무원만을 기준으로 하는 것이며, 과실은 그 정도에 따라 중과실과 경과실이 있는 바, 국가배상법 제2조 제2항이 중과실을 요구하고 있는 것에 비추어 경과실의 경우도 포함된다고 본다.

고의 또는 과실의 **입증책임(立證責任)**은 원칙적으로 피해자인 원고에게 있으며, 가해자의 특정 자체는 요건이 아니므로 누구의 행위인지가 판명되지 않더라도 공무원의 행위에 의한 것인 이상 국가는 배상 책임을 지게 된다.

그러나 이때에 가해 공무원의 고의나 과실의 존재를 입증하는 것은 용이하지가 않다. 따라서 권리 구제를 용이하게 하기 위하여 이때의 과실의 의미를 객관화하고 입증책임을 완화하여, 국가배상 책임의 성립을 용이하게 하려는 것이 일반적인 입장이다. 이에 의하면, 이때의 과실은 당해 공무원의 주관적인 주의력으로 해석되지 않고, 당해 **직종(職種)의 평균적 공무원의 객관적인 주의의무 위반**으로 이해된다고 본다.

6) 법령을 위반(위법성)

'법령을 위반'이란 단순히 법률과 명령에 위반함을 의미하는 것이 아니고, 널리 성문법과 불문법을 포함한 모든 법규에 위반함을 의미한다고 보는 것이 통설이다.

여기에서의 법령에 **행정규칙(行政規則)**이 포함될 수 있는지에 대하여는 학설상 다툼이 있는 바, 이는 행정규칙의 법규성을 인정할 것인가의 문제와 직결되는 것이다. 행정규칙은 법규가 아니기 때문에 원칙적으로 법령 위반에 포함되지 않는다. 다만, 행정규칙이 평등의 원칙 등 행정법의 일반 원칙을 침해하여 위법이 되는 때에는 법령 위반에 포함된다고 보아야 한다

한편, 재량행위와 관련해서는 부당한 재량권 행사는 법령 위반에 해당되지 않지만, 재량권의 한계를 넘어서는 위법한 재량권 행사(일탈이나 남용 등)는 법령 위반에 해당한다고 보는 것이 통설이다.

공무원의 직무행위의 위법성에 대한 **입증책임**은 원칙적으로 피해자인 **원고측**에 있다.

7) 타인에 대한 손해의 발생

국가의 배상 책임이 발생하기 위해서는 공무원의 직무상 불법행위로 인하여 '타인에게 손해가 발생'하여야 한다.

여기에서의 **'타인'**에는 가해자인 공무원과 그의 위법한 행위에 가담한 자 이외의 모든 사람이 해당되며, 따라서 자연인이든 법인이든, 사인(私人)이든 공무원이든 불문한다. 다만, 헌법 제29조 제2항, 국가배상법 제2조 제1항 단서에 규정에 의해 **군인 · 군무원 · 경찰공무원 또는 예비군대원**이 직무집행과 관련하여 손해를 입은 경우에는 여기에서의 타인에서 제외된다.

'손해'라 함은 법익 침해(法益侵害)에 의한 불이익을 말하며(따라서 반사적 이익의 침해는 여기의 손해에 해당하지 않는다), 이러한 손해는 재산적 손해이든 비재산적(非財產的) 손해(생명이나 신체, 정신상의 침해)이든, 혹은 적극적 손해이든 소극적 손해(기대이익)이든 불문한다.

공무원의 직무행위와 손해의 발생 사이에는 상당 인과관계(相當因果關係)가 있어야 한다. **상당 인과관계**란 객관적으로 보아 어떠한 선행사실(先行事實)로부터 보통 일반적으로 초래되는 후행사실(後行事實)이 발생하는 범위 안에서만 법률이 요구하는 인과관계를 인정하는 것을 말한다.

2. 배상의 기준

국가배상법은 사람의 생명·신체에 대한 침해와 물건의 멸실·훼손으로 인한 손해 등을 분리하여 규정하고 이들 경우에는 배상금액의 기준을 정해 놓고 있다(국가배상법 제3조 제1항, 제2항, 제3항). 그리고 그 밖의 손해에 대해서는 불법행위와 상당 인과관계가 있는 범위 내의 손해를 기준으로 하고 있다(동법 제3조 제4항).

국가배상법 제3조에서 규정하고 있는 배상기준은 단순한 기준 규정에 불과하므로, 구체적 사안에 따라서는 배상액을 증감하는 것도 가능하다는 견해와(**기준액설**), 이 규정은 손해배상액의 상한(上限)을 규정한 제한 규정이므로, 그 한도를 넘어 배상할 수 없다는 견해가 있다. 전자의 **기준액설(基準額說)**이 통설 및 판례의 입장이다.

생명 또는 신체의 해를 입은 피해자의 직계존속(直系尊屬)·직계비속(直系卑屬)[2] 및 배우자와 신체 기타의 해를 입은 피해자에 대하여는 그 정신적 고통에 대한 위자료(慰藉料)를 배상하여야 한다(제3조 제5항). 국가배상법 제3조 제5항은 생명·신체의 침해로 인한 경우의 위자료 배상에 관해서만 규정하고 있지만, 동법 제3조 제3항에 의해 재산권 침해로 인한 위자료도 청구할 수 있다는 것이 판례의 입장이다(대판 1990.12.21, 90다6033).

> **국가배상법 제3조(배상기준)** ⑤ 사망하거나 신체의 해를 입은 피해자의 직계존속(直系尊屬)·직계비속(直系卑屬) 및 배우자, 신체의 해나 그 밖의 해를 입은 피해자에게는 대통령령으로 정하는 기준 내에서 피해자의 사회적 지위, 과실(過失)의 정도, 생계상태, 손해배상액 등을 고려하여 그 정신적 고통에 대한 위자료를 배상하여야 한다.

공무원의 직무상 불법행위로 인한 손해배상청구권 중 생명·신체상의 손해로 인한 것은 양도나 압류할 수 없다(동법 제4조). 이는 유족이나 신체의 장애를 입은 자를 사회보장적 관점에서 보호하기 위한 것이다.

---

2) 직계존속(直系尊屬)은 부모(父母)·조부모(祖父母)와 같이 본인을 출산토록 한 친족을 말하며, 직계비속에 대응하는 개념이다. 직계비속(直系卑屬)은 자(子)·손(孫)과 같이 본인으로부터 나온 친족의 명칭으로서, 직계존속에 대응하는 개념이다.

3. 군인 · 군무원 등의 이중배상 배제

1) 종래의 규정

국가배상법은 제2조 제1항 단서에서 "**군인 · 군무원 · 경찰공무원 또는 예비군대원**이 전투 · 훈련 등 직무 집행과 관련하여 전사 · 순직하거나 공상(公傷)을 입은 경우에 본인이나 그 유족이 다른 법령에 따라 재해보상금 · 유족연금 · 상이연금 등의 보상을 지급받을 수 있을 때에는 이 법 및 '민법'에 따른 손해배상을 청구할 수 없다"고 하여 군인 등 특별한 신분을 가진 자에 대한 이중배상의 가능성을 배제하고 있다.

이의 적용 대상자는 군인 · 군무원 · 경찰공무원 또는 예비군이다. 전투경찰대설치법에 따른 전투경찰순경은 여기의 경찰공무원에 해당하지만(헌재 1996.6.13, 94헌바39), 공익근무 요원 · 경비교도대원은 이중배상이 배제되는 자에 속하지 않는다는 것이 판례의 입장이다(대판 1997.3.28, 97다4036 등).

한편, 이중배상 대상자 중 예비군대원은 헌법이 아닌 국가배상법에서 비로소 규정된 자이다. 이와 관련하여 국가배상법이 예비군을 이중배상 배제의 대상자로 규정한 것은 위헌이 아닌가의 문제가 있으나, 헌법재판소는 이를 합헌으로 보았다(헌재 1996.6.13, 94헌바20).

2) 이중배상 배제의 취지와 반론

군인 등에 대한 이중배상 배제의 취지는 위험 부담이 매우 높은 직무에 종사하는 공무원이 그 직무 집행과 관련하여 받는 손해에 대해서는 **사회보장적 성격**의 **보상금 · 연금** 등에 의해 구제되고 있으므로, 그와 별도로 국가배상청구권을 인정하는 것은 이중배상 금지의 원칙에 반한다는 것을 논거로 든다.

그러나 이에 대해서는 사회보장적 성격을 갖는 보상금 · 연금 등과 **불법행위책임의 성질**을 갖는 **국가배상**은 그 목적 · 성질이 다르기 때문에 양자를 모두 인정하여도 이중배상이 아니라는 반론이 제기되고 있다.

그 결과, 군인 등에 대한 국가배상청구권의 제한을 도입했던 1967년 국가배상법은 1971년 대법원에 의해 평등의 원칙 위반 등을 이유로 위헌 판결을 받았다

(대판 1971.6.22, 70다1010). 그러나 1972년 유신헌법(維新憲法)은 군인 등에 대한 국가배상청구권의 제한을 헌법에 명시적으로 규정함으로써 위헌 논쟁을 원천적으로 봉쇄하였으며, 이러한 헌법 규정은 현행 헌법에까지 이어져 내려오고 있다.

최근에는 다시 본 헌법 규정(제29조 제2항)이 헌법의 근본 규정에 위배되어 위헌인지가 문제된 사건에서, 헌법재판소의 다수 의견은 현행법상 위헌심사의 대상이 되는 것은 형식적 의미의 법률에 한정되는 점, 이념적 · 논리적으로는 헌법 규정 상호 간의 우열을 인정할 수 있을지라도, 그것이 실제로 개별적 헌법 규정 상호 간에 효력상의 차등을 의미하는 것이라고는 볼 수 없는 점 등을 이유로 헌법의 개별 규정에 대한 위헌심사는 허용될 수 없다고 하였다.

3) 특별법에 의한 손해배상청구권의 제한

국가배상법의 적용을 배제하고 국가배상 책임의 범위를 제한하고 있는 특별법으로는 우편법(제39조, 제40조) 등이 있다.

> **우편법 제39조(책임 원인의 제한)** 정부는 우편물의 손해가 발송인 또는 수취인의 잘못으로 인한 것이거나 해당 우편물의 성질, 결함 또는 불가항력으로 인하여 발생한 경우에는 제38조의 규정에 불구하고 그 손해를 배상하지 아니한다.

> **우편법 제40조(손해배상의 한계)** 우편물을 내줄 때에 외부에 파손의 흔적이 없고 중량에 차이가 없을 때에는 손해가 없는 것으로 본다.

4. 배상 책임자(배상 주체)

1) 국가배상법상 배상 책임자는 **국가** 또는 **지방자치단체**이다. 그런데 헌법은 국가와 공공단체를 배상 책임자로 규정하고 있다. 따라서 지방자치단체 이외의 공공단체(공공조합이나 영조물법인)의 배상 책임은 다른 특별한 규정이 없는 한 민법 규정에 의할 수밖에 없다.

공무원의 위법한 직무행위로 인한 손해의 배상 책임자는 원칙적으로 국가 또는 지방자치단체이다. 다만, 공무원의 선임 · 감독자와 공무원의 봉급 · 급여 기타의 비용을 부담자가 동일하지 아니하는 경우에는 그 비용을 부담하는 자도 손해를 배상하여야 한다(국가배상법 제6조 제1항).

국가배상법 제6조(비용부담자 등의 책임) ① 제2조·제3조 및 제5조에 따라 국가나 지방자치단체가 손해를 배상할 책임이 있는 경우에 공무원의 선임·감독 또는 영조물의 설치·관리를 맡은 자와 공무원의 봉급·급여, 그 밖의 비용 또는 영조물의 설치·관리 비용을 부담하는 자가 동일하지 아니하면 그 비용을 부담하는 자도 손해를 배상하여야 한다.

2) **'봉급·급여 기타의 비용부담자'**란 봉급·급여 또는 사무 집행에 소용되는 비용의 부담자를 말한다. 비용부담자에는 경비의 실질적·궁극적 부담자 외에 경비의 실질적·궁극적 부담자가 아니더라도 대외적으로 그러한 경비를 지출하는 자를 포함한다는 것이 판례의 입장이다. 따라서 피해자는 양자에 대해 선택적으로 배상을 청구할 수 있다. 이 경우에 손해를 배상한 자는 내부 관계에서 그 손해를 배상할 책임이 있는 자에게 구상(求償)할 수 있다. 여기에서 **'내부 관계에서 손해를 배상할 책임이 있는 자'**는 공무원의 선임·감독자를 의미한다는 것이 통설이다.

지방자치단체의 장이 기관위임된 국가행정사무를 처리하는 경우 그에 소요되는 경비의 실질적·궁극적 부담자는 국가라 하더라도 당해 지방자치단체는 국가로부터 내부적으로 교부된 금원(金源)으로 그 사무에 필요한 경비를 대외적으로 지출하는 자이므로, 이러한 경우 지방자치단체는 국가배상법 제6조 제1항의 소정의 비용부담자로서 공무원의 불법행위로 인한 같은 법에 의한 손해를 배상할 책임이 있다(대판 1994. 12.9, 94다38137).

3) 국가배상법 제2조 제1항에서 국가 또는 지방자치단체가 배상 책임을 진다고 하는 것은 당해 사무의 귀속 주체(歸屬主體)에 따라서 국가사무의 경우에는 국가가 배상 책임을 지고, 자치사무의 경우에 당해 지방자치단체가 배상 책임을 진다는 것을 뜻한다.

그러나 단체위임사무와 기관위임사무의 경우 그 사무의 수행과 관련하여 불법행위가 발생한 경우 누가 배상의 주체가 될 것인가가 문제된다.

단체위임사무(團體委任事務)의 배상 주체에 대해서는 예를 들면, 국가가 자신의 사무를 광역지방자치단체나 기초지방자치단체에 위임하는 것과 같은 단체위임사무의 수행과 관련하여 불법행위가 발생한 경우에는 **위임자**와 **수임자인 지**

방자치단체가 모두 배상 책임을 진다고 볼 것이다. 왜냐하면, 단체위임사무는 내용상으로는 위임자의 사무이기도 하면서 동시에 수임지방자치단체(受任地方自治團體)의 사무의 성격을 가진다고 볼 것이기 때문이다.

기관위임사무(機關委任事務)의 경우 예를 들면, 보건복지부 장관이 자신의 사무를 지방자치단체인 군이 아니고 지방자치단체의 **기관**인 **군수**에게 위임한 경우와 같이 국가가 자신의 사무를 기초지방단체가 아닌 기초지방자치단체의 기관에 위임한 기관위임사무의 경우 누가 배상 책임을 지는가의 문제이다.

기관위임사무는 원칙적으로 위임자의 비용과 책임에 의해 수행되고, 지방자치단체의 장이 국가 또는 다른 지방자치단체의 **하급 행정청 지위**에서 사무를 처리하는 것이므로 손해배상 책임자는 그 장이 소속된 지방자치단체와는 무관하며, 그 사무를 위임한 국가 또는 지방자치단체가 배상 책임을 진다.[3] 즉, 위임기관이 속한 행정 주체가 배상 책임을 진다.

경기도지사가 행하는 공유수면 매립에 관한 사무는 국가행정기관으로서의 사무라 할 것이므로 경기도는 그 직무상 위법행위에 대한 배상 책임이 없다(대판 1981.11.24, 80다2303).

자동차운전 면허시험 관리 업무는 국가행정사무이고 지방자치단체의 장인 서울특별

---

3) 행정사무(行政事務)란 행정관청·행정기관이 행하는 사무 또는 행정기관 외의 기관이 행하는 사무로서, 그 성질상 행정작용에 속하는 사무를 말한다. 전자에 해당하는 것이 국가의 행정사무(國家事務), 지방자치단체의 사무[고유사무(固有事務)·위임사무(委任事務)]이고, 후자에 해당하는 것이 국회나 법원에 의한 행정사무이다.

① 위임사무에는 단체위임사무와 기관위임사무가 있다. **단체위임사무**란 자치단체에 대하여 국가 또는 다른 자치단체가 위임하는 사무를 말하며, **기관위임사무**란 지방자치단체가 아닌 지방자치단체의 장(예: 시장, 도지사, 군수 등)에 대하여 국가 또는 다른 자치단체가 위임하는 사무를 말한다.

② 단체위임사무는 위임된 이상 그 자치단체의 사무가 되므로 그 자주적 책임 하에 처리되며, 지방의회의 의결을 거쳐 집행된다. 따라서 고유사무와 그 취급에 있어서는 다르지 않다. 다만, 국가 또는 다른 자치단체가 지방자치단체에 대하여 그 사무를 위임한 경우에는 그 처리 비용은 이를 위임한 국가 또는 다른 자치단체에서 부담하여야 한다.

③ 단체위임사무는 본래적으로 당해 지방자치단체의 사무가 아니라는 점에서 자치사무와 구별되며, '지방자치단체'에 위임된 사무라는 점에서 '지방자치단체의 장'에게 위임된 기관위임사무와 구별된다.

④ **기관위임사무**란 국가 또는 다른 지방자치단체가 **'지방자치단체의 장'**에게 위임한 사무를 말한다. 따라서 기관위임사무는 당해 지방자치단체의 사무는 아니며, 이러한 기관위임사무를 처리하는 지방자치단체의 장은 국가 또는 위임 지방자치단체의 하급 기관으로서의 지위를 갖는다.

시장은 국가로부터 그 관리업무를 기관위임받아 국가행정기관의 지위에서 그 업무를 집행하므로, 국가는 면허시험장의 설치 및 보존의 하자로 인한 손해배상 책임을 부담한다(대판 1991.12.24, 91다34097).

다만, 기관위임사무의 경우에도 **수임자**가 **담당 공무원의 봉급 등 비용을 부담하는 경우**에는 위임자인 국가 또는 지방자치단체뿐만 아니라 수임자인 지방자치단체에 대해서도 선택적으로 손해배상을 청구할 수 있다. 따라서 국가배상법 제6조 제1항에서의 공무원의 선임·감독자와 공무원의 봉급·급여 기타의 비용을 부담하는 자가 동일하지 아니한 경우란 기관위임사무와 관련하여 의미를 갖는다. '공무원의 선임·감독을 맡은 자'란 **사무의 귀속 주체**인 국가 또는 지방자치단체를 뜻하는 것으로, '공무원의 봉급·급여 기타의 비용을 부담하는 자'란 현실적으로 **기관위임사무를 처리하는 지방자치단체**를 의미하는 것으로 될 수 있다. 예를 들어, 보건복지부 장관이 자신의 사무를 지방자치단체인 군(郡)이 아니고 지방자치단체의 기관인 군수(郡守)에게 위임한 경우, 군수의 사무처리에 불법행위가 발생하였다면, 보건복지부 장관이 속한 국가는 국가배상법 제2조 제1항에 따라 사무의 귀속 주체로서 배상 책임을 지고, 해당 군수가 속한 군은 국가배상법 제6조 제1항에 따른 비용부담자로서 배상 책임을 지는 것이다.

5. 손해배상 책임의 성질

국가배상법 제2조에 의한 국가 또는 지방자치단체의 손해배상 책임의 성질에 관하여는 견해가 엇갈리고 있다.

1) 대위책임설

대위책임설은 공무원의 위법행위로 인한 손해배상 책임은 원래 가해 공무원이 부담하여야 할 책임의 것이나, 국가 또는 지방자치단체가 이를 대신하여 지는 것이며, 그것은 선임(選任)·감독자의 책임으로 이해되고 있는 것이 민법의 제756조의 사용자 책임과 다른 것이라고 보는 견해로 한국 행정법학계의 다수설이다.

대위책임설의 논거로는 국가배상법이 과실책임주의(過失責任主義)를 채택하고 있어, 공무원의 불법행위 책임의 성립을 전제로 국가 등의 책임이 성립한다는 점, 국가 또는 지방자치단체가 배상 책임을 이행한 후에 공무원에게 구상권(求償權)을 행사할 수 있는 점, 배상 능력이 충분한 국가 등을 배상 책임자로 하는 것이 피해자에게도 유리하다는 점, 공무원에 대한 경고 및 응징 기능 등에 두고 있다.

2) 자기책임설

이 견해는 위법·적법을 불문하고 공무원의 행위의 효과는 바로 국가나 지방자치단체의 행위로 귀속되는 까닭에 국가나 지방자치단체가 부담하는 배상 책임은 바로 그들 자신의 책임이라는 주장이다. 이는 한국 헌법학계의 다수설이나 행정법학자들 중에도 이러한 견해를 취하는 학자가 점차 늘어나고 있다.

이러한 주장의 논거로는 공무원은 국가 또는 지방자치단체의 기관에 지나지 않으므로 그의 행위의 효과는 공무원 자신에게가 아니라 행정 주체인 국가 또는 지방자치단체에 귀속되는 점, 국가배상 요건으로서의 '공무원의 과실'은 과실의 객관화 이론에 의하여 '공무원의 운영상의 흠' 정도로 이해되고 있는 점, 국가의 공무원에 대한 구상권을 인정하는 것이 자기 책임의 본질에 반하는 것이 아니라는 점 등을 들고 있다.

3) 중간설

중간설(절충설)은 고의 또는 중과실에 의한 공무원의 불법행위는 국가 또는 지방자치단체의 기관행위로서의 성질을 가질 수 없는 것이므로, 그에 대한 배상책임은 공무원에 갈음한 대위책임인 것이나, 경과실의 경우는 기관행위로서의 성질을 인정하지 않을 수 없기 때문에 원칙적으로 국가 또는 지방자치단체의 자기 책임이라는 견해이다.

4) 결론

대위책임설은 연혁적으로 보면 국가무책임사상(國家無責任思想)이나 국가면책특권(國家免責特權)에 뿌리를 둔 것이나, 우리의 헌법 규정이나 국가배상법의 규정에 비추어볼 때 타당하지 못하다. 중간설은 구상권의 여부와 관련시켜 논리 구성을 하고 있으나, 구상권의 문제는 공무원의 근무 의욕이나 사기 저하 등을 고려한 정책적 측면에서 고려되는 것이므로, 이를 기준으로 국가배상 책임을 논하는 것은 타당치 못하다.

6. 선택적 청구권의 문제

피해자는 국가(또는 지방자치단체)에 대해서 뿐만 아니라 가해 공무원에 대하여도 직접적으로 배상 책임을 물을 수 있는지의 문제이다. 즉, 국가와 가해 공무원 중 어느 쪽에나 선택적으로 배상 청구를 할 수 있는지의 문제이다. 이에 대해서도 다툼이 있다.

손해배상 책임의 성격을 대위책임설으로 보는 견해에서는 선택적 청구를 긍정한다. 그러나 국가의 배상 책임을 자기 책임으로 보는 견해에서는 선택적 청구를 부정하고 국가(또는 지방자치단체)에 대해서만 배상 청구를 할 수 있다고 본다. 한편, 중간설의 견해에서는 공무원의 중과실의 경우에는 선택적 청구를 긍정하고, 경과실의 경우에는 선택적 청구를 부정하는 견해를 취한다. **판례**는 **중간설**의 입장을 취하고 있다.

7. 가해 공무원의 책임

헌법 제29조 제1항 단서는 "국가 또는 공공단체가 배상 책임을 지는 경우 공무원 자신의 책임은 면제되지 아니한다"라고 규정하고 있다. 따라서 여기에서 면제되지 아니하는 공무원의 책임에는 어떤 것이 포함되는가의 문제이다.

1) 판례는 면제되지 아니하는 공무원 개인의 책임에는 민사상·형사상 책임이나 국가 등의 기관 내부에서의 징계 책임 등 모든 법률상의 책임이 포함되며, 특별히 민사상의 불법행위 책임이 당연히 제외된다고 보아야 할 아무런 근거가 없다는 입장이다(대판 1996.2.15, 95다38677).

2) 가해 공무원의 내부적 책임으로 국가 또는 지방자치단체가 공무원의 직무상 불법행위에 대해 국민에게 배상 책임을 이행한 경우에, 그것이 **고의 또는 중과실**로 인한 것인 경우에는 국가 또는 지방자치단체는 당해 공무원에 대하여 구상할 수 있다(국가배상법 제2조 제2항). 그러나 **경과실(輕過失)**의 경우에는 구상

권(求償權)이 인정되지 않는다. 따라서 공무원 자신의 책임은 면제된다. 그 이유는 모든 경우에 구상권을 인정하게 되면 공무원에게 너무 가혹함은 물론 공무 집행이 오히려 위축될 우려가 있다는 정책적 고려에 따른 것이다.

3) 손해 발생에 다수의 공무원이 가담한 경우 이들의 국가에 대한 연대 책임에 대하여 판례는 연대 책임을 부인하고 각 공무원은 부담 부분에 상응한 각자의 책임만을 부담한다고 판시하고 있다(대판 1991.5.10, 91다6764). 다만, 손해 발생에 가담한 공무원들 중에서 중과실을 범한 자와 경과실을 범한 자가 혼합되어 있을 경우 중과실을 범한 자들에게만 구상권이 인정되고 그 범위도 각자의 부담 부분에 상응한 책임만을 부담하고, 나머지 경과실을 범한 자가 부담할 부분은 국가의 책임으로 귀속된다고 본다.

8. 국가배상청구권의 소멸시효

행정상 손해배상청구권의 소멸시효(消滅時效)에 관하여는 특별한 규정이 없으므로 그에 관하여는 민법 제766조가 적용된다(국가배상법 제8조). 따라서 손해배상청구권은 피해자나 그 법정대리인이 손해 및 그 가해자를 안 날로부터 3년이 지나면 시효로 소멸한다.

국가배상법 제8조(다른 법률과의 관계) 국가나 지방자치단체의 손해배상 책임에 관하여는 이 법에 규정된 사항 외에는 '민법'에 따른다. 다만, '민법' 외의 법률에 다른 규정이 있을 때에는 그 규정에 따른다.

민법 제766조(손해배상청구권의 소멸시효) ① 불법행위로 인한 손해배상의 청구권은 피해자나 그 법정대리인이 그 손해 및 가해자를 안 날로부터 3년 간 이를 행사하지 아니하면 시효로 인하여 소멸한다.

배상심의회에의 배상금 지급 신청은 시효중단(時效中斷) 사유에 해당하며, 그 신청에 대한 배상심의회의 결정이 있은 때로부터 다시 시효기간이 진행된다.

9. 외국인에 대한 책임

외국인이 피해자인 경우에는 피해자의 나라가 우리나라 사람에게 국가배상을 인정하는 경우에만 우리나라도 국가배상 책임을 지는 상호 보증주의(相互保證主義)에 입각하고 있다(국가배상법 제7조).

국가배상법 제7조(외국인에 대한 책임) 이 법은 외국인이 피해자인 경우에는 해당 국가와 상호 보증이 있을 때에만 적용한다.

Ⅴ. 영조물의 설치·관리상의 하자로 인한 손해배상

1. 손해배상 책임의 요건

국가배상법 제5조(공공시설 등의 하자로 인한 책임) ① 도로·하천, 그 밖의 공공의 영조물(營造物)의 설치나 관리에 하자(瑕疵)가 있기 때문에 타인에게 손해를 발생하게 하였을 때에는 국가나 지방자치단체는 그 손해를 배상하여야 한다. 이 경우, 제2조 제1항 단서, 제3조 및 제3조의2를 준용한다.
② 제1항을 적용할 때 손해의 원인에 대하여 책임을 질 자가 따로 있으면 국가나 지방자치단체는 그 자에게 구상할 수 있다.

국가배상법 제5조가 규정하고 있는 요건에 따르면 국가 또는 지방자치단체의 손해배상 책임이 성립하기 위해서는 영조물, 영조물의 설치·관리의 하자, 타인에 대한 손해의 발생 등의 요건이 충족되어야 한다. 이를 분설하면 다음과 같다.

1) 영조물

본래적 의미의 '영조물(營造物)'의 개념은 공적 목적을 달성하기 위한 인적·물적 시설의 종합체를 의미한다. 그러나 국가배상법 제5조상의 영조물의 개념은 이와 달리 행정 주체가 공적 목적을 달성하기 위해 제공한 유체물(有體物), 즉 **공물(公物)**[4]과 같은 의미라고 보는 데 학설이 일치하고 있다.

---

4) **공물(公物)**은 개인이 자기의 개인적 목적에 제공되는 사물(私物)과 대비되는 개념으로서, 국가·지방자치단체 등의 행정 주체에 의하여 직접 행정 목적에 제공되어 사용되는 개개의 유체물(有體物)을 말한다. 공물은 '개개의' 유체물이라는 점에서 행정 주체에 의해 행정 목적에 공용(供用)되는 인적·물적 시설의 종합체인 **영조물(營造物)**(예: 국·공립학교)과 구별된다. 영조물은 인적·물적 시설이 포괄적·종합적 일체로서 파악되어, 그 전체로서 특수한 법적 규율을 받기 때문에 공물과는 구별할 실익이 있다.

따라서 공물인 한 개개의 물건뿐만 아니라, 물건의 집합체인 공공시설이건 동식물이건 모두 포함된다고 봄이 타당시된다. 따라서 부동산·동산(예: 소방자동차), 인공공물(人工公物, 예: 도로·상하수도·관공서의 청사·교량·학교 교사·광장 등), 자연공물(예: 하천·호소·저수지 등), 동물(예: 경찰견) 등도 이에 포함된다. 다만, 자연공물은 자연적인 상태 자체로서 곧 공물이 되는 것은 물론이고, 그 밖에 하천의 제방과 같이 자연공물에 인공으로 부가한 시설이 있으면 그것도 영조물에 포함된 것으로 본다.

국·공유재산(國·公有財産)도[5] 여기에서 말하는 영조물에 포함된다.

---

① 공물의 종류는 그 목적에 따라 공공용물(公共用物), 공용물(公用物) 및 공적 보존물(公的保存物)이 있다.

a) **공공용물** 공공용물은 직접 일반 공중의 공동 사용(共同使用)에 제공된 물건으로서, 도로·광장·공원·하천·영해·운하·제방과 그 부속물 등이 이에 해당한다.

b) **공용물** 공용물은 직접적으로 행정 주체 자신의 사용에 제공되는 물건이다. 예컨대, 관공서의 청사·교도소·소년원·등대 등 일반 행정용의 공용물, 관사(官舍) 등 공무원의 공용물, 병사(兵舍)·병기(兵器)·군용견·연병장 등 군용공용물 등이 그것이다.

c) **공적 보존물** 공적 보존물은 공공용 또는 공용에 제공된 것은 아니나, 그 공공 목적상(문화 목적·보안 목적) 그 물건 자체를 보존하기 위한 물건으로, 그 한도 내에서 자유로운 처분이 제한된다는 의미에서 공물의 범주에 속하는 것이다. 이를 보존공물(保存公物)이라고도 하며, 예를 들면, 문화재보호법에 의한 문화재, 산림법에 의한 보안림 등이 그것이다.

② 공물은 또한 그 성립 과정을 기준으로 하여 자연공물(自然公物)과 인공공물(人工公物)로 나누기도 하는 데, 자연하천(自然河川)·호소(湖沼) 등이 전자의 예이고, 도로·도시공원 등이 후자의 예이다.

5) 국유재산법은 국유재산을 그 용도에 따라 행정재산과 일반재산으로 구분하고 있다.
국유재산법 제6조(국유재산의 구분과 종류) ① 국유재산은 그 용도에 따라 행정재산과 일반재산으로 구분한다.
② 행정재산의 종류는 다음 각 호와 같다.
1. 공용재산: 국가가 직접 사무용·사업용 또는 공무원의 주거용으로 사용하거나 대통령령으로 정하는 기한까지 사용하기로 결정한 재산
2. 공공용재산: 국가가 직접 공공용으로 사용하거나 대통령령으로 정하는 기한까지 사용하기로 결정한 재산
3. 기업용재산: 정부기업이 직접 사무용·사업용 또는 그 기업에 종사하는 직원의 주거용으로 사용하거나 대통령령으로 정하는 기한까지 사용하기로 결정한 재산
4. 보존용재산: 법령이나 그 밖의 필요에 따라 국가가 보존하는 재산

③ "일반재산"이란 행정재산 외의 모든 국유재산을 말한다.

2) 영조물의 설치 또는 관리의 하자

여기서 말하는 하자란 영조물(公物)이 통상적으로 갖추어야 할 안전성을 갖추지 못한 상태를 말하며, 이러한 하자는 설치 과정(영조물의 설계에서부터 건조까지의 과정)부터 존재하는 것이건 관리 과정(설치 후의 유지·수선·보관 과정)에서 발생한 것이건 묻지 않는다.

하자의 판단기준에 관하여는 객관설(客觀說)과 주관설[主觀說, 의무위반설(義務違反說)]이 있으나 객관설이 우리의 통설·판례의 입장이다.

(1) **객관설**은 영조물의 하자는 객관적으로 영조물의 설치와 그 후의 유지·수선에 불완전한 점이 있어, 사회 통념상 일반적으로 갖추어야 할 안전성을 결하였음을 의미하는 것으로 보기 때문에 그 하자 발생에 있어서의 과실의 유무와는 별개로 본다. 따라서 영조물의 설치·관리의 하자로 인한 국가배상 책임은 **무과실책임(無過失責任)**에 속하게 된다. 객관설이 우리의 다수설이고 종래 판례의 입장이다.

(2) **주관설(의무위반설)**은 국가배상법 제5조에 의한 국가배상 책임이 성립하기 위해서는 객관적으로 영조물에 하자가 발생하였다는 것으로는 부족하고, 하자가 발생한 데 대한 설치·관리자의 주관적 귀책 사유(고의·과실)가 있어야 한다고 한다. 이러한 견해에 의하면, 영조물의 설치·관리상의 하자로 인한 국가배상 책임은 절대적 무과실책임 내지 결과책임(結果責任)은 아니라고 한다.

객관설에서의 안전성에는 영조물 이용자 이외의 제3자에 대한 안전성도 포함하는 것으로 보아야 하며(제3자는, 예를 들면, 공항·고속도로 주변에 거주하는 인근 주거자 등이 해당), 최근에는 영조물의 하자의 범위를 물적 안전성뿐만 아니라 사회적·기능적 안전성까지 포함시켜 이해하는 경향이 있으며, 영조물의 통상적인 운영이 인근 거주자 등에게 손해를 발생시키는 경우에 그 영조물의 존재 자체가 안전성을 결여하게 되는 경우에 해당하는 것으로 보는 경우도 있다(예: 공항의 항공기 소음으로 인한 손해 등).

3) 타인에 대한 손해의 발생

타인에 대한 손해의 발생은 영조물의 설치 또는 관리의 하자로 인한 것이어야 하며, 하자와 손해 사이에 상당 인과관계가 있어야 한다. 하자와 손해의 발생 사이에 상당 인과관계가 있는 한 자연 현상 또는 제3자나 피해자의 행위가 그 손해의 원인으로서 가세되었더라도 손해배상 책임은 성립한다.

손해는 재산적 손해(財產的損害)·비재산적 손해(精神的損害) 또는 적극적 손해(積極的損害)·소극적 손해(消極的損害)를 포함한다.

공무원이 영조물의 설치·관리의 하자로 인하여 손해를 입은 때에는 손해배상을 받을 수 있다. 그러나 국가배상법은 군인·군무원·경찰공무원·예비군대원 등 직무의 성질상 위험성이 높은 공무원에 대하여는 이중배상을 배제하는 특례(特例)를 두고 있다(국가배상법 제2조 제1항 단서, 제5조 제1항 후단).

2. 무과실책임과 위험책임

국가배상법 제5조의 배상 책임은 민법 제758조의 공작물 책임과 같은 무과실책임(無過失責任)으로 보고 있다. 따라서 위험책임과 무과실책임과의 관계가 논의될 필요가 있다.

민법 제758조(공작물 등의 점유자, 소유자의 책임)
① 공작물의 설치 또는 보존의 하자로 인하여 타인에게 손해를 가한 때에는 공작물 점유자가 손해를 배상할 책임이 있다. 그러나 점유자가 손해의 방지에 필요한 주의를 해태하지 아니한 때에는 그 소유자가 손해를 배상할 책임이 있다.

1) 위험책임

위험책임(危險責任)이란 일정한 위험한 시설 또는 물건의 운용으로 인하여 입은 개인의 손해에 대해 행위자의 고의·과실을 물문하고 손해를 배상할 책임을 지는 경우를 말하며, 이는 사법 분야에서 불법행위 책임상의 과실책임(過失責任)의 원칙에 대한 예외로서 인정되었다.

위험한 기업활동을 행한 기업 또는 위험한 행정활동을 행한 국가가 위험한 기업활동 또는 위험한 행정활동으로 인하여 생긴 손해를 어떠한 형태로든 배상하는 것이 정의와 공평의 관념에 부합된다고 볼 수 있다. 위험책임을 인정할 것인가에 대해서는 긍정설과 부정설이 있다.

2) 무과실책임

국가배상법 제5조의 책임은 이와 같은 위험책임주의에 입각한 무과실책임의 일종이라 할 수 있으며, 영조물 이용자가 우연히 받은 손해를 국민 전체 또는 주민 전체가 연대하여 전보하다는 사회보장적 기능을 수행하는 것으로 평가될 수 있다.

다만, 이 책임이 성립하기 위해서는 공공영조물의 설치·관리상의 하자를 필요로 하기 때문에 완전한 위험책임의 성격을 띠는 것은 아니라고 볼 수 있다.

3. 배상의 범위

배상의 범위는 영조물의 하자와 상당한 인과관계에 있는 므든 손해이다. 국가배상법은 공무원의 직무상 불법행위로 인하여 타인의 생명·신체를 침해한 경우에 있어서만 위자료 배상(慰藉料賠償)을 규정하고 있다.

국가배상법 제3조(배상기준)
⑤ 사망하거나 신체의 해를 입은 피해자의 직계존속(直系尊屬)·직계비속(直系卑屬) 및 배우자, 신체의 해나 그 밖의 해를 입은 피해자에게는 대통령령으로 정하는 기준 내에서 피해자의 사회적 지위, 과실(過失)의 정도, 생계 상태, 손해배상액 등을 고려하여 그 정신적 고통에 대한 위자료를 배상하여야 한다.

그러나 영조물의 설치·관리상의 하자로 인해 손해가 발생한 경우에도 피해자의 위자료 청구권이 인정될 수 있다는 것이 판례의 입장이다(대판 1990.11.13, 90다카25604).

4. 국가배상법 제2조와 제5조의 관계

공무원의 고의·과실과 영조물의 하자가 경합하여 손해를 발생케 한 경우에는 국가배상법 제2조와 제5조의 요건을 동시에 충족시키므로, 피해자는 양조(兩條) 중 어느 것에 의해서도 배상을 청구할 수 있다.

제 2 절 행정상 손실보상

Ⅰ. 행정상 손실보상의 의의

1. 행정상 손실보상의 개념

예를 들면, A지방자치단체가 도로를 개설하기 위하여 갑 소유의 토지를 수용하고 이에 대한 보상을 하는 것과 같이 행정상 손실보상이란, 공공의 필요(도로의 건설)에 의한 **적법한 공권력의 행사**로 인하여 발생된 **재산상의 특별한 희생**(갑이 소유하고 있는 토지의 수용)에 대하여, **사유재산권의 보장**과 **공평 부담**이라는 견지에서 행하는 **금전적 보상**을 말한다.

이러한 손실보상 제도는 공공의 필요를 충족시키는 과정에서 특정인에게 과하여진 **특별한 희생**을 전체의 부담으로 분해・전가시킴으로써 **공평 부담의 원칙**을 실현시키는 데 그 제도적 의의가 있다.

행정상 손실보상의 개념에 포함된 중요 핵심 개념은 **'적법한 행위'**와 **'특별한 희생'**이라는 개념이다.

행정상 손실보상은 토지수용・징발・농지매수 등과 같이 법률이 처음부터 상대방에게 손실을 발생시킬 권한을 행정기관에게 부여한 경우에 그 **권한의 적법한 행사**로 생긴 손실이다. 이 점에서 불법행위로 인한 손해배상과 구별된다.

또한 손실보상은 **'특별한 희생'**에 대한 조절적 보상이라는 점에서, 피해자에게 손해를 감수해야 할 원인이 있는 부담(예: 벌금)이라든지 일반적 부담(예: 조세), 특히 권리의 의무화에 따르는 재산권 자체에 내재하는 **사회적 제약(社會的制約)**의 범위 내의 것인 때에는 손실보상의 문제가 생기지 않는다.

그러나 재산권의 사회적 제약의 경우에도 그 제약의 범위를 일탈하여 재산권을 침해하는 경우에는 그 침해는 특별한 희생을 의미하게 되어 손실보상을 필요로 하게 된다.

헌법 제23조 제1항과 제3항의 규정은 공법상의 손실보상에 관한 근거 규정으로 이해되고 있다. 행정상 손실보상에 관한 이들 헌법상의 규정들은 **'사유재산제도'**와 **'재산권의 사회적 제약'**이라는 서로 상충되는 원리의 조화를 도모하려는 취지에 기초하고 있다.

> **헌법 제23조** ① 모든 국민의 재산권은 보장된다. 그 내용과 한계는 법률로 정한다.
> ② 재산권의 행사는 공공복리에 적합하도록 하여야 한다.
> ③ 공공 필요에 의한 재산권의 수용·사용 또는 제한 및 그에 대한 보상은 법률로써 하되, 정당한 보상을 지급하여야 한다.

2. 손실보상청구권의 성질

손실보상청구권의 성질에 대해서는 이를 공권으로 보는 공권설(公權說)과 사권으로 보는 사권설(私權說)이 있다.

공권설에 의하면, 행정상의 손실보상청구권의 법적 성질을 공법상의 권리인 공권으로 보며, 그에 관한 소송은 행정소송인 **당사자소송**에 의하게 된다. **통설의 입장**이다.

사권설은 손실보상의 원인행위가 공법적인 것이라 할지라도 이에 대한 손실보상은 당사자의 의사 또는 직접 법률의 규정에 의거한 사법상의 채무관계라는 견해이다. 손실보상청구권의 성질을 이와 같이 사권으로 보게 되면 그에 관한 소송도 당연히 **민사소송**에 의하게 된다. **판례의 입장**은 원칙적으로 **사권설**을 취한다.

Ⅱ. 행정상 손실보상 제도의 근거

1. 이론적 근거

행정상 손실보상의 이론적 근거에 대해서는 과거에는 **기득권설(旣得權說)**, **은혜설(恩惠說)** 등이 주장되었으나, 현재의 통설은 **특별희생설(特別犧牲說)**이다. 이에 의하면, 공익을 위하여 개인에게 부과된 특별한 희생에 대해서는 정의와 공평의 견지에서 사회 전체의 공평 부담으로 하여 조절적 보상을 하는 것이 정의·

공평의 요구에 합치된다는 것이다.

따라서 손실보상 제도의 합리적 근거는 **특별한 희생**에 대한 보상을 통하여 **'공적 부담 앞의 평등'**이라는 사회 정의의 실현, 공익과 사익의 조절의 도모, 법률생활의 안정을 기할 수 있다는 점에서 찾을 수 있는 것이다.

2. 손실보상에 관한 헌법 및 법률상의 근거

행정상 손실보상의 실정법적 근거는 먼저 헌법 제23조 제3항을 들 수 있다. 즉, "공공 필요에 의한 재산권의 수용·사용 또는 제한은 법률로써 하되, 정당한 보상을 지급하여야 한다"는 규정에 근거를 두고 있다.

헌법상의 이 규정은 손실보상청구권을 국민의 기본권의 하나로 보장하고 있다. 이러한 헌법 규정에 따라 국민의 재산권을 침해하는 행위 그 자체는 형식적 법률에 반드시 근거를 두어야 한다. 그러나 손실보상의 기준과 방법에 관한 일반법(一般法)은 없고, 공익사업에 필요한 토지 등의 수용 및 사용과 그 손실보상에 관한 일반법인 **'공익사업을 위한 토지 등의 취득 및 보상에 관한 법률'**이 있고, 그 밖에 손실보상을 규정하는 개별 법률들이 있다(예: 도로법, 하천법, 산림법 등).

> **도로법 제99조(공용 부담으로 인한 손실보상)** ① 이 법에 따른 처분이나 제한으로 손실을 입은 자가 있으면 국토교통부 장관이 행한 처분이나 제한으로 인한 손실은 국가에서 보상하고, 행정청이 한 처분이나 제한으로 인한 손실은 그 행정청이 속하여 있는 지방자치단체에서 보상하여야 한다.
> ② 제1항에 따른 손실의 보상에 관하여는 국토교통부 장관이나 또는 행정청이 그 손실을 입은 자와 협의하여야 한다.
> ③ 제2항에 따른 협의가 성립되지 아니하거나 협의를 할 수 없는 경우에는 대통령령으로 정하는 바에 따라 관할 토지수용위원회에 재결을 신청할 수 있다.

Ⅲ. 존속보장설과 가치보장설

행정상 손실보상의 요건은 **'공공의 필요'**에 의한 **'특별한 희생에 대한 정당한 보상'**이라는 두 가지의 요건이 있다. 이 중 전자에 중점을 두는 '존속보장설(存續

保障說)'과 후자에 중점을 두는 '가치보장설(價値保障說)'이라는 입장이 대립하고 있다.

1. 존속보장설

존속보장설은 재산권을 단순한 금전적 가치로간 평가하지 않는 입장으로서, 근래 새로이 대두되는 입장이다. 이에 의하면, 국민은 보상의 문제(가치 보장) 이전에 자신의 재산권이 침해되지 않고 존속되도록 방어하기 위해 **'공공의 필요성' 여부**에 대해서도 이를 다툴 수 있다고 본다. 그리하여 만약 공공 필요성이 인정되지 않는 경우에는 보상의 문제 이전에 재산권 침해(公用侵害) 자체가 허용되지 않는다는 것이다.

2. 가치보장설

손실보상에 대해 종래의 견해는 '가치 보장'에 중점을 두었는 바, 이에 따르면 재산권을 오로지 금전적 가치로만 평가하여 공공의 필요가 있는 경우에는 사업시행자는 **당연히** 국민의 재산권을 침해할 수 있고, 다만 이에 대한 **충실한 보상**만 해주면 된다는 견해이다. 따라서 국민은 '공공의 필요성' 여부에 대해서는 이의 정당성 여부를 다툴 수 없고, 다만 보상액에 대해서만 다툴 수 있게 된다.

Ⅳ. 손실보상의 요건

손실보상청구권이 성립하기 위해서는 공공 필요에 의한 적법한 공권력 행사로 인하여 국민의 재산권을 침해하고, 그로 인하여 특별한 희생이 발생하였으며, 법률에 보상 규정이 있어야 한다. 즉, **공공의 필요, 재산권에 대한 공권적 침해, 재산권 침해의 적법성, 공권적 침해에 의하여 재산권에 가하여진 특별한 희생, 보상 규정의 존재** 등이다. 이를 분설하면 다음과 같다.

1. 공공의 필요

손실보상의 원인이 되는 공권력 행사는 공공 필요에 의한 경우에만 인정된다. 이는 공익의 실현을 보장하는 측면 이외에 사인의 재산권 보장도 동시에 고려하기 위한 것이다. 따라서 공공 필요가 인정되는지의 여부는 신중하게 검토되어야 한다.

공공 필요의 존재의 검토는 공익과 사익과의 관련 하에서 **이익 형량(利益衡量)**을 통해서 결정되어야 하며, 이 경우 **비례의 원칙(과잉 금지의 원칙)**이 관계 이익을 형량하기 위한 척도가 된다.

오늘날 공공 필요의 개념은 점차 확대되고 있는 현상에 있으나, 그럼에도 불구하고 헌법상의 재산권 보장의 취지가 단순한 앞서 말한 '가치 보장'만이 아니라 **재산권의 '존속 보장'**에 있다는 점도 간과하여서는 안 된다.

공공 필요를 이유로 하는 재산권의 수용 등은 원칙적으로 행정기관이 주체가 되나, 행정기관 이외에도 사기업에 의하거나 **사인(私人)을 위한 공용수용** 등도 가능하다. 예를 들면, 행정 주체가 사인을 위하여 이를 행하거나(예: 행정 주체가 무주택자에게 주택을 공급하기 위하여 타인의 토지를 수용하는 것), 사기업이 공익사업 시행자[이를 **'기업자(起業者)'**라 한다]로서 직접 행하는 경우이다. 이러한 유형은 구체적으로는 개별법에 의하여 규율되고 있다.

사기업을 위해 재산권의 제약 행위를 행하는 경우에는 당해 사업의 공익성을 지속적으로 확보하기 위한 제도적 보장 장치가 필요하다. 이는 영리추구를 그 목적으로 하는 사기업으로 하여금 공익사업이 갖는 공익성을 지속적으로 확보하게 하기 위한 것이다. 이를 위해 당해 사기업이 행하는 공익사업의 이용 조건이나 사업의 계속적인 수행 의무 등을 법적으로 규정하는 것이 필요하다.

2. 재산권에 대한 공권적 침해(공용 침해)

1) 재산권의 내용

여기에서의 재산권은 소유권에 한정하지 않고 법에 의하여 보호되고 있는 일체의 재산적인 가치 있는 권리를 의미하는 것으로 본다. 따라서 이에는 사법상의 권리(물권, 채권, 재산적 가치 있는 회원권, 저작권 등)[6]뿐만 아니라 공법상의 권리(공유수면 매립권 등)도 포함된다. 그러나 **현존하는 구체적 재산 가치**이어야 하므로, **영업 기회**나 **토지의 가격 상승**의 **기대**와 같은 **기대 이익(期待利益)**은 여기에 포함되지 않는다.

2) 재산권에 대한 공권적 침해

손실보상이 인정되기 위해서는 재산권에 대한 공권적 침해가 있어야 한다. 여기에서 **'공권적 침해(공용 침해)'**란 **공법상의 구정에 의거한 침해**를 의미한다. 따라서 공적 목적에 사용하기 위하여 사법상의 방법으로 재산권을 취득하는 경우에 지불하는 대금(예: 도로 부지로 사용하기 위하여 사인의 토지를 임의 매수한 경우의 대금 지급)은 손실보상에 속하지 않는다.

또한 '침해'란 일체의 재산적 가치를 감소시키는 행위를 의미하는 바, 헌법은 그 전형적 유형으로 **수용 · 사용 · 제한**을 들고 있으나 이에 국한되지 않고 이외에도 '침해'의 양상은 다양하게 나타날 수 있다. 예를 들면, 도시개발 사업으로 행해지는 환지(換地)나 도시재개발 사업으로 행해지는 환권(換權) 등에 의해 재산적 가치가 감소되는 경우에도 이에 해당하는 것으로 본다.

3. 재산권 침해의 적법성

재산권의 침해는 법률에 근거한 적법한 것이어야 한다. 여기에서의 법률은

6) 권리는 크게 국가와 사인 간의 관계에서 작용하는 공권과 사인 간의 관계에서 작용하는 사권으로 나누어지는 바, 민법상의 권리는 사권(私權)이다. 사권은 다시 권리의 내용에 따라 생명 · 신체 · 자유 · 명예 등의 보호를 목적으로 하는 인격권(人格權), 친생자(親生子) · 부부 · 친족과 같은 신분상의 지위에서 나오는 신분권(身分權) 외에 재산권(財産權)과 사원권(社員權)이 있다.
① 재산권에는 경제적인 가치가 있어서 거래의 대상이 되는 권리로서 소유권(所有權) · 지상권(地上權 ; 타인의 토지에 건물이나 공작물이나 수목을 소유하기 위하여 그 토지를 사용하고자 하는 권리) · 저당권(抵當權)과 같이 어느 물건을 직접 · 배타적으로 지배하는 물권(物權)이 있고, 대금청구권 · 연금청구권과 같이 채권자가 채무자에게 일정한 행위를 요구하는 채권(債權)이 있으며, 기타 저작권 · 특허권 · 상표권과 같이 정신적 노동의 산물을 직접 · 배타적으로 지배하는 무체재산권(無體財産權)이 있다.
② 한편, 사원권이란 사단법인의 사원의 권리, 주식회사의 주주의 권리 등과 같이 단체의 구성원이 그의 구성원이란 지위에서 단체에 대하여 가지는 권리를 말한다.

국회에서 제정한 형식적 의미의 법률을 의미한다. 따라서 아무리 공공의 필요에 의한 재산권 침해라 할지라도 법률의 근거 없이(법률유보 원칙의 위배) 또는 법률에 위반하여(법률우위 원칙의 위배) 행한 경우에는 손실보상이 아니라 국가배상의 대상이 된다.

4. 특별한 희생(보상 원인)

손실보상이 인정되기 위해서는 재산권에 대한 공권적 침해가 **사회적 제약의 범위 내**에서 행하여진 때에는 손실보상의 문제가 없으며(헌법 제23조 제2항), 보상은 사회적 제약의 범위를 넘어 상대방에게 특별한 희생이 발생한 경우에 행해지게 된다.

특별한 희생이란 재산권에 내재하는 사회적 제약을 넘어서는 손실을 의미한다. 사회적 제약 범위 내의 침해(예: 식품위생법 제16조 제1항)에 대해서는 재산권자는 이를 보상 없이 수인(受忍)하여야 하기 때문이다.

> **식품위생법 제16조(소비자의 위생검사 등 요청)**
> ① 식품의약품안전처장, 시·도지사 또는 시장·군수·구청장은 대통령령으로 정하는 일정 수 이상의 소비자, 소비자단체 또는 '식품·의약품분야 시험·검사 등에 관한 법률' 제6조에 따른 시험·검사기관 중 총리령으로 정하는 시험·검사기관이 식품 등 또는 영업시설 등에 대하여 제22조에 따른 **출입·검사·수거 등**(이하 이 조에서 "위생검사 등"이라 한다)을 요청하는 경우에는 **이에 따라야 한다.** 다만, 다음 각 호의 어느 하나에 해당하는 경우에는 그러하지 아니하다.

특별한 희생인지 여부가 논의되는 대상은 재산권의 박탈을 의미하는 수용에 해당하지 않고 재산권의 제한(制限)에 해당하는 경우로 한정된다. 재산권의 박탈의 경우에는 언제나 손실보상을 필요로 하는 것이므로, 별도의 재산권의 사회적 구속성 여부를 논의할 필요가 없기 때문이다.

5. 보상 규정의 존재

행정상 손실보상을 위해서는 법률에 의한 손실보상의 기준, 방법, 내용 등에 관한 사항이 규정되어 있어야 한다. 한편, 재산권 제약을 허용하는 공권력 행사의 근거 법률에서 손실보상에 관한 규정이 존재하지 않는 경우에 어떠한 방법에 의해 당사자의 권리 구제가 가능한지가 문제되는 바, 이에 대해서는 견해가 대립되고 있다.

Ⅴ. 손실보상의 대상

손실보상의 대상은 역사적으로 대인적(對人的) 보상에서 대물적(對物的) 보상으로, 대물적 보상에서 생활보상(生活報償)으르 변천하여 왔다.

1. 대인적 보상

이는 수용 목적물(收用目的物)의 객관적 가치를 기준으로 하지 아니하고, 수용 목적물에 대한 **피수용자(被收用者)의 주관적 가치**를 기준으로 보상을 하는 것을 말한다.

이는 영국 초기의 손실보상에서 채택되었던 것으로 수용 목적물에 대한 피수용자의 주관적 가치를 평가할 경우 그 기준이 불명확하고, 피수용자의 주관적 이용가치는 당해 재산권의 객관적 시장가치보다 높이 평가되는 경향이 있어 과도한 보상을 해준다는 것이 문제점으로 지적되었다.

2. 대물적 보상

이는 수용 목적물의 **객관적 시장가치**를 기준으로 보상하는 것으로서, 오늘날 대부분의 국가가 이를 원칙으로 하고 있다.

대물적 보상의 특징은 수용(침해)의 대상과 보상의 대상이 대체적으로 일치하는 점에 있으며, 보상액 산정의 기준이 명확하다는 장점이 있으나, 피수용자에게 만족할 만한 보상이 되지 않는 경우가 많다는 점이 문제점으로 지적되고 있다.

3. 생활보상 혹은 생활권 보상

이는 재산권의 객관적 가치를 보상하더라도 남게 되는 당사자의 **생활 근거 상실로 인한 손실**을 **생존 배려적인 측면**에서 보상하는 것을 말한다. 즉, 생활보상은 침해가 없었던 것과 같은 **재산 상태**를 만들어 주는 것이 아니라, 침해가 없었던 것과 같은 **생활 상태**로 만들어 주는 데 그 의의가 있다.

이는 통상적으로 댐 건설 등과 같은 대규모 공공사업에 의하여 이주(移住)가 뒤따르게 되는 경우에 새로운 환경에서 종전과 같은 상태의 생활을 보장하도록 행하는 보상을 의미한다.

생활보상의 법적 근거로는 헌법 **제23조 제3항**에서의 **'정당한 보상'**을 들 수 있다. 그러나 이 조항은 원래 수용 목적물인 재산권에 대한 보상과 이와 관련되는 부대적 손실의 보상을 대상으로 하는 것이므로, 공공사업 시행 이전의 생활 상태를 회복하게 하는 내용의 생활보상은 직접적으로 그 대상으로 포함하지 못하는 면을 갖는다.

따라서 이러한 내용의 보상은 사회국가적 원리에 따라 생존 배려적인 측면에서 인정될 필요가 있으며, 이의 근거 규정으로는 헌법 **제34조 제1항**, 즉 "모든 국민은 인간다운 생활을 할 권리를 가진다"라는 규정을 들 수 있다.

4. 사업손실 보상(간접손실 보상)

사업손실 보상은 대규모 공공사업의 시행 또는 완성 후의 시설이 간접적으로 사업지 범위 밖에 위치한 타인의 토지 등의 재산에 손실을 가하는 경우의 보상을 말하며 이를 **'간접손실 보상(間接損失補償)'**이라고도 한다. 학자에 따라서는 이를 생활보상으로 설명하기도 하나, 손실보상의 당사자나 보상 대상이 생활보상의 경우와 달리 간접적이라는 점에서 구별된다.

사업손실 보상의 양태는 크게 보아 물리적·기술적 손실과 경제적·사회적 손실로 나눌 수 있다. 전자는 공사 중의 소음 진동이나 완성된 시설에 의한 일조(日照) 또는 전파(電波)에 의한 장애 등을 의미하며 통상적으로 **공해(公害)**로 이해된다. 한편, 후자는 댐 건설 등으로 인해 대부분의 주민이 이전함으로써 생기는 지역 경제에의 영향이나, 어업권의 소멸에 따라, 어업활동이 쇠퇴하여 생기는 경제활동에의 영향 등 지역사회의 변동을 통하여 개인에게 미치는 간접적 영향을 말한다.

우리나라의 경우, 손실보상은 대물적 보상을 바탕으로 하되, 생활보상 및 사업손실 보상을 지향하고 있다고 할 수 있다.

Ⅵ. 우리나라 실정법상의 손실보상의 주요 원칙

1. 정당한 보상의 원칙

헌법 제23조 제3항은 재산권의 수용·사용·제한 및 보상은 법률로써 하되, 정당한 보상을 지급할 것을 규정하고 있다. 여기에서 재산권에 대한 정당한 보상의 의미와 관련하여 어느 정도까지 손실보상을 인정할 것인가의 문제에 대해, 학설상으로는 완전보상설(完全補償說)과 상당보상설(相當補償說)이 대립되고 있다. 통설 및 헌법재판소 판례는 헌법상의 '정당한 보상'은 원칙적으로 **완전한 보상**을 의미한다고 보는 입장이다.

헌법 제23조 제3항에 근거하여 여러 개별법 등이 보상의 기준과 방법에 관하여 정하고 있는 바, 이하에서는 손실보상에 관한 일반법적 성격을 가지는 '공익사업을 위한 토지 등의 취득 및 보상에 관한 법률'(이하 '토지보상법'이라 한다)을 중심으로 살펴본다.[7]

손실보상의 내용은 재산권에 대한 보상뿐만 아니라 수용에 따른 부대손실(附帶損失)에 대한 보상도 규정하고 있어, 완전보상을 그 내용으로 하고 있다고 할 수 있다. 즉, 재산권에 대한 보상이 중심이 되었던 종래와 달리, 오늘날에는 생활재건 조치(生活再建措置)·사업 손실 등을 포함하는 생활보상 등으로 다양화되어 가고 있다.

---

7) 종래 공익사업을 위한 토지의 취득에 있어서, 수용에 의한 강제적 취득에 대하여는 **'토지수용법(土地收用法)'**이, 협의(協議)에 의한 임의적 취득에 대하여는 **'공공용지의 취득 및 손실보상에 관한 특례법'**이 규율했으나, 2003년 1월 1일부터는 양자를 통합하여 **'공익사업을 위한 토지 등의 취득 및 보상에 관한 법률'**이 시행되고 있다.

1) 완전보상설

이는 손실보상은 피침해 재산이 가지는 완전한 가치를 보상해야 한다는 견해이다. 완전한 보상의 내용에 대해서는 학설이 나뉘어 있다.

객관적 가치보장설은 피침해 재산 자체의 손실, 즉 피침해 재산이 가지는 객관적 시장가치만을 내용으로 하고, 부대적 손실은 포함되지 않는다고 보는 견해이다.

손실 전부 보상설은 침해에 의해 직접적·필연적으로 발생한 손해의 전부, 즉 부대적 손실(영업 손실, 이전비용 등)까지도 포함된다고 보는 견해이다. 이 견해가 **다수설과 판례**의 입장이다. 이 견해는 주로 자유국가적 재산관념을 바탕으로 한 주장으로서, 미국 연방헌법 수정 제5조 '정당한 보상(just compensation)' 조항의 해석을 중심으로 발전된 것이다.

2) 상당보상설

이는 사회국가적 기준에 의하여 정하여지는 적정한 보상이면 족하다는 견해로서, 이 설 역시 '합리적 보상설'과 '완전보상 원칙설'의 두 가지 견해가 대립한다.

합리적 보상설은 사회 통념상 객관적으로 공정 타당성이 인정되면 완전보상을 밑돌 수 있다는 견해이다.

완전보상 원칙설은 완전보상이 원칙이지만, 합리적 이유가 있으면 그 이상 또는 그 이하의 보상도 허용된다는 견해이다.

2. 시가보상의 원칙

토지보상법은 토지 수용에 있어서 보상액의 산정과 관련하여, 협의(協議)에 의한 수용의 경우에는 협의 성립 당시의 가격을 기준으로 하고, 재결(裁決)의 경우에는 재결 당시의 가격을 기준으로 할 것을 규정하고 있어 시가보상(時價補償)의 원칙을 채택하고 있다(토지보상법 제67조 제1항). 그러나 이러한 시가보상원칙은 '공시지가제(公示地價制)'[8]에 의해 수정을 받는다.

---

8) 공시지가제는 토지의 적정 가격을 평가·공시하여 지가 산정의 기준이 되게 하고, 토지·건물·동산 등의 감정평가에 관한 사항을 정함으로써, 이의 적절한 가격 형성을 도모하며, 나아

공익사업을 위한 토지 등의 취득 및 보상에 관한 법률 제67조(보상액의 가격시점 등) ① 보상액의 산정은 협의에 의한 경우에는 협의 성립 당시의 가격을, 재결에 의한 경우에는 수용 또는 사용의 재결 당시의 가격을 기준으로 한다.
② 보상액의 산정에 있어서 당해 공익사업으로 인하여 토지 등의 가격에 변동이 있는 때에는 이를 고려하지 아니한다.

3. 개발이익 배제의 원칙

보상기준을 책정함에 있어 공익사업으로 인하여 지가(地價)가 상승함으로써 토지 소유자 등이 받는 이익, 즉 개발이익(開發利益)[9]은 보상액 산정에서 제외되어야 하는 바, 이를 위하여 토지 수용에 있어서 보상액 산정은 공시지가(公示地價)를 기준으로 하도록 하고 있다(토지보상법 제70조).

이러한 공시지가제가 정당한 보상을 규정하고 있는 헌법에 위반되는 것인지가 문제되는 바, 이에 대하여 헌법재판소는 "헌법 제23조 제3항에서 규정한 정당한 보상이란 원칙적으로 완전보상을 뜻하는 것이지만, 공익사업의 시행으로 인한 개발이익은 완전보상의 범위에 포함되는 피수용 토지의 객관적 가치라고 볼 수 없다. 따라서 토지수용법 제46조 제2항이 보상액을 산정함에 있어서 개발이익을 배제하기 위하여 공시지가를 기준으로 하도록 한 것은 헌법 제23조 제3항에 규정한 정당보상의 원리에 어긋나지 않는다"고 판시하였다(헌재 1990.6.25, 89헌마 107).

그런데 수용된 토지의 소유자는 개발이익을 공제한 가액으로 보상을 받는 반면, 수용되지 않은 토지 소유자는 개발이익을 누릴 수 있다고 볼 수 있는 바, 이

가 국토의 효율적인 이용과 국민경제의 발전에 이바지하게 함을 목적으로 1989년 4월 1일 법률 제4120호로 제정・공포된 '지가공시 및 토지 등의 평가에 관한 법률'(현행 부동산가격 공시 및 감정평가에 관한 법률)에 의해 도입된 제도이다.
공시지가란 이 법의 규정에 의한 절차에 따라 국토교통부 장관이 조사・평가하여 공시한 표준지의 단위 면적당 가격을 말하며, 적정가격(適定價格)은 당해 토지에 대하여 자유로운 거래가 이루어지는 경우 합리적으로 성립한다고 인정되는 가격을 말한다. 여기에서 감정평가(鑑定評價)라 함은 토지 등의 경제적 가치를 판정하여 그 결과를 가액(價額)으로 표시하는 것을 말한다.

9) 개발이익이란 개발사업의 시행 또는 토지 이용 계획의 변경 기타 사회・경제적 요인에 의하여 정상지가(正常地價) 상승분을 초과하여 개발사업을 시행하는 자 또는 토지 소유자에게 귀속되는 토지 가액의 증가분을 말한다(개발이익 환수에 관한 법률 제2조 1).

는 형평의 원칙에 어긋나게 된다. 따라서 개발사업으로 인해 지가가 상승하여 개발이익이 발생한 경우에는 개발부담금(開發負擔金)[10]의 징수를 통하여 개발이익을 환수하도록 하고 있다(개발이익 환수에 관한 법률 제3조 참조).

4. 부대적 손실의 보상

정당한 보상이 되기 위해서는 직접 수용의 대상이 되는 것뿐만 아니라 부대적 손실에 대해서도 보상을 하여야 할 것인 바, 토지보상법은 부대적 손실과 관련하여 잔여지 손실(殘餘地損失), 지상물건(地上物件)의 이전료 또는 지상물건의 수용 손실, 영업상의 손실, 차임 손실(借賃損失)을 비롯한 기타의 손실을 보상하도록 규정하고 있다(제73조, 제75조, 제77조, 제79조 등 참조).

5. 생활보상의 원칙

현행법은 보상 원칙의 하나로 생활보상의 원칙을 들고 있다. 생활보상이란 전술한 바와 같이 공용 침해로 인하여 생활 근거를 상실하게 되는 재산권의 피수용자 등에 대하여 이주 대책을 수립하는 등 생활 재건을 위한 조치를 그 보상의 내용으로 정함을 의미한다.

그러나 이 원칙은 모든 경우에 적용되는 것은 아니고, 댐의 설치로 인해 전 마을이 수몰되는 경우와 같이 전래의 거주지를 떠나 생활을 재건해야 하는 경우에만 적용되어야 할 것이다. 이와 관련하여 토지보상법은 이주대책(제8조), 이주정착금(시행령 제6조의2), 이농비(離農費)·이어비(離漁費)(시행규칙 제30조), 주거용 건물의 최저 보상액(시행규칙 제5조의9), 영세토지에 대한 가산금(시행규칙 제6조의3), 세입자에 대한 주거 대책비(시행규칙 제30조의2) 등에 관해 규정하고 있다.

10) 개발부담금은 택지개발사업, 공업단지조성사업, 관광단지조성사업 등 개발 사업을 행하는 **사업시행자**에게 귀속되는 개발이익 중 개발이익 환수에 관한 법률에 정하는 바에 의하여 징수하는 금액을 말한다.

6. 완전보상의 예외

다음과 같은 경우에는 공익과 사익을 조정하는 견지에서 완전보상을 하회(下廻)할 수도 있다.

1) 현존 재산법 질서를 변혁하는 목적 하에 공용 침해가 행해지는 경우(예: 과거의 농지개혁, 전 국토의 효율적인 이용을 위해 행해지고 있는 토지이용계획; 국토의 계획 및 이용에 관한 법률 참조)

2) 전쟁 기타 국가의 위기에 처해 개인의 재산을 징발(徵發)하는 경우 등이다(징발법 및 징발재산 정리에 관한 특별조치법 참조).

7. 사업 손실의 보상

사업 손실의 보상은 공공사업의 시행 또는 완성 후의 시설이 간접적으로 사업지[즉, 기업지(起業地)] 밖의 타인의 재산권에 가해지는 손실을 의미하는 것으로서, 이를 간접손실보상(間接損失補償)이라고도 한다.

Ⅶ. 손실보상의 방법

손실보상은 금전보상(金錢補償)을 원칙으로 하나, 예외적인 경우에는 현물보상(現物補償)이나 채권보상(債券補償), 매수보상(買收補償)을 할 수 있다.

손실보상의 원칙적인 방법은 **금전보상**이다(토지보상법 제63조). 이는 금전이 자유로운 유통이 보장되고 객관적인 가치의 변동이 적어 재산권의 가치보장 수단으로서 안정적이기 때문이다.

현물보상은 수용할 물건에 대신하여 일정한 시설물이나 다른 토지를 제공받는 보상 방법이다.

채권보상은 토지보상법 제63조 제7항에 규정된 보상 방법으로 일정한 경우에는 보상금을 채권으로 지급할 수 있게 하는 제드이다.

공익사업을 위한 토지 등의 취득 및 보상에 관한 법률 제63조(현금보상 등)

⑦ 사업 시행자가 국가 · 지방자치단체 그 밖에 대통령령으로 정하는 '공공기관의 운영에 관한 법률'에 따라 지정 · 고시된 공공기관 및 공공단체인 경우로서 다음 각 호의 어느 하나에 해당되는 경우에는 제1항 본문에 불구하고 해당 사업 시행자가 발행하는 채권으로 지급할 수 있다.

1. 토지 소유자 또는 관계인이 원하는 경우
2. 사업 인정을 받은 사업에 있어서 대통령령이 정하는 부재부동산 소유자(不在不動產所有者)의 토지에 대한 보상금이 대통령령이 정하는 일정 금액을 초과하는 경우로서 그 초과하는 금액에 대하여 보상하는 경우

매수보상이란 예를 들면, 토지의 일부가 수용됨으로 인해 잔여지(殘餘地)를 종래의 목적에 사용하는 것이 현저히 곤란하거나, 토지를 장기적으로 사용함으로 인해 토지의 형질이 변경되거나 토지 위에 존재하는 건물 사용이 곤란한 경우에, 상대방에게 당해 물건의 매수청구권(買收請求權)을 인정하고, 이에 따라 공익사업 시행자가 물건을 매수함으로써 실질적으로 보상을 행하는 방법을 말한다(토지보상법 제72조).

또한 수용 또는 사용할 토지에 정착하고 있는 물건의 이전이 곤란하거나 이전으로 인해 종래의 목적에 사용될 수 없을 때에 물건의 소유자가 수용을 청구하는 경우도 이에 해당한다(토지보상법 제75조).

현행법상 개발제한구역의 지정으로 인하여 토지의 본래적 효용을 침해당한 토지 소유자의 매수청구권을 인정하고 있다(개발제한구역의 지정 및 관리에 관한 특별조치법 제17조).

개발제한구역의 지정 및 관리에 관한 특별조치법 제17조(토지 매수의 청구)

① 개발제한구역의 지정에 따라 개발제한구역의 토지를 종래의 용도로 사용할 수 없어 그 효용이 현저히 감소된 토지나 그 토지의 사용 및 수익이 사실상 불가능하게 된 토지(이하 "매수대상토지"라 한다)의 소유자로서 다음 각 호의 어느 하나에 해당하는 자는 국토교통부 장관에게 그 토지의 매수를 청구할 수 있다.

Ⅷ. 손실보상의 절차

손실보상액의 결정 방법에 관해서는 통칙적(通則的) 규정이 없고, 각 개별법이 정한 바에 의하여야 할 것이다. 토지보상법상의 절차를 중심으로 고찰하면 보상액의 결정 유형은 크게 **당사자의 협의(協議)에 의할 경우**와, **토지수용위원회의 재결(裁決)**에 의하는 경우로 나누어 볼 수 있다.

1. 당사자의 협의에 의하는 경우

당사자의 협의에 의하는 경우는 가장 원칙적인 결정 유형으로서, 행정기관에 의한 일방적인 손실보상액 결정의 전단계(前段階)로서의 의미를 갖는 것이다.

토지보상법에 의하면, 공익사업 시행자는 수용 또는 사용할 토지의 소유자 및 관계인과 보상액, 수용의 개시일 등에 관해 협의하여야 한다고 규정하고 있다(제16조, 제26조).

협의가 성립되면 사업 시행자는 수용 재결 신청기간 내에 당해 토지 소유자 및 관계인의 동의를 얻어 대통령령이 정하는 바에 의하여 관할 토지수용위원회에 협의 성립의 확인을 신청할 수 있다(제29조 제1항).

이때 협의 성립의 확인을 받은 경우에는 **수용 재결(收用裁決)**로 보며, 사업 시행자, 토지 소유자 및 관계인은 확인된 협의의 성립이나 내용을 다툴 수 없다. 즉, 협의의 성립으로 공용수용의 절차는 종결되고, 협의의 내용에 따라 수용의 효과가 발생한다.

2. 토지수용위원회의 재결에 의하는 경우

당사자 간의 협의가 성립되지 아니하거나 협의를 할 수 없을 때에는 공익사업 시행자는 사업 인정의 고시가 있은 날로부터 **1년** 이내에 관할 **토지수용위원회**에 재결을 신청할 수 있다(제28조). 또한 토지 소유자 및 관계인은 공익사업 시행자에게 재결을 신청할 것을 청구할 수 있으며, 이 경우 사업 시행자는 그 청구가 있은 날로부터 **60일** 이내에 재결을 신청하여야 한다(제30조).

○ **당사자 간의 협의 불성립 시** ↗① 공익사업 시행자가 스스로 토지수용위원회에 재결 신청(1년 이내)
↘② 공익사업 시행자가 토지 소유자 및 관계인의 요청에 의해 토지수용위원회에 재결 신청(60일 이내)

재결 신청이 있는 경우에는 토지수용위원회의 재결에 의해 보상액, 수용의 개시일 등이 결정된다. 수용재결이 있으면 사업 시행자가 재결서에 기재된 수용의 개시일까지 보상금을 지급 또는 공탁(供託)하면 수용의 개시일에 토지에 관한 권리를 원시취득(原始取得)한다(제40조, 제45조). 그러나 수용의 개시일까지 보상금을 지급 또는 공탁하지 않으면 재결의 효력은 상실된다(제42조).

Ⅸ. 손실보상에 대한 불복 절차

토지수용위원회의 재결은 그 **처분성**이 인정되므로 이에 불복하는 경우에는 행정심판인 이의신청(異議申請)과 행정소송(行政訴訟)을 제기할 수 있다.

1. 중앙토지수용위원회에의 이의신청

토지수용위원회의 재결에 불복하는 자는 **중앙토지수용위원회**에 **이의신청**을 할 수 있다(제83조).

이때에 중앙토지수용위원회는 **원재결(原裁決)의 전부 또는 일부**를 **취소**할 수도 있고, 원재결을 취소하지 않고 **손실보상액의 증감**만을 **결정**할 수도 있다. 즉, 중앙토지수용위원회는 지방토지수용위원회 또는 중앙토지수용위원회의 재결에 불복하여 제기한 이의신청에 있어 원재결이 위법 또는 부당하다고 인정할 때에는 그 원재결의 전부 또는 일부를 취소하거나, 손실보상액을 변경할 수 있다(토지보상법 제84조 제1항).

2. 행정소송

행정소송은 원처분인 관할 토지수용위원회의 재결을 대상으로 한다. 사업 시행자・토지 소유자・관계인은 **토지수용위원회의 지결**에 대하여 불복이 있는 때에는 재결서를 받은 날로부터 **60일** 이내에, **이의신청을 거친 경우**에는 이의신청에 대한 재결서를 받은 날로부터 **30일** 이내에 행정소송을 제기할 수 있다(제85조 제1항).

○ **당사자 간의 협의 불성립 시**
- ↗ 토지수용위원회에 재결신청 → **행정소송**(재결서를 받은 날로부터 60일 이내)
- ↘ 토지수용위원회에 재결신청 → 중앙토지수용위원회에 이의신청 → **행정소송**(재결서를 받은 날로부터 30일 이내)

이의신청의 재결을 거쳐 행정소송을 제기하는 경우 행정소송의 대상이 되는 것은 (지방 또는 중앙) 토지수용위원회가 행한 본래의 수용재결이 아니라, 이의신청에 대한 중앙토지수용위원회의 재결(**異議裁決**)이라는 것이 판례의 입장이다(대판 1983.2.8, 81누420).

토지수용위원회의 재결에 대하여 행정소송을 제기하는 유형에는 두 가지가 있는데, 하나는 **토지수용위원회의 재결 자체의 취소**를 구하는 것으로서 취소소송(**재결취소소송**)을 제기하는 것이고, 다른 하나는 단지 보상금액만을 다투는 것이다(**보상금 증액 또는 감액 청구소송**).

재결취소소송의 경우에는 재결청(토지수용위원회)을 피고로 하여야 하며, 보상금 증액 또는 감액 청구소송의 경우에는 토지 소유자나 또는 관계인이 보상금의 증감에 관한 행정소송을 제기하는 경우에는 사업 시행자(起業者)를, 사업 시행자가 행정소송을 제기하는 경우에는 토지 소유자 또는 관계인을 피고로 하여 행정소송을 제기할 수 있게 하였다(토지보상법 제85조 제2항).

Ⅹ. 새로운 행정상 손실보상 제도

지금까지 설명한 전통적인 행정상 손실보상 제도 이외에도 새로운 손실보상 제도가 논의되고 있다. 이러한 새로운 손실보상 제도들은 손실보상에 관한 규범적 기초인 헌법 제23조 제3항의 해석과 관련되어 제기되는 것으로서, 주로 독일의 판례와 학설에서 발전해 온 것들이다.

구체적으로는 수용유사 침해이론(收用類似侵害理論) 및 수용적 침해이론(收用的侵害理論) 등이 있다.

1. 수용유사 침해이론

1) 의의

손실보상은 적법한 개인의 재산권 등에 대한 침해행위에 대한 보상을 그 내용으로 하고, 손해배상 제도는 공무원의 위법하고 과실 있는 직무행위로 인하여 발생한 손해의 배상, 즉 위법(違法)·유책(有責)의 침해에 대한 보상을 그 내용으로 한다. 이러한 손실보상 제도와 손해배상 제도의 이원적 구조를 취하는 법제하에서는, 공무원의 **위법한 행위**이기는 하나 **무과실에 의한 행위**로 인해 손해가 발생한 경우의 전보(塡補)가 문제된다.

이러한 경우에는 당해 행위는 위법한 것이라는 점에서 손실보상 제도에 의해서는 보장되지 아니하며, 또한 당해 행위에는 과실이 인정되지 아니한다는 점에서 손해배상 제도에 의해서도 전보되지 아니하는 것이 원칙이다. 이러한 흠결을 보완하기 위하여 독일의 연방사법재판소의 판례에 의해 정립된 이론이 수용유사 침해이론이다.

수용유사 침해이론이라 함은 국가나 공공단체가 공공의 필요에 의해 법령에 근거하여 공권력 행사를 통해 사인의 재산권에 특별한 희생을 가하였으나, 그 근거 법령에 **보상 규정이 없어서** 그 공권력 행사가 **위법**으로 되는 경우에 **전통적 손실보상 제도인 수용침해보상의 경우에 준하여** 손실보상을 해주어야 한다는 것을 의미한다.

○ **행정상 손실보상**: **공공의 필요**에 의한 **적법**한 재산권 침해행위가 행해지고 보상 규정에 따라 보상이 행해지는 경우

○ **행정상 손해배상**: 공무원의 **위법**하고 **과실** 있는 직무행위로 인한 침해에 대한 배상이 행해지는 경우

○ **수용유사 침해이론**: **공공의 필요**에 의한 적법한 재산권 침해가 행해졌으나 보상 규정이 없거나 보상 규정이 있는 수용 법률을 잘못 집행하여 위법한 재산권 침해행위가 행해지는 경우에 보상을 행하는 경우

예를 들면, '개발제한구역의 지정 및 관리에 관한 특별 조치법'에는 개발제한구역의 지정으로 인하여 사유재산권에 제한이라는 불이익을 받는 자에 대한 보상 규정이 없다. 개발제한구역의 지정으로 인한 이러한 불이익 가운데에는 대체로 공동체를 위하여 참아야 할 사회적 제약에 따른 불이익도 있지만, 경우에 따라서는 특별한 희생에 해당하는 경우도 있을 수 있다. 이러한 경우, 해당 법률은 보상 규정이 없기 때문에 헌법에 위반되는 법률이며 따라서 개발제한구역 지정행위는 위법한 것이지만, 이 경우 보상 규정이 없다하여도 보상 규정이 있는 경우와 마찬가지로 보상을 하여야 한다는 논리가 수용유사 침해 보상의 논리이다.

따라서 수용유사 침해이론에 기초할 때 **수용유사 침해가 성립하기 위한 요건**은 공공의 필요에 의한 재산권에 대한 공권적 침해행위가 있을 것, 침해행위가 법률 규정에 근거하여 합법적으로 행해질 것, 상대방에게 특별한 희생이 발생할 것, 보상에 관한 법규정이 존재하지 않거나, 침해의 보상 규정이 있지만 그 규정을 위법하게 집행하여 그 침해가 위법하게 행해질 것 등이다. 이와 같은 경우 국가가 개인의 재산권을 위법하게 침해한 것이지만 본래의 공용수용과 마찬가지로 그로 인한 손실은 보상되어야 한다는 것이 수용유사 침해이론이다.

2. 수용적 침해이론

통상적으로 국가 공권력에 의한 법적 행위는 이를 통해 상대방의 재산권을 제약하게 된다는 사실을 미리 예측할 수 있기 때문에, 이에 대비한다는 의미에서 재산권 제약행위의 근거 규정과 그에 대한 손실보상 규정을 마련하게 된다. 그러나 어떤 국가 공권력에 의한 적법한 사실행위(事實行爲)의 경우에는 이를 통해 상대방의 재산권을 제약한다는 사실을 예측할 수 없고, 따라서 당해 재산권 제약행위

에 대한 근거 규정은 물론 손실보상에 관한 규정 마련도 생각할 수 없게 된다.

예를 들면, 단기간에 종료될 것으로 예상했던 지하철 공사나 도로공사가 예기치 않은 사정에 의하여 장기간 계속됨으로 인하여 인근 상점에 커다란 영업상 손실을 가져다 준 경우라든가, 도시계획에 의해 도로 구역으로 고시되었으나 공사를 시작하지 않고 오랫동안 방치해 둠으로써 도로 구역에 편입된 가옥주 등이 커다란 불이익을 입고 있는 경우 등이 이에 해당한다. 이러한 경우에는 이를 보통 재산권에 대한 사회적 제약으로 봄으로써 보상의 대상이 되지 않음이 원칙이나, 그 피해의 정도가 심한 경우에는 비록 보상에 관한 규정이 없을지라도 수용에 관한 규정을 유추하여 보상을 해주어야 한다는 논리가 수용적 침해이론이다.

따라서 수용적 침해이론이라 함은 적법한 행정작용의 이례적(異例的)·비의욕적(非意慾的)인 부수적 결과로서 타인의 재산권에 특별한 희생을 가져다 준 경우에 수용에 준해서 손실보상을 해주어야 한다는 논리이다.

3. 수용·수용유사 침해 및 수용적 침해와의 공통점과 차이점

수용·수용유사 침해 및 수용적 침해 개념 간의 차이점은 다음과 같이 설명할 수 있다.

수용은 공공 필요에 의한 재산권 침해행위가 특별한 희생에 해당하고 따라서 처음부터 보상 규정을 두고 있는 경우를 의미하며, 수용유사 침해는 공공 필요에 의한 재산권 침해행위가 특별한 희생에 해당하므로 보상 규정을 두어야 함에도 불구하고 보상 규정을 두고 있지 않은 경우를 의미한다.

한편, 수용적 침해의 경우는 공공 필요에 의한 재산권 침해행위가 처음에는 예측되지 않았고 따라서 보상 규정을 두고 있지 않았으나, 그 후 예기치 않은 부수적 결과에 의해 특별한 희생에 해당하게 된 경우를 의미한다.

따라서 수용유사 침해와 수용적 침해는 양자 모두 **보상 규정을 두고 있지 않은 점**에서는 공통하나, 전자의 경우는 처음부터 특별한 희생에 해당되는 데도 불구하고 보상 규정을 두지 않은 것이므로 **'위법(違法)'**인데 대해, 후자의 경우는 처음에는 특별한 희생에 해당되지 않았기 때문에 보상 규정을 주지 않은 것이 **'적법(適法)'**인 점에서 차이가 있다.

제 3 장

행정심판

제1절 행정쟁송과 행정심판

행정법의 가장 중요한 이념인 법치주의 원칙은 사전적(事前的)으로 모든 행정작용은 법에 적합하게 행해져야 하며(행정의 법률적합성), 또한 행정의 목적인 공익(公益)에 합당한 타당성을 갖춘 행정이 행해질 것을 요구한다. 즉, 모든 행정작용은 **적법(適法)·타당(妥當)**하게 행해질 것을 요구하는 것이다. 이와 같이 행정작용의 적법·타당성을 요구하는 이유는 이를 통해 국민의 권리·이익의 침해를 방지하고자 하는 데 그 목적이 있다.

그러나 현실적으로 이루어지는 행정은 이러한 요청에 부응하지 못하고 **위법(違法)·부당(不當)**하게 행해지는 경우가 많이 발생하고 있다. 예를 들면, A구청장이 갑이 운영하고 있는 단란주점의 영업허가를 위법하게 취소함으로써, 갑의 영업이익이 침해되는 경우가 있게 되는 것이다. 법치주의 원칙은 이러한 경우에는 사후적(事後的)으로 갑이 위법한 단란주점 영업허가 취소처분의 취소를 구하는 쟁송을 제기할 수 있게 하여 침해된 권리를 구제받게 함으로써 올바른 행정작용을 보장하는 것을 그 내용으로 한다.

행정쟁송(行政爭訟) 제도는 이와 같이 행정작용이 **위법하거나 부당하게 행해진 경우**, 그러한 행정작용으로부터 **국민의 권리 · 이익을 구제**하는 기능을 수행하고, 다른 한편으로는 행정작용의 **적법성(適法性)** 및 **합목적성(合目的性)**의 보장을 통하여 **행정통제의 기능**을 수행한다. 즉, 행정쟁송이 갖는 두 가지의 주된 기능은 통상적으로 행정에 대한 **통제기능(統制機能)**과 **권리 보호기능(權利保護機能)**의 두 가지 측면에서 이해되고 있다.

Ⅰ. 행정쟁송의 개념

행정쟁송의 개념에 대해서는 이를 광의의 개념과 협의의 개념으로 나누어 정의할 수 있다.

광의의 행정쟁송이란, 행정상의 법률관계(권리 · 의무관계)에 관한 분쟁이나 의문이 있는 경우에 이해관계자의 쟁송의 제기에 의하여 일정한 재결기관(裁決機關)이 그것을 재결하는 절차를 총칭한다. 여기에서 재결기관이 행정청이든지 법원이든지를 불문하며, 재결절차 역시 정식절차(正式節次)이든 약식절차(略式節次)이든 이를 불문한다. 이와 같은 의미의 행정쟁송은 오늘날 거의 모든 국가에서 채택되고 있다고 할 수 있다.

협의의 행정쟁송이란, 광의의 행정쟁송 중에서 특히 일반법원과는 계통을 달리하는 **행정조직 내의 특별기관**이 행정상의 법률관계에 관한 분쟁을 재결하는 절차를 총칭한다.

이와 같은 의미의 협의의 행정쟁송은 과거에 대륙법계 국가에서 행해진 특유한 제도로 생각되었다. 그러나 오늘날에는 영 · 미법계 국가에 있어서도 **행정위원회(行政委員會**, administrative commission or board) 또는 **독립규제위원회(獨立規制委員會**, independent regulatory commission) 등의 설치를 통하여 널리 인정되고 있다.

Ⅱ. 행정심판과 행정소송

행정쟁송은 그 심판기관의 성격에 따라 행정심판(行政審判)과 행정소송(行政訴訟)으로 나뉜다.

행정심판은 행정법상의 분쟁에 대해 **행정기관**이 **스스로 심리**(**審理**)하고 판정하는 쟁송절차를 말하며, 행정소송은 **법원**이 주체가 되어 행정법상의 분쟁을 해결하는 절차를 말한다. 예를 들면, 서울 서대문구청장이 갑이 운영하고 있는 단란주점의 영업허가를 취소한 경우 갑이 서대문구청장의 허가처분 취소가 위법하다고 주장하여, 단란주점 영업허가 취소의 취소를 구하는 심판을 **서울특별시 행정심판위원회**에 제기하여 분쟁을 해결하는 절차를 거치는 것이 행정심판에 속하고, **행정법원**에 이의 취소를 구하는 소송을 제기하여 분쟁을 해결하는 절차를 거치는 것이 행정소송이다.

양 제도 간의 관계에 대해서 현행법은 **임의적**(**또는 선택적**) **'행정심판전치주의**(**行政審判前置主義**)'를 규정하고 있으므로, 원칙적으로 행정심판을 거치지 않고 바로 행정소송을 제기할 수 있도록 하고 있다(행정소송법 제18조 제1항).

행정소송법 제18조(행정심판과의 관계)

① 취소소송은 법령의 규정에 의하여 당해 처분에 대한 행정심판을 제기할 수 있는 경우에도 이를 거치지 아니하고 제기할 수 있다. 다만, 다른 법률에 당해 처분에 대한 행정심판의 재결을 거치지 아니하면 취소소송을 제기할 수 없다는 규정이 있는 때에는 그러하지 아니하다.

제 2 절 행정심판의 의의

Ⅰ. 행정심판의 개념

1) 실질적 의미의 행정심판

실질적 의미의 행정심판의 개념은 행정기관이 행하는 행정법상의 분쟁 해결 절차, 즉 **행정기관**이 **재결청(裁決廳)**이 되는 행정쟁송 절차를 말하며, 일반적으로 행정심판이라 함은 실질적 의미의 행정심판을 의미한다.

현행법상의 행정심판(行政審判)·이의신청(異議申請)·재결신청(裁決申請)·심사청구(審査請求)·심판청구(審判請求) 등이 이에 속한다.

2) 형식적 의미의 행정심판

형식적 의미의 행정심판은 이를 **제도적 측면**에서 파악한 것으로서, 일반법으로서 헌법 제107조 제3항에 근거하여 제정된 **'행정심판법(行政審判法)'**의 적용을 받는 행정심판을 의미한다. 이하에서의 행정심판은 행정심판법의 적용을 받는 형식적 의미의 행정심판을 의미한다.

Ⅱ. 행정심판과 유사한 다른 개념과의 구별

1. 이의신청과의 구별

행정심판과 이의신청은 **심판기관**에 있어서 차이가 있다. 행정심판은 원칙적으로 **행정심판위원회**에 제기하는 데 반해, 이의신청은 **처분청 자체**에 대해서 제기되는 점에서 차이가 있다.

심판 대상면에서 행정심판은 모든 **위법 또는 부당한 처분** 등에 대하여 인정되나, 이의신청은 각 개별법에서 정하고 있는 처분에 대해서만 인정된다(국세기본법 제55조 제1항・제3항).

국세기본법 제55조(불복)

① 이 법 또는 세법에 따른 처분으로서 위법 또는 부당한 처분을 받거나 필요한 처분을 받지 못함으로 인하여 권리나 이익을 침해당한 자는 이 장의 규정에 따라 그 처분의 취소 또는 변경을 청구하거나 필요한 처분을 청구할 수 있다.

③ 제1항과 제2항에 따른 처분이 국세청장이 조사・결정 또는 처리하거나 하였어야 할 것인 경우를 제외하고는 그 처분에 대하여 심사청구 또는 심판청구에 앞서 이 장의 규정에 따른 **이의신청**을 할 수 있다.

동일한 처분에 대하여 이의신청과 행정심판이 함께 인정되는 경우가 있는데, 이 경우 양자는 전심(前審)과 후심(後審)의 관계에 있는 것이 보통이다.

이의신청에 대해 처분청이 결정을 내리는 경우에 이에 대한 불복 절차(不服節次)는 어떻게 될 것인가이다. 즉, 당사자가 행정심판을 제기하려는 경우에 이의신청에 대한 결정에 대해서 당사자는 별도로 행정심판을 제기하여야 하는가, 혹은 이의신청 제기 자체를 행정심판청구로 볼 수 있는지가 문제로 된다.

이때에는 법률로 이의신청에 대해 상급 관청에 대한 별도의 불복 절차를 규정하고 있는 경우(예: 국세기본법이나 지방세법에 따른 이의신청에 대한 심사청구 절차)에는 이의신청의 법적 성질을 행정심판으로 볼 수 없다. 그러나 이의신청에 대한 재결(裁決)에 대해 행정소송을 제기할 수 있음을 규정하고 있는 경우에는, 이의신청 절차 자체를 행정심판으로 볼 수 있을 것이다.

그러나 이러한 별도의 불복 절차에 대한 규정이나 행정소송과의 관계에 관한 규정이 존재하지 않는 경우에는 이의신청의 결정에 대해 별도로 행정심판을 거치도록 해야 한다고 해석하는 것이 타당할 것이다.

2. 청원과의 구별

행정심판은 기본적으로 **권리 구제**를 위한 행정쟁송제도이고, 청원(請願)은 행정쟁송 수단이라기보다는 국정에 대한 국민의 **정치적 의사의 표시**를 보장하기 위한 수단으로서, 헌법상의 기본권(基本權)으로서의 성질을 가진다는 점에서 본질적인 차이가 있다. 헌법은 제26조에 따라 모든 국민은 국가기관에 대해 청원할 권리를 가지고 있으며, 국가는 청원에 대하여 심사할 의무를 지니고 있다.

헌법 제26조
① 모든 국민은 법률이 정하는 바에 의하여 국가기관에 문서로 청원할 권리를 가진다.
② 국가는 청원에 대하여 심사할 의무를 진다.

행정심판은 위법 또는 부당 등에 의하여 권익이 침해된 경우, 일정한 심사청구기간 내에 재결청에 청구를 제기하여야 하는 등의 제한이 있으나, 청원은 누구든지 기간의 제한 없이, 어떠한 국가기관에 대하여, 원칙적으로 어떠한 사항(재판에 간섭하는 것이나 국가원수를 모독하는 것은 제외)에 관하여도 제출할 수 있다.

행정심판은 위법 또는 부당한 처분 등에 대하여 제기하는 것이나, 청원은 그 대상이 될 국가작용의 적법성 · 위법성 · 부당성 여부를 불문한다.

행정심판은 심사절차 · 판정 형식 · 판정 내용 등에 있어 법적 기속(羈束)을 받지만, 청원은 이러한 사항에 있어 법적 기속이 없다.

행정심판의 재결(裁決)은 **불가변력(不可變力) · 불가쟁력(不可爭力)** 등 효력을 발생하지만, 청원의 재결은 그러한 효력을 발생하지 않는다.

행정심판과 청원은 행정청에 대하여 자기 반성을 촉구하고, 피해의 구제를 도모하기 위한 제도라는 점에서 공통성을 가진다. 또한 헌법 제26조 제2항은 청원이 제출된 경우에 국가의 수리(受理) · 심사(審査)의무를 규정하였으나, 청원법은 심사 결과의 통지의무까지 과하고 있어 양자는 크게 다르지 않게 되었다.

3. 진정과의 구별

진정(陳情)은 일정한 형식이나 절차에 의하지 아니하고, 행정기관에 대하여 일정한 희망을 표시하는 **사실행위**인 점에서, 일정한 법적 절차인 행정심판과 구별된다. 따라서 진정에 대한 회답은 법적 의미를 가지지 못하는 점에서 행정심판과 다르다.

Ⅲ. 행정심판과 행정소송과의 구별

1. 공통점

행정심판과 행정소송은 모두 행정의 합법성과 합목적성의 보장을 통하여 위법 또는 부당한 행정처분에 의하여 침해된 국민의 권익 구제를 도모하는 **실질적 쟁송(實質的爭訟)**에 해당하는 점에서 공통된다.

행정심판과 행정소송은 구체적인 분쟁을 전제로 행정처분의 적법·타당성 여부를 판단하는 **사법적 성질(司法的性質)**의 작용에 속한다.

양자는 공히 쟁송의 제기에 의해서만 개시되고, **법률상 이익(法律上利益)이 있는 자**만이 원고 적격(原告適格) 또는 청구인 적격(請求人適格)을 가지며, 원칙적으로 대심구조(對審構造)를 취하고 있다.

양자는 심리(審理)에 있어 **직권심리주의(職權審理主義), 불고불리(不告不理)** 및 **불이익변경금지(不利益變更禁止)의 원칙**이 인정된다.[1)]

양자는 그 제기의 효과로서 **집행부정지 원칙(執行不停止原則)**이 적용되고, 판결 또는 재결에서 **사정판결(事情判決)** 또는 **사정재결(事情裁決)**이 인정된다.

> 집행부정지의 원칙이란 쟁송이 제기된 경우에라도, 그것은 당해 처분의 효력이나 그 집행 또는 절차의 속행에 영향을 주지 아니한다는 원칙이다.
> 행정심판에서의 행정심판위원회는 심판청구에 대한 심리의 결과 그 심판청구가 이유있다고 인정되는 경우에도, 이를 인용하는 것이 현저히 공공복리에 적합하지 아니하다고 인정되는 때에는, 행정심판위원회의 의결에 의하여 그 심판청구를 기각하는 재

---

1) ① 직권심리주의는 직권증거조사주의(職權證據調査主義) 혹은 직권탐지주의(職權探知主義)라고도 하는 것으로서 사건의 심리를 위하여 필요하다고 인정할 때에는 직권에 의하여 증거조사를 할 수 있으며, 당사자가 주장하지 아니한 사실에 대하여도 심리할 수 있는 것을 말한다(행정심판법 제36조, 행정소송법 제26조).

행정심판법 제36조(증거조사)

① 위원회는 사건을 심리하기 위하여 필요하면 직권으로 또는 당사자의 신청에 의하여 다음 각 호의 방법에 따라 증거조사를 할 수 있다.

② 행정심판법은 "위원회는 심판청구의 대상인 처분 또는 부작위 외의 사항에 대해서는 재결하지 못한다"(제47조 제1항), "위원회는 심판청구의 대상이 되는 처분보다 청구인에게 불이익한 재결을 하지 못한다"(제47조 제2항)고 규정하고 있고, 행정소송법도 취소소송의 경우 민사소송과 마찬가지로 원칙적으로 불고불리의 원칙을 적용한다.

결을 할 수 있는 바(행정심판법 제44조 제1항), 이를 **'사정재결(事情裁決)'**이라 한다. 또한 행정소송법도 취소소송에 있어 심리의 결과 계쟁처분(係爭處分)이 위법하면 이를 취소함이 원칙이나 "원고의 청구가 이유 있다고 인정되는 경우에도 처분 등을 취소하는 것이 현저히 공공복리에 적합하지 아니하다고 인정하는 때에는 법원은 원고의 청구를 기각"할 수 있도록 하고 있는 바(행정소송법 제28조 제1항), 이를 **'사정판결(事情判決)'**이라 한다.

양자 모두 쟁송 사항에 관하여 **개괄주의(概括主義)**를 채택하고 있다.

2. 차이점

행정심판은 행정조직 내부에 있어서 행정의 적정한 운영을 위한 **행정감독적(行政監督的) 기능**이 중시되는 반면에, 행정소송은 행정작용에 의거 침해된 국민의 권익 구제를 위해 독립된 사법권에 의한 행정권 행사에 대한 통제라는 점에서 **행정구제적(行政救濟的) 기능**이 보다 강조된다.

행정심판은 행정기관이 판정기관(判定機關)이 되어 행정처분의 적법타당성(適法妥當性)을 판단하는 작용이므로, **형식적 의미의 행정작용**이다. 특히, 행정심판은 행정의 자율적 통제절차로서 행정절차로서의 성질을 가진다. 이에 대하여 행정소송은 법원이 일정한 소송절차를 통하여 하는 재판작용으로서 **형식적 의미의 사법작용(司法作用)**이기 때문에 행정심판과 행정소송은 그 성질에 차이가 있다.

행정심판은 행정의 **적법성(適法性)·합목적성(合目的性)**의 유무, 즉 행정의 적법성 또는 위법성에 관한 판단뿐만 아니라, 당·부당(當·不當)의 판단을 대상으로 하는 데 대해, 행정소송은 원칙적으로 행정의 **적법성** 유무, 즉 법률문제의 판단만을 대상으로 한다. 다만, 행정소송의 대상인 법률문제에는 재량권의 내적(內的)·외적(外的) 한계를 벗어난 재량권의 일탈(逸脫)·남용(濫用)이 포함된다.

행정심판의 판정기관은 행정조직 내부에 있어서 행정심판위원회(行政審判委員會) 등 어느 정도 독립성을 가진 특별기관이 담당하는 데 대해, 행정소송은 법원(法院)이 관할한다.

행정심판은 **약식쟁송(略式爭訟)**이기 때문에 구술주의(口述主義)보다는 서면심리주의(書面審理主義)를 주로 하는 등 행정쟁송 절차가 행정소송에 비하여 상대적으로 불비(不備)한 데 대해, 행정소송은 **정식쟁송(正式爭訟)**이기 때문에 대심구조(對審構造)를 취하고 구술주의를 원칙으로 하는 등 행정쟁송 절차가 완전하다.

그러나 행정심판법은 행정심판 절차에는 사법절차(司法節次)가 준용되어야 한다는 헌법 제107조 제3항의 취지에 따라 심판청구인(審判請求人)과 피청구인[被請求人: 처분청(處分廳)]이 당사자임을 명시하고 주로 서면(書面)에 의한 것이기는 하지만, 당사자가 공격과 방어를 할 수 있는 대심구조(對審構造)를 채택하고 있다.

〈표 4-3-1〉 행정쟁송과 행정심판의 차이점과 공통점

<table>
<tr><th></th><th></th><th>행정심판</th><th>행정소송</th></tr>
<tr><td rowspan="6">차이점</td><td>성질</td><td>준사법작용, 약식쟁송</td><td>사법작용, 정식작용</td></tr>
<tr><td>종류</td><td>항고쟁송만 인정
(취소심판 · 무효 등 확인심판 · 의무이행심판)</td><td>주관소송 ─ 항고소송 (취소소송 · 무효 등 확인소송 · 부작위위법확인소송)
주관소송 ─ 당사자 소송
객관소송 ─ 민중소송
객관소송 ─ 기관소송</td></tr>
<tr><td>취소쟁송의 대상</td><td>위법 · 부당한 처분</td><td>위법한 처분</td></tr>
<tr><td>제소기간</td><td>처분이 있음을 안 날로부터 90일 이내, 처분이 있는 날로부터 180일 이내</td><td>처분이 있음을 안 날로부터(행정심판을 거친 경우에는 재결서의 정본이 송달된 날로부터) 90일 이내, 처분이 있은 날로부터 1년 이내</td></tr>
<tr><td>심리절차</td><td>구술심리 또는 서면심리</td><td>구두변론, 공개의 원칙</td></tr>
<tr><td>판단기관</td><td>행정부 소속의
행정심판위원회</td><td>법원</td></tr>
<tr><td>공통점</td><td colspan="3">쟁송 사항에 관한 개괄주의, 직권증거조사주의, 집행부정지의 원칙, 불고불리의 원칙과 불이익 변경 금지의 원칙, 소송 참가, 사정판결(재결)</td></tr>
</table>

제 3 절 행정심판의 기능

Ⅰ. 행정의 자기통제 기능

행정심판은 행정기관이 판정기관이 됨으로써 스스로의 행정작용에 대해 자율적인 통제작용을 한다는 데 그 의의가 있다. 즉, 행정심판위원회가 처분청의 잘못된 내용을 사법절차보다 쉬운 절차를 통하여 바로잡을 수 있게 된다.

이러한 특성으로 인해 행정심판은 그 대상으로 법적인 문제를 야기하는 위법한 처분뿐 아니라, 합목적성(合目的性)의 문제만을 야기하는 부당(不當)한 처분도 그 대상으로 포함하게 된다.

Ⅱ. 행정청의 전문지식의 활용을 통한 사법 기능의 보충

현대 사회에 있어서의 사회적·경제적 문제는 고도의 전문성과 기술성을 내포하고 있는데, 이러한 문제에 관해서는 일반적으로 법원에 비해 행정청이 보다 전문적 지식을 가지고 있다고 할 수 있다. 따라서 행정심판 제도는 행정청이 이러한 전문지식을 활용하여 분쟁을 해결할 수 있게 한다. 이와 같이 행정심판은 사법부에 결여된 전문지식을 보충하는 기능을 수행한다는 점에서 **'사법 기능(司法機能)의 보충'**이라 표현하기도 한다.

Ⅲ. 행정 능률의 보장

행정사건에 대한 사법절차(司法節次)에 의한 심판은 심리절차의 공정과 신중으로 국민의 권리 구제에 충실할 수 있으나, 상당한 시일과 비용 및 노력이 소요됨으로써 행정 능률성을 저해할 수 있다. 따라서 사법절차에 앞서 시간·비용·

노력을 적게 들이고, 신속·간편한 행정심판에 의해 분쟁을 해결함으로써 행정 능률에 이바지한다.

Ⅳ. 법원의 부담 경감

행정소송에 앞서 행정심판에 의해 분쟁을 해결함으로써 행정소송사건을 줄이고, 설사 행정심판에 의해 분쟁이 해결되지 않았더라도 중요한 쟁점을 행정심판 단계에서 정리함으로써 법원의 부담을 경감할 수 있다.

Ⅴ. 국민의 권리 구제 수단

오늘날 권리 구제 수단으로서의 행정소송 절차는 그 대상인 행정작용의 전문성과 기술성 등으로 인해 법원에 의한 해결에 있어 많은 어려움을 나타내고 있으며, 특수한 행정작용에서는 사법심사의 범위가 제한됨으로써 권리 구제의 공백을 낳고 있고, 또한 소송절차의 시간적인 장기화로 인해 권리 보호가 늦어지는 현상을 낳고 있다. 이러한 문제점을 보완하여 행정기관이 갖는 전문지식을 활용하고 신속한 권리 구제를 도모하기 위하여 행정심판은 많은 역할을 수행할 수 있게 된다.

제 4 절 행정심판법상의 행정심판의 종류

행정심판법 제3조 제1항은 "행정청의 처분 또는 부작위에 대하여 다른 법률에 특별한 규정이 있는 경우를 제외하고는 이 법에 의하여 행정심판을 제기할 수 있다"고 규정하여, **모든 처분** 또는 **부작위**에 대해 행정심판을 제기할 수 있는 **개괄주의(槪括主義)**를 채택하고 있다.

행정심판법은 행정심판의 종류로서 취소심판(取消審判)·무효 등 확인심판(無效等確認審判)·의무이행심판(義務履行審判)의 세 가지를 명시하고 있는 바(제5조), 이들은 모두 '항고쟁송(抗告爭訟)'의 성격을 갖는다.[2)]

이 밖에 **특별행정심판(特別行政審判)**으로 개별법에서 대상 사건의 전문성·기술성을 고려하여 특별한 행정심판을 규정하고 있는 경우가 있는데, **특허심판(特許審判)·조세심판(租稅審判)·해양안전심판(海洋安全審判)** 등이 그 예이다. 이러한 행정심판에 대해서는 행정심판법의 적용이 배제된다.

개별법에 의해 **당사자 쟁송적 성격을 갖는 행정심판**이 인정되는 경우가 있는데, **토지수용위원회에 대한 재결 신청(裁決申請)**이 그것이다.[3)] 이는 이미 존재하는 처분의 효력을 다투는 것이 아니라, 행정기관의 제1차적인 작용을 구하는 것인 점에서 시심적 쟁송(始審的爭訟)의 성격을 갖는다. 이러한 재결 신청의 경우 재결의 신중성·공정성을 확보하기 위하여 행정위원회적 기관(예: 토지수용위원회)을 재결기관으로 하는 것이 일반적이다.

Ⅰ. 취소심판

취소심판(取消審判)은 행정청의 위법 또는 부당한 처분의 취소나 변경을 신청하는 심판을 말하며, 행정심판의 가장 중심적인 유형을 이루고 있다. 예를 들면, A구청장이 갑이 운영하는 단란주점 영업에 대해 사전 의견제출 절차를 거치지 아니하고 영업허가를 취소한 경우, 의견제출 절차를 거치지 아니한 것은 위법이지만 그렇다고 그것이 중대하고 명백한 위법이 아니어서 무효에 해당하지는 않는다. 따라서 이 경우에는 의견제출 절차를 결한 영업허가의 취소가 위법한 처분이므로 이를 취소해 줄 것을 요구하는 취소심판을 행정심판위원회에 제기할

2) 항고쟁송이란 이미 행정 주체에 의하여 행하여진 처분의 위법이나 부당을 다투어서 그 취소나 변경을 구하는 쟁송을 말한다. 행정쟁송은 보통 자기의 권리·이익을 침해한 행정작용의 취소 또는 변경을 구하는 것이어서, 항고쟁송의 성질을 띠는 것이 대부분이다.

3) 당사자쟁송은 서로 대립하는 **대등한** 당사자 간에 법률관계의 형성이나 존부(存否)를 둘러싼 다툼이 있는 경우에, 일방 당사자가 타방 당사자를 상대로 하여, 제3자인 심판기관에 대해 그 다툼에 관한 심판을 구하는 쟁송을 말한다. 예를 들면, 당사자 간에 협의가 이루어지지 않는 경우에 제3자인 토지수용위원회에 심판을 구하는 쟁송이 이에 속한다.

수 있다.

취소심판의 성질에 관해서는 이를 **형성적 쟁송**(形成的爭訟)으로 보는 견해와, **확인적 쟁송**(確認的爭訟)으로 보는 견해가 대립하고 있다.

취소심판을 형성적 쟁송으로 보는 견해에 의하며, 취소심판이란 일정한 법률관계를 성립시킨 행정처분을 취소 · 변경함으로써, 그 법률관계를 변경시키거나 소멸시킨다는 점에서 형성적 성질을 갖는다고 한다.

한편, 취소심판을 확인적 쟁송으로 보는 견해어 의하면, 취소심판은 그 행정처분 당시에 있어서의 처분의 위법 · 부당성을 확인하는 것이라고 한다.

취소심판에 대한 재결의 내용으로는 재결청이 스스로 청구의 대상이 된 처분을 취소 · 변경할 수 있을 뿐 아니라(**형성적 재결**), 처분청에 대하여 취소나 변경을 명할 수도 있게 된다는 점에서 이행적 재결(**이행적 재결**)로서의 성질을 가지고 있으며, 사정재결(事情裁決)도 인정되고 있다. 따라서 취소심판은 이를 **형성적 재결**로 보아야 하며, 이것이 우리나라의 **통설**과 **판례**의 입장이다.

취소심판에 대한 재결에 불복(不服)하는 경우에는 취소소송을 제기하게 된다.

Ⅱ. 무효 등 확인심판

무효 등 확인심판(無效等確認審判)은 행정청이 처분의 효력 유무 등 또는 존재 여부에 대한 확인을 구하는 심판을 말한다. 예를 들면, 부동산을 양도하여 차익을 얻은 자는 갑인데도 불구하고 A세무서장이 갑의 자녀인 을에게 양도소득세를 부과하였다면, 이는 그 하자가 중대하고 명백하므로 무효에 해당하는 조세부과처분이 된다. 따라서 을은 양도소득세를 납부할 의무가 없다. 그럼에도 불구하고 A세무서장이 을에 대한 세금 부과가 하자 없다고 주장하면서 을에 대해 강제징수에 나설 경우 을로서는 여러 가지로 불편함이 따르게 된다. 이러한 경우에 을은 무효 등 확인심판을 통해 A세무서장의 세금부과 처분이 무효라는 것을 확인받을 필요가 있는 것이다.

무효 등 확인심판은 실제로 처분이 무효인지 취소할 수 있는 것인지를 식별한다는 것이 어렵고, 처분으로서의 외형이 존재하거나 존재하는 것처럼 오인됨으로써 행정청에 의해 집행될 우려도 있으며, 또한 반대로 유효하게 존재하는 처분을 무효 또는 부존재라 하여 그것을 부인함으로써 상대방의 법률상의 이익을 침해할 수도 있기 때문에 이를 방지하기 위해 인정되는 심판이다.

무효 등 확인심판은 취소심판과는 달리 심판청구기간의 제한을 받지 않으며, 또한 사정재결이 인정되지 않는다.

재결의 내용으로는 심판청구가 이유 있다고 인정되는 때에는 처분의 유효(有效)·무효(無效) 또는 존재(存在)·부존재(不存在)를 확인하는 재결을 하게 된다. 이때의 확인재결은 그 대상인 처분의 성질상 사인 간의 법률관계를 확인의 대상으로 하는 것과는 달리, 당해 행정심판의 당사자는 물론 제3자에게도 그 효력이 미친다고 할 것이다. 판례도 같은 입장이다.

이 재결에 불복하는 경우에는 무효 등 확인소송(無效等確認訴訟)을 제기하게 된다.

Ⅲ. 의무이행심판

의무이행심판(義務履行審判)은 행정청의 위법 또는 부당한 **거부처분(拒否處分)**이나 **부작위(不作爲)**에 대하여 일정한 처분의 이행을 구하는 심판을 말한다. 예를 들면, 갑이 A구청장에게 건축허가를 신청하였는데도 불구하고 A구청장이 이에 대해 아무런 조치를 취하지 않고 있거나(부작위), 건축허가 거부처분을 내린 경우, 행정청이 갑의 건축허가 신청에 대해 이를 거부하거나 부작위 상태로 두지 말고 건축허가를 내어줄 것을 요구할 수 있는 심판이 의무이행심판이다.

거부처분에 대한 의무이행심판은 심판청구기간의 제한을 받으나, 부작위에 대한 의무이행심판은 그 제한을 받지 않는다(행정심판법 제27조 제7항). 또한 의무이행심판에 대해서는 취소심판과 마찬가지로 **사정재결**이 인정된다(제44조 제3항). 예를 들면, 건축허가 신청에 대한 거부처분이나 부작위가 위법하더라도 행정심판위원회가 해당 구청장에게 건축허가를 하도록 하거나 행정심판위원회가 직접 건축허가를 하는 것이 공공복리에 적합하지 아니한 경우에는 의무이행심판 청구를 기각할 수도 있다.

위원회는 심판청구가 이유 있다고 인정되는 경우에는 지체 없이 행정심판위원회 스스로가 신청에 따른 처분을 하거나, 처분을 할 것을 피청구인에게 명한다(제43조 제5항).

당사자의 신청을 거부하거나 부작위로 방치한 처분의 이행을 명하는 재결이 있으면 행정청은 지체 없이 이전의 신청에 대하여 재결의 취지에 따라 처분을 하여야 한다(제49조 제2항).

예를 들면, 갑의 건축허가 청구가 이유 있다면 행정심판위원회는 스스로 건축허가 처분을 하든지 아니면 해당 구청장에게 갑에 대한 건축허가를 할 것을 명하여야 하고, 이 경우 명을 받은 해당 구청장은 지체 없이 갑의 신청에 따른 처분을 하여야 한다.

재결에 불복하는 경우에는 현행법상 의무이행소송이 인정되고 있지 않으므로, 부작위에 대해서는 **부작위위법확인소송(不作爲違法確認訴訟)**을, 거부처분에 대해서는 **거부처분 취소소송(拒否處分取消訴訟)**을 제기해야 한다.

제 5 절 행정심판의 당사자

행정심판 역시 쟁송이므로, 청구인(請求人)과 피청구인(被請求人)인 행정청은 서로 대립하여 구체적 사건을 다룬다.

행정심판법은 심리절차와 관련하여 당사자주의적 구조(當事者主義的構造)인 **대심구조(對審構造)**를 취함으로써, 행정심판 절차의 사법화(司法化)를 요구하는 헌법 제107조 제3항의 취지(행정심판의 절차에서의 사법절차 준용)를 구체화했다. 그리하여 청구인과 피청구인인 행정청을 당사자로 하여, 이들이 어느 정도 **대등한 지위**에서 **공격 · 방어**의 방법으로 제출한 의견 진술과 증거를 바탕으로 심리절차가 진행되게 된다.

Ⅰ. 행정심판의 청구인과 청구인 적격

1. 행정심판의 유형에 따른 청구인 적격

행정심판의 청구인이란 행정심판의 대상인 처분(處分)이나 부작위(不作爲)에 불복하여 그의 취소나 변경 등을 위해 심판청구를 제기하는 자를 말한다. 청구인은 자연인뿐 아니라 법인도 가능하며, 제3자도 심판청구인이 될 수 있다.

행정심판의 청구인이 되기 위한 자격을 **'청구인 적격(請求人適格)'**이라 한다. 청구인 적격은 모든 사람에 의한 행정심판 제기를 제한함으로써, 행정심판의 남용(濫用)을 방지하고, 권리 보호가 필요로 되는 당사자를 한정하여, 권리 구제의 실효성을 기하기 위해 인정되는 것이다.

청구인 적격은 행정심판의 유형에 따라 다르게 나타난다.

취소심판 청구는 **'처분의 취소나 변경을 구할 법률상 이익이 있는 자'**가 청구인 적격을 갖는다. 처분의 효과가 기간의 경과, 처분의 집행, 그 밖의 사유로 인하여 소멸된 뒤에도 그 처분의 취소로 인하여 회복되는 법률상 이익이 있는 자의 경우에는 또한 같다(행정심판법 제13조 제1항).

무효 등 확인심판 청구는 **'처분의 효력 유무 또는 존재 여부에 대한 확인을 구할 법률상 이익이 있는 자'**가 제기할 수 있다(제13조 제2항).

의무이행심판 청구는 행정청의 **'거부처분(拒否處分) 또는 부작위(不作爲)에 대하여 일정한 처분을 구할 법률상 이익이 있는 자'**가 제기할 수 있다(제13조 제3항).

2. 선정대표자의 선정

다수의 청구인들이 공동으로 심판청구를 하는 때에는, 청구인 중 3인 이하의 대표자를 선정할 수 있고, 위원회도 그 선정을 권고할 수 있다(제15조 제1항, 제2항).

선정대표자는 각기 다른 청구인들을 위하여 청구의 취하(取下)를 제외하고는 그 사건에 관한 모든 행위를 할 수 있으며, 청구인들은 그 선정대표자를 통하여서만 그 사건에 관한 행위를 할 수 있다(제15조 제3항, 제4항).

3. 청구인의 지위 승계

심판청구를 제기한 후 청구인이 사망한 때에는 상속인이나 그 밖에 법령에 의하여 심판청구의 대상인 처분에 관계되는 권리 또는 이익을 승계한 자가 당연히 그 청구인의 지위를 승계한다(제16조 제1항). 이 경우, 청구인의 지위를 승계한 자는 행정심판위원회에 그 사유를 서면으로 신고하여야 한다.

행정심판이 제기된 뒤에 심판청구의 대상인 처분에 관계되는 권리 또는 이익을 양수한 자는 관계 행정심판위원회의 허가를 받아 청구인의 지위를 승계할 수 있다(제16조 제5항).

Ⅱ. 피청구인

피청구인은 심판청구를 제기받은 당사자를 말한다.

1. 피청구인 적격

행정심판은 심판청구의 대상인 **처분 또는 부작위를 한 행정청(行政廳)**을 피청구인(被請求人)으로 하여 제기하여야 한다. 다만, 그 처분이나 부작위와 관계되는 권한이 다른 행정청에 승계(承繼)된 때에는 이를 승계한 행정청을 피청구인으로 하여야 한다.

강학상 행정청이란 국가, 지방자치단체 등 행정 주체의 의사를 결정하여 외부에 표시할 수 있는 권한을 가진 행정기관을 말한다. 이러한 행정청에는 단독기관(대통령·국무총리·각부 장관 등)뿐만 아니라 합의제기관(토지수용위원회·공정거래위원회)도 있다. 그러나 행정심판법상의 행정청의 개념은 이보다 더 넓은 기능적 의미의 개념으로 사용되고 있다. 이에 따라 행정부에 속하지 않은 **국회사무총장·법원행정처장** 및 **헌법재판소사무처장** 역시 행정청에 해당되며 또한 **법령에 의하여 행정권한을 위임받은 행정기관, 공공단체 및 그 기관 또는 사**

인도 행정청에 포함되고 있다(제2조 제4호).

행정청은 국가나 지방자치단체 등의 기관에 불과하고 권리 주체는 아니므로, 원래는 권리 주체인 국가나 지방자치단체 등이 피청구인이 되어야 할 것이다. 그러나 행정소송의 경우와 마찬가지로 공격·방어의 용이성(容易性), 기타 절차 진행상의 기술적인 편의를 위하여, 처분청이나 부작위청을 직접 피청구인으로 한 것이다.

2. 피청구인의 경정

청구인이 심판청구를 제기함에 있어 피청구인을 잘못 지정한 때에는, 행정심판위원회는 당사자의 신청 또는 직권에 의한 결정으로 피청구인을 경정(更正)할 수 있으며(제17조 제2항), 행정심판이 제기된 후 당해 처분이나 부작위에 관한 권한이 다른 행정청에 승계된 경우에는 행정심판위원회는 당사자의 신청 또는 직권에 의하여 결정으로서 피청구인을 경정할 수 있다(제17조 제5항).

제2항에 따른 피청구인 경정 결정이 있은 때에는 종전의 피청구인에 대한 심판청구는 취하(取下)되고, **종전의 피청구인에 대한 행정심판이 청구된 때**에 새로운 피청구인에 대한 행정심판이 청구된 것으로 본다(제17조 제4항). 이는 피청구인의 경정 시(更正時)에 새로운 심판청구가 제기된 것으로 보면, 심판청구의 도과(徒過)로 심판청구가 각하(却下)될 수 있는 바, 위의 규정은 이러한 사태를 방지하기 위한 것이다.

제6절 행정심판의 관계인

Ⅰ. 참가인

참가인(參加人)이란 행정심판 절차에 당사자 이외의 제3로서 자기의 이익을 보호하기 위하여 참가하는 자를 말한다. 이때 참가인으로 참가할 수 있는 자는 심판 결과에 대해 이해관계가 있는 제3자 또는 행정청이다.

행정심판법은 심판 결과에 대해 **이해관계가 있는 제3자 또는 행정청**은 해당 행정심판에 대한 위원회나 소위원회의 의결이 있기 전까지 그 사건에 대하여 심판참가를 할 수 있다고 규정하고 있다(제20조 제1항).

여기서 **이해관계가 있는 제3자**란 예를 들면, 공해공장에 대한 규제권의 발동을 구하는 의무이행심판에 있어서 관계 공장주, 복효적 행정행위를 제3자가 다투는 경우에 있어서의 처분의 상대방, 공매처분의 취소심판에 있어서의 매수자와 같이 재결의 내용 여하에 따라 불이익을 받게 될 자도 포함된다 할 것이다.

예를 들면, A에 대한 주유소 설치 허가에 대하여 인접 주민 B가 그 취소심판을 제기한 경우에 심판청구인은 B이고 피청구인은 처분 행정청이 된다. 그런데 A는 비록 이 행정심판의 당사자는 아니지만, 재결의 결과에 따라 자신의 권익에 중대한 영향을 받기 때문에 심판절차에 참가하여 자신의 권익 보호를 위한 행위를 하도록 기회를 주어야 할 필요가 있는 바, 이를 위한 것이 참가 제도이다.

이해관계가 있는 행정청이라 함은 법령상 당해 처분에 대한 협의권(協議權) 또는 동의권(同意權)이 부여되어 있는 행정청 등을 말한다.

참가 제도는 이와 같이 계쟁처분(係爭處分)에 이해관계를 가지는 제3자와 행정청을 심판절차에 참가시킴으로써 행정심판의 **신중성(愼重性)·공정성(公正性)**을 보장하고, 또한 **이해관계인의 권익**을 보호하기 위한 것이다.

Ⅱ. 대리인

심판청구의 당사자, 즉 청구인과 피청구인은 대리인(代理人)을 선임하여 당해 심판청구에 관한 행위를 하게 할 수 있다(제18조 제1항).

여기서 대리인이란 청구인 또는 피청구인을 위해 대리권의 범위 안에서 자기의 의사결정과 명의(名義)로 심판청구에 관한 행위를 하는 자를 말하며, 이때 그 행위의 효과는 직접 청구인 또는 피청구인에게 귀속되게 된다.

청구인은 법정대리인 외에, 청구인의 배우자(配偶者), 청구인 또는 배우자의 사촌 이내의 혈족, 청구인이 법인이거나 제14조에 따른 청구인 능력이 있는 법인이 아닌 사단 또는 재단인 경우 그 소속 임직원, 변호사, 다른 법률에 따라 심판청구를 대리할 수 있는 자, 그 밖에 위원회의 허가를 받은 자 등을 대리인으로 선임할 수 있다(제18조 제1항).

대리인은 심판청구의 취하(取下)를 제외하고는 본인을 위하여 당해 사건에 관한 모든 행위를 할 수 있다. 한편, 대리인이 선임된 경우에도 본인은 언제든지 그 사건에 관한 행위를 할 수 있는 점에서 선정대표자의 경우와 차이가 있다.

제 7 절 행정심판의 대상

행정심판의 대상이라 함은 행정심판 사항, 즉 **심판청구의 대상**으로 될 수 있는 사항을 말한다.

일반적으로 법률이 행정심판 사항을 정하는 방법에는 개괄주의(概括主義)와 열기주의(列記主義)가 있다.

개괄주의는 행정심판의 대상을 개별화하여 제한하지 않고, 위법·부당한 처분 또는 부작위를 일반적으로 행정심판 사항으로 하는 제도이다. 이러한 개괄주의는 국민의 권리 구제의 면에서 바람직한 것임은 물론이나, 청구의 남용(濫用)이나 운영상의 혼란을 야기할 우려가 있다. 한편, **열기주의**는 법률이 특정한 사항에 대해서만 행정심판의 제기를 허용하는 제도를 말한다.

현행 행정심판법은 “행정청의 처분 또는 부작위에 대하여 다른 법률에 특별한 규정이 있는 경우를 제외하고는 이 법에 의하여 행정심판을 제기할 수 있다”(제3조 제1항)고 규정함으로써 **개괄주의**를 채택하고 있다. 따라서 현행 행정심판법상 행정심판의 대상이 되는 것은 원칙적으로 **행정청의 처분(處分)과 부작위(不作爲)**이다.

Ⅰ. 행정청의 처분

행정심판법은 "처분(處分)이란 행정청이 행하는 구체적 사실에 관한 법 집행으로서의 공권력의 행사 또는 그 거부, 그 밖에 이에 준하는 행정작용을 말한다"고 규정하고 있다(제2조 제1호). 이의 구체적 의미는 다음과 같다.

1) 구체적 사실에 관한 법 집행으로서의 공권력의 행사의 의미

이는 행정청이 행하는 **권력적 행정작용**을 의미한다. 이러한 의미의 공권력 행사의 중심을 이루는 것은 학문상의 '행정행위'라 하겠다. 그러나 행정청의 권력적 작용은 행정행위에 한정되는 것은 아니므로, 권력적 사실행위(예: 전염병 환자의 격리 조치, 물건의 압류 등)도 행정심판법상의 '처분'에 해당한다고 보아야 한다.

2) 거부처분

거부처분(拒否處分)은 현재의 법률상태를 변동시키지 않으려는 의사의 표현으로서, 말하자면 '소극적 공권력 행사'라고 할 수 있다. 예를 들면, 인·허가(認·許可) 또는 행정규제권 발동의 신청에 대하여 그를 거부하는 경우가 이에 해당한다.

거부처분은 신청에 대한 명시적 기각결정(棄却決定)은 물론이고, 신청에 대하여 일정기간 내에 처분을 하지 않으면 이를 거브처분으로 본다고 규정하고 있는 경우, 즉 **간주거부(看做拒否)**도 이에 포함된다.

3) 그 밖에 이에 준하는 행정작용의 내용

이의 내용은 공권력의 행사나 거부에 해당하는 것은 아니지만, 당사자의 권리 구제의 필요성이 인정되는 행위를 말한다. 그 구체적인 내용에 대해서는 견해가 대립되어 있다. 그러나 이 관념이 행정심판의 대상을 확대하기 위한 포괄적 개념이라는 점에는 의문이 없다.

Ⅱ. 부작위

행정심판법 제2조는 부작위를 "행정청이 당사자의 신청에 대하여 상당한 기간 내에 일정한 처분을 하여야 함에도 불구하고 이를 하지 아니하는 것"이라고 정의하고 있다. 따라서 동법상(同法上)의 부작위에 해당하기 위해서는 다음과 같은 요건이 충족되어야 한다.

1) 당사자의 신청 행위

부작위가 성립되기 위해서는 당사자의 신청 행위가 있어야 한다. 이때의 신청은 법령에서 명시적으로 인정되고 있는 경우뿐 아니라, 헌법의 기본권과 관련하여 또는 당해 법령의 해석상 특정인의 신청을 전제로 하고 있음이 인정되는 경우를 포함한다고 본다.

2) 상당한 기간의 경과

부작위가 성립하기 위해서는 당사자의 신청이 있은 후 '상당(相當)한 기간'이 지나도 행정청이 어떤 처분(인용 혹은 거부)도 하지 않은 상태가 존재하여야 하는 바, 여기에서 상당한 기간이라 함은 합리적으로 볼 때, 사회 통념상 당해 신청을 처리하는 데 소요될 것으로 인정되는 경우를 말한다.

3) 처분을 해야 할 법률상의 의무

처분을 할 법률상의 의무가 존재하여야 한다. 그런데 처분을 할 법률상의 의무는 기속행위(羈束行爲)와 재량행위(裁量行爲)에 따라 그 내용을 달리한다.

기속행위에 있어서는 처분 요건이 충족되는 경우에는 행정청은 당해 법령이 규정하고 있는 특정 처분을 할 의무가 있다. 재량행위에 있어서는, 상대방의 신청권에 대응하여 처분을 할 의무는 있으나, 종국처분(終局處分)에 대하여는 행정청에 재량권(裁量權), 즉 독자적 판단권이 부여되어 있으므로, 행정청으로서는 상대방의 신청대로의 특정 처분을 할 의무는 없는 것이다. 따라서 재량행위인 때에는 예외적으로 **재량권이 영(零)으로 수축되는 경우**와 **하자(瑕疵) 없는 재량행사청구권(裁量行使請求權)**이 인정되는 경우에만 법률상 의무가 존재한다고 볼 수 있다.

4) 처분의 부존재

다음으로, '처분을 하지 아니하였을 것', 즉 처분의 부존재(不存在)를 요건으로 한다. 이는 처분으로 볼 수 있는 행정작용이 없는 경우를 의미하며, 행정청에 의한 인용처분(認容處分)도 거부처분(拒否處分)도 존재하지 아니하는 경우를 말한다. 따라서 처분으로서의 외관(外觀)을 갖는 무효(無效)인 처분의 경우와, 법령이 일정한 부작위를 거부처분으로 의제(擬制)하는 경우(공공기관의 정보공개에 관한 법률 제9조 제1항 제4호)는 처분이 외형상 존재하는 것으로 인정되므로 이에 해당하지 않는다.

공공기관의 정보공개에 관한 법률 제9조(비공개 대상 정보) ① 공공기관이 보유·관리하는 정보는 공개 대상이 된다. 다만, 다음 각 호의 1에 해당하는 정보는 이를 공개하지 아니할 수 있다.
4. 진행 중인 재판에 관련된 정보와 범죄의 예방, 수사, 공소의 제기 및 유지, 형의 집행, 교정(矯正), 보안처분에 관한 사항으로서 공개될 경우 그 직무수행을 현저히 곤란하게 하거나 형사피고인의 공정한 재판을 받을 권리를 침해한다고 인정할 만한 상당한 이유가 있는 정보

Ⅲ. 예외적 사항

행정심판법은 예외적으로 행정심판의 대상이 되지 않는 사항을 규정하고 있는 바, 그 내용은 다음과 같다.

대통령의 처분 또는 부작위(제3조 제2항), 행정심판청구에 대한 재결이 있으면 그 재결 및 같은 처분 또는 부작위에 대하여 다시 행정심판을 청구할 수 없다(제51조). 그리고 행정심판법 자체에서 행정심판의 대상에서 제외되는 것으로 규정하지 않은 사항이라고 하더라도 다른 법률에서 별도의 구제절차를 마련하고 있는 경우에는 행정심판의 대상에서 제외되는 것으로 보아야 한다.

제 8 절 행정심판기관

행정심판기관(行政審判機關)이란 청구인이 제기한 행정심판을 **수리(受理)**하여 이를 **심리(審理)·재결(裁決)**할 수 있는 권한을 가진 행정기관을 말한다.

종래의 행정심판법은 **심리·의결 기능**과 **재결 기능**을 구분하여 각각 별도의 기관에 이를 분배하고 있다. 즉, 행정심판을 심리·의결하는 권한은 행정심판위원회에 부여하고, 처분청의 직근 상급 행정기관인 재결청은 그 의결에 따르는 형식적인 재결 기능만 갖도록 하였다.

그러나 현행 행정심판법은 창구의 일원화 및 절차의 신속화를 위하여 **행정심판위원회**가 행정심판청구사건의 **심리·의결**뿐만 아니라 **재결**까지 하도록 규정하고 있다(제6조).

> **행정심판법 제6조(행정심판위원회의 설치)** ① 다음 각 호의 행정청 또는 그 소속 행정청(행정기관의 계층구조와 관계없이 그 감독을 받거나 위탁을 받은 모든 행정청을 말하되, 위탁을 받은 행정청은 그 위탁받은 사무에 관하여는 위탁한 행정청의 소속 행정청으로 본다. 이하 같다)의 처분 또는 부작위에 대한 행정심판의 청구(이하 "심판청구"라 한다)에 대하여는 다음 각 호의 행정청에 두는 행정심판위원회에서 **심리·재결**한다.

Ⅰ. 행정심판위원회의 법적 지위와 유형

행정심판위원회는 행정상의 처분 또는 부작위에 대한 행정심판의 청구를 **심리·의결**하고 그 판단에 따라 **재결**하는 **비상설 합의제 의결기관**이다.

행정심판위원회는 일정한 행정기관 소속 하에 설치되어 그의 지휘·감독을 받지 않고 독자적으로 행정심판사건에 대하여 심리하고 재결할 수 있는 권한을 갖는다(제6조). 현행법상 행정심판위원회의 종류는 다음과 같다.

1. 처분 행정청 소속의 행정심판위원회

감사원, 국가정보원장, 그 밖에 대통령령으로 정하는 대통령 소속기관의 장, 국회사무총장 · 법원행정처장 · 헌법재판소사무처장 및 중앙선거관리위원회사무총장, 국가인권위원회, 진실 · 화해를 위한 과거사정리위원회, 그 밖에 지위 · 성격의 독립성과 특수성 등이 인정되어 대통령령으로 정하는 행정청의 경우에는 그 행정청 또는 그 소속 행정청의 처분 또는 부작위에 대한 행정심판의 청구에 대하여는 그 행정청에 두는 행정심판위원회에서 심리 · 재결한다(제6조 제1항).

여기서 **소속 행정청**이라 함은 행정기관의 계층구조와 관계없이 그 감독을 받거나 위탁을 받은 모든 행정청을 말하되, **위탁받은 사무에 관하여는 위탁한 행정청의 소속 행정청으로 본다.**

예를 들면, 감사원이 A지방공사에 행정권한을 위탁한 경우에 A지방공사는 감사원장 소속으로 본다는 것이다. 따라서 감사원으로부터 위탁받은 권한의 행사로서 이루어진 A지방공사의 처분에 대한 행정심판은 감사원에 두는 행정심판위원회가 행정심판기관이 된다.

2. 중앙행정심판위원회(행정심판법 제6조 제2항)

행정심판법 제6조

② 다음 각 호의 행정청의 처분 또는 부작위에 대한 심판청구에 대하여는 '부패방지 및 국민권익위원회의 설치와 운영에 관한 법률'에 따른 **국민권익위원회(이하 "국민권익위원회"라 한다)에 두는 중앙행정심판위원회**에서 심리 · 재결한다.

1. 제1항에 따른 행정청 외의 국가행정기관의 장 또는 그 소속 행정청
2. 특별시장 · 광역시장 · 특별자치시장 · 도지사 · 특별자치도지사(특별시 · 광역시 · 특별자치시 · 도 또는 특별자치도의 교육감을 포함한다. 이하 "시 · 도지사"라 한다) 또는 특별시 · 광역시 · 특별자치시 · 도 · 특별자치도(이하 "시 · 도"라 한다)의 의회(의장, 위원회의 위원장, 사무처장 등 의회 소속 모든 행정청을 포함한다)
3. '지방자치법'에 따른 지방자치단체조합 등 관계 법률에 따라 국가 · 지방자치단체 · 공공법인 등이 공동으로 설립한 행정청. 다만, 제3항 제3호에 해당하는 행정청은 제외한다.

3. 시 · 도지사 소속의 행정심판위원회(행정심판법 제6조 제3항)

행정심판법 제6조 ③ 다음 각 호의 행정청의 처분 또는 부작위에 대한 심판청구에 대하여는 **시 · 도지사 소속으로 두는 행정심판위원회**에서 심리 · 재결한다.
1. 시 · 도 소속 행정청
2. 시 · 도의 관할 구역에 있는 시 · 군 · 자치구의 장, 소속 행정청 또는 시 · 군 · 자치구의 의회(의장, 위원회의 위원장, 사무국장, 사무과장 등 의회 소속 모든 행정청을 포함한다)
3. 시 · 도의 관할 구역에 있는 둘 이상의 지방자치단체(시 · 군 · 자치구를 말한다) · 공공법인 등이 공동으로 설립한 행정청

4. 직근 상급 행정기관 소속 행정심판위원회(행정심판법 제6조 제4항)

행정심판법 제6조 ④ 제2항 제1호에도 불구하고 대통령령으로 정하는 국가행정기관 소속 특별지방행정기관의 장의 처분 또는 부작위에 대한 심판청구에 대하여는 해당 행정청의 직근 상급 행정기관에 두는 행정심판위원회에서 심리 · 재결한다.

5. 제3기관

행정심판에서 심리 · 재결의 공정성을 특별히 보장하기 위하여 개별법에서 특별한 제3자적 기관을 설치하여 심리 · 재결하게 하는 경우가 있다. **소청심사위원회**(국가공무원법 제9조, 지방공무원법 제13조), **조세심판원**(국세기본법 제67조) 등이 그 예이다.

국가공무원법 제9조(소청심사위원회의 설치) ① 행정기관 소속 공무원의 징계처분, 그 밖에 그 의사에 반하는 불리한 처분이나 부작위에 대한 소청을 심사 · 결정하게 하기 위하여 인사혁신처에 소청심사위원회를 둔다.
② 국회, 법원, 헌법재판소 및 선거관리위원회 소속 공무원의 소청에 관한 사항을 심사 · 결정하게 하기 위하여 국회사무처, 법원행정처, 헌법재판소사무처 및 중앙선거관리위원회사무처에 각각 해당 소청심사위원회를 둔다.
③ 국회사무처, 법원행정처, 헌법재판소사무처 및 중앙선거관리위원회사무처에 설치된 소청심사위원회는 위원장 1명을 포함한 위원 5명 이상 7명 이내의 비상임위원으

로 구성하고, 인사혁신처에 설치된 소청심사위원회는 위원장 1명을 포함한 5명 이상 7명 이하의 비상임위원으로 구성하고, 인사혁신처에 설치된 소청심사위원회는 위원장 1명을 포함한 5명 이상 7명 이하의 상임위원과 상임위원 수의 2분의 1 이상인 비상임위원으로 구성하되 위원장은 정무직으로 보한다.

④ 제1항에 따라 설치된 소청심사위원회는 다른 법률로 정하는 바에 따라 특정직공무원의 소청을 심사·결정할 수 있다.

⑤ 소청심사위원회의 조직에 관하여 필요한 사항은 대통령령 등으로 정한다.

국세기본법 제67조(조세심판원) ① 심판청구에 대한 결정을 하기 위하여 국무총리 소속으로 조세심판원을 둔다.

Ⅱ. 구 성

1. 중앙행정심판위원회의 구성(제8조 제1항, 제2항)

중앙행정심판위원회는 위원장 1명을 포함한 70명 이내의 위원으로 구성하되, 위원 중 상임위원은 4명 이내로 한다.

중앙행정심판위원회의 위원장은 국민권익위원회의 부위원장 중 1명이 되며, 위원장이 없거나 부득이한 사유로 직무를 수행할 수 없거나 위원장이 필요하다고 인정하는 경우에는 상임위원(상임으로 재직한 기간이 긴 위원 순서로, 재직기간이 같은 경우에는 연장자 순서로 한다)이 위원장의 직무를 대행한다.

2. 기타 행정심판위원회의 구성(제7조 제1항~제3항)

행정심판위원회(중앙행정심판위원회는 제외한다. 이하 이 조에서 같다)는 위원장 1명을 포함한 50명 이내의 위원으로 구성한다.

행정심판위원회의 위원장은 그 행정심판위원회가 소속된 행정청이 되며, 위원장이 없거나 부득이한 사유로 직무를 수행할 수 없거나 위원장이 필요하다고 인정하는 경우에는 다음 각 호의 순서에 따라 위원이 위원장의 직무를 대행한다.

1. 위원장이 사전에 지명한 위원

2. 제4항에 따라 지명된 공무원인 위원(2명 이상인 경우에는 직급 또는 고위공무원단에 속하는 공무원의 직무등급이 높은 위원 순서로, 직급 또는 직무등급도 같은 경우에는 위원 재직기간이 긴 위원 순서로, 재직기간도 같은 경우에는 연장자 순서로 한다).

제2항에도 불구하고 제6조 제3항에 따라 시·도지사 소속으로 두는 행정심판위원회의 경우에는 해당 지방자치단체의 조례로 정하는 바에 따라 공무원이 아닌 위원을 위원장으로 정할 수 있다. 이 경우, 위원장은 비상임으로 한다.

Ⅲ. 회의 및 운영

중앙행정심판위원회의 회의(제6항에 따른 소위원회 회의는 제외한다)는 위원장, 상임위원 및 위원장이 회의마다 지정하는 비상임위원을 포함하여 총 9명으로 구성한다(제8조 제5항).

중앙행정심판위원회는 심판청구사건(이하 "사건"이라 한다) 중 '도로교통법'에 따른 자동차운전면허 행정처분에 관한 사건(소위원회가 중앙행정심판위원회에서 심리·의결하도록 결정한 사건은 제외한다)을 심리·의결하게 하기 위하여 4명의 위원으로 구성하는 소위원회를 둘 수 있다(제8조 제6항).

중앙행정심판위원회 및 소위원회는 각각 제5항 및 제6항에 따른 구성원 과반수의 출석과 출석위원 과반수의 찬성으로 의결한다(제8조 제7항).

행정심판위원회의 회의는 위원장과 위원장이 회의마다 지정하는 8명의 위원(그 중 제4항에 따른 위촉위원은 6명 이상으로 하되, 제3항에 따라 위원장이 공무원이 아닌 경우에는 5명 이상으로 한다)으로 구성한다. 다만, 국회규칙, 대법원규칙, 헌법재판소규칙, 중앙선거관리위원회규칙 또는 대통령령(제6조 제3항에 따라 시·도지사 소속으로 두는 행정심판위원회의 경우에는 해당 지방자치단체의 조례)으로 정하는 바에 따라 위원장과 위원장이 회의마다 지정하는 6명의 위원(그 중 제4항에 따른 위촉위원은 5명 이상으로 하되, 제3항에 따라 공무원이 아닌 위원이 위원장인 경우에는 4명 이상으로 한다)으로 구성할 수 있다(제7조 제5항).

행정심판위원회는 제5항에 따른 구성원 과반수의 출석과 출석위원 과반수의 찬성으로 의결한다(제7조 제6항).

Ⅳ. 제척 · 기피 · 회피

공정한 심판을 위하여 일정한 사유가 있는 경우에 위원회의 위원이 심리 · 의결에서 배제되는 제척(除斥)(제10조 제1항), 위원에게 공정한 심리 · 의결을 기대하기 어려운 사정이 있는 경우에 당사자의 신청에 의해 위원장의 결정으로 심리 · 의결에서 물러나는 기피(忌避)(제10조 제2항), 위원회의 회의에 참석하는 위원이 제척사유 또는 기피사유에 해당되는 것을 알게 되었을 때 스스로 그 사건의 심리 · 의결에서 물러나는 회피(回避)(제10조 제6항 제1문)가 있다.

사건의 심리 · 의결에 관한 사무에 관여하는 위원 아닌 직원에게도 제척 · 기피 · 회피가 준용된다.

Ⅴ. 권 한

1) 선정대표자 산정권고권(제15조 제2항)

여러 명의 청구인이 공동으로 심판청구를 할 때에는 청구인들 중에서 3명 이하의 선정대표자를 선정할 수 있다(제15조 제1항). 그런데 청구인들이 제1항에 따라 선정대표자를 선정하지 아니한 경우에 위원회는 필요하다고 인정하면 청구인들에게 선정대표자를 선정할 것을 권고할 수 있다.

2) 행정심판 참가요구권(제21조 제1항)

위원회는 필요하다고 인정하면 그 행정심판 결과에 이해관계가 있는 제3자나 행정청에 그 사건 심판에 참가할 것을 요구할 수 있다.

3) 청구의 변경에 대한 불허권(제29조 제6항)

청구인은 청구의 기초에 변경이 없는 범위에서 청구의 취지나 이유를 변경할 수 있다(제29조 제1항).

행정심판이 청구된 후에 피청구인이 새로운 처분을 하거나 심판청구의 대상인 처분을 변경한 경우에는 청구인은 새로운 처분이나 변경된 처분에 맞추어 청구의 취지나 이유를 변경할 수 있다(제29조 제2항).

위원회는 제1항 또는 제2항의 청구변경 신청에 대하여 허가할 것인지 여부를 결정하고, 지체 없이 신청인에게는 결정서 정본을, 당사자 및 참가인에게는 결정서 등본을 송달하여야 한다(제29조 제6항).

4) 집행정지의 결정권과 취소권(제30조 제2항, 제4항)

위원회는 처분, 처분의 집행 또는 절차의 속행 때문에 중대한 손해가 생기는 것을 예방할 필요성이 긴급하다고 인정할 때에는 **직권**으로 또는 **당사자의 신청**에 의하여 처분의 효력, 처분의 집행 또는 절차의 속행의 전부 또는 일부의 정지(이하 "집행정지"라 한다)를 결정할 수 있다. 다만, 처분의 효력정지는 처분의 집행 또는 절차의 속행을 정지함으로써 그 목적을 달성할 수 있을 때에는 허용되지 아니한다(제30조 제2항).

위원회는 집행정지를 결정한 후에 집행정지가 공공복리에 중대한 영향을 미치거나 그 정지사유가 없어진 경우에는 직권으로 또는 당사자의 신청에 의하여 집행정지 결정을 취소할 수 있다(제30조 제4항).

5) 심판청구보정요구권(제32조 제1항)

위원회는 심판청구가 적법하지 아니하나 보정(補正)할 수 있다고 인정하면 기간을 정하여 청구인에게 보정할 것을 요구할 수 있다. 다만, 경미한 사항은 직권으로 보정할 수 있다.

6) 심리권(제39조, 제40조)

심리권이라 함은, 재결의 기초가 되는 사실 관계 및 법률관계를 명백히 하기 위하여 당사자 및 관계인의 주장과 반박을 듣고, 그것을 뒷받침하는 증거 기타 자료를 수집·조사하는 권한을 말한다.

위원회는 필요하면 당사자가 주장하지 아니한 사실에 대하여도 심리할 수 있다(제39조).

행정심판의 심리는 구술심리나 서면심리로 한다. 다만, 당사자가 구술심리를 신청한 경우에는 서면심리만으로 결정할 수 있다고 인정되는 경우 외에는 구술심리를 하여야 한다(제40조).

7) 증거조사권(제35조, 제36조)

위원회는 사건 심리에 필요하면 관계 행정기관이 보관 중인 관련 문서, 장부, 그 밖에 필요한 자료를 제출할 것을 요구할 수 있다(제35조 제1항).

위원회는 필요하다고 인정하면 사건과 관련된 법령을 주관하는 행정기관이나 그 밖의 관계 행정기관의 장 또는 그 소속 공무원에게 위원회 회의에 참석하여 의견을 진술할 것을 요구하거나 의견서를 제출할 것을 요구할 수 있다(제35조 제2항).

위원회는 사건을 심리하기 위하여 필요하면 직권으로 또는 당사자의 신청에 의하여 다음 각 호의 방법에 따라 증거조사를 할 수 있다(제36조 제1항).

1. 당사자나 관계인(관계 행정기관 소속 공무원을 포함한다. 이하 같다)을 위원회의 회의에 출석하게 하여 신문(訊問)하는 방법
2. 당사자나 관계인이 가지고 있는 문서·장부·물건 또는 그 밖의 증거자료의 제출을 요구하고 영치(領置)하는 방법
3. 특별한 학식과 경험을 가진 제3자에게 감정을 요구하는 방법
4. 당사자 또는 관계인의 주소·거소·사업장이나 그 밖의 필요한 장소에 출입하여 당사자 또는 관계인에게 질문하거나 서류·물건 등을 조사·검증하는 방법

위원회는 필요하면 위원회가 소속된 행정청의 직원이나 다른 행정기관에 촉탁하여 제1항의 증거조사를 하게 할 수 있다(제36조 제2항).

8) 관련 청구의 병합 심리권과 병합된 관련 청구의 분리 심리권(제37조)

위원회는 필요하면 관련되는 심판청구를 병합하여 심리하거나 병합된 관련 청구를 분리하여 심리할 수 있다.

9) 재결권(제43조)

위원회는 심판청구를 각하하거나 기각하거나 인용하는 등의 재결권을 가지고 있다. 즉,

위원회는 심판청구가 적법하지 아니하면 그 심판청구를 **각하(却下)**한다.

위원회는 심판청구가 이유가 없다고 인정하면 그 심판청구를 **기각(棄却)**한다.

위원회는 취소심판의 청구가 이유가 있다고 인정하면 처분을 취소 또는 다른 처분으로 변경하거나 처분을 다른 처분으로 변경할 것을 피청구인에게 명한다.

위원회는 무효 등 확인심판의 청구가 이유가 있다고 인정하면 처분의 효력 유무 또는 처분의 존재 여부를 확인한다.

위원회는 의무이행심판의 청구가 이유가 있다고 인정하면 지체 없이 신청에 따른 처분을 하거나 처분을 할 것을 피청구인에게 명한다.

제 9 절 행정심판의 청구

행정심판 절차로는 행정심판을 청구하고, 이를 심리하며, 재결하는 일련의 과정을 말한다. 이 절에서는 행정심판의 청구와 관련된 사항을 중심으로 논의한다.

Ⅰ. 행정심판의 청구

행정심판은 청구인 자격이 있는 자가, 심판청구 사항인 처분(處分) 또는 부작위(不作爲)를 대상으로 하여, 심판청구기간(審判請求期間) 내에, 피청구인인 처분청이나 재결청에 심판청구서를 제출함으로써 제기하여야 한다.

1. 행정심판 청구의 방식

심판청구는 일정한 사항을 기재한 서면으로 하여야 한다(제28조 제1항).

처분에 대한 심판청구의 경우에는 심판청구서이 다음 각 호의 사항이 포함되어야 한다(제28조 제2항).

1. 청구인의 이름과 주소 또는 사무소(주소 또는 사무소 외의 장소에서 송달받기를 원하면 송달장소를 추가로 적어야 한다)
2. 피청구인과 위원회
3. 심판청구의 대상이 되는 처분의 내용
4. 처분이 있음을 알게 된 날
5. 심판청구의 취지와 이유
6. 피청구인의 행정심판 고지 유무와 그 내용

부작위에 대한 심판청구의 경우에는 제2항 제1호·제2호·제5호의 사항과 그 부작위의 전제가 되는 신청의 내용과 날짜를 적어야 한다(제28조 제3항).

2. 심판청구의 기간

1) 원칙적인 심판청구기간(제27조)

다른 개별법에도 그러하듯이 행정심판법은 심관청구기간에 제한을 두고 있는 바, 그것은 행정법 관계의 조속한 안정을 기하려는 데 그 취지가 있다. 그러나 심판청구기간은 취소심판청구와 거부 처분에 대한 의무이행심판에만 적용되고, 그 성질상 무효 등 확인심판과 부작위에 대한 의무이행심판 청구에는 적용되지 아니한다.

심판청구는 원칙적으로 처분이 있음을 안 날로부터 **90일** 이내, 처분이 있은 날로부터 **180일** 이내에 제기하여야 한다. 이들은 불변기간(不變期間)으로서 두 기간 중 어느 기간이 먼저 도래하면 행정심판을 제기할 수 없게 된다.

처분이 있음을 안 날이란 당사자가 통지·공고 기타의 방법에 의하여 당해 처분이 있었다는 사실을 현실적으로 안 날을 의미하는데, 격지자(隔地者)에게 서면으로 통지하는 경우에는 그 서면이 상대방에게 도달한 날, 공시 송달(公示送達)의 경우에는 서면이 상대방에게 도달한 것으로 간주되는 날을 의미한다.

처분이 있은 날이라 함은 처분이 고지(告知)에 의하여 외부에 표시되고, 그 효력이 발생한 날을 말한다. 처분은 보통 상대방에게 도달되어야 효력이 발생한다. 그러나 행정심판법이 처분의 존재에 대한 상대방의 인식 여부에 관계없이 180일이 경과하면 심판청구를 할 수 없게 한 것은 행정법관계의 조속한 안정성을 확보하기 위한 것이다.

행정심판청구기간이 경과하였는지 여부는 행정심판위원회의 직권조사사항이다.

2) 예외적인 심판청구기간

행정심판법은 원칙적인 행정심판제기 기간인 90일에 대한 예외와 180일에 대한 예외를 규정하고 있다.

90일에 대한 예외로서 청구인이 천재지변·전쟁·사변(事變), 그 밖에 **불가항력**(**不可抗力**)으로 인하여 처분이 있음을 안 날로부터 90일 이내에 심판청구를 할 수 없었을 때에는 그 사유가 소멸한 날로부터 14일(외국의 경우 30일) 이내에 심판청구를 제기할 수 있다(제27조 제2항).

처분이 있은 날로부터 180일이 경과하더라도 그 기간 내에 심판청구를 제기하지 못할 **'정당한 사유'**가 있는 경우에는 심판청구를 할 수 있다(제27조 제3항 단서). 무엇이 정당한 사유에 해당하는가는 위원회에서 합리적으로 판단할 문제이나, 위의 불가항력보다는 넓은 개념이라 할 것이다.

Ⅱ. 행정심판청구의 제출 절차

1. 제출기관 선택주의

과거에는 심판청구는 반드시 피청구인인 행정청(처분청 혹은 부작위청)을 거쳐 제기하도록 하였으나(**처분청 경유주의**), 이에 대해서는 행정편의주의(行政便宜主義)라는 비판이 가해졌다. 따라서 개정법에서는 이러한 처분청 경유주의(處分廳經由主義)를 폐지하고, 행정심판의 청구인은 행정심판 청구서를 피청구인인 행정청에 제출하든 행정심판위원회에 직접 제출하든 청구인의 선택에 맡기고 있다(제23조 제1항).

행정심판법 제23조(심판청구서의 제출)

① 행정심판을 청구하려는 자는 제28조에 따라 심판청구서를 작성하여 피청구인이나 위원회에 제출하여야 한다. 이 경우, 피청구인의 수만큼 심판청구서 부본을 함께 제출하여야 한다.

행정청이 제58조에 따른 고지(행정심판의 고지)를 하지 아니하거나 잘못 고지하여 청구인이 심판청구서를 다른 행정기관에 제출한 경우에는 그 행정기관은 그 심판청구서를 지체 없이 정당한 권한이 있는 피청구인에게 보내야 한다(제23조 제2항).

제2항에 따라 심판청구서를 보낸 행정기관은 지체 없이 그 사실을 청구인에게 알려야 한다.

2. 피청구인인 처분청에 심판청구서가 제출된 경우(제24조)

피청구인이 심판청구서를 접수하거나 송부받으면 청구인이 심판청구를 취하한 경우를 제외하고는 10일 이내에 심판청구서와 답변서를 첨부하여 위원회에 보내야 한다(제24조 제1항).

피청구인은 처분의 상대방이 아닌 제3자가 심판청구를 한 경우에는 지체 없이 처분의 상대방에게 그 사실을 알려야 한다. 이 경우, 심판청구서 사본을 함께 송달하여야 한다(제24조 제2항).

피청구인이 제1항 본문에 따라 심판청구서를 보낼 때에는 심판청구서에 위원회가 표시되지 아니하였거나 잘못 표시된 경우에도 정당한 권한이 있는 위원회에 보내야 한다(제24조 제3항).

피청구인은 제1항 본문에 따라 답변서를 보낼 때에는 청구인의 수만큼 답변서 부본을 함께 보내되, 답변서에는 다음 각 호의 사항을 명확하게 적어야 한다.

1. 처분이나 부작위의 근거와 이유
2. 심판청구의 취지와 이유에 대응하는 답변
3. 제2항에 해당하는 경우에는 처분의 상대방의 이름·주소·연락처와 제2항의 의무 이행 여부

제2항과 제3항의 경우에 피청구인은 송부 사실을 지체 없이 청구인에게 알려야 한다(제24조 제5항). 이는 청구인으로 하여금 자기가 제출한 심판청구서의 처리 상황을 알 수 있도록 하여 주장의 보충 및 증거서류의 제출을 용이하게 하기 위한 것이다.

중앙행정심판위원회에서 심리·재결하는 사건인 경우 피청구인은 제1항에 따라 위원회에 심판청구서 또는 답변서를 보낼 때에는 소관 중앙행정기관의 장에게도 그 심판청구·답변의 내용을 알려야 한다.

심판청구서를 받은 피청구인은 그 심판청구가 이유 있다고 인정하면 심판청구의 취지에 따라 직권으로 처분을 취소·변경하거나 확인을 하거나 신청에 따른 처분을 할 수 있다. 이 경우, 서면으로 청구인에게 알려야 한다(제25조 제1항).

피청구인은 제25조 제1항에 따라 직권취소 등을 하였을 때에는 청구인이 심판청구를 취하한 경우가 아니면 제24조 제1항 본문에 따라 심판청구서·답변서를 보낼 때 직권취소 등의 사실을 증명하는 서류를 위원회에 함께 제출하여야 한다.

3. 행정심판위원회에 제출된 경우의 처리(제26조)

행정심판위원회가 피청구인을 거치지 않고 청구인으로부터 심판청구서를 직접 받은 때에는 위원회는 지체 없이 그 부본을 피청구인에게 송부하고(제26조 제1항), 피청구인은 그 부본을 받은 날로부터 10일 이내에 행정심판위원회에 심판청구서와 답변서를 보내야 한다(제24조 제1항).

피청구인으로부터 답변서가 제출되면 위원회는 답변서 부본을 청구인에게 송달하여야 한다(제26조 제2항).

Ⅲ. 행정심판청구의 변경·취하

청구인은 **'청구의 기초에 변경이 없는 범위'** 안에서 청구의 취지(예를 들면, 취소심판의 무효 등 확인심판에로의 변경) 또는 청구의 이유(예를 들면, 처분의 위법을 부당으로 변경)를 변경할 수 있다(제29조 제1항).

행정심판이 청구된 후에 피청구인이 새로운 처분을 하거나 심판청구의 대상인 처분을 변경한 경우(예를 들면, 본래 영업허가를 취소했던 처분 행정청이 행정심판이 청구된 후 영업허가 취소 대신 영업정지 6개월로 처분을 변경한 경우), 청구인은 새로운 처분이나 변경된 처분에 맞추어 청구의 취지나 이유를 변경할 수 있다(제29조 제2항). 이러한 심판청구의 변경 제도가 있기 대문에 심판청구인은 종전의 심판을 취하하고 새로운 심판을 청구해야 하는 번거로움을 피할 수 있다.

제1항 또는 제2항에 따른 청구의 변경은 서면으로 신청하여야 한다. 이 경우, 피청구인과 참가인의 수만큼 청구변경신청서 부븐을 함께 제출하여야 한다.

Ⅳ. 행정심판청구의 효과

행정심판청구의 제기에 따르는 효과는 행정심판위원회에 대한 것과, 당해 심판청구의 대상인 처분에 대한 것으로 나뉜다.

1. 행정심판위원회에 대한 효과

행정심판위원회는 심판청구인으로부터 직접 심판청구서를 받거나 피청구인인 행정청으로부터 심판청구서를 송부받으면 지체 없이 심리·재결할 의무를 진다(제6조, 제24조 이하). 또한 행정심판위원회는 제3자가 심판청구를 한 때에는 지체 없이 처분의 상대방에게 이를 알려야 한다(제24조 제2항). 한편, 심판청구인은 심판을 받을 권리, 그 밖에 행정심판상 인정되는 절차상의 권리를 가진다.

2. 처분에 대한 효과

1) 집행부정지의 원칙

행정심판이 제기되어도 그것은 원칙적으로 처분의 효력이나 집행 또는 절차의 속행을 정지시키지 않는 바(제30조 제1항), 이를 '집행부정지(執行不停止)의 원칙'이라 한다.

2) 집행정지

행정심판위원회는 예외적으로 처분이나 그 집행 또는 절차의 속행(續行)으로 인하여 중대한 손해가 생기는 것을 예방할 필요가 있다고 인정할 때에는 당사자의 신청 또는 직권에 의해 처분의 효력이나 그 집행 또는 절차의 속행의 전부 또는 일부의 정지를 결정할 수 있다(제30조 제2항). 따라서 집행정지의 대상은 **처분의 효력, 처분의 집행 또는 절차의 속행**이고, 정지 범위는 그 전부 또는 일부이다.

처분의 효력정지는 처분의 내용에 따르는 구속력(拘束力)・공정력(公定力)・집행력(執行力) 등을 잠정적으로 정지시킴으로써, 이후 처분 자체가 존재하지 않는 상태로 두는 것이다. 예를 들면, 영업허가 취소 또는 사업정지 처분의 효력의 정지 결정이 있으면, 잠정적으로 그 취소 또는 정지 처분이 없었던 상태로 되어, 당사자는 적법하게 영업 또는 사업을 할 수 있게 된다.

3) 집행정지 결정의 취소

위원회는 집행정지를 결정한 후에 집행정지가 공공복리에 중대한 영향을 미치거나 그 정지사유가 없어진 경우에는 직권으로 또는 당사자의 신청에 의하여 집행정지 결정을 취소할 수 있다(제30조 제4항).

집행정지 결정의 취소신청은 심판청구에 대한 위원회나 소위원회의 의결이 있기 전까지 신청의 취지와 원인을 적은 서면을 위원회에 제출하여야 한다(제30조 제5항).

집행정지 결정의 취소에도 제30조 제6항과 제30조의 제7항의 규정이 적용된다.

제 10 절 행정심판의 심리

행정심판의 심리(審理)란 분쟁의 대상이 되고 있는 사실관계와 그에 관한 법률관계를 명백히 하기 위하여 행정심판위원회가 당사자 및 관계인의 주장과 그에 대한 반대 주장을 듣고 아울러 그러한 주장을 정당화시켜 주는 각종의 증거, 기타의 자료를 수집 · 조사하는 일련의 절차를 말한다.

행정심판의 심리는 심리절차의 객관적 공정성을 보장하기 위하여 심리절차의 사법절차화가 요구되는 바, 행정심판법은 심리절차와 관련하여 **대심주의(對審主義)**를 취하고 있다. 대심주의란 행정심판 청구인과 피청구인이 서로 대등한 입장에서 공격 · 방어를 하고, 이를 바탕으로 심리를 진행하는 원칙을 말한다.

Ⅰ. 심리의 내용

1. 요건심리

행정심판의 심리는 요건심리(要件審理)부터 시작한다. 요건심리라 함은 청구인 적격을 가진 자가 행정심판을 제기한 것인지, 행정심판의 제기기간 내에 제기된 것인지 등 행정심판을 청구하는 데 필요한 **형식적 요건**을 구비하고 있는지의 여부에 대하여 심리하는 것을 말한다.

요건에 미비가 있어서 부적법한 경우, 보정(補正)이 가능한 것이면 보정을 명하거나 직권으로 보정하고, 그렇지 않으면 각하심판(却下審判)을 행한다.

요건심리의 결과 심판청구가 부적법하며 보정할 수 없다고 인정될 때에는 '각하(却下)'하는 내용의 의결을 한다.

행정심판의 청구 요건으로는 행정심판의 대상(처분 또는 부작위)의 존재 여부, 권한 있는 행정심판위원회에의 제기 여부, 청구인 적격의 유무, 필요한 절차의 경유 여부, 행정심판의 청구 기간의 준수 여부, 심판청구서의 기재사항의 구비 등이다.

2. 본안심리

행정심판의 요건심리를 통해 요건이 구비되었으면 본안심리(本案審理)에 들어간다. 본안심리라 함은 청구인의 심판청구가 이유 있는지의 여부에 대하여 심리하는 것을 말한다. 즉, 행정처분의 적법성 여부를 심리하는 것을 말한다.

본안심리의 결과 심판청구가 이유 있다고 인정될 때에는 **'인용(認容)'**을, 이유 없다고 인정될 때에는 **'기각(棄却)'**하는 내용의 의결을 한다.

다만, 심판청구가 이유 있다고 인정되는 경우에도 이를 인용하는 것이 현저히 공공복리에 적합하지 아니하다고 인정할 때에는, 심판청구를 기각하는 내용의 의결을 할 수 있다(이를 **'사정재결'**이라 한다).

본안심리는 본래 요건심리의 결과 심판청구가 형식적 요건을 충족하고 있음을 전제로 하는 것이지만, 요건심리가 언제나 본안심리에 시간적으로 선행하는 것은 아니며, 따라서 본안심리의 도중에 형식적 요건을 갖추지 못한 것이 판명될 때에는 언제든지 각하할 수 있다.

Ⅱ. 심리의 범위

1. 불고불리 및 불이익 변경 금지의 원칙

행정심판법은 심리의 범위와 관련하여 다음과 같이 규정하고 있다(제47조).

행정심판법 제47조(재결의 범위)

① 위원회는 심판청구의 대상이 되는 처분 또는 부작위 외의 사항에 대하여는 재결하지 못한다.

② 위원회는 심판청구의 대상이 되는 처분보다 청구인에게 불리한 재결을 하지 못한다.

따라서 행정심판법은 재결의 범위에 관하여 **'불고불리(不告不理)의 원칙'** 및 **'불이익 변경 금지(不利益變更禁止)의 원칙'**을 명문화하고 있다. 그 결과 심리에 있어서도 이러한 원칙에 의하여 제약을 받는다 할 것이다.

2. 법률문제와 사실문제

행정심판의 심리에 있어서는 심판청구의 대상인 처분이나 부작위에 관해 법률문제로서의 적법(適法)·위법(違法)의 문제뿐만 아니라, 재량행위(裁量行爲)에 있어서의 당(當)·부당(不當)의 문제, 그리고 사실문제까지도 심리할 수 있다.

3. 당사자가 주장하지 아니한 사실

행정심판위원회는 필요하다고 인정할 때에는 당사자가 주장하지 아니한 사실에 대해서도 심리할 수 있다(제39조).

Ⅲ. 심리의 절차

1. 심리절차의 기본 원칙

1) 대심주의

행정심판은 심판청구의 당사자인 청구인과 피청구인 쌍방에게 공격·방어 방법을 제출할 수 있는 대등한 기회를 보장하고, 행정심판위원회가 제3자적 입장에서 심리를 진행하도록 함으로써 대심주의(對審主義)를 채택하고 있다.

2) 구술심리와 서면심리

행정심판법은 구술심리주의(口述審理主義)와 서면심리주의(書面審理主義)를 함께 채택하여 어느 방식을 취할 것인지는 행정심판위원회에 맡기고 있다. 그러나 "당사자가 구술심리를 신청한 때에는 서면심리만으로 결정할 수 있다고 인정되는 경우 외에는 구술심리를 하여야 한다"고 함으로써, 오히려 구술심리를 우선하고 있다.

행정심판법 제40조(심리의 방식)
① 행정심판의 심리는 구술심리나 서면심리로 한다. 다만, 당사자가 구술심리를 신청한 경우에는 서면심리만으로 결정할 수 있다고 인정되는 경우 외에는 구술심리를 하여야 한다.

3) 공개주의

공개주의(公開主義)란 행정심판의 심리와 재결과정을 일반인이 방청할 수 있는 상태에서 행하는 것을 말하며, 비공개주의에 대한 반대 개념이다. 현행법은 이에 관한 명문의 규정을 두고 있지 않아 학설상 견해가 대립하고 있다.

4) 직권심리주의

직권심리주의(職權審理主義)는 당사자주의에 대비되는 개념으로 심리의 진행을 심판위원회의 직권으로 함과 동시에, 심리에 필요한 자료를 당사자가 제출한 것만에 의존하지 않고, 직권으로 수집·조사하는 제도를 말한다.

행정심판법은 위원회가 필요하다고 인정할 때에는 당사자가 주장하지 아니한 사실에 대하여도 심리할 수 있고(제39조 제1항), 사건의 심리를 위하여는 직권으로 증거조사를 할 수 있다고 규정함으로써(제36조 제1항), 직권심리주의를 취하고 있다.

5) 처분권주의

처분권주의(處分權主義)란 절차의 개시, 심판의 대상 및 절차의 종결을 당사자의 의사에 일임하는 것을 말한다. 행정심판법은 행정심판이 청구인의 심판청구에 의해 개시되고, 청구인이 심판의 대상과 범위를 결정하며(청구취지의 특정, 불고불리의 원칙), 청구인이 심판청구를 취하함으로써 심판절차를 종료시킬 수가 있도록 하고 있어 처분권주의에 입각하고 있음을 알 수 있다.

2. 당사자의 절차적 권리

행정심판 청구의 당사자는 행정심판의 심리 과정에서 다음과 같은 절차적 권리를 행사할 수 있다.

1) 위원·직원에 대한 기피신청권

당사자는 행정심판위원회의 위원에 심리·의결의 공정을 기대하기 어려운 사정이 있는 경우에는 위원회에 대하여 기피신청(忌避申請)을 할 수 있다. 이 경우,

위원장은 심판위원회의 의결을 거치지 아니하고 스스로 기피 여부를 결정한다(제10조 제5항).

2) 구술심리신청권

심판청구의 심리방식은 구술심리 혹은 서면심리로 할 수 있다. 즉, 심리방식은 원칙적으로 행정심판위원회가 판단할 것이나, 당사자는 위원회에 구술심리를 신청할 권리를 갖는다(제40조 제1항).

3) 보충서면제출권

당사자는 심판청구서 · 보정서 · 답변서 또는 참가신청서에서 주장한 사실을 보충하고, 다른 당사자의 주장을 다시 반박하기 위하여 필요하다고 인정할 때에는 보충서면을 제출할 수 있다(제33조).

4) 증거제출권

당사자는 심판청구서 · 보정서 · 답변서 또는 참가신청서에 덧붙여 그 주장을 뒷받침하는 증거서류 또는 증거물을 제출할 수 있다(제34조 제1항).

5) 증거조사신청권

당사자는 그의 주장을 뒷받침하기 위해 필요하다고 인정할 때에는 행정심판위원회에 당사자 또는 관계인이 소지하는 문서 등의 위원회의 제출 요구, 감정 · 검증의 요구 등 증거조사를 할 것을 신청할 수 있는 권리를 가진다(제36조 제1항).

행정심판법은 심판청구에 있어서는 직권에 의한 증거조사, 즉 직권탐지주의를 기조로 하면서 당사자의 증거제출권을 인정하고 있으며, 동시에 행정심판 절차에 사법 절차를 준용하도록 한 헌법 제107조 제3항의 취지를 감안하여 당사자의 증거조사신청권을 인정함으로써 직권탐지주의의 자의성을 억제함과 동시에 심리의 적정성을 도모한 것이라고 할 수 있다.

Ⅳ. 심리의 병합과 분리

수개(數個)의 청구사건이 같은 또는 서로 관련되는 사안에 관하여 제기된 것이거나, 또는 동일한 행정청이 행한 유사한 내용의 처분에 관한 것인 때에는, 심리의 신속성 · 경제성의 관점에서 이들 사건을 병합(倂合)하여 심리할 필요가 있다.

이에 행정심판법은 위원회가 필요하다고 인정할 때에는 관련되는 청구사건을 병합하여 심리할 수 있다고 규정하고 있다(제37조). 이 경우, 관련 청구의 병합은 심리 절차의 병합에 그치는 것이므로, 재결은 병합된 심판청구별로 각각 행하여야 한다.

위원회는 또한 이미 병합된 심판청구사건을 필요에 따라 직권으로 분리(分離)하여 심리할 수도 있다(제37조). 병합된 관련 청구사건에는 위원회가 직권으로 병합하여 심리하기로 결정한 관련 청구사건 및 당사자에 의하여 병합 제기된 심판청구사건이 모두 포함된다. 심리의 병합이나 분리는 심리의 신속성과 능률성을 위하여 인정된 것이다.

제 11 절 행정심판의 재결

재결(裁決)은 심판청구사건에 대하여 행정심판위원회가 법적 판단을 하는 행위를 말한다. 즉, 행정심판의 청구에 대하여 심리한 후 그 청구에 대하여 각하 · 기각 · 인용 여부 등을 결정하는 것을 말한다.

재결은 행정법상 법률관계에 관한 분쟁에 대하여 일정한 절차를 거쳐서 판단 · 확정하는 행위이므로 준법률행위적 행정행위의 일종인 **확인행위(確認行爲)**로서의 성질을 가지며, 또한 재결청에 재량이 인정되지 않는 **기속행위(羈束行爲)**이다. 그리고 재결은 소송에 있어서의 판결과 성질이 유사한 점에서 **준사법행위(準司法行爲)**라고 할 수 있다.

Ⅰ. 재결의 절차 · 형식

행정심판청구사건에 대해 행정심판위원회에서는 그 심리(審理)를 마치고, 그 심판청구에 대하여 재결을 하여야 한다.

재결은 행정심판위원회 또는 피청구인인 행정청이 심판청구서를 받은 날로부터 **60일** 이내에 하여야 한다. 다만, 부득이한 사정이 있는 때에는 위원장이 직권으로 **30일**을 연장할 수 있다(제45조 제1항).

위의 재결기간에는 심판청구에 흠결이 있어 그 보정을 명한 경우의 그 보정기간은 산입되지 아니한다(제32조 제5항).

재결은 서면에 소정의 사항을 기재하여야 하는 요식행위이다(제46조 제1항). 재결서(裁決書)에는 사건번호와 사건명, 당사자 · 대표자 또는 대리인의 이름과 주소, 주문(主文), 청구의 취지, 이유, 재결 날짜 등을 기재하고, 그 재결이 위원회의 결정에 의한 것임을 명기하고 기명날인을 하여야 한다(제46조 제2항).

Ⅱ. 재결의 종류

1. 각하재결

각하재결(却下裁決)이란 **요건심리**의 결과 예를 들면, 청구인 적격이 결여된 자가 행정심판을 제기하였다거나, 행정심판의 제기기간이 도과된 경우, 혹은 행정심판의 처분성이 결여된 경우 등과 같이 심판청구의 제기 요건을 충족하지 않는 부적법(不適法)한 심판청구에 대하여 본안에 대한 심리를 거부하는 재결을 말한다(제43조 제1항).

다만, 부적법한 심판청구라 해서 바로 각하할 수 있는 것은 아니고, 보정(補正)이 가능한 경우에는 먼저 보정명령(補正命令)을 내려야 한다.

2. 기각재결

기각재결(棄却裁決)이란 **본안심리**의 결과 심판청구가 이유 없다고 하여, 청구를 배척하고 원처분(原處分)을 지지하는 재결을 말한다(제43조 제2항). 이것은 원처분의 적법(適法) · 타당성(妥當性)을 시인하는 데 그치고, 그 효력을 확정하는 것은 아니므로, 기각재결이 있은 후에도 처분청은 당해 처분을 직권으로 취소 · 변경할 수 있다.

3. 인용재결

인용재결(認容裁決)이란 본안심리의 결과 심판청구가 이유 있다고 인정하여, 청구인의 주장을 받아들이는 재결을 말한다. 인용재결에 있어 행정심판위원회는 스스로 청구 취지에 따른 처분을 할 수도 있고, 처분청에 그에 따른 처분을 하도록 명령할 수도 있다.

4. 사정재결

사정재결(事情裁決)이란 심판청구가 이유 있다고 인정되는 경우에도, 이를 인용(認容)하는 것이 공공복리에 크게 위배된다고 인정하면 그 심판청구를 **기각(棄却)**하는 재결을 말한다(제44조 제1항).

행정심판위원회는 사정재결을 함에 있어서 청구인이 입을 손해, 즉 심판청구의 대상인 위법 · 부당한 처분 또는 부작위가 유효하게 존속하게 됨으로써 입게 되는 손해에 대하여 적절한 구제방법이 강구되어야 할 것이다. 이에 행정심판위원회는 사정재결을 함에 있어서 청구인을 위하여 상당한 구제방법(예를 들면, 재해시설의 설치와 같은 위험방지 조치나 손해배상)을 스스로 취하거나 피청구인인 행정청에게 구제방법을 취할 것을 명할 수 있다(제44조 제2항).

사정재결은 '취소심판' 및 '의무이행심판'에만 인정되고, '무효 등 확인심판'에는 적용되지 않는다(제44조 제3항).

Ⅲ. 재결의 효력

행정심판에서의 **재결**도 **행정행위**의 하나이다. 따라서 재결서의 정본이 당사자에게 송달되어 그 효력을 발생하게 되면 **공정력, 구속력, 불가쟁력, 불가변력, 집행력** 등 행정행위가 갖는 효력을 가지게 된다. 재결은 또한 쟁송재단행위(爭訟裁斷行爲)로서 **형성력(形成力)**과 **기속력(羈束力)**을 갖는다.

1. 기속력

1) 의의

행정심판청구를 인용하는 재결이 있으면 피청구인인 처분청과 그 밖의 관계 행정청은 재결의 취지에 따라 행동하여야 할 기속을 받는데(제49조 제1항), 이를 행정심판재결의 기속력이라 한다.

행정심판청구가 인용되었다라도 피청구인인 처분청이나 관계 행정기관이 재결의 취지에 반하는 입장을 취한다면 청구인의 권리 구제를 달성할 수 없다. 따라서 행정심판법 제49조 제1항에서는 재결의 기속력을 규정하고 있다.

재결의 기속력은 **인용재결(認容裁決)**에만 인정되고 각하 · 기각 재결에는 인정되지 않는다. 각하 · 기각재결은 청구인의 심판청구를 배척하는 데 그칠 뿐, 처분청과 그 밖의 관계 행정청에 대하여 원처분을 유지하여야 할 의무를 지우는 것이 아니다. 따라서 각하 또는 기각의 재결이 있은 후에도 처분청은 직권으로 처분을 취소 · 변경 · 철회할 수 있다.

2) 내용

(1) 소극적 의무로서의 반복금지의무

재결에 의해 처분이 취소 또는 무효 확인이 되거나 청구인의 신청에 따른 처분이 행해진 경우에는 행정청은 동일한 사실관계 아래에서는 동일한 내용의 처분을 반복하여서는 안 된다. 이를 **'반복금지효'**라 한다.

(2) 적극적 의무

처분명령재결에 따라야 할 의무가 있다. 따라서 취소심판에 있어서 다른 처분으로 변경을 명하는 재결이 있는 때에는 처분청은 당해 처분을 다른 처분으로 변경하여야 한다.

재처분의 의무가 있다. 이는 당사자의 신청을 **거부**하거나 **부작위**로 방치한 처분의 이행을 명하는 재결이 있는 경우, 행정청이 지체 없이 그 재결의 취지에 따라 이전의 신청에 대한 처분을 하여야 하는 것을 말한다. 예를 들면, 당사자의 신청을 거부하거나 부작위로 방치한 처분에 대해 행정심판을 제기하여, 피청구인인 행정청에 대해 거부처분(拒否處分)을 취소하거나, 부작위에 대해 청구인의 신청에 따른 처분을 할 것을 명하는 재결이 내려진 경우에는, 행정청은 지체 없이 그 재결의 취지에 따라 처분(處分)을 하여야 한다.

거부처분에 대하여는 거부처분취소심판이나 **의무이행심판**을 제기할 수 있는데 의무이행심판을 제기하여 그것이 인용되는 경우에는 처분청의 재처분의무가 생긴다. 그런데 의무이행심판을 제기하지 않고 거부처분취소심판을 제기하여 그것이 인용되어 거부처분취소재결이 행해진 경우에는 처분청이 재처분의무를 지는지에 대해서는 명문의 규정이 없어서 논란이 되고 있다. 거부처분을 취소하는 재결이 있을 경우, 그 재결의 기속력은 처분청의 재처분의무를 포함한다고 보는 것이 타당할 것이다. 즉, 재처분의무는 **의무이행재결의 경우뿐만 아니라 거부처분이 취소된 경우에도 인정**된다고 보아야 한다.

이행재결의 기속력에 따라 행정청의 재처분의무가 있음에도 불구하고 당해 행정청이 처분을 하지 않는 때에는 당사자의 신청에 따라 기간을 정하여 서면으로 시정을 명하고 그 기간 내에 이행하지 않는 경우에는 **위원회가 직접 당해 처분을 할 수 있다**(제50조 제1항).

행정심판법 제50조(위원회의 직접 처분)

① 위원회는 피청구인이 제49조 제3항에도 불구하고 처분을 하지 아니하는 경우에는 당사자가 신청하면 기간을 정하여 서면으로 시정을 명하고 그 기간에 이행하지 아니하면 직접 처분을 할 수 있다. 다만, 그 처분의 성질이나 그 밖의 불가피한 사유로 위원회가 직접 처분을 할 수 없는 경우에는 그러하지 아니하다.

이와 같이 재결청의 직접 처분 규정을 마련한 것은, 처분 행정청이 의무이행재결의 이행을 거부하는 사례가 발생할 경우에 대비하여, 이행재결의 구속력의 실효성을 담보하기 위한 취지에서 마련된 규정이다.

(3) 결과제거의무

처분의 취소재결 또는 무효 확인재결이 있게 되면 행정청은 본래의 처분에 의하여 초래된 상태를 제거할 의무, 즉 결과제거의무를 진다. 예를 들면, 건물의 철거명령이 재결로써 취소되었다면, 그것을 근거로 한 계고처분 역시 취소되어야 한다.

2. 형성력

형성력이란 재결의 내용에 따라 법률관계의 발생·변경·소멸의 효과를 가져오는 등 기존의 법률관계에 변동을 가져오는 효력을 말한다. 예를 들면, 행정심판위원회가 처분을 취소하는 취소재결이 있으면 당해 처분은 행정청이 이를 다시 취소하지 않아도(즉, 처분 행정청의 의사표시를 기다리지 아니하고), 처분 시에 소급하여 효력이 소멸되어 처음부터 존재하지 않은 것으로 되는데, 이것은 취소재결의 형성력의 효과인 것이다.

재결의 형성력은 **행정심판위원회**가 재결로써 직접 **스스로 취소**하는 재결을 하거나 **스스로 변경**하는 재결을 한 경우에 발생한다. 예를 들면, 갑이 제기한 A구청장의 영업허가 취소처분의 취소를 다툰 심판에서 관할 행정심판위원회가 스스로 A구청장이 갑에게 한 영업정지 취소처분을 영업정지 3개월의 처분으로 변경한다는 재결을 했다면, 그것만으로 A구청장이 갑에게 한 영업허가 취소처분은 영업정지 3개월의 처분으로 변경되는 효과를 가져오게 된다.

그러나 앞의 예에서 관할 행정심판위원회가 스스로 처분을 취소하거나 변경하는 재결을 하지 않고, A구청장에게 영업정지 3개월의 처분으로 **변경할 것을 명하는 재결**을 하였다면 거기에는 형성력이 발생하지 않는다. 이러한 경우에는 재결의 형성력이 아닌 **기속력**을 발생시키게 된다.

재결의 형성력은 행정심판의 당사자뿐만 아니라 제3자에게도 미치는 등 누구나 인정하여야 하기 때문에 **대세적(對世的) 효력**이 있다.

3. 불가쟁력과 불가변력

행정심판의 재결에 대해서는 다시 행정심판을 제기하지 못하며(제51조), 재결은 **그 자체에 고유한 위법이 있는 경우**에 그에 대한 행정소송의 제기가 가능하다(행정소송법 제19조 단서). 그러나 이 경우에도 제소기간이 경과하면, 더 이상 그 효력을 다툴 수 없는 불가쟁력(不可爭力)이 발생한다.

재결은 다른 행정행위와는 달리 쟁송절차에 의해 행해진 준사법적 행위이므로, 일단 재결을 한 이상 재결청 스스로도 임의로 이를 취소·변경할 수 없는 바, 이를 재결의 **불가변력(不可變力)**이라 한다.

Ⅳ. 재결에 대한 불복

1. 재심판청구 금지

행정심판의 재결에 대해서는 다시 행정심판을 제기할 수 없다(제51조). 즉, 재심판청구(再審判請求)가 금지되어 있는 것이다. 다만, 다른 법률에 다단계의 행정심판을 인정하는 특별한 규정이 있는 경우(예: 국세기본법상의 심사청구와 심판청구)에는 그에 따라야 한다.

2. 원처분주의

행정심판의 재결에 대해 불복하는 자는 행정소송을 제기할 수 있는 데, 이때에 **행정소송의 대상은 '재결(裁決)'이 아니라 '원처분(原處分)'**을 대상으로 제기하여야 한다는 '원처분주의(原處分主義)'에 입각하고 있다.

3. 재결 자체에 고유한 위법이 있는 때

재결 차체에 고유한 위법이 있는 때에는 **재결의 취소를 구하는 행정소송**의 제기가 허용된다(행정소송법 제19조). 여기에서 재결 자체에 고유한 위법이 있다 함은 재결이 법이 정한 절차·형식 등을 위반하여 행해짐을 의미한다.

행정소송법 제19조(취소소송의 대상)
취소소송은 처분 등을 대상으로 한다. 다만, **재결취소소송**의 경우에는 재결 자체에 고유한 위법이 있음을 이유로 하는 경우에 한한다.

제 4 장

행정소송

제 1 절 행정소송의 의의

Ⅰ. 행정소송의 개념

행정소송(行政訴訟)이란 법원이 행정법상의 법률관계에 관한 분쟁에 대해, 당사자의 소(訴)의 제기에 의해, 이를 심리·판단하는 정식 재판절차를 말한다. 이를 구체적으로 설명하면 다음과 같다.

1. 행정소송은 법원이 사법작용으로 행하는 '재판'이다

행정소송은 법원이 행하는 사법작용(司法作用)이다. 따라서 행정소송은 **사법작용**인 점에서 일반 행정작용과 구별된다. **행정작용**은 법의 적용 그 자체가 목적이 아니라, 법의 규율을 받으면서 전체로서 어떠한 결과의 실현을 목적으로 하고 있는 점에 특징이 있다. 이러한 목적을 달성하기 위해 행정조직은 일체성과 상하

간에 지휘 · 명령하고 감독하는 계층성(階層性)을 특색으로 한다.

이러한 행정의 특색에 비해 사법작용, 즉 재판(裁判)은 당사자 간에 법률상의 분쟁이 있는 것을 전제로 하여 일방 당사자의 **쟁송(爭訟)의 제기**에 의해, 공정 · 중립의 입장에 있는 법원이 일정한 소송절차에 의해, 유권적(有權的)으로 심판함으로써, 분쟁을 해결하는 작용인 점에 특색이 있다. 이러한 목적을 달성하기 위하여 법원의 구조는 **독립성(獨立性)**, **대심구조(對審構造)**로서의 특성을 가지고 있다는 점에서 행정조직 구조와 그 특징을 달리한다.

2. 행정소송은 행정법상의 법률관계에 관한 분쟁, 즉 행정사건에 관한 심판절차이다

1) 민사사건과의 구별

행정사건(行政事件)이란 행정상의 공법 법규(公法法規), 즉 행정법의 적용에 관한 소송사건을 의미한다. 이러한 의미에서 행정에 관한 소송사건일지라도, 사법 법규(私法法規)의 적용에 관한 것은 민사사건(民事事件)이지 행정사건이 아니다.

2) 헌법소송과의 구별

행정소송은 또한 공법으로서의 행정법규의 해석 · 적용에 관한 소송인 점에서, **헌법의 해석 · 적용에 관한 소송인 헌법소송(憲法訴訟)**과도 구별된다. 또한 행정소송은 판정기관이 법원인 점에서 헌법재판소(憲法裁判所)의 관할로 되어 있는 헌법소송과 구별된다.

그러나 행정권의 행사에 관한 사건(예를 들건, 법규 명령에 의한 기본권의 직접적 침해 등)일지라도 일정한 경우 헌법소송의 대상이 되며, 헌법재판소가 행정주체 또는 행정기관 상호 간의 권한 쟁의(權限爭議)에 관해서도 관장하고 있는 점에서(헌법 제111조 제1항 제4호), 행정소송과 헌법소송은 상호 밀접한 관계에 있다고 할 수 있다.

3. 행정소송은 '정식절차'에 의한 쟁송이다

행정소송은 행정부와 독립적 지위에 있는 법원이 대심구조(對審構造), 구술변론(口述辯論)의 권리 보장, 심리절차의 원칙적 공개, 법정절차에 의한 증거조사, 재판행위에 특별한 효력으로서의 실질적 확정력 등이 인정되는 등의 **정식절차**를 거쳐 행해지는 **정식쟁송**에 해당한다. 이 점에서 행정소송은 행정심판 기타의 **약식쟁송**과 구별된다.

Ⅱ. 행정소송의 기능

행정소송법은 행정소송의 목적 또는 기능이 행정소송 절차를 통하여 행정청의 위법한 처분, 그 밖에 공권력의 행사·불행사 등으로 인한 국민의 권리 또는 이익의 침해를 구제하고, 공법상의 권리관계 또는 법적용에 관한 다툼을 적정하게 해결하는 데 있음을 밝히고 있다(제1조).

이와 같은 규정을 통해 볼 때 행정소송의 기능은 **국민의 권리 구제 기능**과 행정의 적법성 보장을 통한 **행정통제 기능**에 두고 있음을 알 수 있다.

1. 국민의 권리 구제 기능

행정소송은 쟁송절차로서 당사자의 권리 구제 신청을 전제로 하여 기능하는 제도이고, 이는 궁극적으로는 헌법상 기본권으로서 보장되고 있는 국민의 재판청구권(헌법 제27조 제1항)을 구체적으로 실현하는 제도로서의 의미를 갖는다. 따라서 행정소송은 기본적으로 행정작용에 의해 위법하게 권익을 침해받은 당사자의 권리 구제 기능을 행한다고 볼 수 있다.

2. 행정통제 기능

행정소송은 권력분립 원칙에 따라 사법부에 의한 행정부의 통제수단으로서의 기능도 수행한다. 즉, 위법한 행정작용에 대해 그 시정을 요구함으로써, 법치행정

원칙에 따른 행정의 적법성 보장 기능을 수행하게 되는 것이다.

일반적으로 행정소송 중에서 **주관소송**(항고소송 · 당사자 소송)은 위법한 행정작용에 의해 침해된 **개인의 권리 구제**를 주된 목적으로 하고, **객관소송**(민중소송 · 기관소송)은 행정법규의 합법성과 타당성의 보장을 위한 위법한 행정작용의 시정이라는 **행정통제**를 주된 목적으로 한다.

Ⅲ. 행정소송 제도의 유형

1. 대륙법계 행정소송 제도

제도적으로 행정소송 제도는 대륙법계(大陸法系)와 영 · 미법계(英美法系)의 경우로 나뉜다. 대륙법계는 프랑스와 독일을 중심으로 발달한 유형으로서 **공 · 사법 이원론**(公 · 私法二元論)에 기초하여, 통상적인 법원과 계통을 달리하는 행정사건만을 전담하는 **행정법원**(行政法院)을 두고 있는 데에 그 특색이 있다.

2. 영 · 미법계 행정소송 제도

영 · 미법계는 공 · 사법을 구별하지 않는 체계 하에서 **통상법원**(通常法院)이 행정사건도 함께 재판하는 체제를 갖추고 있다. 이는 국가의 행정작용에 대해 별도의 법원에 의해 심판하는 행정법원 제도가, 그 연혁에 있어서 국민의 권리 보장보다는 권위주의적으로 행정작용의 특성을 강조하여 만들어진 제도라는 점에 대한 반발이 그 배경이 된다.

3. 우리나라의 행정소송 제도

우리나라의 경우에는 헌법 제107조 제2항에 의해 행정사건의 경우도 다른 사건의 경우와 마찬가지로 **대법원**(大法院)이 최종적인 재판권을 행사하도록 하고 있다.

헌법 제107조

② 명령(命令)·규칙(規則) 또는 처분(處分)이 헌법이나 법률에 위반되는 여부가 재판의 전제(前提)가 된 경우에는 대법원은 이를 최종적으로 심사할 권한을 가진다.

그리고 행정소송의 심급(審級)을 과거 **행정심판－고등법원(高等法院)－대법원(大法院)**의 2심제의 구성에서 1994년의 사법제도 개혁을 통해, 행정소송을 제1심으로 심판하는 **행정법원(行政法院)**을 **지방법원급**으로 새로 설치하여 **행정법원－고등법원－대법원**의 3심제로 운영하게 되었다.

따라서 우리나라는 일반법원과는 다른 별도의 **행정법원**을 두고 있는 점에서는 대륙법계의 제도를 따르고 있지만, 행정사건의 최종심(最終審)을 일반사건의 경우와 마찬가지로 **대법원**에 주고 있다는 점에서는 영·미법계의 그것과 유사하다고 볼 수 있다. 이러한 점에서 우리나라는 양 제도의 **절충형** 내지 **혼합형**이라고 볼 수 있다.

Ⅳ. 행정소송과 민사소송

행정소송도 정식재판 절차에 의한 심리·판단작용이라는 점에서는 민사소송과 다르지 않다. 따라서 행정소송법도 동법에 특별히 규정하고 있는 사항 이외에 대하여는 민사소송법의 규정을 준용하도록 하고 있다(제8조 제2항).

그러나 행정소송은 기본적으로 **공익 실현**을 내용으로 하는 **공권력(公權力)의 행사**를 대상으로 하고 있다는 점에서, 민사소송과는 달리 취급되어야 할 필요성이 있다. 행정소송은 다음과 같은 점에서 민사소송에 비교하여 그 특수성이 인정된다.

1. 행정소송의 특수성

1) 행정심판전치주의

행정소송의 제기와 관련하여 개별 법률에 행정심판을 먼저 거치도록 요구되고 있는 경우에는 행정심판을 거친 후에야 만 비로소 행정소송을 제기할 수 있다. 그러나 이러한 내용의 행정심판전치주의(行政審判前置主義)는 개별 법률이 특히 이를 요구하는 경우에 한하여 인정되는 예외적인 것이며, 원칙적으로는 행정심판을 거치지 아니하고도 바로 행정소송을 제기할 수 있다(제18조).[1]

2) 제소기간의 제한

민사소송이 소멸시효(消滅時效)의 중단 등을 위한 사유로서 소송의 제기기간이 계산되는 경우와 달리, 행정소송에서는 법적 관계의 조속한 안정을 위하여 일정한 제소기간의 제한을 두고 있다. 그 제한 내용은 취소소송에 대해서는 원칙적으로 처분 등이 있음을 안 날로부터 **90일** 이내에 제기하여야 하며(제20조 제1항), 또한 원칙적으로 처분 등이 있은 날로부터 **1년**을 경과하면 소송을 제기하지 못하도록 하고 있다(제20조 제2항). 이러한 기간을 경과하는 경우에는 소송의 형식 요건을 흠결(欠缺)한 것이 되어 당해 소송은 **각하**되며, 대상이 되는 처분은 **불가쟁력(不可爭力)**이 발생하여 그 효과가 확정되게 된다.

> 시효(時效)란 일정한 사실 상태(예를 들면, 어떤 자가 소유자인 것 같은 사실 상태)가 일정기간[이를 '시효기간(時效期間)'이라 한다] 계속됨으로써 법률상의 일정한 효과, 즉 권리의 취득이나 소멸을 일어나게 하는 법률 요건을 말한다.
> 시효에는 **'취득시효(取得時效)'**와 **'소멸시효(消滅時效)'**가 있다. 취득시효는 장기간에 타인의 물건을 점유하는 자에게 권리(所有權)를 부여하는 제도이고, 소멸시효는 일정기간 동안 행사하지 않는 권리(債權)를 소멸시키는 제도이다.
> 민법(民法)이 시효 제도를 둔 이유로는 i) 어떤 사실 상태가 장기간 계속되면, 이를 기초로 하여 여러 가지 법률관계가 발생한다. 만약 진실한 권리자가 오랜 세월이 흐른 뒤에 나타나서 권리를 주장한다면, 오랜 세월 동안 지속된 사실관계를 믿고 법률관계를 맺은 사람들에게 혼란을 준다. ii) 오랜 세월 동안 지속된 사실관계가 과연 정당한 법률관계에 합치하는가 아닌가에 대해 소송이 제기된 경우에, 증거자료(證據資料)를 확보하기가 곤란해진다. iii) 오랜 세월 동안 자기의 권리를 행사하지 않은 자는 이른바 '권리 위에 잠자는 자'에 해당하여 법으로 보호할 가치가 없다는 등의 이유

---

1) 구(舊) 행정소송법은 "취소소송은 법의 규정에 의하여 당해 처분에 대한 행정심판을 제기할 수 있는 경우에는 이에 대한 재결(裁決)을 거치지 아니하면 이를 제기할 수 없다"(제18조 제1항)라고 되어 있었는데 반해, 개정 법률은 "취소소송은 법령의 규정에 의하여 당해 처분에 대한 행정심판을 제기할 수 있는 경우에도 이를 거치지 아니하고 제기할 수 있다"라고 규정하고 있는 바, 이는 행정심판전치주의가 **임의절차(任意節次)**로 바뀌었음을 의미한다.

를 든다.

3) 직권심리주의

행정소송에서는 직권심리주의를 인정한다. 이에 대해 민사소송은 그 소송구조에 있어서 **변론주의(辯論主義)**가 지배한다. 변론주의는 당사자의 공격과 방어에만 의존하고, 법원은 이들 당사자가 제출한 자료에 의해서만 심리하며, 법원의 직권에 의해 사실관계 등을 조사하는 것은 허용되지 않는 원칙을 말한다. 한편, **직권심리주의(職權審理主義)**는 심리를 위하여 필요한 경우에는 당사자가 주장하지 않은 증거자료를 수집할 수 있고, 이에 기초하여 결정할 수 있는 원칙을 말한다.

행정소송에서는 원칙적으로 변론주의가 지배하면서도, 법률관계의 실체적 진실의 규명을 위하여 필요하다고 인정하는 경우에는 보충적으로 법원의 직권에 의한 심리가 가능하도록 하고 있다(제26조).

4) 집행부정지의 원칙

민사소송에서는 소송의 제기로 인해 청구 대상물에 대한 시효진행이 중단되는 등의 효과가 인정되나, 행정소송에서는 소송의 제기가 그 대상이 되는 당해 처분의 효력에 아무런 영향을 미치지 않는 것을 원칙(이를 **'집행부정지원칙'**이라 한다)으로 한다.

5) 사정판결

행정소송에서는 당사자의 소송을 통한 주장이 이유가 있는 경우에도, 이를 받아들이는 것이 현저히 공공복리에 적합하지 아니하다고 인정하는 때에는 당사자의 청구를 인용하지 않는 내용의 판결(이를 **'사정판결'**이라 한다)이 허용된다(제28조). 이는 공익을 사익보다 강조하는 것으로 민사소송에서는 인정되지 않는다.

6) 기타의 특수성

이 밖에도 행정소송의 특수성으로는 행정소송(抗告訴訟)의 피고가 국가나 지방자치단체 등 **행정 주체가 아니라, 그 기관에 지나지 않는 처분 행정청**이 된다는 점(제13조), 소송의 청구와 관련된 원상회복·손해배상 등 관련 청구소송의 병합이 가능하다는 점(제10조), 제3자 등의 소송 참가가 비교적 넓게 인정되어 있는 점(제16조, 제17조), 처분 등을 취소하는 판결은 당사자[원고·피고(原告·被告)]만이 아니라, 제3자에 대하여도 효력이 있다는 점(제29조)인 바, 이는 민사소송에 있어, 확정판결(確定判決)이 원칙적으로 당사자[승계인(承繼人) 포함]에 대해서만 효력이 있는 것과 크게 다르다.

행정소송법 제13조(피고 적격)
① 취소소송은 다른 법률에 특별한 규정이 없는 한 그 처분 등을 행한 행정청을 피고로 한다. 다만, 처분 등이 있은 뒤에 그 처분 등에 관계되는 권한이 다른 행정청에 승계된 때에는 이를 승계한 행정청을 피고로 한다.
② 제1항의 규정에 의한 행정청이 없게 된 때에는 그 처분 등에 관한 사무가 귀속되는 국가 또는 공공단체를 피고로 한다.

2. 구별의 곤란성

구체적인 경우 행정소송법을 적용함에 있어서 행정사건과 민사사건을 구분하는 것이 곤란한 경우가 많다. 따라서 행정사건인가 민사사건인가의 구별 문제는 당해 실정법의 취지·목적을 충분히 감안하여 법률관계의 실체에 접근하거나 소송 당사자가 소급하여 청구하고자 하는 것이 무엇인가에 유의하여 사안별로 결정하는 것이 원칙이다.

3. 행정사건인지 민사사건인지 구별을 둘러싼 구체적인 사례

1) 국가배상청구소송

국가배상 책임의 성질에 대해서는 공법상의 배상 책임이라는 견해와 사법상의 배상 책임이라는 견해가 대립된다. **공법상의 배상 책임**이 **다수설**이다.

그러나 **판례**는 국가배상 책임을 **민사상의 배상 책임**으로 보고 국가배상청구소송을 **민사소송**으로 본다.

2) 손실보상청구소송

손실보상청구권의 성질에 대해 종래 공권설과 사권설이 대립되었으나 **공권설**이 **통설**이다. 따라서 손실보상청구에 관한 소송은 행정소송인 **당사자소송**에 의한다.

그러나 **판례**는 손실보상청구권을 사권으로 보고 그에 관한 소송도 **민사소송**으로 다루고 있다. 다만, 구 토지수용법 제75조의2의 보상금증감청구소송을 공법상 당사자소송으로 보았다(대판 1991.11.26, 91누285).

3) 공기업(혹은 영조물)의 이용

공기업(영조물) 이용관계는 공법관계로 볼 특별한 이유가 없는 한 일반적으로 **사법관계**의 성질을 가지는 것으로 보는 것이 **통설**과 **판례**의 경향이다(대판 1982.12.28, 82누441).

다만, 공기업의 이용관계에 있어서 법에 이용 대가의 징수에 대하여 강제집행이나 행정쟁송이 인정되는 경우(수도법 제68조) 또는 법률관계의 공공성이 특별히 강한 경우에는 공법관계로 본다.

수도법 제68조(요금 등의 강제징수)

① 수돗물의 공급을 받은 자가 수돗물의 요금, 급수설비에 관한 공사의 비용 또는 제71조에 따른 원인자부담금을 내지 아니하면 지방자치단체인 수도사업자는 지방세 체납처분의 예에 따라 징수할 수 있다.

4) 공법상 계약

공법상 계약에 관한 소송은 **당사자소송**으로 행정소송법의 적용을 받는다.

5) 공법상의 신분 등의 확인

판례는 공무원연금 수혜 대상자의 확인, 재개발조합을 상대로 조합원 유무에 관한 확인 등 공법상 신분 또는 지위 등의 확인을 구하는 소송을 **당사자소송**으로 본다.

6) 행정사법

행정사법에서 일어난 법적 분쟁은 특별한 규정이 없는 한 민사소송을 통한 구제가 원칙이라는 견해와 행정소송을 통한 구제가 타당하다는 견해로 나뉜다.

행정사법작용이 공법 규정에 의한 기속을 받더라도 성질상 사법작용이므로 **민사소송**을 통한 구제가 타당하다는 것이 **통설**과 **판례**의 입장이다(대판 1982.12. 28, 82누441).

제 2 절 행정소송의 유형

I. 성질에 의한 분류

행정소송을 일반적인 민사소송의 경우와 같이 그 성질에 따라 분류하면 형성의 소, 이행의 소, 확인의 소로 나눌 수 있다.

1. 형성의 소

형성(形成)의 소(訴)는 행정법상의 법률관계를 발생·변경 또는 소멸시키는 판결을 구하는 소송이다.

확인판결(確認判決)은 선언적(宣言的) 효력을 갖는 데 대해, 형성판결(形成判決)은 창설적(創設的) 효력을 갖는다. 따라서 이 소송에서는 피고인 행정청의 별도의 행위를 매개로 하지 않고 직접 판결에 의해 피고인 행정청의 의사에 관계없이 법적 효과가 발생한다.

현행법상 **취소소송(取消訴訟)**은 행정청의 위법한 처분 등의 취소·변경을 구하는 소송이므로 형성의 소의 대표적인 예라 할 수 있다.

2. 확인의 소

확인(確認)의 소(訴)는 특정한 권리나 법률관계의 존재(存在) 또는 부존재(不存在)를 확인하는 내용의 판결을 구하는 소송을 말한다.

확인의 소는 다른 소송 유형에 비하여 가장 소극적인 성질의 소송 형태이며, 실정법상으로는 **무효 등 확인소송**이나 **부작위위법확인소송**이나 공법상의 법률관계의 존부(存否)를 확인받기 위한 **당사자소송**이 이에 해당한다.

3. 이행의 소

이행(履行)의 소(訴)는 피고에 대하여 특정한 작위·부작위·급부 제공·수인의 행위를 요구하는 내용의 판결을 구하는 소송을 말한다.

이는 형성의 소에서와는 달리 집행행위, 즉 피고의 현실적인 일정한 행위가 행해지는 경우에 판결의 내용이 실현되게 된다. 행정청의 부작위에 대한 **의무이행소송**이나 **이행명령을 구하는 당사자소송**이 이행의 소에 해당한다고 볼 수 있다.

Ⅱ. 내용에 의한 분류

현행 행정소송법은 행정소송을 내용에 따라 다음과 같이 구분하고 있다(제3조).

1. 항고소송

항고소송(抗告訴訟)은 행정청의 **처분**이나 **부작위**에 대하여 제기하는 소송으로서, 행정청의 적극적 또는 소극적인 공권력 행사에 의하여 생긴 행정법상의 위법한 법 상태를 제거하여 권리나 이익의 보호를 목적으로 하는 소송을 총칭한다(제3조 제1호).

항고소송을 행정소송법은 취소소송, 무효 등 확인소송, 부작위위법확인소송 등의 세 가지로 나누고 있다.

취소소송(取消訴訟)은 행정청의 위법한 처분 등을 취소 또는 변경하는 소송을 말한다.

무효 등 확인소송(無效等確認訴訟)은 행정청의 처분 등의 효력 유무 또는 존재 여부를 확인하는 소송이다.

부작위위법확인소송(不作爲違法確認訴訟)은 행정청의 부작위가 위법하다는 것을 확인하는 소송이다.

2. 당사자소송

당사자소송이란 "행정청의 처분 등을 원인으로 하는 법률관계에 관한 소송 그 밖에 공법상의 법률관계에 관한 소송으로서 그 법률관계의 한쪽 당사자를 피고(被告)로 하는 소송"을 말한다(제3조 제2호).

3. 민중소송

민중소송이란 "국가 또는 공공단체의 기관이 법률에 위반되는 행위를 한 때에 직접 자기의 법률상 이익과 관계없이 그 시정(是正)을 구하기 위하여 제기하는 소송"을 말한다(제3조 제3호).

4. 기관소송

기관소송이란 "국가 또는 공공단체의 기관 상호 간에 있어서의 권한의 존부(存否) 또는 그 행사에 관한 다툼이 있을 때에 이에 대하여 제기하는 소송"을 말한다. "다만, 헌법재판소법 제2조의 규정에 의하여 헌법재판소의 관장 사항(管掌事項)으로 되는 소송은 제외한다"(제3조 제4호).

제 3 절 취소소송

Ⅰ. 취소소송의 의의

1. 취소소송의 의의

취소소송(取消訴訟)이란 행정청의 위법한 처분 등을 취소 또는 변경하는 소송으로서 항고소송의 중심을 이루고 있다. 재결의 취소·변경은 당해 재결 자체에 고유한 위법이 있음을 이유로 하는 경우에만 인정된다.

취소소송은 보통 취소 원인인 **하자(瑕疵) 있는 처분**이나 **재결**에 대해서 제기하는 소송인데, **'처분의 무효 선언을 구하는 의미에서의 취소소송'**도 판례상 인정하고 있다.

2. 취소소송의 기능

1) 원상회복 기능

취소판결에 의하여 위법한 처분 등이 취소되면 그 효력은 소급하여 소멸하며, 그에 따라 처분이 없었던 상태로 돌아간다.

2) 적법성 유지 기능

취소소송은 원고의 주관적 이익에 봉사하는 동시에 위법 상태를 배제하는 것을 통해 객관적인 법질서의 유지에도 봉사한다.

3) 합일 확정 기능

처분 등을 취소하는 확정판결은 제3자에 대하여도 효력이 있다(제29조 제1항). 이에 의하여 처분 등과 관련된 여러 법률관계가 한꺼번에 합일적(合一的)으로 확정되는 효과를 거둔다.

4) 저지 기능

예를 들면, 건물 철거명령이나 과세처분이 취소되면, 행정청은 더 이상 건물의 철거나 세금의 징수를 할 수 없게 된다.

5) 반복 방지 기능

처분 등을 취소하는 확정판결은 처분청 등을 기속(羈束)한다. 그 결과, 취소소송은 행정기관이 판결의 취지에 반하는 행위를 되풀이하지 못하게 한다.

Ⅱ. 취소소송의 재판관할

1. 심급관할

취소소송의 **제1심 관할 법원**은 지방법원급의 **행정법원**(行政法院)이다(제9조 제1항). 다만, 행정법원이 설치되지 않은 지역에 있어서의 행정법원의 권한에 속하는 사건은 행정법원이 설치될 때까지 해당 **지방법원 본원**(本院)이 관할한다.

행정사건 가운데에는 **제1심**이 개별법에 의하여 **고등법원의 전속관할**(專屬管轄)로 되어 있는 것도 있는데, **특허소송**(特許訴訟)(특허법 제186조 제1항), **공정거래위원회**(公正去來委員會)**의 처분에 대한 불복소송**(독점규제 및 공정거래에 관한 법률 제55조) 같은 것이 그에 해당한다.

독점규제 및 공정거래에 관한 법률 제55조(불복의 소의 전속관할)
제54조(소의 제기)의 규정에 의한 불복의 소는 공정거래위원회의 소재지를 관할하는 서울고등법원을 전속관할로 한다.

2. 토지관할

1) 일반관할

취소소송은 피고의 소재지를 관할하는 행정법원이 그 관할 법원이다. 다만, 중앙행정기관 또는 그 장이 피고인 경우의 관할 법원은 대법원 소재지의 행정법원으로 한다(제9조 제1항). 그러나 행정법원이 설치되지 않은 지역에 있어서 행정법원의 권한에 속하는 사건은 해당 지방법원이 관할하도록 되어 있기 때문에, 현재는 행정법원이 설치되어 있는 서울을 제외하고는 피고의 소재지를 관할하는 지방법원본원이 제1심 관할 법원이 된다.

2) 특별관할

토지의 수용 기타 부동산 또는 특정의 장소에 관계되는 처분 등에 대한 취소소송은 그 부동산 또는 장소의 소재지를 관할하는 행정법원에 이를 제기할 수 있다(제9조 제2항). 2개 이상의 관할 구역에 걸쳐 있는 경우에는 어느 구역을 관할하는 법원도 관할권을 가진다.

3. 관할 법원에의 이송

법원은 행정소송의 전부 또는 일부가 그 관할에 속하지 아니함을 인정할 때에는 결정으로 관할 법원에 이송한다(행정소송법 제8조 제2항, 민사소송법 제34조 제1항). 이에 관한 민사소송법 제34조 제1항의 규정은 원고의 고의 또는 중대한 과실 없이 행정소송이 심급(審級)을 달리하는 법원에 잘못 제기된 경우에도 적용된다(행정소송법 제7조).

Ⅲ. 관련 청구소송의 이송 · 병합

위법한 처분으로 인하여 권익의 침해를 받은 자는 그 처분의 취소를 구하는 취소소송을 제기하거나, 그 취소소송과 관련되는 손해배상 · 부당이득반환 · 원상회복 등을 청구하는 민사소송 또는 당사자소송을 제기할 수 있다. 이 경우, 취소소송은 **처분청**을 피고로 하게 되는 데 반해, 손해배상 · 원상회복청구소송 등은 공법상 당사자소송 또는 민사소송으로서 **국가** 또는 **공공단체**를 피고로 하게 되며, 그 **관할 법원**도 차이가 있다.

이러한 경우, **동일한 처분과 관련하여 발생한 수개의 청구**를 **하나의 소송절**

차에 병합하여 통일적으로 심판하게 되면, 당사자나 법원의 부담을 덜며, 심리(審理)의 중복과 판결의 모순을 회피하고, 신속하게 진행할 수 있는 이점이 있다.

이러한 이유로 행정소송법은 관련 청구소송이 계속(係屬)된 법원이 당사자의 신청 또는 직권에 의하여 이를 **취소소송이 계속(係屬)된 법원**에 이송(移送)할 수 있다고 규정하고 있다(제10조).

1. 관련 청구소송의 이송

1) 의의

이는 취소소송과 관련 청구소송이 서로 다른 법원에 계속(係屬)되어 있는 경우에, 관련 청구소송이 계속된 법원은 당사자의 신청 또는 직권에 의하여 이를 취소소송이 계속된 법원으로 이송할 수 있는 것을 말한다(제10조 제1항).

이 조항은 다른 항고소송은 물론 당사자소송, 민중소송 및 기관소송에도 준용된다(제38조, 제44조, 제46조).

2) 이송의 요건

(1) 취소소송과 관련 청구소송이 각각 다른 법원에 계속된 경우

예를 들면, 처분 등의 취소를 구하는 취소소송은 서울행정법원에 계속 중인데 당해 처분과 관계되는 손해배상청구소송이 서울지방법원에 계속된 경우가 이에 해당한다.

(2) 이송시킴이 상당하다고 인정하는 때

이송을 위하여서는 취소소송과 관련 청구소송이 서로 다른 법원에 계속(係屬)되고 있어야 하며, 관련 청구소송이 계속된 법원이 당해 소송을 취소소송이 계속된 법원에 이송시킴이 상당하다고 인정하는 때, 즉 병합심리의 필요성을 인정하는 때에만 가능하다. 따라서 모든 관련 청구소송이 당연히 이송되는 것은 아니며, '상당한'의 여부는 이송·병합 제도의 취지에 비추어 판단할 일이다.

(3) 당사자의 신청이나 법원의 직권

관련 청구소송의 이송은 당사자(관련 청구소송의 원고·피고뿐만 아니라 참가인도 포함)의 신청이나 법원의 직권에 의해, **법원의 결정**의 형식으로 행해지게 된다.

(4) 이송의 효과

이송의 효과에 대해서는 행정소송법에 명문의 규정이 없으므로, 민사소송법의 규정을 준용하게 된다. 이에 따르면, 이송 결정이 확정되면, 이송되는 관련 청구소송은 처음부터 이송받은 법원에 계속(係屬)된 것으로 간주되며(민사소송법 제40조 제1항), 소송 기록도 송부되어야 한다. 이때 이송받은 법원은 그 사건을 다른 법원에 재이송(再移送)하지 못한다(민사소송법 제38조).

법원의 이송 결정과 이송 신청의 기각 결정에 대해서는 **즉시항고(卽時抗告)**를 할 수 있다(민사소송법 제39조).

상소(上訴)란 아직 확정되지 아니한 재판에 대하여 상급 법원에 불복을 신청하는 것을 말한다. 소송법상 **재판**이라 하면 **'판결'** 외에 **'결정(決定)'**(예: 법관이 행하는 보석 허가 결정, 보석 각하 결정, 증거조사에 관한 이의신청에 대한 결정, 공소 기각의 결정 등), **'명령(命令)'**(예: 불필요한 변론 등의 제한, 피고인의 퇴장 허가 등 소송 지휘나 법정의 질서유지에 관한 재판) 등이 있는 데, 재판이 행하여진 경우에 이것을 곧 확정시키지 아니하고, 일정한 요건 하에 불복 신청을 허용하는 것이 원칙이며, 이 불복 신청이 곧 상소(上訴)이다.

상소 중에서 **항소(抗訴)**와 **상고(上告)**는 판결에 대한 불복 신청이며, **항고(抗告)**는 결정·명령에 대한 불복 신청이다. **항소(抗訴)**는 아직 확정되지 아니한 제1심 법원의 판결에 대하여 **지방법원 단독판사**가 선고한 것은 **'지방법원본원합의부'**에, 지방법원 본원합의부가 선고한 것은 **고등법원**에 하는 불복 신청을 말한다. 한편, **상고(上告)**는 원칙적으로 항소심의 판결, 즉 제2심 판결에 대한 불복 신청이나, 제1심 판결에 대해서도 소위 비약적 상고(飛躍的上告)가 인정되어 있으므로 제1심 판결에 대한 상고도 포함된다. 상고심의 관할권을 가지는 법원은 어떠한 경우에도 대법원이며, 그 제기 기간은 항소의 경우와 마찬가지로 7일이다.

한편, 재판의 결정·명령에 대한 불복 신청인 항고(抗告)에는 **일반항고(一般抗告)**와 **재항고(再抗告)**가 있고, 일반항고는 다시 **보통항고(普通抗告)**와 **즉시항고(卽時抗告)**로 나누어진다. 즉시항고는 특히 이를 허용하는 규정이 있을 경우에만 할 수 있는 항고이고, 보통항고는 특별히 즉시항고를 할 수 있다는 뜻의 규정이 없는 경우에 널리 법원이 행한 결정에 대하여 허용되는 항고이다(형소법 제402조 본문). 항고법원 또는 고등법원의 결정에 대하여는 재판에 영향을 미친 헌법·법률·명령·규칙의 위반이 있는 경우에 한하여 대법원에 즉시항고를 할 수 있도록 되어 있는데 이를 **재항고(再抗告)**라 한다(형소법 제415조).

2. 관련 청구소송의 병합

1) 병합의 유형

관련 청구소송의 병합에는 객관적 병합(客觀的併合)과 주관적 병합(主觀的併合)이 있다.

객관적 병합은 단수 당사자(하나의 원고 · 피고 간)에 있어서 수개의 청구를 병합하는 것을 말한다. 객관적 병합에는 처음부터 병합하여 제기하는 **'원시적 병합'**과, 계속 중인 소송에 추가적으로 병합하는 **'추가적 병합'**이 있다.

주관적 병합은 2인 이상의 원고로부터 또는 2인 이상의 피고를 상대로 소를 제기하는 것을 말한다. 즉, 복수의 당사자에 의한(수인의 수인에 대한) 수개의 청구를 병합하는 것을 말한다. 이로 인하여 1개의 소송 가운데 원고 또는 피고 어느 한쪽 또는 양쪽의 당사자는 2인 이상이 되는 소송 형태가 생기게 된다.

예를 들면, 처분청을 피고로 하는 취소소송에 국가 등을 피고로 하는 손해배상소송을 병합하는 경우 등이 주관적 병합에 해당한다. 행정소송법 제15조는 **공동소송**으로서 주관적 병합을 인정하고 있다.

행정소송법 제15조(공동소송) 수인의 청구 또는 수인에 대한 청구가 처분 등의 취소청구와 관련되는 청구인 경우에 한하여 그 수인은 공동소송인이 될 수 있다.

소의 병합에는 처음부터 병합하여 제기하는 **'원시적 병합(原始的併合)'**과, 계속 중인 소송에 추가적으로 병합하는 **'추가적 병합(追加的併合)'**이 있다.

행정소송법 제10조는 관련 청구소송의 범위를 명확히 함과 동시에, 그 병합과 이를 위한 이송에 대하여 규정하고 있다.

행정소송법 제10조(관련 청구소송의 이송 및 병합)
① 취소소송과 다음 각 호의 1에 해당하는 소송(이하 "관련 청구소송"이라 한다)이 각각 다른 법원에 계속되고 있는 경우에 관련 청구소송이 계속된 법원이 상당하다고 인정하는 때에는 당사자의 신청 또는 직권에 의하여 이를 취소소송이 계속된 법원으

로 이송할 수 있다.
1. 당해 처분 등과 관련되는 손해배상 · 부당이득반환 · 원상회복 등 청구소송
2. 당해 처분 등과 관련되는 취소소송
② 취소소송에는 사실심의 변론종결 시까지 관련 청구소송을 병합하거나 피고 외의 자를 상대로 한 관련 청구소송을 취소소송이 계속된 법원에 병합하여 제기할 수 있다.

"취소소송에는 사실심의 변론종결시까지 관련 청구소송을 병합하거나……" 라고 규정하고 있는 행정소송법 제10조 제2항 전단은 이러한 객관적 병합에 의한 것이다.

사실심(事實審)이란 법원이 사건에 대하여 심판하는 경우에 사실점과 법률점을 모두 심판할 수 있도록 되어 있는 경우를 말한다. 단순히 법률점에 대하여서만 심판할 수 있도록 되어 있는 경우에는 **'법률심(法律審)'**이라 한다.
원래 사건에 대하여 재판하기 위해서는 과연 피고인에 대하여 제기된 것의 사실의 진정성(眞正性)이 인정되는가 아닌가, 또 그것이 인정되는 경우 그것은 법률상 어떠한 범죄가 되는가가 판단되지 않으면 안 된다. 그러므로 특수한 경우를 제외하고는 제1심은 사실심이 되어야 함은 당연하지만, 상소심에서는 반드시 사실심일 필요는 없으며 사실심으로서 사실점 · 법률점 쌍방에 걸쳐서 심판할 수 있는 방침을 취하거나, 또는 법률심으로서 법률점에 대해서만 심판할 수 있는 방침을 취할 수도 있다.

행정소송법 제10조 제2항 후단에서는 "……피고 외의 자를 상대로 한 관련 청구소송을 취소소송이 계속(係屬)된 법원에 병합하여 제기할 수 있다"고 규정하고 있는 바, 이는 주관적 병합에 관한 것이다.

2) 관련 청구소송 병합의 요건 · 대상 및 효과

(1) 관련 청구소송

여기서 '관련(關聯)'이란 청구의 내용 또는 발생 원인이 공통되는 것이거나, 병합되는 청구가 당해 행정처분으로 인한 것인 경우, 또는 당해 행정처분의 취소변경을 선결문제로 하는 경우를 의미한다.

(2) 본체인 취소소송의 적법성

관련 청구소송의 병합은 그 청구를 병합한 본체(本體)인 취소소송을 전제로 하는 것이므로, 관련 청구소송이 병합될 본체인 취소소송은 그 자체로서 적법한

소송 요건을 구비하여야 한다. 다만, 본체인 취소소송에 처음부터 관련 청구를 병합하여 제기하는 것은 무방하다.

(3) 관련 청구소송의 범위

취소소송에 병합할 수 있는 관련 청구의 범위는 **취소소송의 대상인 처분 등이 원인**이 되어 발생한 손해에 대한 **손해배상 청구, 그 처분 등의 취소를 선결 문제**로 하는 **부당이득 반환 청구 · 원상회복 청구** 등이다(제10조 제1항 제1호).

다음으로는 당해 취소소송의 대상인 **처분 등과 관련되는 취소소송**이다(제10조 제1항 제2호). 여기서 **'처분 등과 관련되는 취소소송'**은 당해 처분과 함께 하나의 절차를 구성하는 다른 처분(예: 하자의 승계가 인정되는 선행처분과 후행처분으로서 대집행 절차에 있어서의 계고처분과 대집행 영장의 통지)의 취소를 구하는 소송이나 당해 처분이나 재결의 취소 · 변경을 구하는 다른 사람의 취소소송(예: 일반처분) 등이다.

(4) 병합의 시기

관련 청구소송의 병합은 사실심의 변론 종결 이전에 하여야 한다(제10조 제2항). 사실심의 변론 종결 이전이면 원시적 병합(소송제기 시의 병합)이든 후발적 병합(소송 도중의 병합)이든 문제가 되지 않는다.

(5) 관할 법원

병합되는 소송의 관할 법원은 취소소송이 계속된 법원이다.

3. 병합심리

취소소송에 병합되는 관련 청구소송이 민사소송에 해당하는 경우, 그 관련 청구소송의 심리에 행정소송법의 규정(특히, 직권심리에 관한 제26조)이 적용되느냐 하는 것이 문제가 된다.

행정소송법 제26조(직권심리)
법원은 필요하다고 인정할 때에는 직권으로 증거조사를 할 수 있고, 당사자가 주장하지 아니한 사실에 대하여도 판단할 수 있다.

이 문제에 관해서는 본래의 민사사건을 행정소송의 절차로써 심리해서는 안 된다는 주장과, 두 가지 사건을 분리해서 심리한다는 것은 실질적으로 불가능하며, 따라서 민사사건도 행정소송 절차에 따라 심리·재판하여야 한다는 주장이 나뉘어 있다.

Ⅳ. 취소소송의 당사자(원고·피고·참가인)

1. 당사자의 지위

소송의 당사자란 **원고(原告)**와 **피고(被告)**를 말한다. 소송이란 원고와 피고가 서로 대립하는 지위에서 자기의 권리를 주장하는 것이므로, 당사자는 권리의 주체인 것이 보통이다.

취소소송도 원고와 피고가 대립하는 대심구조를 취하여 구체적 사건을 다툰다는 점에서 민사소송과 본질적으로 다르지 않다. 그러나 취소소송의 경우에는 민사소송의 경우와 같이 원고와 피고 간의 권리·이익에 관한 대립이 있는 것이 아니다. 즉, 원고는 처분 등의 위법을 이유로 하여 그 취소·변경을 구함으로써 그의 권익을 도모하는 데 대해, 피고인 행정청은 자신의 권익을 주장하는 것이 아니라 행정법규의 적용에 위법이 없음을 주장하게 된다. 이는 민중소송 및 기관소송에 있어서 특히 현저하게 나타난다. 이 밖에 당사자소송의 경우는 민사소송에서와 같이 원고와 피고는 서로 권리를 주장하여 대립한다.

이러한 현상은 행정소송이 항상 **국민의 권익 보호**만을 목적으로 하는 것이 아니라, 나아가서 **행정법규의 정당한 적용의 보장**을 목적으로 한다는 특수성에 기인하는 것이라 할 수 있다.

소(訴)란 어떤 자가 법원에 대하여 타인과의 관계에서 자기의 청구가 법률적으로 올바른 것인가 아닌가에 관하여 심판을 구하는 행위를 말한다. 즉, 소란 원고(재판을 구하는 자)가 피고(상대가 되는 자)와의 사이에서 일정한 법률상의 주장이 올바른가에 관하여 법원에 심리(審理)·판결(判決)을 구하는 신청이며, 이 소에 의하여 제1심의 절차가 개시된다.

소송 요건(訴訟要件)이란 소가 적법한 취급을 받기 위하여 구비하지 않으면 안 될 사항을 말하며, 이를 본안판결 요건(本案判決要件)이라고도 한다. 소송 요건에 속하는 주요한 사항은 i) 법원에 관하여는 법원이 재판권 관할권을 가지고 있을 것, ii) 당사자에 관하여는 당사자가 실시하고, 당사자 능력·당사자 적격을 가지고 있을 것, iii) 원고가 소의 내용에 관하여 판결을 받을 법률상의 이익 내지 필요(권리 보호의 이익)를 가지고 있을 것 등이다. 만약 소송 요건을 결하면 본안 판결을 받지 못하며, 소를 **각하(却下)**하는 판결을 받게 된다.

소권(訴權)이란 소에 의하여 법원의 심판을 청구할 수 있는 당사자의 권능을 말한다.

2. 당사자 능력과 당사자 적격

1) 당사자 능력

당사자 능력(當事者能力)이라 함은 소송의 당사자(원고·피고·참가인)가 될 수 있는 자격(능력)을 말한다.

민법 등에 의하여 권리 능력을 갖는 자, 즉 **자연인(自然人)**과 **법인(法人)**은 행정소송에 있어서 당사자 능력을 갖는다.

민사소송법은 법인격이 없더라도 대표자 또는 관리인이 정하여져 있어서 대외적으로 하나의 실체로 나타나는 사단(社團) 또는 재단(財團)에 당사자 능력을 인정하고 있는데, 행정소송에 있어서도 법인격 없는 사단 또는 재단은 그 대표자를 통하여 그 단체의 이름으로 당사자가 될 수 있다(민사소송법 제52조, 행정소송법 제8조 제2항).

2) 당사자 적격

당사자 적격(當事者適格)이란 구체적 소송사건에서 원고·피고·참가인 등 당사자로서 소송을 수행하고 본안판결을 받을 자격을 말한다. 당사자 적격을 권한의 면에서 보아 소송수행권(訴訟遂行權)이라고도 하며, 당사자 적격이 있는 자를 보통 **'정당한 당사자'**라고 부른다.

Ⅴ. 원고·피고·참가인

1. 원 고

1) 원고 적격

(1) 원고 적격의 의의

법원에 의한 본안 판결을 받기 위해서는 소장·제소기간 등과 같은 형식적 요건을 갖추어야 할 뿐만 아니라 소의 이익의 하나로서 원고 적격을 필요로 한다.

취소소송에 있어서의 원고 적격은 구체적인 처분에 대하여 누가 원고로서 취소소송을 제기하여 본안 판결을 받을 자격(즉, 소권)이 있는가의 문제이다. 소(訴)에 대해 본안 판결이 행해지기 위해서는 소의 내용인 원고의 청구가 국가의 재판 제도를 이용하여 해결할 만한 실제적인 가치 내지는 필요성, 즉 **'소의 이익(訴益)'**이 있어야 한다. "이익 없으면 소권(訴權) 없다"는 말은 바로 소의 이익을 뜻한다

가장 넓은 의미의 소의 이익은 내용적으로 청구의 내용이 재판의 대상으로 될 적합성(適合性)을 가지고 있는가(**소송 대상의 문제**), 당사자가 청구를 함에 있어서 정당한 이익을 가지고 있는가(**원고 적격의 문제**), 청구에 대하여 법원이 판단을 행할 구체적인 실익이 인정되는가(**구체적 이익 내지 권리 보호의 필요성**) 등으로 구분한다.

구체적 이익 내지 권리 보호의 필요성을 **'협의의 소익'**이라고 한다. 소익(訴益) 또는 소의 이익이라고 할 때는 보통 협의의 소익만을 의미한다.

행정소송법은 "취소소송은 처분 등의 취소를 구할 **법률상 이익이 있는 자**가 제기할 수 있다"(제12조 제1항)고 규정하고 있어, '법률상 이익'이 있는 자가 행정소송에서의 원고 적격을 가지고 있음을 밝히고 있다. 따라서 당해 처분의 직접적인 당사자가 아니더라도 처분 등의 취소를 구할 법률상 이익이 인정되는 자(예: 제3자효 행정행위에서의 제3자)도 취소소송을 제기할 수 있다. 이때의 '법률상 이익이 있는 자'의 의미가 무엇인가에 대해서는 견해의 대립이 있다.

(2) '법률상 이익'의 의미

법률상 이익의 의미에 대해서는 권리구제설[權利救濟說 혹은 권리향수회복설(權利享受回復說)], 법이 보호하는 이익구제설[利益救濟說 혹은 법률상 이익구제설(法律上利益救濟說)], 보호할 가치 있는 이익구제설, 처분의 적법성 보장설 등의 학설이 대립하고 있다.

권리구제설(권리향수회복설)은 취소소송의 기능을 위법한 처분에 의하여 침해된 권리의 회복에 있다고 보는 견해로서, 이에 따르면 행정청의 위법한 처분 등으로 권리가 침해된 자만이 취소소송을 제기할 원고 적격을 가지며, 법률상 이익은 권리를 의미한다고 본다.

이는 가장 고전적인 견해로서 권리의 개념을 엄격하게 해석함으로써, 국민의 권익 구제의 폭을 지나치게 좁히고 있다는 비판이 가해지고 있다.

법이 보호하는 이익구제설(법률상 이익구제설)은 취소소송의 기능을 법률이 개인을 위하여 보호하고 있는 이익을 침해한 위법한 처분에 대하여 이를 보호하기 위한 수단으로 보는 견해이다.

이에 의하면, 전통적인 의미의 권리뿐만 아니라, 관련 법에 의하여 보호되고 있는 이익이 침해된 자도 취소소송을 제기할 수 있다고 본다. 따라서 '법률상 이익'이란 '법률상 보호되고 있는 이익'을 의미한다.

이러한 견해를 취하는 학자들은 권리의 개념을 전통적 견해처럼 좁은 의미로 해석하지 아니하고, 오늘날의 권리 개념의 확대 경향을 반영하여 좁은 의미의 권리와 보호 이익[넓은 의미의 공권(公權)]을 포함하는 것으로 보며, 반사적 이익은 제외된다. 이 설이 우리나라의 **다수설**과 **판례**의 입장이다.

보호할 가치 있는 이익구제설은 권리 내지 법률상 이익이 침해된 자뿐만 아니라, 실체법적으로 보호된 이익이 아니더라도 실질적으로 보호할 가치 있는 구체적 이익이 침해된 자에게도 취소소송의 원고 적격을 인정해야 한다는 견해이다.

이에 대해서는 보호할 가치가 있는 이익인지의 판단에 관한 객관적인 기준이 제시되어 있지 않은 점, 아무리 보호할 가치가 있는 이익이라도 실체법에 의해 보호되고 있지 않은 것은 소송에 의해 구제될 수 없는 점 등에서 비판을 받고 있다.

적법성 보장설은 이상의 견해들이 취소소송의 본질 내지 목적을 개인의 권익 보호(주관적 소송)에 두고 있는 것과는 달리, 취소소송의 본질을 행정처분의 적법성 보장(객관적 소송)에 두는 점에 특징이 있다. 즉, 원고 적격을 판단함에 있어 원고가 주장하는 이익의 성질을 기준으로 할 것이 아니라, 당해 처분에 대한 소송 수행 시에 가장 적합한 이해관계를 가지는 자에게 원고 적격을 인정하여야 한다고 한다.

이에 대해서는 우리나라 행정소송법이 취하고 있는 주관적 소송의 원칙에 반할 뿐 아니라, 항고소송을 민중소송화할 우려가 있다는 비판이 가해지고 있다.

주관적 소송(主觀的訴訟)이란 소송 당사자의 개인적 권익의 구제를 주된 목적으로 하는 행정소송을 말하며, 객관적 소송(客觀的訴訟)이란 행정법규의 객관적인 적법성(適法性) 유지 또는 일반 공공의 이익 보호를 목적으로 하는 행정소송을 의미한다.

판례는 법률상 이익은 처분의 근거 법률에 의하여 보호되는 직접적이고 구체적인 이익이 있는 경우를 말한다고 함으로써 **'법률상 이익구제설'**을 취하고 있다(대판 1995.9.26, 94누14544).

취소소송에서의 '법률상 이익'의 개념은 다른 소송 유형의 항고소송(무효 등 확인소송, 부작위위법확인소송)에 대해서도 적용된다.

한편, **당사자소송**에서는 항고소송과는 달리 소송 당사자가 대등한 지위에 있게 되므로, 행정소송법은 이 소송의 원고 적격에 관한 규정을 두고 있지 않다. 따라서 일반적인 논의에 따라 민사소송상의 원고 적격이 이에 준용될 것이다(제8조 제2항). 또한 **민중소송**이나 **기관소송**의 경우는 객관적 소송으로 법률의 명문 규정에 의해서만 인정되는 것으로서 원고 적격도 개별 법률의 규정에 따라 결정된다. 이에 따라 **민중소송**의 경우는 **선거인, 후보자, 정당(후보자를 추천한 정당)**이 원고 적격을 가지며, **기관소송**의 경우에는 **지방자치단체의 장(長)과 교육감**이 원고 적격을 갖는다.

2) 권리 보호의 필요[협의의 소(訴)의 이익]

(1) 의의

행정소송을 제기하는 원고에게는 원고 적격 이외에도 또한 권리 보호의 필요성이 인정되어야 한다. 권리 보호의 필요성이란 '분쟁(紛爭)을 재판에 의하여 해결할 만한 현실적인 필요성'을 의미하는 데, 이를 **'협의의 소(訴)의 이익(협의의**

소익)'이라고도 한다.

행정소송법상 협의의 소익은 직접적으로 규정되어 있지 않고, 예외적으로 협의의 소익이 인정되는 경우를 규정하여(행정소송법 제12조 후단) 이를 간접적으로 규정하고 있다. 이는 행정소송법 제12조에서 원고 적격이라는 제목으로 규정되어 있지만 엄밀한 의미에서의 원고 적격과는 구별되는 것으로 보는 것이 일반적이다.

행정소송법 제12조(원고 적격)
취소소송은 처분 등의 취소를 구할 법률상 이익이 있는 자가 제기할 수 있다. **처분 등의 효과가 기간의 경과, 처분 등의 집행 그 밖의 사유로 인하여 소멸된 뒤에도 그 처분 등의 취소로 인하여 회복되는 법률상 이익이 있는 자의 경우에는 또한 같다.**

제12조 전단은 원고가 본안 판결을 받을 자격을 갖추었는지 여부의 문제인데 대해(**원고 적격**), 후자는 일단 구비한 자격을 유지할 수 있는지의 문제(**분쟁의 현실성**)라고 한다.

(2) 구체적 요건

이 요건에 대해서는 일반적으로 행정소송법에서 직접적인 규정을 두고 있지 않은 것이 보통이다. 그러나 불필요하거나 남용의 의미만을 갖는 소송을 허용하지 않아야 하는 것은 소송 제도의 목적상 최소한도로 요구되는 것으로 이해되고 있다. 따라서 어떠한 경우에 권리 보호의 필요가 인정될 것인가의 요건에 대해서는 주로 권리 보호의 필요성 요건이 부정되는 경우를 중심으로 하여 설명되고 있다.

어떠한 경우에 권리 보호의 필요가 인정될 것인가에 관해서는 일반적으로 다음과 같은 원칙이 적용된다.

(3) 처분의 효과가 소멸된 경우

처분의 효과가 소멸한 뒤에는 원칙적으로 소의 이익이 부정된다. 판례는 대집행(代執行)의 실행이 완료된 후의 '계고처분 취소청구'(대판 1995.7.28, 95누2623), 건축공사가 완료된 후의 '건축허가 취소청구'(대판 1992.4.24, 91누11131), 영업정지처분 취소소송의 변론 종결 전에 영업정지기간이 만료된 경우(대판 1992.

7.10, 92누3625), 광업권 취소처분 취소소송의 변론 종결 전에 광업권 존속기간이 만료된 경우(대판 1995.7.11, 95누4568) 등에 있어 소의 이익을 부인하였다.

(4) 보다 더 간편하고 신속한 다른 해결 방안이 존재하는 경우

원고가 그의 청구 목적을 다른 방법에 의해 달성하는 것이 보다 간편하고 신속하게 달성할 수 있는 경우에는 권리 보호의 필요가 부정된다.

예를 들면, 단지 다른 소송제기를 준비할 목적으로 행정소송을 제기하는 경우에는 양 소송의 목적이 한 번의 소송으로 달성 가능하므로, 이러한 소송은 불필요한 소송이 된다.

(5) 소의 남용으로 평가될 수 있는 경우

소송의 제기가 소(訴)의 남용으로 평가될 수 있는 경우에는 권리 보호의 필요성이 부정된다. 이는 권리 보호와는 전혀 다른 목적을 추구하려는 경우로서 소송제기의 목적이 피고에게 불이익을 주거나 법원에게 부담을 주려는 목적으로 소송을 제기하고 있다고 평가되는 경우가 이에 해당한다.

예를 들면, 국가에 대한 청구 금액을 한번에 다 청구하지 않고 적은 금액으로 나누어서 청구하는 경우, 행정계획을 대상으로 취소소송을 제기하고 있지만 단순히 자신이 못마땅하게 생각하는 행정계획의 취소를 구하는 경우, 단지 경제적인 목적으로 체류를 연장하기 위하여 정치적 망명청구를 제기하는 경우 등이 이에 해당한다.

(6) 원상회복이 불가능한 경우

처분이 취소되어도 원상회복이 불가능한 경우, 예를 들면, 건물이 이미 철거된 경우 철거명령을 취소하는 것과 같은 경우에는 소익이 부정되는 것이 원칙이다.

다만, 경우에 따라서는 사정판결에 의하는 것이 타당한 경우(예: 공유수면 매립면허를 다투고 있는 과정에서 매립공사가 완료된 경우)도 있을 수 있다.

(7) 이익 침해가 해소된 경우

처분 후의 사정에 의하여 이익 침해가 해소된 경우에는 소익이 없다. 예를 들면, 의사국가시험에 불합격한 후 실시된 의사국가시험에 합격한 경우, 사법시험 1차 시험에 불합격한 후 새로 실시된 같은 시험에 합격한 경우 등이 이에 해당한다.

(8) 기타 판례상 소의 이익이 인정되는 경우

고등학교에서 퇴학 처분을 당한 후 고등학교 졸업 학력검정고시에 합격했다 하여 고등학생으로서의 신분과 명예가 회복될 수 없는 것이니, 퇴학처분의 취소를 구할 소의 이익이 있다(대판 1992.7.24, 91누4737).

대학입학고사 불합격 처분의 취소를 구하는 소송 계속 중 당해 연도의 입학시기가 지났더라도, 당해 연도의 합격자로 인정되면 다음 연도의 입학시기에 입학할 수 있다고 할 것이니, 원고들로서는 불합격 처분의 적법 여부를 다툴 만한 법률상의 이익이 있다고 할 것이다(대판 1990.8.28, 89누8255).

2. 피 고

1) 피고 적격

(1) 처분청 등

취소소송의 피고는 "처분 등을 행한 행정청"이 됨이 원칙이다(제13조). 행정청은 국가·지방자치단체 등의 기관으로서의 지위를 갖는 데 불과하므로, 취소소송의 피고는 원래 그 귀속 주체인 국가·지방자치단체가 되어야 하지만 **소송수행의 편의상** 행정청을 피고로 한다.

행정소송법 제13조(피고 적격)
① 취소소송은 다른 법률에 특별한 규정이 없는 한 그 처분 등을 행한 행정청을 피고로 한다. 다만, 처분 등이 있은 뒤에 그 처분 등에 관계되는 권한이 다른 행정청에 승계된 때에는 이를 승계한 행정청을 피고로 한다.
② 제1항의 규정에 의한 행정청이 없게 된 때에는 그 처분 등에 관한 사무가 귀속되는 국가 또는 공공단체를 피고로 한다.

가) 행정청

행정청(行政廳)이라 함은 국가 또는 공공단체 등 행정 주체의 의사를 외부에 대하여 결정표시할 수 있는 권한(이른바 처분 권한)을 가진 행정기관을 말한다. 행정조직법상의 **기관장**이 일반적으로 이에 해당한다. 그러나 언제나 조직법상의 기관장과 일치하는 것은 아니다. 예외도 많이 있다(예: 지방의원의 징계를 결정한 **지방의회** 등). 취소소송의 대상이 되는 처분을 할 수 있는 자가 모두 여기에서 말하는 행정청에 해당한다.

합의제 행정청의 경우(예: 토지수용위원회, 방송위원회, 공정거래위원회, 감사원)에는 **합의제 행정청 그 자체**를 **피고**로 한다. 다만, 중앙노동위원회의 경우에는 **중앙노동위원회 위원장**을 피고로 한다(노동위원회법 제27조 제1항).

권한의 위임 또는 위탁이 있는 때에는 그 권한이 이전되어 수임청이 그 명의로 처분을 하는 것이므로 **수임청**이 피고가 된다. 그러나 권한의 대리 또는 내부위임의 경우에는 권한의 이전이 없고 원행정청 명으로 처분을 하는 것이므로 원행정청이 피고가 된다.

나) 대통령 등이 처분청인 경우

법률에 특별한 규정이 있다. 즉, 국가공무원, 교육공무원, 외무공무원, 경찰공무원과 국가소방공무원에 대한 징계 기타 불이익 처분의 처분청이 대통령인 때에는 각각 **소속 장관**이 피고가 된다(국가공무원법 제16조, 외무공무원법 제30조).

국가공무원법 제16조(행정소송과의 관계)

① 제75조에 따른 처분, 그 밖에 본인의 의사에 반한 불리한 처분이나 부작위(不作爲)에 관한 행정소송은 소청심사위원회의 심사·결정을 거치지 아니하면 제기할 수 없다.

② 제1항에 따른 행정소송을 제기할 때에는 대통령의 처분 또는 부작위의 경우에는 소속 장관(대통령령으로 정하는 기관의 장을 포함한다. 이하 같다)을, 중앙선거관리위원회위원장의 처분 또는 부작위의 경우에는 중앙선거관리위원회 사무총장을 각각 피고로 한다.

예를 들면, 대통령이 경찰공무원에 대한 징계처분의 경우에는 경찰청장 또는 해양경찰청장을 피고로 한다.

이 밖에도 **중앙선거관리위원장**의 처분 또는 부작위의 경우에는 **중앙선거관리위원회사무총장**을 피고로 하며(국가공무원법 제16조 제1항), **대법원장**이 행한 처분에 대해서는 **법원행정처장**이 피고가 된다(법원조직법 제70조).

다) 처분적 조례의 경우

조례가 집행행위의 매개 없이 국민의 권리·의무에 직접적으로 영향을 미치는 이른바 처분적 조례의 경우에는 취소소송을 제기할 수 있는데, 이때의 피고 적격은 조례를 대외적으로 공포할 권한이 있는 **지방자치단체의 장**이 피고가 된다. 다만, 교육・학예에 관한 사항에 대해서는 교육감이 이를 공포하므로 **교육감**을 피고로 한다.

라) 지방의회의 의결

지방의회 위원에 대한 징계의결 또는 지방의회 의장에 대한 불신임 의결은 지방의회가 내부적 의사결정을 함과 동시에 대외적으로 표시하기 때문에 **지방의회**가 피고가 된다.

마) 권한의 승계 혹은 폐지의 경우

처분 등이 있은 뒤에 그 처분 등에 관계되는 권한이 다른 행정청에 승계(承繼)된 때에는 **새로이 권한을 승계한 행정청**이 피고가 되며(행정소송법 제13조 제1항 단서), 처분 등을 행한 행정청이 없게 된 때에는 그 처분 등에 관한 사무가 귀속되는 국가 또는 공공단체가 피고가 된다(제13조 제2항).

한편, 취소소송의 계속 중에 권한의 승계 또는 권한의 이관(移管)이 있는 때에는 권한을 승계 또는 양수(讓受)한 행정청으르 피고를 경정(更正)함으로써 소송을 승계한다(제14조 제6항).

이와 같이 피고로 지정된 행정청의 권한이 다른 행정청에 승계되거나 행정청이 폐지된 때에는, 당사자의 신청에 의한 경우뿐 아니라, 법원의 직권에 의하여도 피고를 경정한다(제14조 제6항).

바) 원고를 잘못 지정한 경우

원고가 피고를 잘못 지정한 때에는 법원은 원고의 신청에 의하여 결정으로써 피고의 경정(更正)을 허가할 수 있다(제14조 제1항).

법원의 결정이 있은 때에는 새로운 피고에 대한 소(訴)는 처음에 소를 제기한 때에 제기된 것으로 보며, 종전의 피고에 대한 소송은 취하(取下)된 것으로 본다(제14조 제4항, 제5항). 그러나 피고 경정은 사실심변론 종결 시까지만 가능하고, 상고심(上告審)에서는 허용되지 않는다.

사) 소의 변경

취소소송을 당해 처분 등에 관계되는 사무가 귀속하는 국가 또는 공공단체에 대한 당사자소송 또는 취소소송 외의 항고소송으로 변경하는 것이 상당하다고 인정할 때에는, 법원은 청구의 기초에 변경이 없는 한 사실심의 변론 종결 시까지 원고의 신청에 의하여 결정으로서 '소(訴)의 변경'을 허가할 수 있으며, 이 경우 법원은 새로이 피고로 될 자의 의견을 들어야 한다(제21조 제1항, 제2항).

이와 같이 행정소송법은 소의 변경에 따르는 피고의 경정을 간접적으로 인정하고 있다.

2) 소송 유형에 따른 피고 적격

이상 기술한 바와 같이 취소소송의 경우에는 다른 법령에 특별한 규정이 없는 한, 당해 처분 등을 행한 행정청이나 재결청이 피고가 된다. 다만, 처분 등이 있는 뒤에 그 처분에 관계되는 권한이 다른 행정청에 승계(承繼)된 때, 피고로 지정된 행정청이 폐지된 경우의 피고 적격은 앞서 설명한 바와 같다.

취소소송에 관한 피고 적격 규정은 무효 등 확인소송(제38조 제1항)과 부작위위법확인소송의 경우에 준용되고 있다(제38조 제2항).

당사자소송의 경우에는 **국가 · 공공단체 그 밖의 권리 주체**를 피고로 한다(제39조). 국가가 피고인 때에는 **법무부 장관**이 국가를 대표하며(국가를 당사자로 하는 소송에 관한 법률 제1조), 지방자치단체가 피고인 때에는 **지방자치단체의 장(長)**이 소송을 수행하게 된다(지방자치법 제92조).

민중소송이나 기관소송은 객관적 소송으로서 법률에 의하여 인정되는 것이므로 피고 적격에 관하여도 개별법이 정하고 있는 피고에 따르게 된다.

3. 공동소송

행정소송법 제15조(공동소송) 수인의 청구 또는 수인에 대한 청구가 처분 등의 취소청구와 관련되는 청구인 경우에 한하여 그 수인은 공동소송인(共同訴訟人)이 될 수 있다.

이와 같이 행정소송법은 관련 청구소송에 관하여 주관적 병합을 인정하고 있는 것으로서, 예를 들면 동종(同種)의 과세 처분을 다투는 수인(數人)의 수개(數個)의 취소소송, 또는 처분청을 상대로 하는 취소소송과 그와 관련하여 국가를 상대로 하는 손해배상 청구소송 등에 있어서는 관계되는 수인의 원고 또는 피고는 이 규정에 의하여 공동소송인이 될 수 있는 것이다.

공동소송의 형태에 관해서는 민사소송법이 적용될 것이다(행정소송법 제8조 제2항, 민사소송법 제61조 이하 참조). 다만, 민사소송법에 의한 공동소송의 경우에는 권리·의무가 공통될 것, 권리·의무가 동일한 사실상 원인 및 법률상 원인에 기인할 것 등의 주관적 요건과 객관적 병합 요건을 갖추어야 하지만, 취소소송의 경우에는 관련 청구소송인 이상 병합이 인정된다.

4. 소송참가

1) 소송참가의 의의

소송참가(訴訟參加)란 소송 계속 중에 제3자가 그 권리·이익을 옹호하기 위하여 참가하는 것을 말한다. 현행 행정소송법은 취소 판결의 대세적 효력(對世的效力)을 명시하면서 행정청 및 제3자의 소송참가를 인정하고 있다.

행정청 및 제3자를 행정소송에 참가시키는 것은 소송심리(訴訟審理)에 필요한 자료를 제공시키고, 공공의 이익에 밀접한 관계가 있는 행정소송의 공정한 해결을 위하여 필요할 뿐만 아니라, 판결의 효력을 행정청 또는 제3자에게 미치게 하기 위하여 필요하기 때문이다. 따라서 소송참가는 취소판결의 대세적 효력에 따른 제3자의 권익 보호를 위한 제도라고 할 수 있다.

행정소송법은 소송참가의 형태로서 **행정청** 및 **제3자**의 소송참가를 인정하고 있으며(제16조, 제17조), 이는 항고소송은 물론 당사자소송, 민중소송, 기관소송에 준용된다(제44조 제1항, 제46조).

2) 제3자의 소송참가

법원은 소송의 결과에 따라 권리 또는 이익의 침해를 받을 제3자가 있는 경우에는 당사자 또는 제3자의 신청 또는 직권에 의하여 결정으로써 그 제3자를 소송에 참가시킬 수 있다.

여기에서의 '권리 또는 이익'은 **'법률상의 이익'**을 의미하며, 반사적 이익이나 사실상의 이익은 포함되지 않는다는 것이 통설적 견해이다.

법원은 결정을 하고자 할 때는 미리 당사자 및 제3자의 의견을 들어야 한다(제16조 제1항, 제2항). 참가 신청을 한 제3자는 그 신청이 각하된 경우에는 **즉시항고(卽時抗告)**할 수 있다(제16조).

제3자의 소송참가 제도는 **복효적 행정행위**와 관련이 깊다. 즉, 복효적 행정행위에서와 같이 처분의 상대방에 대하여는 수익적(授益的)이나 제3자에 대해서는 침익적(侵益的) 효과를 발생하는 처분이 행해질 경우, 당해 처분이 위법한 것이고, 그로 인하여 침해된 주민 또는 기존 업자의 이익이 **법적으로 보호되는 이익**인 때에는, 관계 주민 또는 기존 업자가 당해 처분의 취소를 구하는 취소소송을 제기할 수 있다. 이 경우, 소송 단계에서는 **처분의 제3자가 소송 당사자**가 되고, **처분의 상대방**은 소외(訴外)의 **제3자의 지위**에 놓이게 되는 바, 처분의 상대방을 소송에 참가시키는 것이다.

예를 들면, 주유소 설치 허가에 대해 이웃 사람이 그 취소소송을 제기한 경우(이 경우, 원고는 이웃 사람이고, 피고는 처분 행정청이다)에, 주유소 설치 허가를 받은 자(처분의 상대방)를 제3자로 소송에 참가시키는 것과 같다.

법원의 참가 결정이 있게 되면 제3자는 참가인의 지위를 획득한다. 참가인인 제3자에 대하여는 민사소송법 제67조의 규정이 준용되므로(행정소송법 제16조 제4항), 그 참가인은 피참가인(被參加人)과 필요적 공동소송(必要的共同訴訟)에서의 공동소송인에 준한 지위에 서는 것이나, 직접적인 소송 당사자는 아니므로, 그 성질은 **공동소송적 보조참가(共同訴訟的補助參加)**와 비슷하다는 것이 우리나라의 통설이다.

> 보조참가란 원고와 피고 사이에서 행해지는 소송에 제3자가 일방을 보조하기 위하여 소송절차를 현저하게 지연시키지 않는 범위 내에서 참가하는 것을 말한다(민사소송법 제71조). 이는 일방의 당사자를 보조하여 그 소송에서 이기게 하고, 그 결과 자기의 이익을 보호할 수 있도록 하는 제도이므로 참가하는 자는 그 소송의 승패에 대하여 그 자신의 이해관계가 있어야 한다.

이에 의하면, 보조참가인은 피참가인인 당사자의 승소를 위한 보조자일 뿐 자신이 소송 당사자가 되는 것이 아니다. 따라서 소송물을 처분하는 행위(취하·포기 등)는 할 수 없다.

3) 다른 행정청의 소송참가

법원은 다른 행정청을 소송에 참가시킬 필요가 있다고 인정할 때에는 당사자 또는 당해 행정청의 신청 또는 직권에 의하여 결정으로써 그 행정청을 소송에 참가시킬 수 있다. 법원은 결정을 하고자 할 때에는 미리 당사자 및 당해 해당청의 의견을 들어야 한다(행정소송법 제17조 제1항, 제2항).

행정청이 처분 또는 재결을 함에 있어서는 **처분청 또는 재결청 이외의 행정청**이 그에 관계하는 경우가 적지 않다. 그런데 **처분의 취소소송**은 **처분청**을, **재결의 취소소송**은 **재결청**을 **피고**로 제기하는 것이 원칙이므로(제13조 제1항), 처분청 또는 재결청 이외의 행정청이 중요한 공격·방어 방법을 가지고 있다 하더라도 당해 소송에 관계인으로 참여할 수 없다. 이에 관계 행정청으로 하여금 직접 소송에 참여하여 공격·방어 방법을 제출케 함으로써, 적정한 심리·재판을 기할 수 있도록, 행정청의 소송참가를 명문으로 규정하고 있는 것이다(제17조).

소송에 참가한 행정청에 대하여는 민사소송법 제76조(보조참가인의 소송행위)의 규정을 준용하도록 하고 있다(행정소송법 제17조 제3항). 따라서 참가인인 행정청은 참가할 때의 소송의 진행 정도에 따라 할 수 없는 것을 예외로 하고는, 소송에 관하여 공격·방어·이의·상소 기타 일체의 소송행위를 할 수 있다. 그러나 피참가인의 소송행위에 저촉되는 소송행위를 할 수 없으며, 그와 같은 소송행위를 하더라도 그것은 무효가 된다(민사소송법 제76조 제2항).

Ⅵ. 취소소송의 제기 요건

"소(訴) 없으면 재판 없다"는 **불고불리(不告不理)의 원칙**은 모든 소송에 공통되는 것으로서, 취소소송에도 그대로 타당하다. 취소소송도 소송의 일종이므로, 일정한 소송 요건을 갖추어야만 본안에 관한 법원의 심판을 받을 수 있다.

취소소송은 그 내용에 있어 "행정청의 위법한 처분 등으로 자기의 법률상 이익이 침해받았다고 주장하는 자가 법원에 제기하는 소송"을 의미한다. 이와 같은 취소소송을 제기하기 위해서는 소송 요건, 즉 청구의 당부(當否)에 관한 법원의 본안판결을 구하기 위한 요건을 충족시켜야 한다.

취소소송의 제기 요건은 크게 형식적 요건과 실질적 요건으로 나뉜다.

형식적 요건은 소장(訴狀), 관할 법원(管轄法院), 피고 자격(被告資格), 전심절차(前審節次), 제소기간(提訴期間) 등이다.

실질적 요건으로는 행정청의 위법한 처분 등이 있을 것, 그 취소·변경을 구할 법률상 이익이 있는 자가 행할 것 등이다.

결론적으로, 취소소송의 제기 요건으로는, 행정청의 **처분 등이 존재**하여야 하고, 그 처분 등이 **위법**하여야 하고, 그 취소·변경을 구할 **법률상 이익이 있는 자**가, **피고 적격을 가진 행정청**을 피고로 하여, 원칙적으로는 행정심판을 거치지 아니하고(행정심판임의주의), 일정한 **제소기간 내**에, 일정한 형식의 소장(訴狀)에 의하여, 취소소송의 재판관할권을 가진 **행정법원**에 제소(提訴)하여야 한다.

1. 행정청의 행위

처분은 행정청의 행위이다. 일반적으로 **행정조직법상의 행정청**은 국가 또는 지방자치단체 등 행정 주체의 의사를 결정·표시할 수 있는 권한을 가진 행정기관을 말한다.

그러나 **통설**은 **행정쟁송법상의 행정청**을 **기능적으로 파악**하여 외부관계에서 공법상 구체적인 행정처분을 행할 수 있는 권한을 가진 행정기관 및 행정소송법 제2조 제2항에 따라 국가·지방자치단체 이외에도 법령에 의하여 행정 권한의 위임 또는 위탁을 받아 행정사무를 처리할 수 있는 권한(처리 권한)을 부여받은 행정기관 공공단체 및 그 기관 또는 사인이 포함된다고 하여 **행정절차법상의 행정청**의 개념과 동일시 한다.

2. '처분 등'의 존재

취소소송은 '처분(處分) 등'을 대상으로 한다(제19조). 따라서 취소소송의 대상은 '처분 등'임을 알 수 있다. 따라서 취소소송의 대상으로서의 '처분 등'이 무엇이며, 어떠한 행정작용이 그에 해당하는 것인가 하는 점이 논의되어야 한다.

행정소송법은 **'처분 등'**을 "행정청이 행하는 구체적 사실에 관한 법 집행으로서의 공권력의 행사 또는 그 거부와 그 밖에 이에 준하는 행정작용 및 **행정심판에 대한 재결**"이라고 정의하고 있다(제2조 제1항 제1호).

행정소송법은 취소소송의 대상을 원칙적으로 원처분(原處分)으로 하고, 재결에 대하여는 그 **"재결 자체에 고유한 위법이 있음을 이유로 하는 경우"**에 한하여 소의 제기를 허용하고 있다(제19조).

'재결 자체에 고유한 위법이 있는 경우'란 재결도 행정행위의 하나이므로 이에는 주체상의 하자(예: 행정심판위원회의 구성원의 결격 사유, 정족수 흠결 등), 절차상의 하자(예: 관계법상의 구술심리 또는 공개심리를 어긴 경우), 내용상의 하자, 형식상의 하자가 있거나, 재결에 의해 제3자의 권리가 침해되는 경우 등을 말한다.

행정소송법이 이러한 규정을 둔 취지는 하나의 처분의 위법성을 이유로 원처분에 대한 취소소송과 재결에 대한 취소소송이 동시에 제기될 경우에 예상되는 법원의 판단의 저촉문제나 소송의 비경제성 등의 문제를 고려한 것으로 보인다.

재결 자체에 고유한 위법이 없음에도 불구하고 재결에 대하여 취소소송을 제기한 경우에 법원은 어떠한 판결을 할 것인지에 대해서는 행정소송법 제19조 단서는 소송 요건을 정한 것이므로 각하판결을 해야 한다는 견해(**각하설**)와, 재결 자체에 고유한 하자가 있다는 것은 본안 판단사항이므로 기각판결을 해야 한다는 견해(**기각설**)가 있다. **기각설**이 다수설이다.

3. '처분 등'의 위법성 주장

처분이 취소소송의 대상이 되기 위해서는 그 처분이 '위법(違法)'하지 않으면 안 된다. 취소소송의 대상이 될 수 있는 것은 '위법한 처분'에 한하며, '부당한 처분'은 행정심판의 대상이 될 뿐 행정소송의 대상이 되지 못한다.

재량행위의 경우, 그 부당성을 다투는 것은 취소소송의 대상이 될 수 없으나, 재량권의 일탈(逸脫)·남용(濫用) 등을 이유로 위법을 주장하면 취소소송의 대상이 될 수 있다. 이 경우, 법원은 소(訴)를 각하할 것이 아니라, 본안심리(本案審理)를 한 다음 인용·기각 여부를 결정해야 한다.

행정규칙(**行政規則**)은 법규가 아니므로 이에 위반한 처분은 위법이 되지 않으므로 취소소송의 대상이 되지 않는다. 그러나 행정규칙 위반의 경우에도 **헌법상의 평등의 원칙 또는 행정의 자기구속성**(**自己拘束性**)**의 법리** 등 행정법의 일반 원칙을 위배한 때에는 일반 원칙 위배로서 위법이 인정된다.

4. 취소·변경을 구할 법률상 이익이 있는 자가 제기할 것

1) 처분 등의 취소 또는 변경을 청구할 것

처분 등을 취소하는 소송이란 처분 등의 성립상 하자를 이유로 그 효력을 소급적으로 상실시키는 **소극적 형성판결**(**消極的形成判決**)을 구하는 소송이라는 점에 이견이 없다.

그러나 **변경**의 의미에 대해서는 이를 일부 취소(一部取消)의 의미로 해석하는 소극설과 법원이 행정청의 처분에 갈음하여 일정 처분을 하는 것을 의미한다고 보는 적극설이 대립하고 있으나, 현행 행정소송법이 의무이행소송(義務履行訴訟)을 인정하고 있지 않기 때문에 **소극적 변경**, 즉 일부 취소로서의 변경 청구만이 가능한 것으로 보아야 한다.

2) 법률상 이익

취소소송은 행정청의 위법한 처분 등을 취소 또는 변경을 구할 법률상 이익이 있는 자가 제기하여야 한다. 여기서 '법률상 이익'은 공권(公權)·사권(私權) 등 권리와 법률이 보호하고 있는 이익을 포함한다. 법률상 이익에 대한 학설에 대해서는 앞서 살펴 본 바와 같다.

처분 등의 효과가 기간의 경과, 처분 등의 집행 그 밖의 사유로 인해 소멸된 뒤에도 그 처분 등의 취소로 인하여 회복되는 법률상 이익이 있는 자는 원고 적격을 가진다. 여기서 원고 적격을 가진다는 것은 권리 보호의 필요(협의의 '소의 이익')가 인정된다는 것을 말한다. 권리 보호의 필요는 처분 등이 위법이었음을 확인할 정당한 이익이 있는 경우에 인정할 필요가 있다. 따라서 권리 보호의 필요는 법률상 이익보다 넓은 것으로 원고의 경제적 이익, 정치적·문화적·종교적 이익을 침해하는 경우에도 인정되어야 하는 것이다.

5. 피고 적격을 가진 행정청을 피고로 하여 제기할 것

취소소송은 처분청(處分廳)·부작위청(不作爲廳)·재결청(裁決廳)을 피고로 하여 제기하여야 한다(제13조).

6. 전심절차로서의 행정심판임의주의

행정소송법은 "취소소송은 법령의 규정에 의하여 당해 처분에 대한 행정심판을 제기할 수 있는 경우에도 이를 거치지 아니하고 제기할 수 있다"(제18조 제1항)고 규정하여, 원칙적으로 행정심판의 제기를 행정소송의 제기를 위한 **임의적인 절차**로 규정하고 있다. 따라서 당사자는 자유로운 결정에 따라 행정심판을 먼저 제기하거나 이를 경유하지 않고 직접 행정소송을 제기할 수 있으며, 행정심판을 제기하지 않았다고 하여 소송이 각하되지 않는다.

그러나 다른 법률에 당해 처분에 대한 행정심판의 재결을 거치지 아니하면 취소소송을 제기할 수 없다는 규정이 있는 때에는, 행정심판 절차를 거쳐 취소소송을 제기하여야 한다(제18조 제1항 단서).

현행법상 예외적으로 **행정심판전치주의가 적용되는 경우**로는 다음과 같다.

국세기본법은 국세청장에 대한 심사청구나 국세심판원에 대한 심판청구를 필요적 전치절차로 하고 있다(제56조).

국세기본법 제56조(다른 법률과의 관계)
② 제55조에 규정된 위법한 처분에 대한 행정소송은 '행정소송법' 제18조 제1항 본문, 제2항 및 제3항에도 불구하고 이 법에 따른 심사청구 또는 심판청구와 그에 대한 결정을 거치지 아니하면 제기할 수 없다.

이 밖에도 국가공무원법 제16조, 지방공무원법 제20조의2, 관세법 제120조, 지방자치법 제140조 제5항 등이 있다.

행정소송법 제18조 제1항 단서(但書)의 규정에 따라 행정심판을 거쳐야 하는 경우에도 그에 대한 예외적인 경우는 직접 취소소송을 제기할 수 있다(제18조

제2항 참조). 이러한 예외는 행정심판의 재결(裁決)을 거치지 않고 직접 제소할 수 있는 경우와 행정심판의 제기 없이 직접 제소할 수 있는 경우가 있다.

이 경우, 제기된 취소소송이 적법한 전심절차(前審節次)를 거쳤는지의 여부는 법원의 직권조사 사항이다. 그러나 무효인 처분에 대하여 무효 등 확인소송을 제기하지 아니하고, 무효 선언(無效宣言)을 구하는 취소소송을 제기하는 때에는 다른 법률에 당해 처분에 대한 행정심판전치주의의 적용을 규정하고 있다면 행정심판을 거쳐야 한다.

행정처분의 당연 무효를 선언하는 의미에서 그 취소를 구하는 행정소송을 제기하는 경우에는 전치절차와 그 제소기간의 준수 등 취소소송의 제소 요건을 갖추어야 한다(대판 1987.6.9, 87누219).

7. 소송 제기기간 내에 제기할 것

행정소송은 민사소송의 경우와 달리 일정한 제소기간(提訴期間) 내에 제기하여야 한다는 제한을 두고 있다. 행정청의 처분은 공권력적 행위로서 일단 처분이 행하여지면 그를 중심으로 하여 여러 법률관계가 형성되므로, 행정소송법은 **법률관계의 조속한 안정**이라는 관점에서 제소기간을 규정하고 있다. 따라서 제소기간이 경과되면 당해 처분은 **불가쟁력(不可爭力)**을 발생하게 되어 당해 행정처분의 효력을 더 이상 다툴 수 없게 된다.

그러나 제소기간의 경과로 당해 행정처분이 불가쟁력을 발생한 경우에도, 그것은 위법한 처분 등이 적법한 것으로 되는 것은 아니며, 처분청은 직권취소를 할 수 있고 하자(瑕疵)의 승계에는 아무런 영향이 없다.

취소소송은 처분 등이 있음을 안 날로부터 **90일** 이내에 제기하여야 한다(제20조 제1항 본문). 다만, 다른 법률에 당해 처분에 대한 행정심판의 재결을 거치지 아니하면 취소소송을 제기할 수 없다는 규정이 있는 경우, 그 밖에 행정심판청구를 할 수 있는 경우, 또는 행정청이 행정심판청구를 할 수 있다고 잘못 알린 경우에 행정심판청구의 기간은 재결서의 정본을 송달받은 날로부터 기산(起算)한다(제20조 제1항 단서).

이 기간은 불변기간(不變期間)이므로(제20조 제3항), 그 불변기간의 경과 여부는 법원의 직권조사 사항이며, 법원이 이를 단축할 수 없다. 여기서 **'안 날'**이라 함은 당사자가 통지·공고 기타의 방법에 의해 당해 처분이 있었다는 사실을 현실적으로 알게 된 날을 의미하고, 추상적으로 알 수 있었던 날을 의미하는 것은 아니다(대판 1998.2.24, 97누18226).

취소소송은 처분 등이 있은 날부터 **1년**(제20조 제1항 단서의 경우는 재결이 있은 날로부터 1년)을 경과하면 이를 제기하지 못한다. 다만, 정당한 사유가 있는 때에는 그러하지 아니하다(제20조 제2항).

여기서 1년이라는 기간은 불변기간이 아니며, 정당한 사유가 있는 경우에는 예외가 인정된다. 그러므로 정당한 사유가 있는 경우에는 제소기간이 경과된 뒤에도 제소할 수 있으나, 이 경우 원고는 정당한 이유에 대하여 소명(疎明)하여야 한다. 여기서 **'처분이 있은 날'**이란 당해 **처분이 효력을 발생한 날**을 말한다.

8. 소 장

행정소송의 제기는 소장(訴狀)으로 행하는 요식행위(要式行爲)이다. 소장에 대하여는 민사소송법의 규정에 의한다(행정소송법 제8조 제2항, 민사소송법 제226조 이하).

9. 관할 법원

취소소송은 **피고의 소재지**를 관할하는 **행정법원**에 제기하여야 한다(제9조 제1항). 다만, 중앙행정기관 또는 그 장이 피고인 경우의 관할 법원은 **대법원 소재지의 행정법원**으로 한다. 토지의 수용(收用) 기타 부동산 또는 특정의 장소에 관계되는 처분 등에 대한 취소소송은 그 **부동산 또는 장소의 소재지를 관할하는 행정법원**에 이를 제기할 수 있다(제9조 제2항).

Ⅶ. 소의 변경

예를 들면, 원고 갑이 행정청이 그에게 행한 A처분에 대해 A처분취소소송을 제기하였는데, 그 A처분이 취소할 수 있는 하자가 있는 처분이 아니고, 무효인 처분으로 드러나는 경우를 생각해 보자. 이 경우, 가능한 구제 방안으로는 첫째, 법원이 갑의 A처분취소소송을 각하하고, 갑으로 하여금 다시 A처분무효확인청구소송을 제기하게 하는 방안과, 둘째, 갑의 신청이 있는 경우에 A처분취소소송을 A처분무효확인청구소송으로 변경하는 것을 법원이 허락하는 방안이 있을 수 있다. 이 두 가지 방안 중에서 후자의 방안이 갑의 권리 보호에 효과적이고, 또한 소송 경제에도 유익하다.

소의 변경이란 이와 같이 소송의 계속(係屬) 중에 원고가 심판의 대상인 청구의 일부나 전부를 변경하는 것을 말한다.

소의 변경은 **청구 그 자체의 변경**을 말하고, 공격 · 방어 방법의 변경은 소의 변경이 아니다.

소의 변경은 그 후에도 변경 전의 소송절차가 유지되며, 그때까지의 소송 자료가 새로운 소, 즉 신소(新訴)에 승계되는 점에 의의가 있다.

행정소송법은 소의 변경에 관하여 '소(訴)의 종류의 변경'과 '처분 변경으로 인한 소(訴)의 변경'의 두 가지를 규정하고 있으며, 그 밖에 민사소송법의 규정에 의한 청구의 변경이 적용될 수 있다.

Ⅷ. 취소소송 제기의 효과

1. 법원 등에 대한 효과(주관적 효과)

소(訴)가 제기되면 사건은 법원에 계속(係屬)되어 법원은 이를 심리 · 판결해야 하는 구속을 받고, 당사자는 동일 사건에 대해 중복 제소가 금지된다. 이를 **'소 제기의 주관적 효과'**라 한다.

2. 처분에 대한 효과(객관적 효과)

취소소송의 제기가 계쟁처분(係爭處分) 또는 재결에 미치는 효력의 문제를

'소 제기의 객관적 효과'라 한다.

행정소송법은 취소소송 제기의 객관적 효과에 대하여 **원칙적**으로 **집행부정지(執行不停止)의 원칙**을 채택하고 있다. 이는 취소소송의 제기로 처분의 집행이 정지된다고 하면 행정의 원활한 수행이 저해되고 남소(濫訴)의 우려가 있기 때문이다.

반면에, 집행이 정지되지 아니한다고 하면, 궁극적으로 승소하더라도 권리 회복이 사실상 불가능한 경우가 생길 수 있다. 예를 들면, 건축물의 철거처분이라든가, 수용재결이 있는 토지의 형질 변경 등에 관한 처분이 있을 때, 그러한 처분들이 집행되어 버리면 원상회복이 불가능하여 구제의 실익이 없어지는 문제가 생길 수 있다. 따라서 행정소송법은 집행부정지를 원칙으로 하고, 이에 대한 예외로 행정소송법상의 **가구제(假救濟)**를 인정하고 있다.

Ⅸ. 취소소송과 가구제

1. 가구제의 의의

가구제(假救濟) 또는 임시구제(臨時救濟)란 본안 판결이 확정될 때까지 계쟁처분 등의 효력이나 그의 집행 또는 절차의 속행을 정지하거나, 임시로 원고의 청구가 실현된 것과 비슷한 사실상 또는 법률상의 상태를 실현·형성하는 것을 내용으로 하는 조치를 강구하는 것이다. 즉, 본안소송의 계속을 전제로 하여 그 확정 시까지 **잠정적으로 원고의 권리를 보전**하려고 하는 제도를 말한다.

행정소송상의 가구제 제도로는 **'집행정지(執行停止)'**와 **'가처분(假處分)'**이 논의되고 있는 바, 행정소송법은 집행정지에 관해서만 규정을 두고 있다.

2. 집행부정지 원칙

행정소송법 제23조 제1항은 "취소소송의 제기는 처분 등의 효력이나 그 집행 또는 절차의 속행에 영향을 주지 아니한다"고 규정하여 집행부정지(執行不停止)

를 원칙으로 하고 있다.

항고소송의 가구제 제도로서 집행부정지 원칙을 취하는가(한국, 일본, 프랑스 등), 집행정지 원칙을 취하는가(독일 등)는 입법정책상의 문제이다. 즉, 입법정책상 행정의 신속성(迅速性)·실효성(實效性)을 우선하고, 남소(濫訴)를 방지하기 위해 집행부정지 원칙을 취하는가, 국민의 권리 보호를 우선하여 집행정지 원칙을 취하는가는 국가마다의 입법정책상의 문제인 것이다.

3. 집행정지

행정소송법 제23조(집행정지)

① 취소소송의 제기는 처분 등의 효력이나 그 집행 또는 절차의 속행에 영향을 주지 아니한다.

② 취소소송이 제기된 경우에 처분 등이나 그 집행 또는 절차의 속행으로 인하여 생길 회복하기 어려운 손해를 예방하기 위하여 긴급한 필요가 있다고 인정할 때에는 본안이 계속되고 있는 법원은 당사자의 신청 또는 직권에 의하여 처분 등의 효력이나 그 집행 또는 절차의 속행의 전부 또는 일부의 정지(이하 "집행정지"라 한다)를 결정할 수 있다. 다만, 처분의 효력 정지는 처분 등의 집행 또는 절차의 속행을 정지함으로써, 목적을 달성할 수 있는 경우에는 허용되지 아니한다.

③ 집행정지는 공공복리에 중대한 영향을 미칠 우려가 있을 때에는 허용되지 아니한다.

행정소송법 제23조 제2항은 제1항의 집행부정지 원칙에 대한 예외를 규정하고 있다.

동조의 집행정지 결정 규정은 무효 등 확인소송에도 준용된다(제38조 제1항).

Ⅹ. 취소소송의 심리

소송의 심리(審理)란 법원이 소에 대한 판결을 하기 위하여 그 기초가 되는 소송 자료를 수집하는 소송절차를 말한다. 행정소송이 제기되면 법원은 이를 심리·판결할 의무를 지게 된다.

1. 심리상 원칙

1) 처분권주의

행정소송에도 민사소송에서와 같이 처분권주의(處分權主義)가 적용된다. **처분권주의**란 당사자가 분쟁 대상 및 소송절차의 개시(예: 소송의 개시), 종료(예: 소송의 취하, 재판상 화해)에 대하여 결정할 수 있는 원칙을 말한다(민사소송법 제203조, 행정소송법 제8조 제2항).

이를 **'사적 자치 원칙(私的自治原則)의 소송법적 측면'**이라고도 말한다. 이에 대립되는 원칙으로는 소송절차에서 법원의 주도권을 인정하는 **직권주의(職權主義)**가 있다. 형사소송(刑事訴訟)에 있어서는 직권주의를 기본 원칙으로 한다.

행정소송법 제8조(법적용 예)
② 행정소송에 관하여 이 법에 특별한 규정이 없는 사항에 대하여는 법원조직법과 민사소송법 및 민사집행법의 규정을 준용한다.

민사소송법 제203조(처분권주의)
법원은 당사자가 신청하지 아니한 사항에 대하여는 판결하지 못한다.

2) 변론주의와 직권탐지주의

변론주의는 재판의 기초가 되는 소송 자료의 수집 · 제출 책임을 당사자에게 지우는 원칙을 말한다. 따라서 법원은 당사자가 수집 · 제출한 소송자료만을 재판의 기초로 삼아 판결을 하여야 한다. 이에 대하여 **'직권탐지주의(職權探知主義)'**는 이러한 책임을 법원이 지는 것으로서 법원이 판결에 중요한 사실을 당사자의 신청 여부와 관계없이 직접 조사할 수 있는 원칙을 말한다.

행정소송법은 "법원은 필요하다고 인정할 때에는 직권으로 증거조사를 할 수 있고, 당사자가 주장하지 아니한 사실에 대하여도 판단할 수 있다(제26조)"고 규정하고 있어, 변론주의 원칙 하에 직권증거조사와 직권탐지주의가 적용될 수 있음을 규정하고 있다.

3) 공개심리주의

공개심리주의는 심리와 판결의 선고를 일반인이 방청할 수 있는 상태에서 행하는 것을 말한다. 이는 심리 과정의 **공정성(公正性)**을 확보하기 위한 것이다. 그러나 일정한 경우에는 비공개의 예외가 인정된다.

4) 구술심리주의

구술심리주의는 심리에 임하여 당사자 및 법원의 소송행위(訴訟行爲), 특히 변론 및 증거조사를 구술로 행하는 것을 말한다. 즉, 소송절차를 구두로 진행하고, 판결도 구두변론에 근거하여야 한다는 원칙을 말한다. 당사자는 구두변론을 포기할 수도 있다.

2. 심리 범위

1) 요건심리와 본안심리

심리의 내용에는 요건심리와 본안심리가 있다. **요건심리**란 제기된 소(訴)가 **소송 요건**을 갖추었는지를 검토하는 것으로서 이러한 요건을 갖추지 못하면 부적법한 것으로 **각하(却下)**된다. 한편, **본안심리**란 제기된 소가 소송 요건을 구비한 경우 원고의 청구를 **인용**할 것인가 또는 **기각**할 것인가를 판단하기 위하여 본안에 대해 심리하는 것을 말한다.

2) 불고불리의 원칙

행정소송에 있어서도 민사소송과 마찬가지로 불고불리(不告不理)의 원칙이 적용되어 법원은 소송의 제기가 없으면 재판할 수 없고, 또한 당사자의 청구 범위를 넘어서 심리·판단할 수 없음이 원칙이다.

다만, 행정소송법 제26조는 공익적 입장에서 "법원은 필요하다고 인정할 때에는 직권으로 증거조사를 할 수 있고, 당사자가 주장하지 아니한 사실에 대하여도 판단할 수 있다"라고 규정하였으며, 통설은 위 규정이 불고불리 원칙에 대한 예외(例外)를 인정한 것으로 보고 있다.

3) 재량행위에 대한 심리

재량행위도 행정행위의 일종으로서 재량권의 일탈(逸脫)·남용(濫用)이 있는 경우에는 위법한 처분이 되므로, 이에 대하여 소송이 제기된 경우에도 다른 행정행위와 같이 이를 본안으로 받아들여 재량권의 일탈·남용이 있었는지의 여부를 심리하여야 한다.

심리의 결과 재량권의 일탈·남용이 있었다고 판단되는 때에는 법원은 당해 처분을 취소할 수 있다(제27조). 그러나 단순히 부당함에 그치는 것으로 판단될 때에는 법원의 심리 대상이 되지 않으므로 청구를 기각하게 된다.

3. 심리의 방법

행정소송법은 판결의 객관적인 공정·타당성을 보장하기 위하여 심리에 관한 특수한 절차로서 변론주의에 대한 예외인 직권증거조사(職權證據調査)(제26조)와 법원의 행정심판기록제출명령(行政審判記錄提出命令)(제25조) 등에 관하여 규정하고 있다.

1) 직권증거조사주의

행정소송법 제26조는 "법원은 필요하다고 인정할 때에는 직권으로 증거조사를 할 수 있고, 당사자가 주장하지 아니한 사실에 대하여도 판단할 수 있다"고 규정하여 일단 변론주의에 대한 예외를 인정하고 있다.

민사소송은 당사자 사이에만 영향을 미치는 까닭에 그 심리는 원칙적으로 변론주의에 의한다. 그러나 행정소송은 그 결과가 공익과 밀접한 관련을 가지고 있어서 적정한 판단을 확보하여야 할 필요성이 보다 부각된다 하겠다. 따라서 행정소송법 제26조는 취소소송에 있어서 변론주의에 대한 예외를 인정하고 있다. 그러나 이 규정의 해석에 있어서는 변론주의보충설(辯論主義補充說)과 직권탐지주의설(職權探知主義說)로 견해가 나누어져 있다.

변론주의보충설에 의하면, 동조는 변론주의를 원칙으로 하면서도 이를 보충하여 법원이 당사자가 제출한 증거에 관하여 충분한 심증을 얻을 수 없고, 공정·타당한 재판을 확보하기 위하여 필요하다고 인정하는 경우에, 당사자가 주장한 사실에 관하여 직권으로 증거조사를 할 수 있음을 규정한 것에 불과하다고 본다.

직권탐지주의설은 법 제26조에서 "당사자가 주장하지 아니한 사실에 대하여도 판단할 수 있다"라는 규정에 대해 좀 더 적극적인 의미를 부여하여, 법원은 당사자가 주장하지 아니한 사실에 대하여도 직권으로 이를 탐지하여 재판의 자료로 할 수 있다고 본다. 또한 동조는 행정소송의 공익소송으로서의 성격을 감안하여 입법자가 의도적으로 명문화한 것임을 강조한다.

우리 행정소송법이 전면적으로 직권탐지주의를 택한 것이 아니며, 변론주의를 원칙으로 하면서 보충적으로 직권탐지주의를 가미하고 있다고 보는 **변론주의 보충설**이 **통설**과 **판례**의 입장이다.

2) 행정심판기록 제출명령

법원은 당사자의 신청이 있는 때에는 결정으로써 재결청에 대하여 행정심판에 관한 기록의 제출을 명할 수 있으며, 이 경우 행정청은 지체없이 당해 행정심판에 관한 기록을 법원에 제출하여야 한다(제25조).

여기에서 행정심판기록은 당해 행정심판에 관한 모든 기록을 가리키는 것으로, 행정심판청구서와 그에 대한 답변서 및 재결서뿐만 아니라, 행정심판위원회의 기록 및 기타 위원회의 심리를 위하여 원고와 행정청이 제출한 모든 증거와 기타 자료를 포함한다 할 것이다.

3) 주장책임·입증책임

(1) 주장책임

변론주의에 입각하고 있는 소송에서는 당사자가 자기에게 유리한 사실을 주장하지 않으면 판결의 기초로 삼을 수 없게 되고 따라서 패소(敗訴)의 불이익을 받을 수 있게 되는 바, 소송상 주요 사실을 주장하지 않음으로써 불이익을 받지 않기 위해서 그 사실을 주장해야 하는 책임을 주장책임(主張責任)이라 한다.

예를 들면, 세무서장이 갑에게 과세처분을 하자 갑이 그 과세의 취소를 구하는 취소소송을 제기한 경우에, 갑은 그 과세처분이 위법하다는 사실을 주장하여야 하며, 그 위법하다는 사실의 주장에는 갑은 비과세 대상자라는 주장이 있을 수 있다. 만약 갑이 이와 같이 과세처분이 위법하다는 사실을 주장하지 못한다면, 갑은 주장책임을 지고 패소할 수밖에 없다.

행정소송에 있어서도 원칙적으로 변론주의가 채택되고 있으므로 이러한 주장책임의 문제가 발생하나, 다만 행정소송법은 법원은 당사자가 주장하지 아니한 사실에 대하여도 판단할 수 있다는 규정을 두어 그 예외를 인정하고 있다.

어느 사실에 관하여 그 존부(存否)의 입증이 문제로 되기 이전에 먼저 당해 사실의 주장이 있어야 한다는 점에서, **주장책임**은 입증책임과는 별개의 문제로서 독자적 의미를 가진다.

누가 주장책임을 부담하는가 하는 주장책임의 분배문제는 원칙적으로 입증책임의 분배문제와 일치한다고 본다.

(2) 입증책임

입증책임은 소송상의 일정한 사실에 대한 명백한 입증이 없을 때, 누가 이로 인한 불이익을 부담하여야 할 것인가의 문제가 입증책임과 관련된 문제이다. 앞의 주장책임의 예에서 갑은 자신이 비과세 대상자라고 주장하는 **주장책임**뿐만 아니라, 자신이 비과세 대상자라는 것을 입증하는 증거를 제출하여야 할 **입증책임**이 있다.

입증책임은 직권탐지주의가 적용되는 경우에도 여전히 의미를 갖는다. 왜냐하면, 직권탐지가 언제나 입증문제를 분명히 해결해 주는 것은 아니기 때문이다.

XI. 취소소송의 판결

1. 판결의 의의와 위법 판단의 기준 시점

취소소송의 판결이란 소송의 대상인 구체적 쟁송을 해결하기 위하여 법원이 변론을 거쳐 '무엇이 법인가'를 판단하여 선언하는 행위를 말한다.

처분 시와 판결 시 사이에는 시간적 간격이 있는 것이 보통이므로, 그 사이에 사실관계의 변경 또는 관계 법령의 변경이 있는 경우 어느 시점을 기준으로 판단할 것인지가 문제되는 바 이에 대해서는 학설의 대립이 있다.

1) 처분시설(통설, 판례)

취소소송은 사후 심사에 해당하는 것인데, 판결 시를 기준으로 처분 시 이후의 사정을 고려하게 되면 법원이 행정감독적 기능을 하게 되는 것이므로, 처분 시의 법령 및 사실상태를 기준으로 판단하여야 한다는 견해이며, **통설**과 **판례**의 견해이다.

행정소송의 본질은 개인의 권익 구제에 중점이 있고, 권익 구제는 처분 시에 이미 위법한 처분으로부터 원고의 권익을 구제하는 것을 뜻하므로, 처분시설이 타당하다. 다만, 이 견해도 하자의 치유를 인정하고 있으므로 예외가 인정된다. 판례도 원칙적으로 처분시설에 입각하고 있다(대판 1993.5.27, 92누19033).

2) 판결시설

취소소송은 행정행위가 법규에 대하여 적합한 것인지를 판단 대상으로 하는 것이므로, 판결 시의 법령 및 사실상태를 기준으로 하여야 한다는 견해이다. 그러나 이 견해도 일정시기에 있어서의 위법성 판단인 경우, 처분의 효과가 처분 시에 완료되는 경우에는 예외를 인정하고 있다.

2. 판결의 종류

취소소송의 판결 역시 민사소송의 예에 따라 구분해 볼 수 있다. 즉, 중간판결과 종국판결, 소송판결과 본안판결, 전부판결과 일부판결, 확인판결과 이행판결, 기각판결과 인용판결로 나누어지며, 기각판결의 일종으로서 사정판결이 인정되는 점이 특이하다.

1) 중간판결 · 종국판결

중간판결은 소송 진행 중에 생긴 쟁점을 해결하기 위하여 내리는 확인적(確認的) 성질의 판결을 말한다. 예를 들면, 소송의 대상인 사건이 행정사건이 아니라는 피고의 항변을 이유 없다고 하는 판결 등이다. 한편, 종국판결은 당해 소송의 전부 또는 일부에 관해 종국적인 효력을 갖는 판결을 말한다.

2) 소송판결 · 본안판결

종국판결은 소송판결과 본안판결로 구분된다. **소송판결**은 소송의 적부에 대한 판결로서, 당해 소(訴)가 소송 요건을 결여하고 있는 경우에 이를 부적법한 소로서 각하(却下)하는 것을 말한다. 즉, 전심절차(前審節次) · 당사자 적격 · 관할권 · 소송 제기기간 등의 요건의 불비(不備)가 있는 경우에 당해 소를 **각하**하는 판결을 말한다. **본안판결**은 소송의 이유 유무에 관한 판결로서 **인용(認容)**하거나 **기각(棄却)**하는 판결이 이에 해당한다.

3) 기각판결 · 인용판결

기각판결은 원고의 청구가 이유 없다고 하여 배척하는 판결이다. 당해 처분이 위법하지 않거나 단순히 부당한 것인 때, 또는 행정소송의 제기 후에 소의 대상인 처분(處分) 또는 소익(訴益)이 소멸된 경우에 하는 것이다. 그러나 예외적으로 처분이 위법하더라도 공익적 견지에서 원고의 청구를 기각하는 경우가 있는 바, **사정판결**이 이에 해당한다.

인용판결은 원고의 청구가 이유 있다고 하여, 그 전부 또는 일부를 받아들이는 판결을 말한다. 취소소송의 인용판결은 위법한 처분 등의 취소 또는 변경을 내용으로 하는 판결이다(제4조 제1호). 여기서 변경의 의미에 관하여는 원처분을 새로운 처분으로 대체시키는 적극적 형성판결(形成判決)로 이해하는 입장과, 이를 일부 취소(一部取消)의 의미로 보는 소극적 입장이 대립하고 있다.

4) 확인판결 · 이행판결

확인판결은 일정한 법률관계나 법률 사실의 존부(存否)를 확인하는 판결을 말하는데, 무효 등 확인소송이나 부작위위법확인소송에 있어서의 인용판결이 그 대표적 예이다.

이행판결은 법원이 행정청에 대하여 일정한 행위를 할 것을 명하는 판결을 말하는데, 우리나라의 항고소송에 있어서는 의무이행소송(義務履行訴訟)이 인정되지 않으므로, 직접적인 이행판결은 허용되지 않는다. 다만, 거부처분에 대한 취소판결 및 부작위위법확인판결은 간접적으로 그 이행을 강제하는 효력을 인정하고 있으므로(제34조), 그 한도에서 간접적인 이행판결의 성질을 갖는다고 할 수 있다.

행정소송법 제34조(거부처분 취소판결의 간접강제)
① 행정청이 제30조 제2항의 규정에 의한 처분을 하지 아니하는 때에는 제1심 수소법원은 당사자의 신청에 의하여 결정으로써 상당한 기간을 정하고 행정청이 그 기간 내에 이행하지 아니하는 때에는 그 지연기간에 따라 일정한 배상을 할 것을 명하거나 즉시 손해배상을 할 것을 명할 수 있다.

3. 사정판결

사정판결은 취소소송에 있어서 법원이 원고의 청구가 이유 있다고 인정하는 경우에도 이를 인용(認容)하는 것이 현저히 공공복리에 적합하지 않다고 인정하는 때에는 원고의 청구를 기각할 수 있는 바(제28조 제1항), 이를 사정판결이라 한다.

사정판결은 집행부정지(執行不停止)의 원칙과 함께 행정소송법상의 대표적인 공익 조항에 속한다.

건축불허가처분이 처분 시에는 위법하다고 하더라도, 본 건 변론 종결 당시에는 청주 도시계획 재정비 결정으로 녹지지역으로 지정고시된 만큼, 본 건 건축불허가처분을 취소하는 것은 현저히 공공복리에 적합하지 아니하다고 인정된다(대판 1970.3.24, 69누299).

사정판결 제도에 대해서는 이를 법치행정의 원리 및 재판을 통한 개인의 권리 보호라는 헌법 이념에 충실하지 못한 제도로 비난받기도 한다. 그러나 사정판결 제도는 공공복리를 이유로 하여 원고에게 일방적인 희생을 강요하는 것은 아니다. 사정판결이 내려지는 경우 원고에 대한 보상 규정(제28조 제3항)[2]을 통해 원고에게 본래의 청구에 갈음하여 손해배상 등 기타의 방법으로 원고의 청구를

2) 행정소송법 제28조는 사정판결에 관한 규정으로서 제1항에는 사정판결의 요건을 규정하고 있다. 이에 제2항에서는 "제1항의 규정에 의한 재판을 함에 있어서는 미리 원고가 그로 인하여 입게 될 손해의 정도와 배상 방법 그 밖의 사정을 조사하여야 한다"고 규정하고 있다.

수용하며, 동시에 그것을 통해 공공복리에도 이바지하고자 하는 것이 이 제도의 취지라고 할 수 있기 때문이다.

판례는 법원이 사정판결을 할 필요가 있다고 인정하는 때에는 당사자의 명백한 주장이 없는 때에도 일건 기록에 나타난 사실을 기초로 하여 **직권(職權)**으로 사정판결을 할 수 있는 것으로 보았다(대판 1993.9.28, 93누9132).

사정판결은 **취소소송**에만 인정되는 것이 원칙이다. 판례도 무효인 행정처분은 존치(存置)시킬 효력이 있는 행정행위가 없다는 점에서 사정판결을 부인하고 있다(대판 1996.3.22, 95누5509; 대판 1992.11.10, 91누8227; 대판 1987.3.10, 84누158).

4. 취소판결의 효력

취소소송의 판결이 확정되면 민사소송에서 인정되는 일반적인 효력인 자박력(自縛力), 확정력(確定力) 및 형성력(形成力) 등의 효력을 발생하게 된다. 확정력에는 형식적 확정력(불가쟁력)과 실질적 확정력(기판력)이 있다. 그 밖에 행정소송법은 행정소송 특유의 효력으로서 취소판결에 제3자에 대한 효력(제29조 제1항)과 기속력(羈束力) 및 간접강제 제도(집행력)를 인정하고 이를 다른 행정소송 유형에 준용하고 있다.

1) 자박력

법원이 판결을 일단 선고하면 선고법원(宣告法院) 자신도 판결의 내용을 임의로 취소하거나 변경할 수 없는 구속을 받는다. 이를 자박력(自縛力)이라 하며, 이는 판결의 **선고법원**에 대한 효력이다. 이를 **불가변력(不可變力)** 혹은 **구속력(拘束力)**이라고도 한다.[3)]

그러나 판결의 제목이나 내용에 명백한 오류[계산 잘못, 오기(誤記) 등]가 있는 경우에는 법원은 직권 또는 당사자의 신청에 의하여 결정을 통해 정정할 수 있다(민사소송법 제211조).

---

3) 학자에 따라서는 자박력을 '구속력'이라고도 하지만 또한 어떤 학자는 다음에 설명할 '기속력'을 구속력이라고 표현하기도 한다. 따라서 여기에서는 '자박력'이라고 표현하기로 한다.

2) 확정력

(1) 형식적 확정력(당사자에 대한 효력)

형식적 확정력(形式的確定力)이라 함은 취소소송의 판결을 더 이상 정식재판 절차를 통해 다툴 수 없게 되는 효력을 말한다.

판결에 대하여 불복(不服)이 있는 자는 그 취소·변경을 위하여 상소(上訴)하여야 한다. 그러나 상소 제기기간이 경과한 경우, 당사자가 상소를 포기하는 경우, 혹은 모든 심급(審級)을 다 거친 경우 등의 사유로 인하여 판결에 불복하는 자가 더 이상 판결을 상소로서 다툴 수 없게 되는데, 이 경우에 판결이 갖는 구속력을 형식적 확정력, 또는 **'불가쟁력(不可爭力)'**이라고 한다.

(2) 실질적 확정력(기판력)(후소법원과 양 당사자에 대한 효력)

실질적 확정력이란 행정소송의 대상인 소송물에 관한 법원의 판단이 내려져서 이 판단이 형식적 확정력을 갖게 된 경우에는, 그 후의 절차(예: 후소)에서 동일한 사항(동일한 소송물)이 문제되는 경우에 있어 **당사자와 이들의 승계인**은 기존 판결의 주문에 반하는 주장을 하여 다툴 수 없을 뿐만 아니라(일사부재리효), **후소법원(後訴法院)**도 그에 반하는 판단을 할 수 없는 구속(모순금지효)을 받는 효력을 말한다. 이러한 확정판결의 내용적 효력을 **'기판력(旣判力)'**이라고도 한다. 기판력은 형식적 확정력을 전제로 한다.

예를 들면, 과세처분 취소청구를 기각하는 판결이 확정되면 그 처분이 적법하다는 점에 관하여 기판력이 생기고, 그 후 원고가 이를 무효라 하여 무효 확인을 소구할 수 없는 것이어서 과세처분의 취소소송에서 청구가 기각된 확정판결의 기판력은 그 과세처분의 무효 확인을 구하는 소송에도 미친다.

> 확정판결의 기판력이라 함은 확정판결의 주문(主文)에 포함된 법률적 판단의 내용은 이후 그 소송 당사자의 관계를 규율하는 새로운 기준이 되는 것이므로, 동일한 사항이 소송상 문제되었을 때 당사자는 이에 저촉되는 주장을 할 수 없고 법원도 이에 저촉되는 판단을 할 수 없는 기속력을 의미하는 것이다(대판 1987.6.9, 86다카2756).

3) 형성력

판결의 형성력(形成力)이란 일반적으로 판결의 취지에 따라 법률관계의 발생·변경·소멸을 가져오는 효력을 말한다. 따라서 처분의 취소판결이 있게 되면, **처분청의 별도의 행위를 기다릴 것 없이 처분의 효력이 소급하여 소멸한다**.

예를 들면, 파면처분(罷免處分)을 받은 공무원이 그 파면 취소판결을 제기하여 승소하는 경우, 처분 행정청에 의한 취소나 취소통지의 의사표시 내지 절차 없이 당연히 파면처분의 효력이 상실됨으로써 소급하여 공무원의 신분을 회복하게 되는 것과 같다.

행정소송법에서는 취소판결의 형성력에 대해 직접적 규정을 두고 있지 아니하나, 취소판결의 제3자효(第三者效)를 규정한 제29조 제1항은 이를 전제로 한 규정이라고 할 수 있다.

취소판결의 효력이 제3자에게도 미치는가, 아니면 당사자 사이에서만 발생하는가에 대해 행정소송법은 제29조 제1항은 "처분 등을 취소하는 확정판결은 제3자에 대하여도 효력이 있다"고 명시하여 취소판결의 제3자에 대한 구속력을 명문화하였다.

행정소송법 제29조(취소판결 등의 효력)
① 처분 등을 취소하는 확정판결은 제3자에 대하여도 효력이 있다.

처분 등을 취소하는 확정판결이 제3자에 대하여도 효력이 있다는 것은 취소판결의 존재와 그 판결에 의해 형성되는 법률관계를 제3자도 용인하여야 함을 의미한다(대판 1986.8.19, 83다카2022).

4) 기속력(행정기관에 대한 효력)

취소판결의 기속력(羈束力) 혹은 구속력(拘束力)이란, 당사자인 행정청과 그 밖의 관계 행정청이 확정된 판결의 취지에 따라 행동해야 하는 의무를 발생시키는 효력을 말한다. 행정소송법은 제30조는 취소판결의 기속력을 명시하고 있다.

행정소송법 제30조(취소판결 등의 기속력)
① 처분 등을 취소하는 확정판결은 그 사건에 관하여 당사자인 행정청과 그 밖의 관계 행정청을 기속한다.
② 판결에 의하여 취소되는 처분이 당사자의 신청을 **거부하는 것을 내용으로 하는 경우**에는 그 처분을 행한 행정청은 판결의 취지에 따라 다시 이전의 신청에 대한 처분을 하여야 한다.

③ 제2항의 규정은 신청에 따른 처분이 절차의 위법을 이유로 취소되는 경우에 준용한다.

5) 간접강제(집행력)

간접강제 제도(집행력)란 **거부처분의 취소판결**에 따른 재처분 의무의 경우에 행정청이 의무를 이행하지 않는 경우에 제1심 수소법원(受訴法院)이 일정한 기간을 정하여 의무이행을 명하고, 이 기간 내에도 이행하지 않는 때에는 그 지연기간에 따라 일정한 배상을 할 것을 명하거나, 즉시 손해배상을 명함으로써 간접적으로 강제할 수 있는 제도를 말한다(제34조 제1항).

행정소송법 제34조(거부처분 취소판결의 간접강제)
① 행정청이 제30조 제2항의 규정에 의한 처분을 하지 아니하는 때에는 제1심 수소법원은 당사자의 신청에 의하여 결정으로써 상당한 기간을 정하고 행정청이 그 기간내에 이행하지 아니하는 때에는 그 지연기간에 따라 일정한 배상을 할 것을 명하거나 즉시 손해배상을 할 것을 명할 수 있다.

집행력이란 확정판결 등으로 명한 의무이행을 강제집행 절차에 의하여 실현할 수 있는 효력을 말하는 바, 이러한 집행력은 **이행판결(履行判決)**에 한하여 인정된다.

그러나 행정소송법이 의무이행소송을 인정하지 않고 있기 때문에 강제집행의 집행력이 생길 여지가 없다. 이에 행정소송법은 기속력에 의해 발생하는 재처분 의무(再處分義務)의 실효성을 확보하기 위하여 민사소송의 경우에 준하여(민사소송법 제693조), 간접강제 제도(행정소송법 제34조 제1항, 제38조 제2항)를 채택하였다. 이러한 간접강제 제도는 **거부처분의 취소판결**의 경우뿐만 아니라 **부작위위법 확인판결**이 확정된 경우에도 준용되고 있다(제38조 제2항). 그러나 무효 등 확인소송의 경우에는 준용되지 않는다고 본다. 판례도 마찬가지 입장이다. 따라서 거부처분에 대한 무효 등 확인판결의 경우에는 간접강제 제도를 활용할 수 없다.

행정처분에 대하여 무효 확인 판결이 내려진 경우에는 그 행정처분이 거부처분인 경우에도 행정청에 판결의 취지에 따른 재처분의무가 인정될 뿐 그에 대하여 간접강제까지 허용되는 것은 아니라고 할 것이다(대판 1998.12.24, 98무37).

행정소송 중 당사자소송은 민사소송에 준하는 성질을 가지므로 그 급부판결(給付判決)에 집행력이 인정된다.

5. 제3자의 재심청구

취소소송의 취소판결의 효력은 소송 당사자뿐만 아니라 제3자에게도 미치므로(제29조 제1항, 제38조), 제3자의 권리 보호를 위하여 행정소송법은 제3자의 '소송참가 제도(訴訟參加制度)'를 마련해 놓고 있다(제16조).

그러나 경우에 따라서는 제3자가 자신의 귀책사유 없이 소송에 참가하지 못하여 판결의 결과에 영향을 미칠 공격・방어방법을 제출하지 못할 때가 있을 수 있는 바, 이러한 경우에 제3자의 권리 구제를 위하여 일정한 요건 하에 제3자의 재심청구(再審請求)를 인정하고 있다(제31조).

제3자에 의한 재심의 청구는 확정판결이 있음을 안 날로부터 **30일** 이내, 판결이 확정된 날로부터 **1년** 이내에 제기하여야 한다(제31조 제2항). 이 기간은 불변기간(不變期間)이다(동조 제3항).

재심청구에서 **원고**는 취소소송의 인용판결에 의해 권리 이익을 침해받는 자이고, **피고**는 확정판결에 나타난 원고와 피고를 **공동피고(共同被告)**로 하여야 한다.

재심을 청구하기 위해서는 제3자가 자기에게 책임 없는 사유로 인하여 소송에 참가하지 못하였어야 하며, 소송에 참가하지 못함으로써 판결의 결과에 영향을 미칠 공격 또는 방어방법을 제출하지 못하였어야 한다. 자기에게 책임 없는 사유에 대한 입증책임은 제3자에게 있다는 것이 판례의 입장이다(대판 1995.9.15, 95누6762).

XII. 판결에 의하지 않는 취소소송의 종료 및 소송비용

1. 판결에 의하지 않는 취소소송의 종료

취소소송은 법원의 종국판결에 의하여 종료되는 것이 원칙이나, 그 밖에 소의 취하(取下), 당사자의 소멸 등에 의해서도 종료될 수 있다. 한편, 취소소송에 있어서도 민사소송에 있어서와 같이 청구의 포기(抛棄)·인락(認諾)이나 소송상의 화해(和解)가 인정되는지에 대하여 다툼이 있다.

1) 소의 취하

'소(訴)의 취하'란 원고가 제기한 소의 전부 또는 일부를 철회하는 법원에 대한 일방적 의사표시를 말한다. 취소소송의 경우에도 처분권주의가 지배하므로 이를 부인할 이유는 없을 것이다.

원고는 **'판결이 확정되기 전'**까지는 언제라도 소의 전부 또는 일부를 취하할 수 있으나, 다만 피고가 본안에 대하여 준비 서면을 제출하거나 준비 절차에서 진술·변론을 한 후에는 피고의 동의가 있어야 한다(민사소송법 제239조).

2) 청구의 포기·인락·소송상 화해

청구의 포기(抛棄)란 원고가 법원에 대해 자기의 소송상의 청구가 이유 없음을 자인(自認)하는 의사표시를 말하고, **청구의 인락(認諾)**은 피고가 법원에 대해 원고의 소송상의 청구가 이유 있음을 자인하는 의사표시를 말하며, **소송상 화해(訴訟上和解)**는 소송 계속 중 당사자 쌍방이 소송물(訴訟物)인 권리관계의 주장을 서로 양보하여 소송을 종료시키기로 하는 합의를 말한다.

민사소송법은 당사자가 청구의 포기, 인락 또는 화해를 조서에 기재한 때에는 그 조서는 확정판결과 동일한 효력이 있는 것으로 보고 있다(제206조). 이는 통상의 민사소송에 있어서는 당사자에게 소송물인 권리관계를 자유로이 처분할 수 있는 권리가 인정되어 있기 때문이다.

이러한 민사소송법상의 포기·인락·화해가 취소소송에도 인정될 수 있는 것인가에 대해서는 긍정설과 부정설이 대립된다.

행정소송의 성질상 처분권주의에는 일정한 한계가 있다는 것을 전제로 행정소송에 있어서는 그 **공공성(公共性)**으로 인하여 당사자가 임의로 소송물을 처분할 수 없다고 보아야 한다는 점, 행정소송에는 제한적 범위이지만 **직권탐지주의(職權探知主義)**가 채택되고 있으므로 가사소송(家事訴訟)에 있어서와 같이 포기 · 인락 · 화해에 친하지 아니한 것으로 보아야 한다는 점, 복효적(複效的) 처분의 경우 화해 · 인락 등을 인정하면, 제3자에 대하여 불측(不測)의 손해를 가져다 줄 수 있는 점 등을 이유로, 행정소송에는 포기 · 인락 · 소송상 화해가 인정될 수 없다는 **부정설**이 **다수설**이다.

3) 당사자의 소멸

원고가 사망하고 소송물을 승계할 자가 없거나, 소송물의 성질상 타인에게 승계가 허용되지 않는 경우에 소송은 종료된다

이에 대해, 피고인 행정청이 직제개편(職制改編) 등으로 인하여 없어진 경우에는 그 처분 등에 관한 사무가 귀속되는 국가 또는 공공단체가 피고가 되므로(제13조 제2항), 소송은 종료되지 않는다.

2. 소송비용

소송비용은 패소자(敗訴者)가 부담함이 원칙이다(민사소송법 제98조). 원고의 청구가 일부 인용(一部認容)되었을 때에는 소송비용은 법원이 정한다(동법 제101조).

예외적으로 취소청구가 사정판결(事情判決)에 의하여 기각되거나, 행정청이 처분 등을 취소 또는 변경함으로 인해 청구가 각하 또는 기각된 경우에는 소송비용은 피고가 부담한다(행정소송법 제32조). 한편, 소송을 취하한 경우에는 취하한 자가 부담하고, 재판상 화해의 경우에는 합의가 없는 한 반반씩 부담하여야 한다.

소송비용에 관한 재판이 확정된 때에는 피고 또는 참가인이었던 행정청이 소속하는 국가 또는 공공단체에 그 효력이 미친다(동법 제33조).

제4절 무효 등 확인소송

Ⅰ. 개 설

1. 무효 등 확인소송의 의의

무효 등 확인소송(無效等確認訴訟)은 "행정청의 처분 등의 효력 유무 또는 존재 여부를 확인하는 소송"을 말한다(제4조 제2호). 따라서 무효 등 확인소송에는 처분이나 재결의 무효확인소송(無效確認訴訟)·유효확인소송(有效確認訴訟)·부존재확인소송(不存在確認訴訟)·존재확인소송(存在確認訴訟) 및 실효확인소송(實效確認訴訟) 등이 포함되나, 여기에서는 무효확인소송을 중심으로 설명하기로 한다.

처분에 내재하는 하자가 중대·명백한 것인 경우에는, 당해 처분에는 공정력(公定力)이 인정되지 않고 처음부터 효력이 발생하지 않으므로, 상대방 기타 이해관계인은 이를 무시하고 그 무효를 전제로 하여 곧바로 현재의 법률관계에 관한 주장(예: 부당이득반환청구, 공무원의 보수지급 청구 등)을 할 수 있다. 따라서 무효인 처분에 대하여는 무효 확인을 반드시 법원에 청구할 필요는 없다고 볼 수도 있다.

그러한 관점에서 무효처분과 관련하여 그 무효를 주장하는 방법으로는 **처분의 무효를 선결문제로 하는 민사소송** 또는 **공법상 당사자소송**에 의하면 되고, 그에 의하여 구제가 안 되는 경우에만 보충적으로 무효확인소송을 인정하면 된다는 견해가 성립할 수 있다.4)

그러나 처분이 무효인 경우에도 처분으로서의 외관(外觀)이 존재하고 있으

---

4) **무효인 공무원 파면처분**의 경우, **항고소송**으로서 **파면처분 무효확인소송**이 가능할 뿐만 아니라 **당사자소송**으로서 그 **파면처분의 무효임을 전제로 한 공무원지위 확인소송**도 가능하다. 그리고 **무효인 과세처분**의 경우, **항고소송**으로서 **과세처분 무효확인소송**이 가능하고, **당사자소송**으로서 **조세채무 부존재확인소송**도 가능하다.

며, 또한 무효 원인과 취소 원인의 구별은 **상대적**인 것이기 때문에, 행정청이 당해 처분을 유효한 것으로 판단하여 집행할 우려가 있다. 따라서 무효인 처분의 상대방이나 이해관계인은 그 무효를 공적(公的)으로 확인받을 필요가 있는 것이다. 여기에 무효확인소송이라는 독립된 소송 형태를 인정할 필요성 및 그 의의가 있는 것이다.

무효 등 확인소송도 취소소송과 마찬가지로 '처분 등', 즉 '행정청이 행하는 구체적 사실에 관한 법 집행으로서의 공권력의 행사 또는 그 거부와 그 밖에 이에 준하는 행정작용 및 행정심판에 대한 재결'을 소송 대상으로 한다(제19조, 제38조 제1항 등 참조). 재결의 무효 등 확인소송은 재결 자체에 고유한 위법이 있음을 이유로 하는 경우에만 가능하다(제19조 단서, 제38조 제1항 참조).

무효 등 확인소송의 이점(利點)은 제소기간, 행정심판전치(行政審判前置) 등과 같은 제약을 받지 않는 점에 있다.

2. 성질 및 적용 법규

무효 등 확인소송의 성질에 관하여 과거의 학설은 당사자소송설(當事者訴訟說), 항고소송설(抗告訴訟說), 준항고소송설(準抗告訴訟說)로 나뉜 바 있다. 그러나 현행 행정소송법은 무효 등 확인소송을 취소소송과 함께 **항고소송**으로 봄으로써 이 문제를 입법적으로 해결하였다.

같은 항고소송이라도 취소소송은 일단 발생한 처분 등의 효력을 소멸시키는 것으로서 **형성소송(形成訴訟)**인 데 반해, 무효 등 확인소송은 당해 처분이 무효인 것을 확인・선언하는 데 그치는 것이므로 **확인소송(確認訴訟)**의 성질을 가진다.

무효 등 확인소송도 행정청의 공권력 행사에 불복하여 제기하는 소송으로서, 처분 등의 무효를 확정하고 넓은 의미에서 그 효력을 배제하는 것을 목적으로 하는 것이라는 점에서는 취소소송과 공통점이 있다. 따라서 행정소송법은 취소소송에 관한 대부분의 규정을 무효 등 확인소송에 준용하도록 하고 있으며(제37조, 제38조 제1항), **행정심판전치주의(제18조)・제소기간(제20조)・재량처분의 취소(제27조)・사정판결(제28조)** 등에 관한 규정만을 준용하지 않고 있다.

Ⅱ. 법률관계부존재확인소송 등

처분 등은 법률관계의 발생·변경·소멸을 가져오는 것이지, 그 자체가 법률관계는 아니다. 따라서 처분 등의 존부확인소송은 법률관계존부확인소송과 구별되어야 한다.

그러나 현행법상 항고소송으로서 법률관계존부확인소송은 명시적으로 인정되고 있지 않다. 또한 법률관계존부확인소송의 일종인 작위의무확인소송 역시 현행법상 명문으로 인정되고 있지 않으며 판례도 부인한다(대판 1990.11.23, 90누578; 대판 1990.11.23, 90누3553). 판례는 예방적 부작위소송도 부인한다.

(전주시 근린생활시설 사건에서) 건축건물의 준공처분을 하여서는 아니 된다는 내용의 부작위를 구하는 청구는 행정소송에서 허용되지 아니하는 것이므로 부적법하다(대판 1987.3.24, 86누182).

행정소송법상 무효 등 확인소송은 추상적 규범통제 수단이 아니기 때문에 법령무효확인의 소도 인정되지 아니한다.

Ⅲ. 무효 등 확인소송의 재판 관할

무효 등 확인소송의 제1심 관할 법원은 피고인 **행정청의 소재지를 관할하는 행정법원**이 된다(제9조, 제38조 제1항). 따라서 무효 등 확인소송이 관할권 없는 법원에 잘못 제기된 때에는 원고의 고의나 과실로 인한 경우가 아니면, 법원은 결정으로 관할 법원에 이송(移送)하여야 한다(제8조 제2항).

Ⅳ. 무효 등 확인소송의 당사자

1. 원고 적격

무효 등 확인소송은 처분 등의 효력의 유무 또는 존재 여부의 확인을 구할 법률상 이익이 있는 자가 제기할 수 있다(제35조). 여기서 '법률상 이익'이 무엇을 의미하는가에 대하여는 취소소송에 있어서의 '법률상 이익'과 같다는 법적 보호이익설(法的保護利益說)과, 즉시확정이익설(卽時確定利益說) 등 견해가 갈리고 있다.

1) 법적 보호이익설

법적 보호이익설은 무효 등 확인소송의 원고 적격에 관한 '법률상 이익'을 취소소송의 그것과 같은 개념으로 본다.

2) 즉시확정이익설

즉시확정이익설은 '법률상 이익'을 민사소송에서의 '확인의 이익', 즉 '현존하는 불안이나 위험을 제거하기 위하여 확인판결(確認判決)을 받는 것이 필요하고 또한 적절한 때'와 같이 이른바 '즉시확정(卽時確定)의 법률상 이익'으로 보는 견해로서, 독일과 일본의 입법례에 따른 해석 방법이다.

우리 행정소송법은 무효 등 확인소송의 원고 적격으로 '법률상 이익'만을 규정하고 있어 원고 적격에 구체적인 제한을 가하고 있는 일본·독일에서와 같은 견해를 취할 이유는 없다고 본다. 따라서 법적 보호이익설이 타당하다고 본다.

판례는 무효 확인을 구하는 것이 분쟁 해결에 직접적이고도 유효·적절한 수단이라 할 수 없는 경우에는 원고 적격[소(訴)의 이익]이 없는 것으로 보고 있어, 즉시확정이익설의 견해를 취하고 있다.

(원고가 의왕시 오전동장이 A에게 발급한 인감증명서 발급처분의 무효 확인을 구한 사건에서) 항고소송인 무효 등 확인소송에 있어서 소의 이익이 인정되기 위해서는 행정소송법 제35조 소정의 '법률상 이익'이 있어야 하는 바, 그 법률상 이익은 당해 처분의 근거 법률에 의하여 보호되는 직접적이고 구체적인 이익이 있는 경우를 말하고 간접적이거나 사실적·경제적 이해관계를 가지는 데 불과한 경우는 여기에 해당되지 아니한다(대판 2001.7.10, 2000두2136).

소유자 아닌 다른 사람이 행정청으로부터 건물에 대한 사용 승인의 처분을 받아 이를 사용·수익함으로써 소유자의 권리 행사가 방해를 받고 있는 경우, 사용 승인의 처분이 그러한 침해행위까지 정당화하는 것은 아니므로, 건물의 소유자로서는 사용 승인 처분에 대한 무효 확인의 판결을 받을 필요 없이 직접 민사소송을 제기하여 소유권에 기한 방해의 제거나 예방을 청구함으로써 그 소유물에 대한 권리를 보전하려는 목적을 달성할 수가 있으므로, 그 사용 승인 처분에 대하여 무효 확인을 구하는 것은 분쟁 해결에 직접적이고도 유효·적절한 수단이라 할 수 없어 소의 이익이 없다(대판 2001.9.18, 99두11752).

2. 피고 적격

무효 등 확인소송의 피고 적격에 관하여는 취소소송의 피고 적격에 관한 행정소송법 제13조가 준용되므로, **당해 처분 등을 행한 행정청**이 피고가 된다. 즉, 무효 등 확인소송의 피고는 효력의 유무 또는 존재 여부의 확인 대상이 되는 처분 등을 한 행정청이 된다.

처분 등이 있은 후에 그 권한이 다른 행정청에 승계된 때에는, 이를 승계한 행정청이 피고로 된다(제38조 제1항, 제13조 제1항 단서). 피고의 경정(更正)에 관하여도 취소소송의 관계 규정이 준용된다(제38조 제1항, 제14조).

행정처분인 조례(條例)에 대한 무효 등 확인소송의 경우는 지방자치단체의 집행기관으로서 조례로서의 효력을 발생시키는 공포권(公布權)이 있는 지방자치단체의 장 또는 교육에 관한 조례의 경우에는 시·도교육감이 피고 적격을 갖는다.

3. 기타 관계 조항

공동소송(제15조), 제3자의 소송 참가(제16조), 행정청의 소송 참가(제17조) 등 취소소송의 당사자에 관한 기타 조항도 무효 등 확인소송에 준용된다(제38조 제1항).

Ⅴ. 무효 등 확인소송의 제기

1. 행정심판전치주의 및 제척기간의 배제

무효 등 확인소송에는 관계법에서 행정심판전치주의를 정하고 있는 경우에도 그 적용을 받지 아니하고, 또한 제척기간상의 제한도 적용되지 아니한다.

처분 등의 위법 사유가 중대·명백한 것인 때에는, 법원의 심사에 앞서 행정청에 심리·판단하게 할 필요가 없으며, 또한 무효인 처분은 처음부터 효력이 없는 것이므로, 법률관계의 조속한 확정이라는 요청에 기한 제소기간의 제한 규정이 무효 등 확인소송에는 적용되지 않는 것은 당연한 것이다.

2. 집행정지 결정 및 가처분

무효인 처분의 경우에는 처분으로서의 외형(外形)이 존재하고 사실상으로는 외견상(外見上)의 효력을 가지고 있기 때문에 처분의 당부에 관한 확정이 있기까지에는 취소를 주장하는 경우와 무효를 주장하는 경우를 구별할 필요가 없다. 따라서 무효 등 확인소송에 있어서도 취소소송의 집행정지(執行停止)에 관한 규정을 준용한다(제23조, 제24조, 제38조 제1항).

무효 등 확인소송에 있어서 가처분에 관한 민사소송법의 규정을 적용하여 가구제(假救濟)로서 가처분(假處分)을 인정할 것인지에 대하여는 견해가 대립되고 있다. 그러나 무효 등 확인소송에 있어서도 무효인 처분을 행정청이 집행할 수 있는 우려가 있으므로, 그로 인한 불이익을 잠정적으로 배제하여야 할 필요가 있기 때문에, 개별적·구체적으로 판단하여 가처분을 인정할 필요가 있다.

3. 관련 청구의 이송·병합 및 소의 변경

처분에 관련되는 분쟁을 한꺼번에 해결함으로써, 심리절차의 중복성을 피하여 소송경제(訴訟經濟)를 기하고, 재판의 모순·저촉을 방지할 필요는 취소소송에서와 마찬가지로 무효 등 확인소송에도 그대로 인정된다. 따라서 행정소송법이 관련 청구소송의 이송·병합 및 공동소송에 관한 규정을 무효 등 확인소송에도 준용하도록 한 것(제38조 제1항)은 타당한 것이다.

소의 변경에 관한 행정소송법 제21조의 규정은 무효 등 확인소송을 취소소송 또는 당사자소송으로 변경하는 경우에 준용된다(제37조). 즉, 법원은 무효 등 확인소송을 취소소송 또는 당사자소송으로 변경하는 것이 권리 구제 또는 소송경제를 위하여 상당하다고 인정할 때에는, 청구의 기초에 변경이 없는 한, 사실심의 변론 종결 시까지 원고의 신청에 의하여 결정함으로써 소의 변경을 인정할 수 있다.

무효 등 확인소송을 취소소송으로 변경할 경우에 행정심판임의주의(行政審判任意主義)가 적용되지만, 다른 법률에 당해 처분에 대한 행정심판전치(行政審判前置)를 규정한 경우에는 행정심판전치와 제소기간의 요건을 갖추어야 한다.

또한 무효 등 확인소송이 제기된 뒤에 행정청이 소송의 대상인 처분을 변경한 때에는 법원은 원고의 신청에 의하여 청구의 취지 또는 원인의 변경을 허가할 수 있다. 다만, 처분변경(處分變更)으로 인한 소(訴)의 변경청구는 행정심판전치의 요건을 갖춘 것으로 본다(제22조 제3항).

Ⅵ. 무효 등 확인소송의 심리

1. 직권증거조사주의

무효 등 확인소송의 심리에 있어서도 법원이 필요하다고 인정할 때에는 직권(職權)으로 증거조사를 할 수 있으며, 당사자가 주장하지 아니한 사실에 대하여 심판할 수 있다(제26조, 제38조 제1항).

2. 입증책임

무효 등 확인소송에서의 입증책임에 관하여는 두 가지 견해가 갈리고 있다.

1) 원고책임설

무효 등 확인소송은 취소소송에 비하여 특별한 구제 절차로서 원고에게 유리한 것이라는 점을 이유로, 이 소송에서 당해 처분이 중대·명백한 법규 위반으로 무효로 되게 되는 예외적 사정의 존재에 대하여는 원고가 이를 주장·입증하여야 한다고 보고 있다.

2) 법률요건분류설

무효 등 확인소송도 항고소송의 일종으로서 처분 등의 적법 여부가 다투어진다는 점, 취소소송에서보다 처분의 적법성에 대한 의문이 강하다는 점, 무효 사유, 즉 중대·명백한 하자를 이루는지의 여부는 법 해석 또는 경험칙(經驗則)에 의하여 판단되어야 하는 것일 뿐 입증책임과는 무관한 것이므로, 취소소송의 경우와 같은 입증책임의 분배 원칙에 따라 권한 행사의 근거에 관한 요건 사실의 입증책임은 피고인 행정청이, 권리장애(權利障碍) 및 권리소멸 규정(權利消滅規定)의 요건 사실은 원고가 져야 한다고 본다.

법률요건분류설이 현재 **다수설**이다. 대법원은 "행정처분의 당연 무효를 주장하여 그 무효 확인을 구하는 행정소송에 있어서는 원고에게 그 행정처분이 무효인 사유를 주장, 입증할 책임이 있다"(대판 1992.3.10, 91누6030)라고 하여 **원고책임설**에 입각하고 있다.

Ⅶ. 무효 등 확인소송의 판결

무효 등 확인판결의 효력에 관하여는 취소판결의 효력 및 기속력·형성력 등에 관한 규정이 준용된다(제38조 제1항, 제29조, 제30조).

따라서 무효 등 확인판결은 제3자에 대하여도 효력이 있고, 당사자인 행정청과 그 밖의 행정청을 구속하므로, 이들 관계 행정청으로서는 동일 내용의 반복처분이 금지되며, 또한 무효 확인된 처분이 **신청을 거부하는 것을 내용으로 하는 것**인 경우에는, 처분청은 판결의 취지에 따라 이전의 신청에 대하여 **재처분(再處分)할 의무**를 진다.

무효 또는 부존재인 처분에 있어서는 처분의 효력이 처음부터 발생하지 않으므로, 취소소송에 있어서의 **사정판결**에 관한 규정은 적용될 여지가 없다. 그러나 이견(異見)도 있다. 판례도 "행정처분이 무효인 경우에는 존재시킬 효력 있는 행정행위가 없기 때문에 사정판결을 할 수 없다"(대판 1985.5.26, 84누380; 대판 1970.7.24, 69누126)고 한다.

무효 등 확인판결은 제3자에 대하여도 효력이 미치므로, 제3자의 권익을 보호하기 위하여 **제3자의 소송 참가 및 재심청구**에 관한 규정은 이 소송에도 준용되고 있다(제16조, 제31조, 제38조 제1항).

제 5 절 부작위위법확인소송

Ⅰ. 개 설

부작위위법확인소송(不作爲違法確認訴訟)은 행정청의 부작위가 위법하다는 것을 확인하는 소송을 말한다(제4조 제3호). 즉, 행정청이 상대방의 신청에 대하여 어떠한 처분도 하지 않고 이를 방치하고 있는 경우에, 이러한 행정청의 부작위가 위법한 것임을 확인하는 소송이다.

예를 들면, 갑이 단란주점을 경영하기 위하여 해당 구청에 단란주점 영업허가를 신청하였는데, 해당 구청이 이에 대해 허가를 내어주거나 허가를 거부하는 등의 조치를 취하지 않고 방치해 두는 경우, 갑은 단란주점을 경영할 수가 없게 된다. 이 경우, 갑은 해당 구청장이 아무런 조치도 취하지 않고 있는 부작위가 위법하다는 확인을 구하는 소송을 제기할 수 있는데 이것이 부작위위법확인소송이다.

행정청의 위법한 처분으로 인하여 국민의 권리가 침해된 경우에는, 관계자는 당해 처분의 취소를 구하는 취소소송을 제기하거나 무효 등 확인소송을 제기하여 구제를 받을 수 있다. 그러나 국민이 행정청에 대해 일정한 처분을 해줄 것을 신청한 경우에, 행정청이 어떠한 처분도 하지 않고 이를 방치하고 있는 경우에는, 취소소송이나 무효 등 확인소송으로 이를 다툴 수는 없는 것이다. 따라서 이러한 행정청의 부작위에 대해서는 다른 소송 수단이 마련되어야 하는 바, 부작위위법확인소송이 그러한 수단의 하나이다.

오늘날 개인의 생존이나 기업활동이 국가나 공공단체로부터의 급부(給付)에 크게 의존하고 있는 현대 국가에 있어서, 공권력의 적극적인 행사에 의해서뿐 아니라, 공권력의 불행사(不行使), 즉 부작위에 의해서도 권익 침해가 일어나고 있는 사정을 감안하여, 행정청의 부작위를 행정소송의 대상으로 정하게 된 것이다.

행정청의 부작위에 대한 쟁송 제도로서는 이외에도 **의무이행소송(義務履行訴訟)** · **의무확인소송(義務確認訴訟)** 등을 상정할 수 있다. 그러나 이들 소송에 대해서는 권력 분립 원칙 및 행정청의 1차적 판단권과의 관계에서 문제가 있다고 보아서, 우리나라 행정소송법에서는 행정청에 대한 간섭의 정도가 가장 적은 부작위위법확인소송만을 도입하고 있다.

부작위위법확인소송은 부작위에 대해 위법하다는 사실단 확인할 뿐, 적극적으로 일정한 행위를 명하는 것은 아니다. 그러므로 행정소송법은 부작위위법소송에 대해 그 판결의 기속력으로서 **재처분 의무**와 **간접강제**를 인정함으로써 실효성 확보를 위한 제도를 강구하고 있다.

부작위위법확인소송의 소송물(訴訟物), 즉 법원의 심판 대상은 **'부작위의 위법성'**이다.

부작위위법확인소송은 행정청에 의한 공권력의 발동이 없는 상태를 대상으로 하여 소송이 제기된다는 점에서는, 공권력의 발동이 있은 뒤에 그에 불복하여 제기되는 취소소송이나 무효 등 확인소송과는 구별된다.

Ⅱ. 부작위의 성립 요건

행정소송법은 부작위를 "행정청이 당사자의 신청에 대하여 상당한 기간 내에 일정한 처분을 하여야 할 법률상 의무가 있음에도 불구하고 이를 하지 아니하는 것"이라고 정의하고 있다(제2조 제1항 제2호).

행정소송법이 정의하고 있는 부작위가 성립하기 위해서는 당사자의 신청(申請)이 존재하여야 하고, 행정청이 상당한 기간 내에, 처분을 하여야 할 법률상 의무가 있음에도 불구하고, 그 처분을 하지 아니할 것이 요구된다.

1. 당사자의 신청이 있을 것

신청은 자신에 대한 수익적 처분으로서의 인·허가 등에 대한 것일 수도 있고, 행정개입청구권(行政介入請求權)의 형태로서 예를 들면, 공해공장 위험물 등에 대한 행정청의 규제권 발동에 관한 것일 수도 있다.

신청에 대하여 행정청은 '일정한 처분을 하여야 할 법률상 의무'가 발생한다는 점에서, 신청은 법적으로 그 대상인 처분의 발급을 구할 수 있는 경우, 즉 신청권(申請權)이 있는 경우에 한정된다고 본다. 이러한 의미의 신청은 법령에 그에 관한 명시적 규정이 있는 경우뿐만 아니라, 헌법이나 관계 법령상 특정인에게 신청권이 있는 것으로 해석되는 경우도 포함된다.

2. 상당한 기간이 경과할 것

당사자의 신청에 대하여 행정청이 상당한 기간 내에 일정한 처분을 하지 아니한 상태를 초래하여야 하는 바, **'상당한 기간'**이란 사회 통념상 그 신청에 따르는 처분을 하는 데 소요될 것으로 인정되는 기간을 말한다. 이에 대해서는 일률적으로 정의할 수 없는 것으로, 당해 처분의 성질·내용·동종 사안(同種事案)에 대한 종래의 처리 경험 등을 종합적으로 판단하여 구체적으로 결정하여야 할 것이다.

허가 등의 처리에 대하여 법령에 그 처리기간을 정하고 있는 경우가 있으나, 이러한 처리기간에 관한 규정은 **훈시규정(訓示規定)**으로 해석되는 경우가 적지 않다.

> 구 주택건설촉진법시행령 제32조의2 제2항·제3항의 규정에 의하면, 주택건설사업계획의 승인 여부는 정당한 사유가 없는 한 60일 내에 처리하도록 되어 있지만, 그 규정은 가능한 한 조속히 그 승인 사무를 처리하도록 정한 훈시규정에 불과할 뿐 강행

규정이나 효력규정이라고 할 수 없으므로, 행정청이 그 기간을 경과하여 주택건설사업 승인 거부처분을 하였다고 해서 그 거부처분이 위법하다고 할 수는 없다(대판 1996.8.20, 95누10877).

3. 법률상 의무가 있을 것

상대방의 적법한 신청이 있는 경우 행정청에는 그 신청의 내용에 상응하는 '일정한 처분'을 하여야 할 법적 의무가 발생하는 바, 이러한 법률상의 처분 의무에도 불구하고 행정청이 어떠한 처분도 하지 않는 것이 (위법한) 부작위가 되는 것이다. 따라서 신청권(申請權)이 없는 자의 신청에 대하여 행정청이 이를 방치하여도 그것은 행정소송법상의 부작위에 해당하지 않는다.

4. 방치가 있을 것

행정청이 일정한 처분을 하여야 할 법률상의 의무가 있음에도 불구하고 어떠한 처분(處分: 처분의 내용은 관계법에 따라 특정 처분, 즉 기속행위일 수도 있고, 단순히 어떠한 처분, 즉 재량행위일 수도 있다)도 하지 않고 이를 방치함으로써, 처분으로 볼 만한 외관(外觀)이 존재하지 아니하여야 한다. 이러한 점에서 외관적 존재는 인정되는 무효인 행정처분과는 구별된다.

따라서 신청에 대하여 인용처분뿐만 아니라 거부처분을 한 경우에도 부작위는 성립하지 않음은 물론이며, 무효나 부존재인 경우에도 일단 처분이 있었으므로 부작위는 성립하지 않는다. 또한 이른바 '**간주거부(看做拒否)**', 즉 법령에서 신청에 대하여 일정기간 내에 처분이 없으면 거부처분으로 간주한다고 규정하고 있는 경우(구 지방세법 제58조 제9항, 구 국세기본법 제65조 제5항 등)에도, 그에 대하여 취소소송은 제기할 수 있으나, 부작위위법확인소송은 허용되지 않는다.

Ⅲ. 기타 주요 소송 요건

부작위위법확인소송에도 행정심판과 취소소송의 관계에 관한 규정을 적용하여 원칙적으로 임의적 전치절차를 채택하되, 예외적으로 다른 법률이 정한 경우에만 행정심판전치주의를 채택하고 있다(행정소송법 제18조 제1항, 제38조 제2항). 즉, 개별법에서 행정심판전치주의를 취하고 있는 경우에는, 부작위위법확인소송의 제기에 있어서도 먼저 **의무이행심판(義務履行審判)**을 거쳐야 한다.

의무이행심판은 이행쟁송(履行爭訟)이고 **부작위위법확인소송**은 **확인쟁송(確認爭訟)**이라는 점에서 각각의 재결과 판결의 효력에 차이가 있고, 양자 간에는 청구의 취지, 심리의 범위 등에 차이가 있다는 문제가 있다. 그러나 양자가 모두 행정청의 부작위에 대한 쟁송수단이며, 행정심판 형태로는 부작위위법확인심판이 없다는 점에서, 의무이행심판을 전심절차(前審節次)로 규정한 것으로 보인다.

부작위위법확인소송에 대해서도 취소소송의 제소기간의 규정이 준용되고 있다(제38조 제2항). 그러나 부작위의 성질상 제소기간의 준용은 문제가 있다. 따라서 부작위에 대해서 의무이행심판을 제기한 경우에는 제소기간이 준용될 수 있으므로, 그 재결서의 정본의 송달을 받은 날로부터 **90일** 이내에 제기하여야 할 것이다. 그러나 이러한 **행정심판을 거치지 않은 경우에는 제소기간이 준용될 수 없다**. 그 이유는 부작위는 다툼의 대상이 없고, 그 요건으로서 **상당한 기간**은 **객관적 기준**이 존재하지 않으므로 **기산점**을 산정하기 어렵기 때문이다.

제1심 법원은 피고의 소재지를 관할하는 행정법원이다(제9조, 제38조 제2항 참조).

관련 청구소송의 이송(移送)에 관하여는 행정소송법 제10조가 준용된다(제38조 제2항).

Ⅳ. 원고 적격 및 피고 적격

1. 원고 적격

부작위위법확인소송은 **처분의 신청을 한 자**로서, 부작위의 위법의 확인을 구할 '법률상 이익이 있는 자'만이 제기할 수 있다(제36조). 여기서 법률상 이익은 취소소송에서의 법률상 이익과 같다.

한편, 제36조의 '**처분의 신청을 한 자**'의 의미에 대해서는 '현실적으로 처분을 신청한 자'이면 모두 원고 적격을 갖는다는 견해와, '법령 또는 조리에 의해 신청권이 인정된 자'만이 원고 적격을 갖는다는 견해가 대립된다.

1) 처분을 신청한 자 모두를 포함한다는 견하

이 견해는 부작위위법확인소송에서 원고 적격이 인정되기 위해서는 현실적으로 일정한 처분을 신청한 것으로 족하고, 그 자가 법령에 의한 신청권을 가졌는지의 여부는 가릴 것이 없다고 본다. 즉, 법규상 · 조리상의 응답신청권은 본안판단 사항일 뿐 원고 적격 단계에서는 문제가 되지 않는다는 견해이다.

2) 법규상 · 조리상의 신청권이 있는 자만을 의미한다는 견해

이 견해는 신청인에게 법규상 · 조리상의 응답신청권이 인정된 자만이 이에 해당한다는 견해이다. 이 견해는 행정소송법 제2조의 부작위법확인소송의 대상으로서 '부작위'의 개념으로 "일정한 처분을 하여야 할 법률상 의무"로 정의하고 있음을 그 논거로 든다.

다수설은 법규상 · 조리상 신청권이 있는 자만을 의미한다고 본다. 판례도 일관되게 이러한 입장에 있다.

2. 피고 적격

부작위위법확인소송의 피고는 부작위의 행정청이 피고가 된다(제13조, 제14조, 제38조 제2항 참조).

V. 소의 변경

부작위위법확인소송은 취소소송이나 당사자소송으로 변경할 수 있다(제21조, 제37조). 즉, 법원은 청구의 기초에 변경이 없는 한, 사실심의 변론 종결 시까지 원고의 신청에 의해 소(訴)의 변경을 허가할 수 있다. 예를 들면, 이 소송의 계속(係屬) 중에 행정청이 처분을 한 경우 원고는 이 소송을 취소소송으로 변경할 수

있는 것이다.

Ⅵ. 법원의 판결

1. 위법판단의 기준 시점에 관한 문제

항고소송에 있어서 위법판단의 기준 시를 어느 때로 할 것인가에 대하여는 '처분시설(處分時說)'과 '판결시설(判決時說)'이 대립하고 있으나 **처분시설**이 **통설**이다. 그러나 부작위위법확인소송에 있어서는 엄격한 의미의 처분은 존재하지 않으므로 위법판단의 기준 시로서는 **판결시설**을 취할 수밖에 없다.

2. 심리 범위

부작위위법확인소송에서 법원의 심리권의 범위에 대해서는 단순히 행정청의 방치 상태(부작위)의 적부(適否)에 관한 절차적 심리에 그치지 아니하고, 신청의 실체적 내용이 이유 있는 것인지도 심리하여야 할 것인지에 대해 대립이 있다.

부작위위법확인소송의 소송물은 '부작위의 위법성'이므로 실체 심리는 할 필요가 없다는 견해(소극설)

행정청이 판결의 취지에 따르는 처분 의무를 이행하기 위해서는 신청의 실제적 내용을 심리하여 그에 대한 적정한 처리 방향에 대한 법률적 판단까지 하여야 한다는 견해(적극설)

부작위위법확인소송은 의무이행소송과는 달리 행정청의 부작위가 위법(違法)한 것임을 확인하는 소송으로서, 그 소송물, 즉 법원의 심판 대상은 **'부작위의 위법성'**이다. 따라서 법원으로서는 부작위의 위법성 여부를 판단하는 데 그치고, 그 이상으로 행정청이 행하여야 할 실체적 처분의 내용까지 심리·판단할 수는 없다고 보아야 한다. **판례** 또한 **소극설**적 입장이다.

3. 직권증거조사

부작위위법확인소송에서도 법원이 필요하다고 인정할 때에는 직권으로 증거조사(證據調査)를 할 수 있고, 당사자가 주장하지 아니한 사실에 대하여도 판단할 수 있음은 취소소송에 있어서와 같다(제26조, 제38조 제2항).

4. 행정심판 기록의 제출명령

법원은 당사자의 신청이 있을 때에는 결정(決定)으로써 재결을 행한 행정청에 대하여 행정심판에 관한 기록의 제출을 명할 수 있다(제25조, 제38조 제2항).

5. 입증책임

입증책임과 관련해서는 원고가 일정한 처분을 신청한 사실 및 원고에게 처분의 신청권이 있다는 것 등은 원고에게 주장·입증의 책임이 있으며, 원고가 처분을 신청한 후, '상당한 기간'을 경과하게 된 것을 정당화할 만한 특별한 사유가 존재하는 것에 대한 입증책임은 피고인 행정청에게 있다고 할 수 있다.

6. 기판력 등

부작위위법확인소송의 판결에도 기판력(旣判力)과 기속력(羈束力)이 인정된다. 취소판결의 기속력에는 그 소극적 효력으로서 반복금지효와, 적극적 효력으로서 재처분 의무가 있는 바, 동법은 부작위위법확인소송의 판결에도 이러한 **재처분 의무** 및 **간접강제 규정**을 **준용**하도록 하고 있다(제30조, 제34조, 제38조 제2항).

따라서 인용판결(認容判決)이 확정되면, 행정청은 '판결의 취지에 따라' 상대방의 신청에 대하여 일정한 처분을 하여야 한다. 그러나 부작위위법확인소송은 행정청의 부작위가 위법하다는 것을 확인하는 데 그치는 것이므로, 행정청은 '판결의 취지'에 따라 다만 (어떠한) 처분을 하기만 하면 되는 것이다. 환언하면, 행정청은 신청의 대상이 기속행위인 경우에 거부처분(拒否處分)을 하여도, 판결의 기속력의 내용인 (재)처분 의무는 이행되는 것이 된다.

이러한 거부처분이 있는 경우 신청인은 다시 그에 대한 취소소송을 제기하여 궁극적으로는 관계 행정청에 의한 당해 처분의 발급 의무의 이행을 확보할 수 있을 것이다.

그러나 행정청이 아무런 처분도 하지 않는 경우, 법원은 간접강제 규정에 의거하여 일정한 배상을 명할 수 있다(제34조).

Ⅶ. 소송의 종료

부작위위법확인소송의 확정판결은 제3자에 대하여도 효력이 있다(제29조, 제38조 제2항).

기타 행정소송법 제31조(제3자에 의한 재심청구), 제33조(소송비용에 관한 재판의 효력)는 부작위위법확인소송에도 준용된다(제38조 제2항 참조).

제 6 절 당사자소송

Ⅰ. 개 설

당사자소송(當事者訴訟)이란, 공법상의 법률관계에 관하여 의문이나 다툼이 있는 경우에 그 법률관계의 당사자가 원고 또는 피고의 입장에서 그 법률관계에 관하여 다투는 소송을 말한다. 한편, 행정소송법에서는 당사자소송을 **"행정청의 처분 등을 원인으로 하는 법률관계에 관한 소송, 그 밖에 공법상의 법률관계에 관한 소송으로서, 그 법률관계의 일방 당사자를 피고로 하는 소송"**으로 규정하고 있다(제3조 제2호).

항고소송은 행정청의 공권력 행사로서의 작위·부작위를 직접 소송물, 즉 법원의 심판 대상으로 하고, 행정청을 피고로 하는 데 비해, 당사자소송은 행정청에 의한 공권력의 행사 · 불행사의 결과로 생긴 법률관계를 포함하여, 그 밖의 공법상의 법률관계에 관한 대등한 당사자 사이의 법률상의 분쟁을 해결하기 위한 소송이다.

공법상의 당사자소송은 공법상의 법률관계의 주장을 소송물로 한다는 점에서, 사법상의 법률관계의 주장을 소송물로 하는 민사소송과 구별된다. 그리하여 당사자소송에 있어서는 공법 및 공법 원리가 적용되며, 또한 민사소송에 대한 여러 가지 특례가 인정되고 있다.

공법상 당사자소송에는 그 내용상 **형식적 당사자소송(形式的當事者訴訟)**과 **실질적 당사자소송(實質的當事者訴訟)**의 두 종류가 있으나, **행정소송법상의 당사자소송**은 주로 **실질적 당사자소송**을 의미한다.

Ⅱ. 실질적 당사자소송

실질적 당사자소송은 통상의 당사자소송으로서 대등한 당사자 사이의 공법상의 법률관계에 관한 소송을 말한다.

실질적 당사자소송에는 행정청의 처분 등을 원인으로 하는 법률관계에 관한 소송과 그 밖의 공법상 법률관계에 관한 소송이 포함된다.

1. 처분 등을 원인으로 하는 법률관계에 관한 소송

처분 등을 원인으로 하는 법률관계에 관한 소송으로서의 당사자소송으로는, 처분 등의 무효 · 취소를 전제로 하는 **공법상의 부당이득반환청구소송**(예: 조세과오납금 반환청구소송 등), 공무원의 직무상 불법행위로 인한 **국가배상청구소송** 등을 들 수 있다.

이들 소송은 그 성질상으로는 당연히 당사자소송에 속하는 것으로 보아야 할 것이나, 실무상으로는 민사소송으로 취급되고 있다.

2. 기타 공법상의 법률관계에 관한 소송

1) 공법상의 신분·지위 등의 확인소송

이는 공무원, 지방의회 의원, 국·공립학교 학생 등의 신분이나 지위의 확인을 구하는 소송을 말한다.

전문직 공무원인 공중보건의사의 채용계약 해지의 의사표시는 일반 공무원에 대한 징계처분과는 달라서 항고소송의 대상이 되는 처분 등의 성격을 가진 것이 아니라 일정한 사유가 있을 때 관할 도지사가 채용계약 관계의 한쪽 당사자로서 대등한 지위에서 행하는 의사표시이므로, 공중보건의사 채용계약 해지의 의사표시에 대해서는 대등한 당사자 간의 소송 형식인 공법상의 당사자소송으로서 그 의사표시의 무효 확인을 청구할 수 있다(대판 1996.5.31, 95누10617).

서울특별시립무용단이 가지는 지위가 공무원과 유사한 것이라면, 서울특별시립무용단원의 위촉(委囑)은 공법상의 계약이라고 할 것이고, 따라서 그 단원의 해촉(解囑)에 대해서는 공법상의 당사자소송으로 그 무효 확인을 청구할 수 있다(대판 1995.12.22, 95누4636).

2) 공법상의 금전지급 청구소송

공무원보수·연금(군인연금·공무원연금 등)의 지급 청구, 손실보상청구(보상금의 증감에 관한 소송은 제외), 행정 주체 상호 간의 비용부담 청구 등이 여기에 해당한다.

재해위로금은 국내의 석탄 수급 상황을 감안하여 채탄을 계속하는 것이 국민경제의 균형 발전을 위하여 바람직하지 못하다고 판단되는 경제성이 없는 석탄 광산을 폐광함에 있어서 그 광산에서 입은 재해로 인하여 전업 등에 특별한 어려움을 겪게 될 퇴직 근로자를 대상으로 사회보장적인 차원에서 통상적인 재해보상금에 추가하여 지급하는 위로금의 성격을 갖는 것이고, 이러한 재해위로금에 대한 지급청구권은 공법상의 권리로서 그 지급을 구하는 소송은 공법상의 법률관계에 관한 소송인 공법상 당사자소송에 해당한다(대판 1999.1.26, 98두12598).

3) 공법상 계약에 관한 소송

국가·지방자치단체 등의 행정 주체 상호간, 또는 행정 주체와 사인 사이에 체결되는 공법상 계약과 관련하여 제기되는 분쟁에 관한 소송이다.

Ⅲ. 형식적 당사자소송

1. 의 의

형식적 당사자소송이란 **실질적**으로는 행정청의 처분 등을 다투는 소송이지만, **형식적**으로는 처분 등의 효력을 다투지도 않고, 항고소송에서와 같이 처분청을 피고로 하지도 않고, 그 대신 행정청의 처분이나 재결에 의하여 형성된 법률관계를 다투기 위해 법률관계의 일방 당사자를 피고로 하여 제기하는 소송을 말한다. 즉, **소송의 내용**은 **처분 등에 불복**하여 다투는 것이지만, **소송의 형식**은 **당사자소송**인 것이 형식적 당사자소송의 특징이다.

예를 들면, 공익사업을 위한 토지 등의 취득 및 보상에 관한 법률 제85조 제2항이 규정하는 **보상금 증감을 청구하는 소송**이 이에 해당한다.

공익사업을 위한 토지 등의 취득 및 보상에 관한 법률 제85조(행정소송의 제기)
① 사업 시행자 · 토지 소유자 또는 관계인은 제34조의 규정에 의한 재결에 대하여 불복이 있는 때에는 재결서를 받은 날부터 60일 이내에, 이의신청을 거친 때에는 이의신청에 대한 재결서를 받은 날부터 30일 이내에 각각 행정소송을 제기할 수 있다. 이 경우, 사업 시행자는 행정소송을 제기하기 전에 제84조의 규정에 따라 증액된 보상금을 공탁하여야 하며, 보상금을 받을 자는 공탁된 보상금을 소송 종결 시까지 수령할 수 없다.
② 제1항의 규정에 따라 제기하고자 하는 행정소송이 보상금의 증감에 관한 소송인 경우 당해 소송을 제기하는 자가 토지 소유자 또는 관계인인 때에는 사업 시행자를, 사업 시행자인 때에는 토지 소유자 또는 관계인을 각각 피고로 한다.

이와 같이 토지수용위원회의 보상금액 결정에 대한 이의재결에 대하여 불복이 있을 경우 행정소송을 제기할 수 있는데 그것이 **보상금의 증감에 관한 소송**인 경우, **재결 취소소송**을 제기하지 않고 곧바로 상대방 당사자(기업자)를 피고로 하여 보상금액의 증감을 청구하는 경우가 형식적 당사자소송의 예이다.

따라서 형식적 당사자소송은 **처분의 효력에 관한 다툼**을 그 내용으로 하는 것인 점에서는 **실질적으로 항고소송**에 해당하지만, 처분이나 재결의 주체를 소송 당사자로 하지 않고, 실질적인 이해관계자인 당해 **법률관계의 한쪽 당사자를 소송 당사자**로 하는 점에서 **형식적 당사자소송**이라 할 수 있다.

2. 형식적 당사자소송의 필요성

형식적 당사자소송을 인정한 것은 **처분 행정청을 배제**하고 **실질적인 이해관계자**만을 소송 당사자로 함으로써, **신속한 권리 구제**를 도모하고 소송 절차를 최소화하는 데 있다.

예를 들면, 토지수용에 대한 토지수용위원회의 재결과 관련하여, 재결 자체의 효력에 대해 불만이 있는 것이 아니라, 보상 금액에 대해서만 불복이 있는 경우와 같이, 당사자가 불복하여 다투는 것은 **처분 또는 재결 자체**가 아니라, 그에 의하여 형성된 법률관계(**보상 금액의 다과**)이며, 따라서 다툼의 대상은 공익에 관한 것이기보다는 재산상의 평가에 관한 것이다.

이 경우, 이러한 형태의 소송(형식적 당사자소송)을 인정하지 않는다면, 행정청인 토지수용위원회를 상대로 하여 **재결취소소송**을 제기한 후, 또는 그와 동시에 **보상금 증감에 관한 당사자소송**을 제기하여 양자를 **병합**하여 소송을 제기하는 등의 부담이 있다. 또한 이해당사자 간의 재산상의 분쟁에 행정청이 피고가 되는 불합리한 점도 있다. 따라서 특별히 처분청 또는 재결청을 피고로 하는 항고소송의 형식을 취할 실익이 없고, 직접 이해관계 당사자를 소송 당사자로 하여 다투도록 하는 것이 소송 진행이나 분쟁의 해결에 보다 적합한 것이다. 여기에 형식적 당사자소송을 인정할 필요성이 있는 것이다.

3. 형식적 당사자소송의 법적 근거에 관한 논의

개별법에서 별도의 규정을 두고 있는 경우에는 형식적 당사자소송이 인정될 수 있다. 그러나 형식적 당사자소송을 행정소송법상 일반적으로 인정할 수 있는가에 대해서는 긍정설과 부정설이 나누어져 있다.

1) 긍정설

이는 행정소송법 제3조 제2호의 "행정청의 처분 등을 원인으로 하는 소송으로서 그 법률관계의 일방 당사자를 피고로 하는 소송"에는 당연히 형식적 당사자소송도 포함된다고 보는 견해이다.

긍정설적 입장에서는 행정소송법(제3조 제2호 등)이 민중소송, 기관소송 등(제45조)에 있어서와 같이, "법률이 정한 경우에, 법률이 정한 자에 한하여 제기할 수 있다"는 식의 제한 규정을 두고 있지 않는 점 등을 그 이유로 개별법의 근거 없이도 형식적 행정소송의 제기가 가능한 것으로 보고 있다.

2) 부정설

부정하는 입장에서는 개별법의 규정이 없으면 형식적 당사자소송의 원고·피고의 적격성(適格性), 소송 제기기간 등 소송 요건이 불분명하여 현실적으로 소송을 진행하기 어렵다는 점 등을 그 이유로 내세운다. 부정설이 **절대 다수의 학설**로 되어 있다.

Ⅳ. 소송 요건 및 심리절차

1. 원고 적격

당사자소송의 원고 적격에 관하여는 항고소송에서와 같은 제한이 없으며, 행정소송법도 그에 대한 규정을 두고 있지 않다. 따라서 당사자소송의 원고 적격에 관하여는 일반 **민사소송법상의 원고 적격**에 관한 규정이 준용된다(행정소송법 제8조 제2항).

이에 의하면, 공법상의 법률관계에 있어서 권리 보호의 이익 및 권리 보호의 필요를 가지는 자는 누구나 원고가 될 수 있다.

2. 피고 적격

당사자소송의 **피고**는 **국가 또는 공공단체 그 밖의 권리 주체**가 된다(제39조). '그 밖의 권리 주체'에는 사업 시행자 등의 **공무수탁 사인** 또는 사업 시행자가 소송을 제기하는 경우의 토지 소유자나 관계인이 해당된다.

국가가 피고가 되는 때에는 '국가를 당사자로 하는 소송에 관한 법률'에 따라 **법무부 장관**이 국가를 대표하고(제1조), 지방자치단체가 피고가 되는 때에는 당해 **지방자치단체의 장**이 대표한다(지방자치법 제92조).

> 건설부 장관이나 시장, 군수 등의 행정청이 토지를 수용 또는 사용할 수 있는 공익사업을 시행하는 경우에도 손실보상금의 증감에 관한 행정소송은 행정청이 속하는 권리·의무의 주체인 국가나 지방공공단체를 상대로 제기하여야 하고 그 기관에 불과한 행정청을 상대로 제기할 수 없다(대판 1993.5.25, 92누15772).

3. 재판 관할

당사자소송의 제1심 관할 법원은 항고소송의 경우와 마찬가지로 피고의 소재지를 관할하는 행정법원이 된다. 다만, 국가 또는 공공단체가 피고인 경우에는 관계 행정청의 소재지를 피고의 소재지로 본다(제40조).

토지의 수용에 있어서는 그 토지의 소재지를 관할하는 행정법원에 소송을 제기할 수 있다(제9조 제2항). 여기서 피고의 소재지의 관할 행정법원과 토지의 소재지를 관할하는 행정법원이 같지 아니할 경우에 어느 법원에 제소하여야 하는지가 문제되나, 대법원은 보상금 증액 청구소송은 필요적 공동소송(必要的共同訴訟)이므로 재결청이나 기업자 중 어느 하나의 당사자에 대하여만 관할권이 있더라도 그 법원에 제소할 수 있다고 한다(대판 19994.1.25, 93누18655).

4. 제척기간

당사자소송에 관한 제소기간이 법령에 정하여져 있는 경우에는 그에 의하며, 그 기간은 불변기간(不變期間)으로 한다(제41조). 따라서 취소소송의 제소기간의 규정(제20조)은 당사자소송에는 적용되지 않는다.

5. 직권심리

법원은 필요하다고 인정할 때에는 직권으로 증거조사를 할 수 있고, 당사자가 주장하지 아니한 사실에 대하여도 판단할 수 있다(제26조, 제44조 제1항). 변론주의를 보충하는 한도에서 직권심리주의가 당사자소송에도 적용되는 것으로 새겨야 할 것이다.

Ⅴ. 소송의 종료

1. 판결의 종류

판결의 종류로는 기본적으로 취소소송의 경우와 같다. 즉, 당사자소송의 경우에도 각하판결, 인용판결의 구분이 가능하다. 그리고 소송물의 내용에 따라 확인판결, 이행판결의 구분도 가능하다. 당사자소송에서는 취소소송의 경우와 달리 사정판결의 제도가 없다.

2. 판결의 효력

당사자소송의 확정판결도 자박력, 확정력, 기속력을 갖는다. 확정판결은 당사자인 행정청과 관계 행정청을 기속한다(제44조 제1항, 제30조 제1항).

취소판결에 있어서의 판결의 기속력 조항(제30조 제1항)은 당사자소송에 준용되는 이유는 당사자소송에 있어서는 국가, 공공단체 등 행정 주체(권리·의무의 귀속 주체)만이 당사자가 되는 것인데, 그 행정 주체를 위하여 직접 행정권을 행사하는 것은 관계 행정청이므로 판결의 기속력을 직접 이들에게 미치게 하여 판결의 실효성을 확보하기 위함이다.

그러나 취소판결에 인정되는 효력 중 **취소판결의 제3자효(제29조)·재처분의무(제30조 제2항, 제3항)·간접강제(제34조) 등은 당사자소송에는 적용되지**

않는다.

3. 가집행선고

가집행선고(假執行宣告)란 미확정의 종국판결에 대하여 마치 그것이 확정된 것과 같이 집행력을 부여하는 형성적 재판을 말한다. 현행 행정소송법은 제43조에서 "국가를 상대로 하는 당사자소송에 있어서는 가집행선고를 할 수 없다"고 규정하고 있다.

이는 '소송촉진 등에 관한 특례법' 제6조 단서의 "국가를 상대로 하는 재산권의 청구에 관하여는 가집행의 선고를 할 수 없다"는 규정과 보조를 맞추기 위한 것으로 이해되었다. 그러나 동법 제6조는 단서 규정에 의하여 헌법재판소(憲法裁判所)가 "재산권과 신속한 재판을 받을 권리의 보장에 있어서 합리적 이유 없이 소송당사자를 차별하여 국가를 우대하고 있는 것이므로 헌법 제11조 제1항(평등원칙)에 위반된다"고 결정함으로써(헌재 1989.1.25, 88헌가7), 1990년 1월 동 특례법의 개정으로 동법 제6조는 삭제되었다.

이에 비추어 볼 때 가집행선고를 허용하지 않는 행정소송법의 제43조의 규정의 효력이 문제된다. 이에 대해서는 행정소송법의 동 조항은 평등의 원칙을 위반한 무효 규정이므로 국가를 상대로 하는 재산권의 청구인 당사자소송의 경우에는 국가에 대하여 가집행선고를 할 수 있다는 견해와 가집행선고의 문제에 새로운 고려가 요청된다는 견해 등이 있다.

4. 소송비용

소송비용에 관한 행정소송법 제32조 및 제33조의 규정은 당사자소송에 준용된다(제44조 제1항). 즉, 행정청이 처분 등을 취소 또는 변경함으로써 청구가 각하 또는 기각된 경우에 소송비용은 피고(被告)의 부담으로 하며, 소송비용에 관한 재판이 확정된 때에는 피고 또는 참가인이었던 행정청이 소속하는 국가 또는 공공단체에 그 효력을 미친다.

제 7 절 객관적 소송

Ⅰ. 개 설

객관적 소송이란 행정의 **적법성(適法性) 보장** 또는 **공공 이익의 일반적 보호**를 목적으로 하는 소송을 말한다.

이 점에서 **개인의 권리 구제**와 **적법성 보장**이라는 두 가지 목적을 추구하는 주관적 소송(항고소송, 당사자소송)과 구별된다. 따라서 객관적 소송은 주관적 소송과는 달리 구체적·개별적 권리 보호의 이익이 없기 때문에, 직접적인 이해관계가 없는 일반 국민·선거인 또는 행정기관도 제기할 수 있는 소송이다. 따라서 객관적 소송의 원고 적격은 법률에 의하여 특별히 규정된다.

현행법상의 객관적 소송에는 민중소송과 기관소송이 있다.

Ⅱ. 민중소송

민중소송이란 국가 또는 공공단체의 기관이 법률에 위반되는 행위를 한 때에 **직접 자기의 법률상 이익과 관계없이** 그 시정(是正)을 구하기 위하여 제기하는 소송을 말한다(제3조 제3호).

민중소송은 행정법규의 적용에 관한 **객관적 소송**이며, 특히 행정법규의 적정한 집행이 요구되는 분야에서 법률이 민중소송의 제기를 허용하고 있는 경우에, 법률이 정한 자에 한하여 제소가 인정된다(제45조).

현행법이 인정하고 있는 민중소송으로는 공직선거법상 **선거무효소송**과 국민투표법상 **국민투표무효소송**이 있다.

1. 선거무효소송

선거무효소송으로는 대통령선거 및 국회의원선거 무효소송과 지방의회의원 및 지방자치단체의 장의 선거무효소송 등이 있다.

1) 대통령·국회의원선거에 관한 소송

대통령선거 및 국회의원선거에 있어서 선거의 효력에 관해 이의가 있는 선거인·정당(후보자를 추천한 정당에 한한다) 또는 후보자는 선거일부터 **30일** 이내에 당해 선거구 **선거관리위원장**을 피고로 하여 **대법원**에 소를 제기할 수 있다(공직선거법 제222조 제1항).

2) 지방의회 의원·지방자치단체장의 선거에 관한 소송

지방의회 의원 및 지방자치단체의 장의 선거의 효력에 이의가 있는 선거인은 **14일** 이내에 관할 선거관리위원회에 소청한 후, 그에 대한 결정서를 받은 날로부터 **10일** 이내에 당해 선거구 선거관리위원회 위원장을 피고로 하여 그 결정서(決定書)를 받은 날부터 **10일** 이내에, 시·도지사 선거에 있어서는 **대법원**에, 지방의회 의원선거 및 자치구·시·군의 장의 선거에 있어서는 그 선거구를 관할하는 **고등법원**에 소를 제기할 수 있다(공직선거법 제219조 제1항, 제222조 제2항).

2. 국민투표무효소송

국민투표의 효력에 관하여 이의(異議)가 있는 투표인은 투표인 **10만 인** 이상의 찬성을 얻어 **중앙선거관리위원회 위원장**을 **피고**로 하여 투표일로부터 **20일** 이내에 **대법원**에 제소할 수 있다(국민투표법 제92조).

Ⅲ. 기관소송

1. 기관소송의 의의

기관소송이란 국가 또는 공공단체의 기관 상호 간에 있어서의 권한의 존부 또는 그 행사에 관한 다툼이 있을 때에 이에 대하여 제기하는 소송을 말한다(제3조 제4호).

기관소송은 **동일한 행정 주체**에 속하는 행정기관 상호 간의 권한 분쟁에 관한 소송이므로, **상이한 행정 주체 간** 또는 **상이한 행정 주체에 속하는 행정기관 간의 소송**은 기관소송에 해당되지 않는다.

기관소송은 국가기관 상호 간의 기관소송과 공공단체의 기관 상호 간의 기관소송이 있다. 그런데 현행 헌법과 헌법재판소법은 **국가기관 상호 간의 기관소송**에 해당하는 것을 **'권한쟁의심판(權限爭議審判)'**이라 하여 **헌법재판소**의 관장사항으로 하였다. 따라서 헌법재판소의 관장사항으로 되는 소송은 권한쟁의심판이므로 행정소송으로서의 기관소송이 아니다(행정소송법 제3조 제4호).

행정소송법 제3조(행정소송의 종류)
행정소송은 다음의 네 가지로 구분한다.
4. 기관소송: 국가 또는 공공단체의 기관 상호 간에 있어서의 권한의 존부 또는 그 행사에 관한 다툼이 있을 때에 이에 대하여 제기하는 소송. 다만, **헌법재판소법 제2조의 규정에 의하여 헌법재판소의 관장사항으로 되는 소송은 제외한다**.

원래 국가 또는 공공단체의 기관 상호 간의 권한쟁의는 해당 기관들의 공통의 상급 기관이 해결하는 것이 보통이며, 국가기관 상호 간에 일어나는 권한쟁의는 최종적으로는 '행정 각부 간의 권한의 획정'(헌법 제89조)의 문제로서, 국무회의의 심의를 거쳐 대통령이 이를 해결한다.

따라서 행정기관 상호 간의 권한쟁의를 행정소송에 의하여 해결해야 하는 경우는 별로 없을 것이나, 기관의 독립성이 보장되어 **당해 기관 간 공통적인 상급 기관이 없는 경우**에는 행정소송을 통한 해결의 필요성이 있는 것이다. 예를 들면, **지방자치단체**에 있어 **집행기관**과 **의결기관** 사이의 **권한쟁의**가 이에 해당한다.

2. 기관소송의 종류

1) 지방의회의 의결에 대한 의결무효소송(지방자치법 제107조)

지방자치단체의 장은 지방의회의 의결이 월권 또는 법령에 위반되거나 공익을 현저히 해친다고 인정되는 때에는, 그 의결사항을 이송받은 날로부터 **20일** 이내에 이유를 붙여 재의(再議)를 요구할 수 있으며(지방자치법 제107조 제1항), 재의결된 사항이 법령에 위반된다고 인정되는 때에는, 재의결된 날로부터 **20일** 이내에 **대법원**에 그 무효 확인의 소를 제기할 수 있다(지방자치법 제107조 제3항).

2) 지방자치법 제172조에 의한 소송

지방자치법 제172조(지방의회 의결의 재의와 제소)
① 지방의회의 의결이 법령에 위반되거나 공익을 현저히 해친다고 판단되면 시·도에 대하여는 **주무부 장관**이, 시·군 및 자치구에 대하여는 **시·도지사**가 재의를 요구하게 할 수 있고, 재의요구를 받은 지방자치단체의 장은 의결사항을 이송받은 날부터 **20일 이내**에 지방의회에 이유를 붙여 재의를 요구하여야 한다.
② 제1항의 요구에 대하여 재의의 결과 재적의원 과반수의 출석과 출석의원 3분의 2 이상의 찬성으로 전과 같은 의결을 하면 그 의결사항은 확정된다.
③ 지방자치단체의 장은 제2항에 따라 재의결된 사항이 법령에 위반된다고 판단되면 재의결된 날부터 **20일** 이내에 **대법원**에 소를 제기할 수 있다. 이 경우, 필요하다고 인정되면 그 의결의 집행을 정지하게 하는 **집행정지결정**을 **신청**할 수 있다.

3) 지방교육자치에 관한 법률 제28조에 의한 소송

지방교육자치에 관한 법률 제28조(시·도의회 등의 의결에 대한 재의와 제소)
① 교육감은 교육·학예에 관한 시·도의회의 의결이 법령에 위반되거나 공익을 현저히 저해한다고 판단될 때에는 그 의결사항을 이송받은 날부터 **20일** 이내에 이유를 붙여 재의를 요구할 수 있다. 교육감이 교육부 장관으로부터 재의요구를 하도록 요청받은 경우에는 시·도의회에 재의를 요구하여야 한다.
② 제1항의 규정에 따른 재의요구가 있을 때에는 재의요구를 받은 시·도의회는 재의에 붙이고 시·도의회 재적의원 과반수의 출석과 시·도의회 출석의원 3분의 2 이상의 찬성으로 전과 같은 의결을 하면 그 의결사항은 확정된다.
③ 제2항의 규정에 따라 재의결된 사항이 법령에 위반된다고 판단될 때에는 교육감은 재의결된 날부터 20일 이내에 **대법원**에 제소할 수 있다.

4) 지방자치법 제169조 제2항에 의한 이의소송

지방자치법 제169조(위법·부당한 명령·처분의 시정)
① 지방자치단체의 사무에 관한 그 장의 명령이나 처분이 법령에 위반되거나 현저히

부당하여 공익을 해친다고 인정되면 **시 · 도**에 대하여는 **주무부 장관**이, **시 · 군 및 자치구**에 대하여는 **시 · 도지사**가 기간을 정하여 서면으로 시정할 것을 명하고, 그 기간에 이행하지 아니하면 이를 취소하거나 정지할 수 있다. 이 경우, 자치사무에 관한 명령이나 처분에 대하여는 법령을 위반하는 것에 한한다.
② **지방자치단체의 장**은 제1항에 따른 자치사무에 관한 명령이나 처분의 취소 또는 정지에 대하여 이의가 있으면 그 취소처분 또는 정지처분을 통보받은 날부터 **15일 이내에 대법원**에 소(訴)를 제기할 수 있다.

지방자치법 제169조 제2항에 의한 이의소송은 감독행정청의 감독처분에 대하여 지방자치단체장이 제기한 소송이므로 동일한 행정 주체에 속하는 기관 간의 소송이 아니다. 따라서 기관소송에 해당하지 않는다. 이는 국가의 감독처분에 대하여 지방자치단체의 자치권을 보호하기 위한 일종의 항고소송의 성격을 가지고 있다고 보아야 할 것이다.

Ⅳ. 민중소송 및 기관소송에의 적용 법규

1. 취소소송형

민중소송 또는 기관소송으로서 처분 등의 취소를 구하는 소송에는 그 성질에 반하지 아니하는 한 취소소송에 관한 규정을 준용한다(제46조 제1항).

2. 확인소송형

민중소송 또는 기관소송으로서 처분 등의 효력 유무 또는 존재 여부 및 부작위의 위법 확인을 구하는 소송에는 그 성질에 반하지 아니하는 한 각각 무효 등 확인소송 또는 부작위위법확인소송에 관한 규정을 준용한다(제46조 제2항).

3. 기타의 유형

민중소송 또는 기관소송으로서 취소소송형 및 확인소송형 외의 소송에는 그 성질에 반하지 아니하는 한 당사자소송에 관한 규정을 준용한다(제46조 제3항).

참고문헌

김남진·김연태, 행정법 Ⅰ(제21판), 2017, 법문사.
김남진·김연태, 행정법 Ⅱ(제20판), 2016, 법문사.
김동희, 행정법 Ⅰ(제23판), 2017, 박영사.
김동희, 행정법 Ⅱ(제23판), 2017, 박영사.
김성수, 일반행정법(제7판), 2014, 법문사.
김주수·김상용, 민법총칙(제7판), 2013, 삼영사.
김철수, 헌법개설(제14판), 2015, 박영사.
김학성, 헌법학원론, 2017, 피앤씨미디어.
김항규, 행정철학(4정판), 2009, 대영문화사.
박균성, 행정법강의(제14판), 2017, 박영사.
박균성, 행정법기본강의(제9판), 2017, 박영사.
박윤흔, 최신행정법강의 상(개정 30판), 2009, 박영사.
박정훈, 행정법의 체계와 방법론, 2005, 박영사.
석종현, 일반행정법(상)(제15판), 2015, 삼영사.
이상윤, 영미법, 2009, 박영사.
이윤환 외 3인 공저, 새로 쓴 법과 사회(제2판), 2017, 피앤씨미디어.
장태주, 행정법개론(제9판), 2011, 현암사.
정하중, 행정법개론(제11판), 2017, 법문사.
천병태·김명길, 행정법총론(제9판), 2010, 삼영사.
홍완식 외 10인, 법학개론(제5판), 2017, 피앤씨미디어.
홍정선, 신행정법특강, 2017, 박영사.

홍정선, 행정법원론 상(제25판), 2017, 박영사.
홍정선, 행정법원론 하(제25판), 2017, 박영사.
홍준형, 행정법(제2판), 2017, 법문사.

찾아보기

ㅁ

ㅂ

ㅅ

ㅇ

김항규(金恒圭)

[약 력]

- 중앙대학교 행정학과 졸업(행정학사), 서울대학교 행정대학원 졸업(행정학 석사), 중앙대학교 대학원 행정학과(행정학 박사), 침례신학대학교 상담복지대학원(상담 및 임상심리 석사)
- 미국 Syracuse대학교 Maxwell행정대학원 객원교수, 일본 쿄토(京都)대학교 인간·환경대학원 초빙교수(행정철학 강의)
- 한국행정학회 편집위원·이사, 한국정책학회 연구위원, 관악행정학회(현 서울행정학회) 편집위원장, 행정고시 출제위원, 입법고시 출제위원, 한국상담학회 2급 상담전문가, 한국기독교 상담·심리치료학회 1급 상담전문가
- 현 목원대학교 행정학과 교수
- E-mail: hangkim@mokwon.ac.kr

[주요 저서]

- 『정책과 가치』(역서)(대영문화사, 1992)
- 『행정철학』(4정판)(대영문화사, 2009)
- 『과학적 방법론과 통계기법의 활용』(자유아카데미, 1994)
- 『한국의 지방자치와 행정』(공저)(대영문화사, 1989)
- 『새 행정학』(공저)5정판(대영문화사, 2008)
- 『(객관식) 새 행정학』(공저)(대영문화사, 1997)
- 『한국행정사 연구』(공저)(아세아문화사, 1997)
- 『알기 쉬운 행정학』(도서출판 대경, 2001)
- 『心心풀이 단상』(문예춘추사, 2016)

제4판
행정과 법

펴낸날 제1판 제1쇄 2006년 1월 5일
제2판 제1쇄 2008년 2월 5일
제3판 제1쇄 2012년 2월 15일
제4판 제1쇄 2018년 2월 22일
지은이 김항규
펴낸이 임춘환
펴낸곳 도서출판 대영문화사
주소 서울특별시 용산구 청파로 61길 5(청파동 1가) 제일빌딩 2층 (우)04308)
등록 1975년 12월 26일 제3-16호
전화 (02)716-3883, (02)714-3062
팩스 (02)703-3839
홈페이지 http://www.dymbook.co.kr

ISBN 978-89-7644-702-9
값 29,000원